"一带一路"人口与发展

第三辑

中国人口与发展研究中心 ◎ 编著

POPULATION AND DEVELOPMENT ALONG THE BELT AND ROAD

当代世界出版社
THE CONTEMPORARY WORLD PRESS

图书在版编目（CIP）数据

"一带一路"人口与发展. 第三辑 / 中国人口与发展研究中心编著. -- 北京：当代世界出版社，2024.3
ISBN 978-7-5090-1653-4

Ⅰ.①一… Ⅱ.①中… Ⅲ.①人口-发展-研究-世界 Ⅳ.①C924.1

中国国家版本馆 CIP 数据核字（2023）第 209935 号

书　　名：	"一带一路"人口与发展 第三辑
作　　者：	中国人口与发展研究中心 编著
出 品 人：	吕　辉
策划编辑：	刘娟娟
责任编辑：	刘娟娟　徐嘉璐
出版发行：	当代世界出版社
地　　址：	北京市地安门东大街 70-9 号
邮　　编：	100009
邮　　箱：	ddsjchubanshe@163.com
编务电话：	(010) 83908377
发行电话：	(010) 83908410 转 806
传　　真：	(010) 83908410 转 812
经　　销：	新华书店
印　　刷：	北京新华印刷有限公司
开　　本：	710 毫米×1000 毫米　1/16
印　　张：	29.25
字　　数：	402 千字
版　　次：	2024 年 3 月第 1 版
印　　次：	2024 年 3 月第 1 次
书　　号：	ISBN 978-7-5090-1653-4
定　　价：	108.00 元

法律顾问：北京市东卫律师事务所　钱汪龙律师团队　（010）65542827
版权所有，翻印必究；未经许可，不得转载。

编委会

主　编： 贺　丹

副主编： 刘鸿雁　汤梦君　蔚志新

顾　问（按姓氏拼音顺序排列）：

顾宝昌　顾大男　胡宏桃　贾国平　李　南
梁　颖　刘玉照　陆杰华　罗　淳　王国鹏
吴瑞君　吴尚纯　解振明　薛　力　于　潇
张广宇　张振克　郑东超　周　云

写作组主要成员（按姓氏拼音顺序排列）：

艾　欣　车　焱　胡仕勇　黄彩虹　黄　栋
金　牛　金　鑫　邝梅红　李　可　李树斌
马小红　孟繁兴　彭舒婉　王　晶　温　勇
邵　岑　徐晓勇　晏月平　原　新　赵洪硕
张晓青　郑　澜　庄须高　张　远　朱　宇

编辑组成员：

欧阳柏慧　车璐璐　麻　薇

序　言

看到《"一带一路"人口与发展》（第三辑）即将正式出版，欣喜之情油然而生。人们常常用"万事开头难"来形容一件事起头的不易，但虎头蛇尾的事也是屡见不鲜的，能够坚持下来才更彰显毅力和韧性。中国人口与发展研究中心主办的《"一带一路"人口与发展》系列图书，自2020年启动以来，于2022年出版了第一辑，2023年出版了第二辑，目前第三辑也将问世，其中不仅包括了三个专题报告，还有十个国别报告，可以说，内容更丰富也更充实。

本辑包括的三个专题报告涵盖了人口老龄化、人口迁移和人口生殖健康三个重大的人口领域。专题报告便于突破国别报告的限制，从某一个专门的视角对共建"一带一路"的众多国家作全方位的剖析，可以看到，他们之间既有共通性又有差异性，更为深化了我们对共建"一带一路"国家人口与发展状况的认识。

华中科技大学黄栋等撰写的关于共建"一带一路"国家人口老龄化的专题报告表明，共建"一带一路"国家之间既表现出人口老龄化的普遍趋势，又存在千差万别的老龄化状况。如古巴作为发展中国家，人口老龄化状况却较为严重，这与古巴良好的医疗保障体系有关。缅甸则是受到年轻劳动力大量外流的影响而日趋出现人口老龄化现象。中东地区国家人口老龄化状况还不明显，这与战乱引起的死亡率居高不下有关。这一专题报告无疑可以增强对人口老龄化问题的多侧面的认识。

上海大学人口研究所暨亚洲人口研究中心李树斌等关于人口迁移的专题报告表明，共建"一带一路"合作伙伴间人口迁移的空间格局既受全球性规律的支配，又表现出区域性特征。尽管仍然受到临近效应、地缘政治效应和路径依赖效应的影响，相对于国际人口迁移还是以从发展中国家流向发达国家即"南—北"迁移模式为主，"南—南"迁移模式正在成为共建"一带一路"合作伙伴间人口迁移的主流。作为传统迁移地区的欧洲的迁移活力正在减弱，而亚洲和非洲作为新兴发展地区的迁移活力正在增强。无论从迁出地还是迁入地来看，亚洲都是最为活跃的地区。亚洲既是全球国际人口迁移的重要迁出地，也是共建"一带一路"合作伙伴的重要迁出地。这些考察对于共建"一带一路"合作伙伴之间开展合作交流有着重要的意义。

上海市生物医药技术研究院车焱、中国人口与发展研究中心研究员蔚志新对共建"一带一路"国家的生殖健康状况作了专题考察。报告的分析表明，在共建"一带一路"国家中，一个国家的综合避孕率与其社会经济发展水平密切相关，且呈现正相关关系，即发展水平越高的国家往往综合避孕率也越高，而与未满足避孕需求呈现负相关关系，即综合避孕率越低的国家往往存在着较高的未满足避孕需求。如非洲国家未满足避孕需求比例普遍较高，计划生育服务特别是长效避孕方法的可获得性亟需改善。报告指出，使用现代避孕方法有助于降低非意愿妊娠率，提高综合避孕率尤其是现代避孕方法的使用率，是一个国家减少非意愿妊娠和人工流产、降低孕产妇死亡率和婴幼儿死亡率、提高女性生殖健康水平的重要途径。但是，报告对各大洲国家的综合避孕率、现代避孕方法使用率、未满足避孕需求比例与非意愿妊娠率之间关系的考察却发现情况很不一致。为什么会出现这种不一致的情况？是什么原因导致了这种不一致？这些问题需要进一步的探索。比如亚洲国家的非意愿妊娠率随着避孕方法的普及特别是现代避孕方法使用的增多而减少，随着未满足避孕需求的增多而增多；但在欧洲国家却呈现出相反的趋势，非意愿妊娠率随着避孕方法的普及却在增多，随着未满足避孕需求的增多却在减少。报告详细讨论了共建"一带一路"国家生殖健康状况面临的一个重大挑战，即人工流产特别是非意愿妊娠的人工流产问题。提高综合避孕率显然有助于降低非意愿妊娠率，但与人工流产在一个国家的合法性（以及多大程度的合法性）也关系密切。报告还讨论了提高综合避孕率有助于降低儿童死亡风险。

本辑的十个国别报告，既包括了如新西兰（太平洋岛国，人口老龄化严重，迁移频繁，劳动力短缺）、葡萄牙（欧洲古国，人口变动靠移民，生育水平走低，婚育年龄推迟，非婚生育现象增多，高龄老人增多）这样的发达国家，也包括了如卢旺达（"千山之国"，经济发展迅速，人口扩张，依赖外援，饥饿问题严重）、乌干达（地处内陆，"高原水乡"，人口稠密，贫困严重）、刚果（金）（历史悠久，资源丰富，人口猛增）等非洲不发达国家，以及介于中间的如泰国（东南亚第二大经济体，生育率走低，老龄化加速，人口负增长）、白俄罗斯（古老而年轻的东欧国家，信奉东正教，人口萎缩、老龄化严重）、菲律宾（多民族岛国，人口过亿，结构年轻，天主教盛行）、土耳其（横跨亚欧大陆的伊斯兰国家，人口增长缓慢，人口外流增多，"跳板移民"突出）、阿根廷（拉美第二人口大国、第三大经济体，信奉天主教，矿产丰富，农业发达，人口增长缓慢）等中等发展水平国家，呈现了相当多样化的、千差万别的景象，有助于克服人们可能产生的对共建"一带一路"国家的千篇一律的认识。

本辑的专题报告和国别报告汇集了各方作者，他们来自北京、上海、南京、昆明、天津、武汉、济南、泉州等全国各地的众多高等院校［北京大学、云南大学、南开大学、武汉理工大学、中共北京市委党校（北京行政学院）、山东师范大学、南京邮电大学等］和研究机构（国家卫生健康委、上海市生物医药技术研究院），说明《"一带一路"人口与发展》系列图书的作者队伍在短短的几年中有了长足的扩展，也表明有越来越多的学者有兴趣投身于国际人口领域的研究中。对于长期以来主要专注于中国的人口与发展问题、致力于中国人口问题的认识和应对的中国人口学界来说，开展世界各国人口状况的考察和分析，不仅对共建"一带一路"倡议的成功践行作出了人口学的贡献，而且有助于打开中国人口学者们的研究视野，开阔对人口变动规律性的认识，对于中国人口科学在 21 世纪向成为一个具有国际视野的人口学科迈进，是一个非常有深远意义的突破。

参与撰写本辑报告的作者，有的是初次加入，有的已经是多次参与了。但不管是新参与的还是有经验的，在本辑报告对人口与发展状况的分析中都表现得更加游刃有余，撰写的文字也更加熟练流畅。不仅收集参考了联合国、世界银行和研究对象国政府发布的数据，而且广泛涉猎国内外的相关文献，包括许多外文文献，对问题的讨论能够既突出重点又不局限于人口学的视角，把人口学视角和国家的发展有机地融合起来，不仅是经济方面，也包括政治、地理、宗教、文化、历史等各方面的因素，使问题的讨论更加融会贯通，对人口与发展状况的认识也更为丰满深厚，大大提升了报告的水准，这是非常可喜可贺的。

我们高兴地看到，《"一带一路"人口与发展》系列图书不仅在持续，而且在进步，在提高。祝贺《"一带一路"人口与发展》（第三辑）出版。

复旦大学人口与发展政策研究中心
顾宝昌
2024 年 2 月于天来泉

目录 CONTENTS

序言

专题报告

共建"一带一路"国家人口老龄化状况与合作应对 //3
黄 栋 邝梅红 隆琴琴

共建"一带一路"合作伙伴间人口迁移的空间格局及其演变特征：1990—2020年 //24
李树斌 朱 宇 吴丽君 颜 俊 柯文前 林李月

从可持续发展目标看共建"一带一路"国家生殖健康问题及挑战 //44
车 焱 蔚志新

国别报告

泰国人口与发展状况报告 //87
胡仕勇 赵洪硕 张晓筱 邵红梅

菲律宾人口与发展状况报告 //120
徐晓勇 孟繁兴 李志强

白俄罗斯人口与发展状况报告 //154
金 鑫 艾 欣 乔晓春

阿根廷人口与发展状况报告 //191
彭舒婉　郑　澜　马小红

新西兰人口与发展状况报告 //225
晏月平　庄须高　徐　阳

葡萄牙人口与发展状况报告 //264
张晓青　黄彩虹

土耳其人口与发展状况报告 //301
金　牛　原　新　张　颖

卢旺达人口与发展状况报告 //335
王　晶　温　勇　舒星宇　宗占红

刚果（金）人口与发展状况报告 //377
邵　岑

乌干达人口与发展状况报告 //414
张　远　李　可　穆　明（Mubarak Mugabo）

洞悉人口动态，共建繁荣未来
——《"一带一路"人口与发展》（第三辑）后记 //454

专题报告

共建"一带一路"国家人口老龄化状况与合作应对

黄栋 邝梅红 隆琴琴*

摘要：人口老龄化是当前重要全球性议题之一。为了解共建"一带一路"国家人口老龄化状况、构建共建"一带一路"国家应对老龄化合作框架，本文运用动态聚类分析方法，选取145个共建"一带一路"国家，对其人口老龄化现状进行实证分析，并在此基础上探讨共建"一带一路"国家开展老龄化合作的机遇与挑战，从合作机制、基础设施、人才项目等方面提出政策建议。

关键词："一带一路"；人口老龄化；聚类分析

一、研究背景

人口老龄化是总人口中因少儿人口数量减少、老年人口数量增加导致的老年人口比例相应增长的动态。1956年，联合国在其出版的《人口老龄化

---

* 黄栋，华中科技大学公共管理学院教授、博士生导师，华中科技大学东盟研究中心主任；邝梅红，华中科技大学公共管理学院学生；隆琴琴，华中科技大学公共管理学院学生。

及其社会经济后果》一书中对人口老龄化制定了明确的衡量标准，当一个国家或地区 60 岁及以上老年人口数量占总人口比重超过 10%，或 65 岁及以上老年人口数量占总人口比重超过 7%时，即可判定该国家或地区步入人口老龄化阶段。

近 20 年，人口老龄化已成为一个全球性问题，几乎每个国家的老年人口数量和比例都在上升。联合国《世界人口展望 2022》指出，2020 年，全球人口增长率[1]已降至 1%以下，为 1950 年以来的最低水平。2050 年，全球 65 岁及以上人口占总人口比重预计达到 16%，到那时，全球 65 岁及以上人口数量将是 5 岁以下儿童人口数量的 2 倍多。人口老龄化除了带来一国（地区）人口年龄和结构的变化，还会在社会各领域引发次生效应，包括劳动力和金融市场、社会保障、家庭结构、代际关系等。同时，相较于其他年龄段公民群体，老年人口在生理和心理方面具有特殊性，2020 年，全球暴发新冠疫情，中老年群体的感染率和死亡率最高，各国老龄化应对方案因而面临更高的要求和挑战。

加强老龄化程度不同的国家之间的合作，有利于各国实现人口和发展优势的互补。20 世纪 80 年代，联合国开始探索全球老龄化合作的路径方案。1982 年，联合国主持召开第一次老龄问题世界大会，会议通过了包括 62 项建议在内的《老龄问题维也纳国际行动计划》。时至今日，各国在根据自身国情出台法律政策的同时，也愈发关注老龄化国际合作方案的设计。

共建"一带一路"倡议坚持以和平合作、开放包容、互学互鉴和互利共赢为核心的丝路精神，推动形成责任共同体、利益共同体、命运共同体，共同解决发展问题。建立共建"一带一路"国家应对人口老龄化的合作框架，加强国家间的合作，既有利于丰富共建"一带一路"倡议的建设内涵，也有利于各国携手应对老龄化。

---

[1] 指一定时间内(通常为 1 年)人口增长数量与人口总量之比。

二、研究意义

（一）理论意义

当前，学界对人口老龄化的研究主要围绕其概念、特征、成因、趋势、与经济社会发展的关系、应对策略等方面展开。共建"一带一路"国家广泛分布于各大洲，据世界银行《世界发展指标 2017》数据，其地理范围中约涵盖 46.3 亿人口，约占全球人口总量的 62.3%。因此，基于共建"一带一路"国家的人口问题研究是必要的。共建"一带一路"国家整体呈现老龄化趋势，但各国经济社会发展水平、地理环境、资源禀赋等方面的差异使人口老龄化问题的表现不尽相同。本文通过对共建"一带一路"国家的人口统计学数据进行聚类分析，尝试对共建"一带一路"国家人口老龄化现状进行较为全面的分析，并在此基础上为共建"一带一路"国家合作应对人口老龄化提供方案。

（二）现实意义

在当今全球高密度关系网络下，各国相互依存程度不断提升，合作成为各国应对全球性议题的关键路径。人口老龄化关乎各国未来发展及全球经济社会走向。因此，研究共建"一带一路"国家人口老龄化状况及合作策略，将有利于共建"一带一路"国家在政策、技术人才、资金、基础设施等方面探索合作潜力、创新合作机制、加强合作力度、拓展合作路径，为世界各国应对人口老龄化提供可行思路。

三、研究方法和数据来源

（一）研究范围

本文综合由国家信息中心主办的中国"一带一路"网公布的共建"一带一路"国家名单，以及学界对共建"一带一路"国家的普遍研究，选取

145个共建"一带一路"国家为研究对象,并根据研究对象的地理位置,将其按照如表1所示的6个洲别归类整理。[1]

表1 本文研究对象所涉共建"一带一路"国家名称

洲别	数量	国家
亚洲	38	韩国、蒙古国、新加坡、东帝汶、马来西亚、缅甸、柬埔寨、越南、老挝、文莱、巴基斯坦、斯里兰卡、孟加拉国、尼泊尔、马尔代夫、阿联酋、科威特、土耳其、卡塔尔、阿曼、黎巴嫩、沙特阿拉伯、巴林、伊朗、伊拉克、阿富汗、阿塞拜疆、格鲁吉亚、亚美尼亚、哈萨克斯坦、吉尔吉斯斯坦、塔吉克斯坦、乌兹别克斯坦、泰国、印度尼西亚、菲律宾、也门、叙利亚
非洲	52	苏丹、南非、塞内加尔、塞拉利昂、科特迪瓦、索马里、喀麦隆、南苏丹、塞舌尔、几内亚、加纳、赞比亚、莫桑比克、加蓬、纳米比亚、毛里塔尼亚、安哥拉、吉布提、肯尼亚、埃塞俄比亚、尼日利亚、乍得、津巴布韦、刚果(布)、阿尔及利亚、坦桑尼亚、布隆迪、佛得角、乌干达、冈比亚、多哥、卢旺达、摩洛哥、马达加斯加、突尼斯、利比亚、埃及、赤道几内亚、利比里亚、莱索托、科摩罗、贝宁、马里、尼日尔、刚果(金)、博茨瓦纳、中非、几内亚比绍、厄立特里亚、布基纳法索、圣多美和普林西比、马拉维
欧洲	27	塞浦路斯、俄罗斯、奥地利、希腊、波兰、塞尔维亚、捷克、保加利亚、斯洛伐克、阿尔巴尼亚、波黑、克罗地亚、黑山、爱沙尼亚、立陶宛、斯洛文尼亚、匈牙利、北马其顿(原马其顿)、罗马尼亚、拉脱维亚、乌克兰、白俄罗斯、摩尔多瓦、马耳他、葡萄牙、意大利、卢森堡
大洋洲	11	新西兰、巴布亚新几内亚、萨摩亚、斐济、纽埃、库克群岛、密克罗尼西亚联邦、汤加、瓦努阿图、所罗门群岛、基里巴斯
南美洲	9	智利、圭亚那、玻利维亚、乌拉圭、委内瑞拉、苏里南、厄瓜多尔、秘鲁、阿根廷

---

[1] 由于缺少厄立特里亚、纽埃、库克群岛、多米尼克的数据,因此下文的聚类分析对象为不包括厄立特里亚、纽埃、库克群岛、多米尼克的其他145个国家和地区。

续表

洲别	数量	国家
北美洲	12	哥斯达黎加、巴拿马、萨尔瓦多、多米尼加、特立尼达和多巴哥、安提瓜和巴布达、多米尼克、格林纳达、巴巴多斯、古巴、牙买加、尼加拉瓜

资料来源：中国"一带一路"网。

（二）研究方法

聚类分析是一种建立分类的多元统计分析方法，它能够根据一批样本（或变量）的诸多特征，按照其在性质上的亲疏程度，在没有先验知识的情况下自动分类，产生多个分类结果。各类别的内部个体在特征上具有相似性，不同类间个体特征的差异性较大。本文采取聚类分析中的 Q 型聚类方法，以聚类分析对共建"一带一路"国家人口老龄化状况作类别聚合。

具体来说，鉴于共建"一带一路"国家数量较大、人口老龄化差异较大，本文采用 K-Means 算法，即快速聚类。K-Means 算法迅速、动态、适合大样本等特点，如图 1 所示，其工作原理可以分为以下 4 个步骤：第一步，随机选取 K 个点作为聚类中心；第二步，根据距离最近原则，计算每个点分别到 K 个聚类中心的距离，然后将该点分到最近的聚类中心，这样就形成了

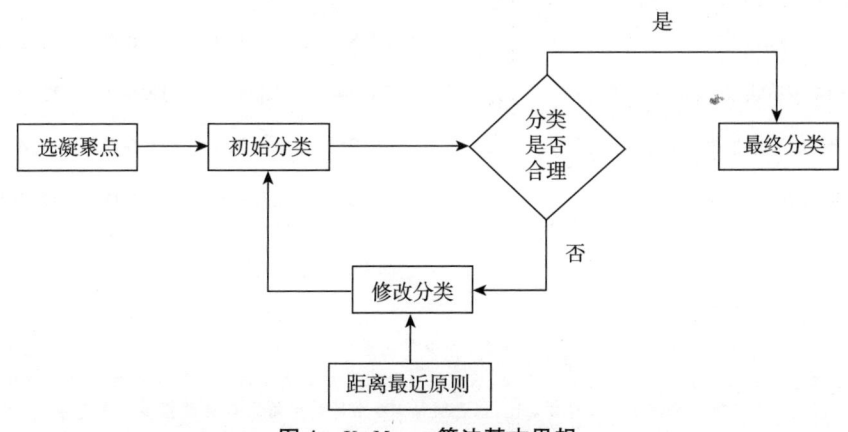

图 1　K-Means 算法基本思想

K个簇；第三步，重新计算每个簇的质心（均值）；第四步，重复以上第二步到第三步的步骤，直到质心的位置不再发生变化或者达到设定的迭代次数。

（三）指标和数据来源

本文选取7个人口统计学中测度人口老龄化程度与趋势的指标：出生率、死亡率、0—14岁少儿人口比重、65岁及以上老年人口比重、少儿抚养比、老年人口抚养比及老龄化增速。[1] 其中，老龄化增速需根据数据计算得出，用于预测近期该国人口老龄化变化趋势。本文所有数据均来源于世界银行的人口统计。其中，出生率和死亡率采用2020年的统计数据，其他指标基于2021年的统计数据。

四、聚类结果及分析

（一）描述性统计

表2 各变量的描述性统计

变量	观测值	均值	标准差	最大值	最小值
出生率（‰）	145	21.296	10.105	45.213	5.300
死亡率（‰）	145	7.873	3.179	18.000	1.294
0—14岁少儿人口比例（%）	145	28.744	10.528	49.541	12.268
65岁及以上老年人口比例（%）	145	8.252	6.293	23.607	1.448
少儿抚养比	145	47.593	21.910	103.504	16.168

---

〔1〕 少儿抚养比也称少年儿童抚养系数，指少年儿童人口数与劳动年龄人口数之比，以反映每100名劳动年龄人口要负担多少名少年儿童，通常用百分比表示。老年人口抚养比也称老年人口抚养系数，指老年人口数对劳动年龄人口数之比，以表明每100名劳动年龄人口要负担多少名老年人，通常用百分比表示。老龄化增速指10年内老年人口比例每年平均增加的百分点。

续表

变量	观测值	均值	标准差	最大值	最小值
老年人口抚养比	145	12.801	9.487	37.115	1.731
老龄化增速	145	3.479	2.940	9.808	-1.701

资料来源：该表根据数据统计分析软件 SPSS 统计结果整理。

表 2 反映了共建"一带一路"国家人口整体情况和发展趋势。其中，出生率和死亡率数据可以反映出当下各国整体呈现较为稳定的人口增长趋势。2020 年，145 个样本国家 65 岁及以上人口比例的平均值为 8.252%，达到了联合国规定的老龄化社会[1]的标准，说明人口老龄化问题在共建"一带一路"国家普遍存在。老年人口抚养比和老年人口占比较高说明共建"一带一路"国家普遍面临老年人口增长问题。老龄化增速为 3.479，标准差较小，说明当下老龄化程度呈现不断加深的趋势。65 岁及以上人口比的最大值为 23.607%，最小值为 1.448%，说明共建"一带一路"国家老龄化程度存在较大差异。少儿抚养比与老年人口抚养比的标准差较大，最大值与最小值之间的差距较大，说明各国老龄化的结构与成因各不相同。上述数据表明，共建"一带一路"国家在老龄化问题上具有普遍性的老龄化趋势和差异性的老龄化程度，而这种人口特征的共通和互补能够为国家之间就人口老龄化问题达成合作提供契机。

（二）聚类结果分析

由于本文中各数据指标所使用的数据量纲不同，因此在聚类分析前对原始数据进行标准化处理，把所有数值通过公式变化为 Z 分位数，以消除不同计量单位对数据分析的影响。共建"一带一路"国家聚类结果大致分为四类，具体情况如表 3 所示。下面对各类的共同点与差异性进行比较分析。

---

［1］ 根据联合国发布的标准，一个国家或地区 60 岁及以上老年人口数量占总人口比例超过10%，或 65 岁及以上老年人口数量占总人口比例超过7%，即进入老龄化社会。

表3 共建"一带一路"国家人口老龄化聚类结果

类别	出生率（‰）	死亡率（‰）	少儿人口比例（%）	老年人口比例（%）	少儿抚养比	老年人口抚养比	老龄化增速
第一类	9.550	11.364	15.832	18.045	23.998	27.476	-0.347
第二类	16.856	5.965	24.545	7.058	36.313	10.515	2.579
第三类	35.213	7.924	42.691	2.875	78.748	5.274	7.347
第四类	26.483	6.408	35.036	4.196	57.884	6.887	5.099

资料来源：该表根据数据统计分析软件 SPSS 分析结果整理。

第一类为老龄化严重地区。该类地区 65 岁及以上人口比例平均值为 18.045%，远远高于联合国 7% 的标准。这种类型的国家主要聚集在中东、东亚、欧洲、北美洲等地区。这些国家大多社会经济较为发达，城市化水平相对较高。一方面，医疗设施、福利政策的完善提高了人均预期寿命，另一方面，公民受教育水平提升、生育意愿降低，生育率持续下降。这两个因素都加剧了人口老龄化程度。值得注意的是，第一类国家在 2011 年至 2021 年 10 年间，老年人口比例每年平均增加的百分点为 -0.347，相比而言，其近 10 年内老龄化增速比其他三类国家缓慢，但第一类国家大多在 2011 年以前便已步入老龄化社会，当下老年人口比例和老龄化程度在共建"一带一路"国家是绝对高值。在第一类国家中，有些不属于发达国家，但由于历史和特定政策因素，也存在严重的老龄化问题。以古巴为例，古巴是最早面临人口老龄化问题的发展中国家之一。截至 2016 年年底，古巴 60 岁及以上人口占总人口的 19.7%，近 220 万名居民年龄超过 60 岁，而 0—14 岁少儿人口占总人口的比重正逐步下降，预计到 2050 年，古巴老年人口占总人口的比重将达到 36.2%，届时古巴将成为全世界人口老龄化程度最严重的国家之一。[1] 实行免费医疗,通过推广婴幼儿疫苗、预防性保健,出台城市化与城市卫生保健方案,将人均预期寿命提高到发达国家水平,人口出生率和死亡率持续下降加剧了古巴人口老龄化。[2]

第二类为老龄化程度中等[3]、老龄化增速较低,但面临着潜在老龄化风险的地区。从国家分布特征来看,第二类中的国家大多为经济发展水平较低的发展中国家,产业结构相对落后,多处于劳动密集型主导的经济发展阶段,社会经济结构与产业结构对劳动力数量有一定的依赖性。该类国家总体正在步入老龄化国家行列,其老年人口比例在四类地区中位居第二,正在接近联合国的老龄化标准。其少儿抚养比也相对较高,但从长远来看,该类地区的老龄化风险不断加重,其老龄化速度在四类国家之中位居第三位,并且少儿人口比例低于联合国规定的30%的标准。此外,在全球经济不平等的分工体系下,第二类国家因其经济社会发展条件相对落后而对该国劳动力外流产生推动作用。以缅甸为例,低工资、高失业率、长期内战和族群冲突等推动缅甸青年通过海外务工、移民甚至非法移民等方式外流至泰国、马来西亚等周边邻国,削弱缅甸国内经济社会发展动力和活力。第二类地区不断加剧的老龄化风险和趋势与国内经济结构对劳动力数量的依赖性产生矛盾,面临着减贫和应对老龄化的双重挑战,如不进行及时、有效地应对,经济、民生乃至国家发展的可持续性将会受到较大威胁。

第三类为老龄化水平低、老龄化增速高的地区。该类地区的出生率、少儿人口比例在四类地区中最高,老龄人口比例最低,但老龄化增速在四类国

---

[1] Yenia Silva Correa, "Why is Cuba's Population Aging?", http://en. granma. cu/cuba/2017-05-31/why-is-cubas-population-aging.

[2] 贺钦:《古巴应对人口老龄化的经验与启思》,载《拉丁美洲研究》,2020年第42期,第137—153、158页。

[3] 本文对老龄化程度的描述是在共建"一带一路"国家范围内划分的相对概念。第二类地区中的一些国家,如孟加拉国65岁及以上人口占比为5.331%,单独来看,其老龄化程度并不高,但孟加拉国的老龄化速度不断加快,已不再具有与老挝等第四类国家一样的低老龄化速度的特征,因此根据聚类结果,其被划分至第二类地区。

家中最高。与低老龄化相伴的是该类地区具有相对明显的人口年轻化趋势，该类地区在保持较高的出生率基础上，其少儿人口占比在四类国家中最高，人口结构年轻化为该类地区带来相对丰富的劳动力资源，但其人口结构在带来人口红利的同时也意味着其他潜在风险。以坦桑尼亚、乌干达等发展水平相对落后的非洲国家为例，其经济增长速度缓慢，青年群体占比高给该地区就业、升学、住房等带来较大压力，潜在社会风险较大。因此，在短时间内难以凭借自身动力实现国内发展水平跃升的条件下，面对人口增长速度快于社会发展水平的情况，引进外来资本和输出国内劳动力是该类国家缓解青年群体规模和社会经济环境之间矛盾的关键所在。

第四类为老龄化水平低、老龄化速度适中的地区。该类地区拥有着四类地区中较高的出生率、少儿人口比例及较低的老龄人口比例。综合来看，可以认为该类地区为非老龄化地区。虽然目前该类地区人口老龄化问题尚不明显，但是面临着人口抚养比过高、劳动年龄人口抚养压力过大等问题。相比于第三类国家，第四类国家的死亡率更低，老龄化增速更慢，步入老龄化社会的速度更缓慢，其经济发展也更为落后。第四类国家主要分布在中东、非洲、南美洲等地区，多面临地缘政治动荡或国家内部战争、冲突等暴力事件，社会经济发展受阻，当地民众的生命财产安全受到威胁。这也是该类地区多数国家死亡率居高不下的原因之一。在社会经济落后的背景下，该类地区仍然有着较高的出生率和人口抚养比，使该类地区中的国家政府财政和社会经济面临着难以承载的压力。共建"一带一路"国家人口老龄化聚类情况见表4。

表4 共建"一带一路"国家人口老龄化聚类情况

类别	数量	国家
第一类	36	阿尔巴尼亚、奥地利、保加利亚、波黑、白俄罗斯、巴巴多斯、智利、古巴、塞浦路斯、捷克、爱沙尼亚、格鲁吉亚、希腊、克罗地亚、匈牙利、意大利、韩国、立陶宛、卢森堡、拉脱维亚、摩尔多瓦、北马其顿、马耳他、黑山、新西兰、波兰、葡萄牙、罗马尼亚、俄罗斯、新加坡、塞尔维亚、斯洛伐克、斯洛文尼亚、泰国、乌克兰、乌拉圭
第二类	47	阿联酋、阿根廷、亚美尼亚、安提瓜和巴布达、阿塞拜疆、孟加拉国、巴林、玻利维亚、文莱、佛得角、哥斯达黎加、吉布提、厄瓜多尔、斐济、格林纳达、圭亚那、印度尼西亚、伊朗、牙买加、哈萨克斯坦、科威特、黎巴嫩、利比亚、斯里兰卡、摩洛哥、马尔代夫、缅甸、马来西亚、尼加拉瓜、尼泊尔、阿曼、巴拿马、秘鲁、菲律宾、卡塔尔、沙特阿拉伯、萨尔瓦多、苏里南、塞舌尔、特立尼达和多巴哥、突尼斯、土耳其、乌兹别克斯坦、委内瑞拉、越南、南非
第三类	35	阿富汗、安哥拉、布隆迪、贝宁、布基纳法索、中非、科特迪瓦、喀麦隆、刚果(金)、刚果(布)、埃塞俄比亚、几内亚、冈比亚、几内亚比绍、利比里亚、马达加斯加、马里、莫桑比克、毛里塔尼亚、马拉维、尼日尔、尼日利亚、苏丹、塞内加尔、所罗门群岛、塞拉利昂、索马里、南苏丹、圣多美和普林西比、乍得、多哥、坦桑尼亚、乌干达、赞比亚、津巴布韦
第四类	27	博茨瓦纳、科摩罗、阿尔及利亚、埃及、密克罗尼西亚联邦、加蓬、加纳、赤道几内亚、伊拉克、肯尼亚、吉尔吉斯斯坦、柬埔寨、基里巴斯、老挝、莱索托、蒙古国、纳米比亚、巴基斯坦、巴布亚新几内亚、卢旺达、叙利亚、塔吉克斯坦、东帝汶、汤加、瓦努阿图、萨摩亚、也门

资料来源:该表根据数据统计分析软件SPSS分析结果整理。

表5是本次聚类分析中各变量的方差分析表。从表中可以看出,进入聚类的7个变量对应的sig值(指显著性)均小于0.05,说明7个变量使类间样本具有一定差异,即依据参与聚类分析的7个变量能较好地对各国家人口

老龄化情况作出分类,并且类间的差异足够大。因此,7个变量对聚类结果均有所贡献,不需要剔除。其中,老年人口比例、老年人口抚养比、少儿人口比例三个变量对国家间人口老龄化分类影响较大。

表5 方差分析表

变量	聚类均方	df	均方	df	F	sig.
出生率	41.389	3	0.130	140	317.495	.000
死亡率	29.775	3	0.390	140	76.328	.000
少儿人口比例	41.979	3	0.121	140	346.713	.000
老年人口比例	43.955	3	0.084	140	526.001	.000
少儿抚养比	40.557	3	0.152	140	266.762	.000
老年人口抚养比	43.395	3	0.097	140	448.500	.000
老龄化增速	43.201	3	0.097	140	446.841	.000

资料来源:该表根据数据统计分析软件SPSS分析结果整理。

注:df指自由度,F指方差检验量,sig.指显著性。

五、人口老龄化国际合作的机遇和挑战

上述聚类分析结果表明,全球人口老龄化问题差异性和共通性并存,开展人口老龄化国际合作具有必要性和可行性。在共建"一带一路"背景下的人口老龄化合作具有一定的潜力和机遇,也面临着困难和挑战。

(一)机遇

第一,共建"一带一路"国家具有较为丰富的合作经验和较为成熟的合作机制。共建"一带一路"倡议蕴含着和平、友谊、交往、繁荣的深刻内涵,共建"一带一路"国家具有一定的历史合作基础和地缘合作优势。自倡

议提出以来，各国在多个领域取得了丰硕的务实合作成果，形成了相对成熟的合作经验，为深化共建"一带一路"国家间合作提供了良好契机。此外，共建"一带一路"国家既有的合作机制为老龄化领域国际合作奠定基础。

第二，共建"一带一路"国家能够实现经验互鉴。从聚类分析结果可以看出，共建"一带一路"国家在老龄化问题上具有较强的异质性，各国的老龄化情况存在差异，在应对措施上也各有不同。这为共建"一带一路"国家之间的经验交流、优势互补提供了空间。比如，第一类国家普遍出生率低、人均预期寿命长，恰是一个国家步入老龄化社会的普遍性问题，这意味着，第一类国家具有较长的老龄化探索时期，在社会养老保险体系、医疗服务和养老金制度等方面形成了相应的政策措施和经验。而第二类国家面临着潜在的老龄化风险。因此，两类国家可就应对老龄化进行经验交流。以泰国为例，从20世纪90年代开始，为应对人口老龄化，泰国便在经济结构、社会保障、制度政策等多领域展开探索，形成了相对成熟的老龄化应对机制。首先，泰国建立了多层次、多类型的退休养老计划和养老基金；其次，泰国制定了2018—2037年国家战略，修订了《老年人法》，关注老年人力资源开发和社会平等发展，促进储蓄，为老年人创造良好的社区条件；最后，泰国注重养老产业硬软件投入，老龄化产业建设相对完善。这些都是其他国家可以借鉴的经验。

第三，共建"一带一路"国家能够实现优势互补。共建"一带一路"各国应对老龄化的合作有利于各国在人口结构和经济发展方面实现互利共赢。由于共建"一带一路"国家经济发展水平具有层次性，并且与老龄化程度具有一定的重合性，经济发展水平较高的国家也面临着更为严峻的老龄化形势，经济发展水平较低的国家反而具有较为充足的劳动力人口，在第一类国家老龄化程度愈来愈深的同时，第三、第四类国家大部分却尚未进入老龄化国家行列，且拥有庞大的劳动力人口，因此，在应对老龄化问题上，共建"一带一路"国家能在人口和经济结构方面形成互补，既可以缓解部分国家的老龄化困境，又可以促进经济不发达国家劳动年龄人口的就业。譬如，马来西亚自 2002 年推出"马来西亚——我的第二家园"计划以来，就凭借其稳定的政治环境和宜人的气候条件吸引到众多老年人口，一方面，这为老年人口提供了一个适宜的养老之地，缓解部分国家养老压力，另一方面，该计划的目标人群是 21 岁以上的外籍人士，吸引更多劳动力人口，满足就业需求的同时为老龄化产业的发展注入了活力。因此，共建"一带一路"国家在人口老龄化上的合作一方面有利于深化国家地区间的合作，提升区域性人口老龄化的应对能力，实现优势互补。另一方面，有利于发挥各国在资金、技术、市场等方面的优势，挖掘共同利益，形成新的产业合作链，刺激传统服务业发展并带动新型产业发展，实现互利共赢，并为其他领域合作提供机遇。

（二）挑战

截至 2022 年年底，共建"一带一路"国家涵盖亚洲、欧洲、非洲、北美洲、南美洲、大洋洲的 150 个国家，各国在政治、经济、文化和社会等领域存在的较大差异为应对人口老龄化合作带来一定挑战。

第一，共建"一带一路"国家制度环境存在较大差异。在新制度经济学派理论下，组织内嵌于国家特有的制度安排中，国家的制度环境会对组织产生重要作用，因此，共建"一带一路"国家的合作必然受到各个国家制度环境的影响。在"一带一路"国家中，各国在政府效率、监管质量、法治水平、腐败控制、政治稳定性等方面存在差异，特别是国与国之间由于制度差异与管制差异，往往给资源的跨国互补带来挑战。

制度不完善带来的潜在政治风险和环境风险将增加母国的投资风险和不确定性成本，对外直接投资总体上倾向于制度健全、经济规模大、市场潜力高、要素成本低、资源禀赋丰富的国家和地区。在发达国家或制度质量较好国家的直接投资具有明显的制度偏向性和制度风险规避特征，而在发展中国家、制度质量较差国家的投资则呈现出一定的制度接近特征和制度风险偏好。良好的双边政治关系及其对东道国与母国制度差异的优化互补效应对对外投资有着正向的激励和促进作用。因此，养老产业市场化投资项目的数量和强度受到制度环境和风险偏好的影响。

第二，共建"一带一路"各国社会经济发展水平不一。各国在交通运输、基础设施、劳动力素质等方面的异质性给合作带来诸多不便，主要体现为一些共建"一带一路"国家外汇储备不足，财政能力较弱，无法满足经济发展水平较高的国家对投资环境的要求。鉴于老龄化产业主要服务于中老年群体，因此，其对劳动力素质、融资水平、交通和基础设施等都具有较高要求，进一步放大了一些国家在投资环境方面的劣势。

《联合国健康老龄化十年规划2021—2030》提出理念倡导、宜居环境、整合照护、长期照护四大行动领域，以推动健康老龄化，让老年人有良好的养老体验。互联网时代，利用智能手机获取信息、交流和娱乐是必不可少的生活技能，这也要求老年人能够操作使用互联网及其设备。但老年人学习掌握新技术需要一定时间，且对互联网服务的信任程度有限，再加上共建"一带一路"国家社会文化、经济及教育水平方面存在差异，要想切实地推进在人口老龄化方面的合作，填补数字鸿沟并满足其背后的技术创新需求是各国亟待解决的问题。

第三，民粹主义、"逆全球化"为共建"一带一路"国家合作造成新障碍。共建"一带一路"倡议推动新一轮经济全球化，但民粹主义与"全球化浪潮"相互交织，给共建"一带一路"带来诸多阻力。一方面，"逆全球化"思潮容易助长排他主义和民粹主义，老龄化行业本身极具价值色彩和人文特征，"逆全球化"会在民众接纳度和社会认可空间方面给老龄化合作带来挑战。另一方面，共建"一带一路"倡议自提出以来就遭受到美国及一些西方国家的故意抹黑与阻挠。美国的贸易保护主义行为在全球范围内产生不良示范效应，诱导其他国家建立利己排他的进出口贸易壁垒，对共建"一带一路"国家的投资和贸易政策制定造成冲击，这将打破原有资源优化配置的全球价值链，在技术、资本和就业等方面阻碍共建"一带一路"倡议的推进。

此外，不可忽视的是，在新冠疫情影响下，共建"一带一路"国家中的绝大多数新兴经济体经济发展萎缩、保护主义抬头，同时，各国出于疫情防控需求，高举制度壁垒，采取邻避行为，给对外交往与国际合作带来新挑战。以共建"一带一路"国家中的东南亚国家为例，泰国、马来西亚等国因较高的生活水平、充足的就业机会，吸引大量来自缅甸、柬埔寨等国家的劳务移民。泰国是世界第三大海产品出口国，当前，泰国 90% 的渔业工人为缅甸人，80%的建筑工人为缅甸人，累计有 300 万名缅甸劳工进入泰国。[1] 东南亚地区依托地缘优势产生的人口跨境流动在为缅甸等国缓解人口压力、疏解社会矛盾的同时，也为泰国等国带来充足的劳动力资源，促进其人口结构调整。但新冠疫情对国家间合作造成一定冲击，一方面，新冠疫情加剧了泰国主流社会对缅甸劳工的污名化，其采取的种族歧视、不公平待遇甚至驱逐行为在一定程度上影响了泰缅合作，另一方面，由于人口老龄化和经济体系对劳动力的依赖，泰国又陷入劳工短缺困境。因此，各国如何推动人口等生产要素的国际流动，实现国际合作稳定化，成为新的挑战。

六、合作应对老龄化的政策建议

第一，对接现有平台和机制，加强政府间沟通与合作。目前，共建"一带一路"国家在老龄化应对方面的合作机制尚未形成，充分利用好现有合作平台共同应对老龄化是现实选择。如共建"一带一路"国家中的金砖国家已经具备了较为坚实的合作基础，相关国家可以利用已有的基础条件加深国家

---

[1] 资料来源:https://news.mongabay.com/2015/09/from slave to student myanmar migrants find a-buse opportunity in thailand/。

间的合作，加强顶层设计，积极开展政府高层对话会，将共同应对老龄化提到各国政策议程中，为社会交流和产业合作注入强大的动力。2023年是共建"一带一路"倡议提出十周年，深化和拓宽共建"一带一路"国家的合作领域，将老龄化相关议题纳入如"一带一路"国际合作高峰论坛等高规格的会议议程中，积极构建各国政府间宏观政策沟通交流机制，通过加强政府层面的沟通和合作，引导各国民间企业、社会组织、高校和研究机构等利益相关方的交流与合作。

具体建议如下：一是加强政策合作，在共建"一带一路"国家之间就人口可持续健康发展建设形成政策协调沟通机制，以政策协调化解合作风险，减少保护主义和邻避行为。二是推进老龄化项目建设，并健全监督反馈机制。考虑设立专门合作机构，也可以运用智库、高校等第三方评估机构对项目实施过程与效果进行评估，以评促建，提高合作质量。三是现有的相关合作机制，应最大化地发挥共建"一带一路"国家在政策、设施、贸易、投资、人文等各个领域，为共同行动提供便利和支持。进一步完善法律法规制度等措施，保障老龄人口和外来移民的权益。

第二，建立健全老龄化事业专门领域的合作支撑机制。人口老龄化问题涉及社会经济的多个方面，需要各个社会主体共同参与应对。国际层面的合作人口老龄化，需要考虑国家地区之间政策、资金、技术、劳动力等的相互衔接，因此，建立老龄化合作专项机制对于突破地区保护主义等因素具有重要意义。具体建议包括：一是建立健全设施协调机制，即建立各国资源和基础设施的协作和调配机制，有利于实现国家地区之间资源配置效率最大化。二是建立健全金融合作机制，这既是投资融资得以实现的平台，也是开发基础设施项目的重要保障。在充分发挥亚投行、丝路基金等国际金融机构的同时，共建"一带一路"国家可以联合开发与人口老龄化直接相关的金融项目，设计相关的金融工具，为合作项目顺利进行提供金融支持。三是建立健全标准和服务对接机制。建立完善的标准对接机制有利于弥补共建"一带一路"国家在各个领域的差异，为沟通交往、达成合作提供便利。老龄群体在饮食、住房、医疗等方面的特殊需求，因此，需要一定的标准来规范各相关服务行业，为各国老龄人口提供更优质的服务。

第三，加强基础设施建设，创新合作模式，实现资源充分利用。基础建设互联互通是共建"一带一路"倡议的优先建设领域，也是人口老龄化合作的重点领域。共建"一带一路"国家应加强在交通和通信等方面的设施联通，如开设更多的航行线路和通信渠道、优化跨境支付系统等，为推进老龄事业和产业的合作提供便利。同时，优化住房、消费、交通、医疗等基础设施条件，吸引更多的投资和消费。

目前，部分共建"一带一路"国家迫切需要通过国际合作来提高基础设施水平。共建"一带一路"倡议为其提供了一个有效的合作平台，打造"健康丝绸之路"更是一个促进合作的良好契机，在推进共建"一带一路"国家合作应对老龄化的进程中，推动政府与社会资本合作，鼓励大型企业积极探索政府和社会资本合作项目，将劳动力、技术、资金等资源适当引入应对老龄化上。

第四，加强技术与人才交流，推进老龄化人才合作培养项目。围绕老龄人口衣食住行、生活照料、医疗服务、康复护理等多个领域，建立各国医养照护人才实际操作技能培训项目合作机制，积极推动国家间医养照护产业交流合作。目前，医养照护产业尚未满足老龄人口日益增长的服务需求，存在巨大市场增长潜能。人口基数较大、劳动力充足的国家可以充分发挥人口优势，发展养老产业，缓解国内就业压力的同时有助于应对人口老龄化的潜在风险，对国家的可持续发展具有重要意义。

在具体的合作实践中，应提高养老服务供给国的医养照护服务供给水平，通过加强养老产业技能培训、加强照护人员操作技能培训项目合作、增设医养照护专业职业学校的跨国人才培养合作项目等方式，推动养老服务业精细化、专业化，以更好地实现不同国家老龄化服务供需平衡，更好地吸收各国在应对人口老龄化方面的优秀经验和资源。同时，可通过互联网、物联网、云计算、大数据、人工智能等现代信息通信技术，搭建各国高校和科研机构的技术交流平台，为突破传统养老服务供给模式的时空障碍和人工局限提供技术支撑，实现养老服务供给的互联化、物联化、智能化，从服务模式、人才培养、产品制造等方面推动老龄化合作。

第五，开展民间交流活动，增进民心相通，打造合作的社会基础和人文基础。"国之交在于民相亲，民相亲在于心相通。"共建"一带一路"国家间的差异在语言、习俗、宗教等文化领域表现得尤为明显。共建"一带一路"倡导民心相通在合作中的基础性作用，民心相通需要开展公共外交工作。应该充分发挥公共外交和文化交流在共建"一带一路"中的推动作用。加强国家间的人文交流，积极发挥优良传统文化的作用，立足文化共同点，形成共有的养老理念，增进国家间的信任，更为客观全面地了解不同国家发展政策，发挥文化因素对经济合作的促进作用。例如，新加坡将传统孝道文化和现代养老模式相结合，为共建"一带一路"国家养老合作提供了参考。

同时，老龄化合作是具有文化色彩和价值特质的合作，只有在文化价值上达成共识，老龄化跨国合作才能在社会认可和民间接纳的基础上推进。为了更好地促进各国人民之间的民心相通、消除隔阂、增进合作，各国政府应该加强民间交流。一是巩固共建"一带一路"国家既有的民间团体交流。充分挖掘和发挥大学、非营利组织、行业协会等民间团体的潜力，由点到线，由线到面，带动共建"一带一路"国家公民在各领域的交往。二是加强各国媒体合作，加强文化交流。三是打造面向老龄人群的"文化+"旅游游览专线，增进理解。通过综合施策，推动新时代共建"一带一路"国家合作应对老龄化，推动构建人类命运共同体。

参考文献：

[1]常璞."一带一路"沿线亚洲老龄化国家主要健康问题分析[D].兰州:兰州大学,2019.

[2]陈明宝,陈平.国际公共产品供给视角下"一带一路"的合作机制构建[J].广东社会科学,2015,5:5-15.

[3]杜肖俏,王连峰.中国人口老龄化状况的聚类分析[J].南京人口管理干部学院学报,2006,04:10-12.

[4]韩振秋.老龄化问题应对研究[D].北京:中共中央党校(国家行政学院),2018.

[5]贺钦.古巴应对人口老龄化的经验与启思[J].拉丁美洲研究,2020,42(04):137-153,158.

[6]胡安安,黄丽华,许肇然.智慧老龄化:消弭"银色"数字鸿沟[J].上海信息化,2017,10:33-36.

[7]姜春力.以中日医养照护合作助力应对老龄化[J].中国社会工作,2019,11:36-37.

[8]蒋冠宏.制度差异、文化距离与中国企业对外直接投资风险[J].世界经济研究,2015,8:37-47,127-128.

[9]李研.努力实现"五通"交流合作积极促进"一带一路"建设——党的十九大后"一带一路"倡议新的挑战和对策[J].理论与现代化,2018,2:16-21.

[10]罗建兵,杨丽华."逆全球化"风险下的"一带一路"倡议发展展望与合作范式[J].河南社会科学,2020,28(8):43-52.

[11]秦岭.中日民间社会保障合作研究前景展望[J].日本研究,2006(1):23-26.

[12]史志钦,郭昕欣."一带一路"与百年大变局下的全球治理[J].当代世界,2020,3:54-59.

[13]唐彦林,贡杨,韩佶.实施"一带一路"倡议面临的风险挑战及其治理研究综述[J].当代世界与社会主义,2015,6:139-145.

[14]王金波.制度距离、文化差异与中国企业对外直接投资的区位选择[J].亚太经济,2018,6:83-90,148.

[15]汪连杰."一带一路"、供需双侧改革与养老产业"走出去"战略研究[J].当代经济管理,2018,40(7):54-61.

[16]王维伟,吕志岭.金砖合作机制与"一带一路"建设的合作路径分析[J].石河子大学学报(哲学社会科学版),2019,33(6):1-7.

[17]薛薇.SPSS统计分析方法及应用[M].北京:电子工业出版社,2018.

[18]"亚欧国家人口老龄化与社会保障财经合作研究"课题组,苏明,杨良初,等.亚欧国家人口老龄化与社会保障财经合作研究[J].财政研究,2006,9:76-81.

[19]杨荣国."一带一路"公共外交战略研究[D].兰州:兰州大学,2017.

[20]赵周华,李腾飞.中国农村人口老龄化的区域差异分析——基于聚类方法的实证检验[J].云南农业大学学报(社会科学),2019,13(1):41-47.

[21]周意岷.试析中东人口问题及其影响[J].国际展望,2013,5:115-131,146.

[22]"中日老龄化社会医养照护体系研究"课题组,姜春力.以医养照护为切入点拓展中日共同应对人口老龄化合作[J].中国国际经济交流中心,中国智库经济观察,2018,2019:7.

[23]朱文彬,吴志峰,何迪,等."一带一路"框架下三方合作研究[J].开发性金融研究.

[24]祝湘辉.泰国对缅甸移民劳工社区治理机制的分析[J].世界民族,2020,4:21-36.

[25]BANIYA S,ROCHA GAFFURRI N P,RUTA M. Trade effects of the new silk road:a gravity analysis[J/OL]. St. Louis:Federal Reserve Bank of St Louis.(2020-09-30). https://search. proquest. com/docview/2166448215? accountid=11524.

[26]HAZELTON L M,LAURENCE M G,KERR F,et al. An ageing well collaboration:opportunity or wicked problem[J]. The journal of business strategy,2018,40(1):18-27.

[27]International Labour Organization,Sot. The Mekong challenge:working day and night,the plight of migrant child workers in Mae[EB/OL].(2006). https://www. ilo. org/wcmsp5/groups/public/asia/ robangkok/documents/publication/wcms_bk_pb_64_en.

[28]KOFF W C,WILLIAMS M A. Covid-19 and immunity in aging populations—a new research agenda[J]. New England journal of medicine,2020.

共建"一带一路"合作伙伴间人口迁移的空间格局及其演变特征：1990—2020 年[*]

李树斌　朱宇　吴丽君　颜俊　柯文前　林李月[**]

摘要：本文基于联合国人口司国际移民存量数据，借助社会网络分析等方法，对1990—2020年共建"一带一路"合作伙伴间人口迁移的空间格局及其演化特征进行研究。主要结论如下：第一，人口迁移规模扩大，增速加快，迁移路径更加多样化。第二，人口迁移空间分布呈集中性特征。第三，人口迁移网络具有临近效应、地缘政治效应、路径依赖效应等特点。第四，人口迁移网络具有明显的社团结构特征，在 1990—2020 年间，社团呈现整合—分散—再整合的演变规律，到 2020 年可划分为独联体—东欧子群、叙利亚—土耳其子群、中国内部—东南亚子群、阿富汗—伊朗子群、印度尼西

---

[*] 本文系国家社科基金重大项目（项目批准号：16ZDA088）部分成果。

[**] 李树斌，上海大学人口研究所暨亚洲人口研究中心博士生，主要研究方向为人口迁移与城镇化；朱宇，博士，上海大学人口研究所暨亚洲人口研究中心教授，主要研究方向为人口迁移流动、城镇化和区域发展，本文通讯作者；吴丽君，福建师范大学地理科学学院硕士生，主要研究方向为人口与城乡发展。本文在吴丽君、朱宇等论文基础上修改、更新而成，参见吴丽君、朱宇、颜俊：《"一带一路"沿线国家或地区间人口迁移的空间格局及其演化特征》，载《世界地理研究》，2022 年第 31 卷第 2 期，第 249—258 页。《世界地理研究》已同意在本文中使用原文的材料。

亚—印度—阿联酋—沙特阿拉伯子群、东南亚内部子群。第五，仅就2019年和2020年年中国际移民存量数据所反映的迁移规模、迁移路径和迁移格局而言，新冠疫情并未对沿线国家或地区的国际人口迁移产生根本性影响。

关键词："一带一路"；国际人口迁移；空间格局演变；社会网络分析

在全球化和国际地缘政治经济格局深刻变化的背景下，中国先后提出了建设"丝绸之路经济带"和"21世纪海上丝绸之路"的合作倡议（以下简称"共建'一带一路'倡议"）。共建"一带一路"合作伙伴是实现互惠互利、互通互联的主要媒介，其人口迁移是共建"一带一路"倡议向深层推进的关键之一。根据国际移民组织发布的《世界移民报告2022》，截至2020年，全球国际移民总人数已经达到2.80亿，占全球总人口的3.6%，其中61%的移民生活在欧洲和亚洲地区，这正是共建"一带一路"倡议涉及的主要区域。文献梳理发现，关于共建"一带一路"的相关研究成果主要集中在贸易、投资、电子商务等领域，对于共建"一带一路"合作伙伴人口迁移的研究成果相对匮乏。鉴于国际人口迁移对共建"一带一路"倡议深入发展具有重要意义和深远影响，因此，共建"一带一路"合作伙伴人口迁移的相关研究亟待开展，以期为把握共建"一带一路"国家国际人口迁移的趋势、完善相关移民政策提供科学依据。

人口作为影响经济社会发展的重要因素之一，其空间分布变化必然导致其他要素的重新配置和组合，进而对经济社会产生重大影响。因此，人口迁移的空间格局成为人口迁移研究的重点内容之一，国内外学者已经就此展开了大量的研究。推拉理论认为，移民在收入差距的驱动下，表现为由低收入发展中国家迁往高收入发达国家、由人口稠密地区迁往人口稀疏地区，且遵从地理学第一定律，趋向于近距离迁移。但推拉理论并不能完全解释实际的迁移行为，如最贫穷的国家和最富有的国家之间的人口迁移实际上很少，更多的反而是经历过经济社会变革的中等收入国家向发达国家的人口迁移；远距离迁移行为也时有发生。当前,国际人口迁移的流向仍然以"南—北"模式为主,北美洲国家、澳大利亚、新西兰等发达国家和地区,以及富含石油的国家是主要的移民迁入地,非洲、拉丁美洲、亚洲等则是主要的移民迁出地。

但是,随着部分新兴市场经济体的崛起,"南—南"模式也逐渐成为国际人口迁移的重要方向。G. J. Abel 和 N. Sander 对全球国际人口迁移的流量数据分析表明:南亚和西亚之间存在大规模的人口迁移运动;相较于迁往欧洲,非洲移民更多的是在非洲内部进行迁移活动。Massey 将 21 世纪国际人口迁移划分为五大体系:以美国和加拿大为中心的北美体系,以欧盟国家为中心的欧洲体系,以中东为中心的波斯湾体系,多中心的亚太体系和以阿根廷、巴西、乌拉圭为中心的拉美南角体系,国际移民广泛分布在这五大体系之中。由此可见,人口迁移的空间格局除了受全球性规律的支配,还在不同空间尺度上表现出区域性特征,由于历史、政治、经济等因素的综合作用,不同区域移民的方向、规模等表现出不同特征。随着国际地缘政治经济格局深刻演变、新兴市场国家崛起、多极世界格局逐渐形成、欧洲和北美地区发达国家人口结构转型,以及交通、技术、文化等的快速发展变化,国际人口迁移的空间格局将呈现新的模式。在这样的背景下,"一带一路"可视作新型跨区域国际合作空间,区域内既包含人口和城市化快速增长的"南方国家",也涉及正处于人口结构转型中后期的"北方国家",共建"一带一路"合作伙伴人口迁移的规模和空间格局特征如何?其与传统国际人口迁移的规律特征存在何种异同?是"南—北"迁移模式继续占据主导地位,还是"南—南"迁移崭露头角,又或是两种迁移模式势均力敌?均有待揭示。

2020 年暴发的新冠疫情几乎波及全球的每一个角落,这给国际人口迁移造成阻碍,共建"一带一路"合作伙伴的人口流动也面临挑战。为控制疫情蔓延,各国相继出台国际和国内旅行的限制措施。新冠疫情暴发的第一年,各国出台了约 10.8 万项流动限制措施。从国际人口迁移总体趋势来看,截

共建"一带一路"合作伙伴间人口迁移的空间格局及其演变特征：1990—2020年

至2020年年中，疫情已导致国际移民存量至少减少200万，但疫情造成的国际迁移变化对于共建"一带一路"合作伙伴间人口迁移的影响还需进一步研究。

基于此，本研究借助GIS空间分析和社会网络分析方法，在刻画共建"一带一路"合作伙伴间人口迁移空间分布格局基础上，构建人口迁移的网络模型，进一步揭示共建"一带一路"合作伙伴间的空间迁移格局及其演化特征，并探索性地研究新冠疫情对共建"一带一路"合作伙伴间人口迁移的影响。

一、研究设计

（一）研究区域

本文以2015年《推动共建丝绸之路经济带和21世纪海上丝绸之路的愿景与行动》中"六大经济走廊"为依据，结合中国"一带一路"网官方数据，选取67个共建"一带一路"国家或地区为研究对象，如表1所示，其中发达国家或地区21个，欠发达国家或地区46个，范围涉及欧洲、亚洲、非洲等。关于中国的统计数据分为中国大陆、中国香港、中国澳门和中国台湾四个部分，由于缺少中国台湾的移民数据，因此本文研究对象不包括中国台湾。

表1 67个共建"一带一路"国家或地区

洲别	国家或地区
非洲（3国）	埃及、肯尼亚、索马里
欧洲（21国）	拉脱维亚、立陶宛、匈牙利、波兰、阿尔巴尼亚、黑山、塞尔维亚、爱沙尼亚、白俄罗斯、捷克、摩尔多瓦、罗马尼亚、俄罗斯、斯洛伐克、波黑、克罗地亚、意大利、北马其顿、斯洛文尼亚、保加利亚、乌克兰

续表

洲别	国家或地区
亚洲（43国）	柬埔寨、印度尼西亚、老挝、马来西亚、缅甸、菲律宾、泰国、越南、蒙古国、中国大陆、中国香港、中国澳门、阿富汗、孟加拉国、伊朗、尼泊尔、巴基斯坦、斯里兰卡、不丹、印度、亚美尼亚、阿塞拜疆、巴林、格鲁吉亚、伊拉克、科威特、黎巴嫩、阿曼、卡塔尔、叙利亚、土耳其、阿联酋、也门、以色列、约旦、巴勒斯坦、哈萨克斯坦、吉尔吉斯斯坦、塔吉克斯坦、乌兹别克斯坦、土库曼斯坦、新加坡、沙特阿拉伯

资料来源：作者根据国家发展改革委、外交部、商务部于2015年共同发布的《推动共建丝绸之路经济带和21世纪海上丝绸之路的愿景与行动》中的相关信息整理而得。

（二）数据来源

本研究采用联合国人口司公布的国际移民存量数据，该数据以两两国家或地区之间相互人口迁移量的来源地—目的地行列和矩阵格式提供。原始数据包括欧洲、亚洲、非洲、美洲、大洋洲的232个国家在内，1990年、1995年、2000年、2005年、2010年、2015年和2020年共7年的人口迁移存量来源地—目的地数据，且皆为年中数据。该数据定义的国际移民不仅包括在外国出生的人，还包括具有外国公民身份的人，以及联合国难民署所统计的难民。本研究以10年为时间间隔，截取了67个共建"一带一路"国家或地区间1990年、2000年、2010年、2020年的迁移人口数据作为分析对象。因此，下文所述移民仅指在共建"一带一路"合作伙伴间迁移的人口，不包含迁出至该区域外的国家或地区的移民，以及由该区域外其他国家或地区迁入的移民。

（三）研究方法

1. 社会网络分析法

社会网络分析法是从关系的角度出发，研究社会行动者之间的关系及其社会结构的一类方法。本文使用这一方法，将作为迁入地和迁出地的共建

"一带一路"合作伙伴转化为网络中的节点，人口迁移规模转化为网络中加权的边，以节点和边构成的网络反映人口迁移的真实格局。凝聚子群分析作为社会网络分析的一个重要算法，对社会网络结构的分析通常从 4 个视角出发：一是关系的互惠性，二是子群成员之间的可达性，三是子群内部成员之间关系的频次，四是子群内外部成员之间关系密度的差距。本文基于第 4 个视角，通过计算网络中节点之间的联系强度和频度，精确识别网络中的小群体，解析网络的内在空间组织结构。

2. 集中化指数

集中化指数用于刻画共建"一带一路"合作伙伴中移民迁入地和迁出地的集中分布程度，用公式表达为：

$$I = (C-R) / (M-R) \quad (1)$$

I 为集中化指数，C 为迁入或迁出移民累计百分比总和，R 为均衡分布累计百分比总和，M 为最大累计百分比总和。

此外，本文还使用了 ArcGIS、Gephi 和 R 软件弦图功能等空间可视化方法，直观地反映人口迁移空间分布的演变过程。

二、人口迁移的空间分布演变特征

（一）人口迁移时序演化特征

人口迁移时序演化特征为人口迁移规模增加、增速加快、迁移路径更加多样化。首先，从规模来看，2020 年，人口迁移数量为 9946.311 万人，相较于 1990 年新增 3300 多万人，增幅为 51.27%，如图 1 所示。其次，从增长幅度的时间变化来看，人口迁移规模呈阶段性增长。1990—2000 年间，人口迁移规模略有下降，但进入 21 世纪后，增长速度加快。2000—2010 年间，年均增长速度为 2.17%，2010—2020 年间则为 2.33%。再次，人口迁移路径显著增加。1990—2020 年间，两两国家或地区之间的人口迁移流由 1463 条增长为1698条。上述数据反映出，研究期内共建"一带一路"合作伙伴间人口迁移广度和规模都有所扩大。

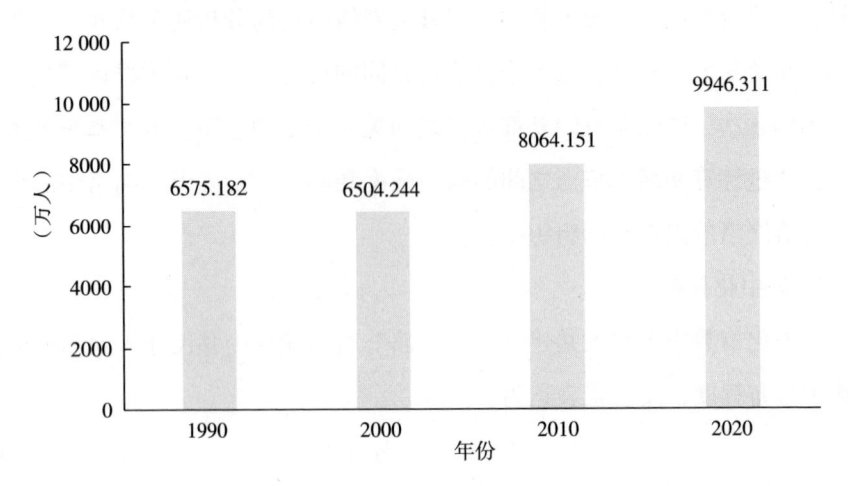

图1 1990年、2000年、2010年、2020年共建"一带一路"合作伙伴间人口迁移存量

(二) 人口迁移的空间分布演变特征

1. 人口迁入地主要集中在俄罗斯、沙特阿拉伯、阿联酋、印度等国家

从迁入地来看，1990—2020年，移民分布的集中化指数均在0.7以上，但从0.749下降到0.701，表明人口迁入地集中在少数几个国家，但集中化程度有所下降。这与全球范围内人口迁移目的地的选择扩大、国际移民在全球蔓延的趋势相呼应。

如图2所示，具体来看，人口迁入地集中在中亚、东欧、阿拉伯半岛、印度半岛、东南亚的部分国家。其中，俄罗斯是最大的人口迁入地。1990年，迁入俄罗斯的移民占移民总数的17.21%，其次是印度，占11.11%，乌克兰占9.85%，巴基斯坦占9.44%，沙特阿拉伯占6.98%。在1990年（17.21%）、2000年（17.97%）、2010年（13.64%）三个时点中，俄罗斯均是占比最高的迁入地。但在2020年，沙特阿拉伯以12.42%的占比成为最

共建"一带一路"合作伙伴间人口迁移的空间格局及其演变特征：1990—2020 年

大人口迁入地，俄罗斯则降为第二大迁入地（11.50%）。1990—2020 年间，沙特阿拉伯、阿联酋等海湾地区国家，以及泰国等东南亚国家迁入人口占比明显增加。2010 年和 2020 年，阿联酋均为第三大人口迁入地，在两个年份的占比分别为 8.50% 到 8.21%。2010—2020 年间，土耳其占比变化较大，由 2010 年 0.97% 上升到 2020 年的 5.28%，成为 2020 年的第四大人口迁入地。而印度、巴基斯坦等国家占比明显降低，2020 年，印度占比为 4.56%，巴基斯坦为 3.22%，较 1990 年分别下降 6.55 和 6.22 个百分点。从共建"一带一路"合作伙伴的移民占各国总迁入移民的比例来看，来自共建"一带一路"合作伙伴的迁入人口数量占俄罗斯、沙特阿拉伯、阿联酋、印度这四个国家国际迁入人口总量的比例在各个年份都在 90% 以上。

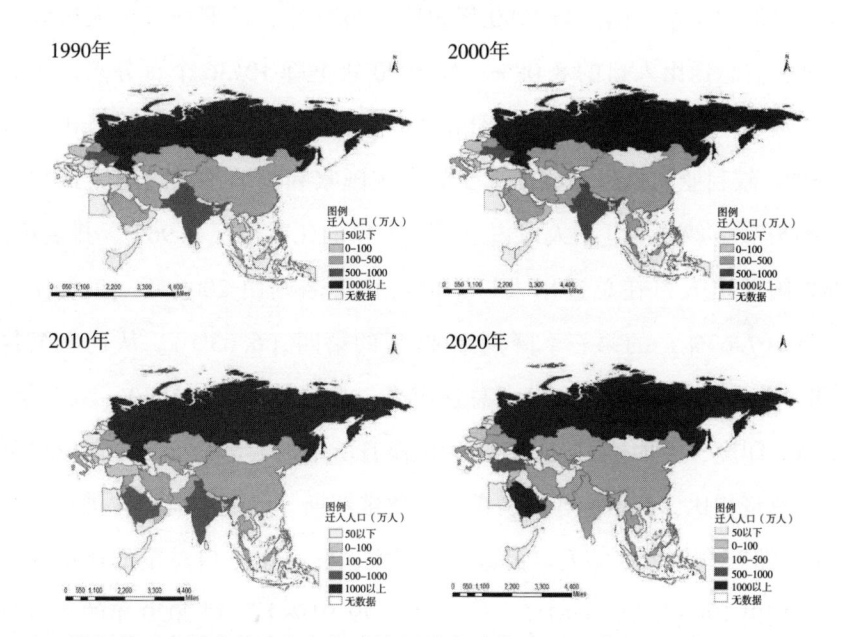

注：该图基于中国自然资源部标准地图服务系统审图号为 GS（2016）2951 号的标准地图制作，底图无修改。

图 2　1990 年、2000 年、2010 年、2020 年共建"一带一路"合作伙伴间人口迁入地空间分布图

2. 人口迁出地主要集中在俄罗斯、印度、孟加拉国等国家

从人口迁出地来看，1990—2020 年，移民空间分布同样表现出集中化特征。从演变趋势来看，1990 年，人口迁出地的集中化指数为 0.750，2000 年（0.697）、2010 年（0.679）、2020 年（0.682）均比 1990 年低，但 2020 年较 2010 年有所上升。人口迁出地集中性是否会继续加强或出现其他变化，还有待更长时间数据的验证。

如图 3 所示，具体来看，俄罗斯、印度、孟加拉国等亚洲国家，以及中东和非洲部分国家是主要的人口迁出地。其中，俄罗斯既是人口迁入大国也是人口迁出大国。1990 年，俄罗斯迁出人口数量最多，占总迁出人口的 18.44%，其次是阿富汗（10.08%）、印度（8.31%）、孟加拉国（8.04%）、乌克兰（8.03%）等国。与 1990 年相比，2020 年，俄罗斯迁出人口数量明显下降，占总迁出人口的 8.08%，较 1990 年下降 10.36 个百分点。印度迁出人口数量相对增加，2020 年为迁出人口数量最多的国家，占总迁出人口的 12.35%。叙利亚和也门等政局突变的中东国家和海湾国家迁出人口数量剧增，2020 年，叙利亚迁出人口占总迁出人口的比重增至 6.96%，排名第三。孟加拉国迁出人口在总迁出人口中的占比排名则由 2000 年（7.85%）和 2010 年（7.67%）的第三下降到 2020 年的第四（6.63%）。从迁出至共建"一带一路"合作伙伴的人口占总迁出人口的比例来看，1990—2020 年间，俄罗斯、印度、孟加拉国人口迁出的规模有所增加，但与这三个国家国际迁出人口总量相比，其增速相对缓慢，导致俄罗斯、印度、孟加拉国迁往共建"一带一路"合作伙伴的人口占这三个国家国际迁出人口总量的比例逐年缩减，分别由 1990 年的 95.81%、82.51%、79.91% 下降到 2020 年的 79.62%、68.74%、36.93%。即使如此，共建"一带一路"合作伙伴仍是俄罗斯和印度重要的人口迁出地。

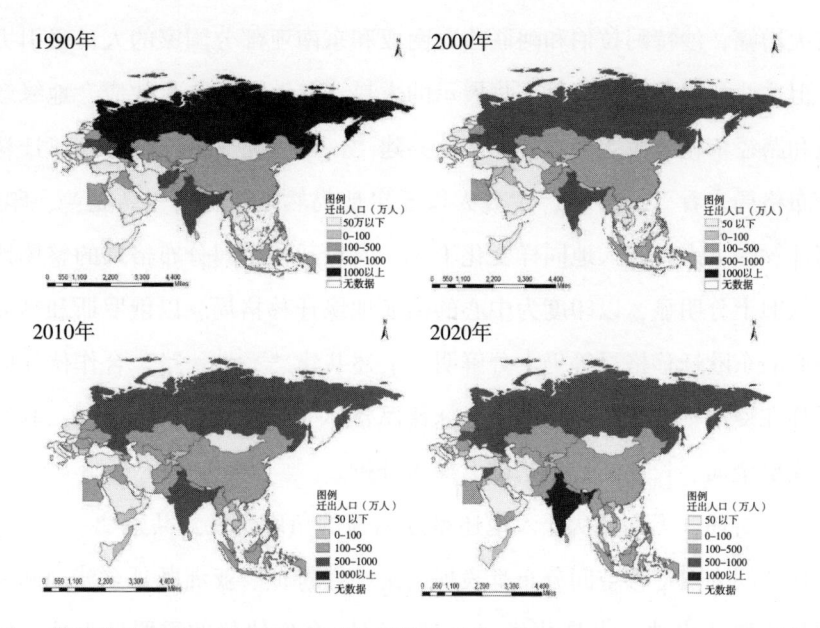

共建"一带一路"合作伙伴间人口迁移的空间格局及其演变特征:1990—2020年

注:该图基于中国自然资源部标准地图服务系统审图号为GS(2016)2951号的标准地图制作,底图无修改。

图3　1990年、2000年、2010年、2020年共建"一带一路"合作伙伴间人口迁出地空间分布图

3. 新冠疫情与共建"一带一路"合作伙伴间的人口迁移

揭示新冠疫情对共建"一带一路"合作伙伴间人口迁移的影响有待更全面的人口国际迁移数据。本文仅就2019年和2020年联合国国际移民存量年中数据进行分析。虽然诸多研究表明,在全球尺度下,新冠疫情在国家、社会、个人等层面上都有阻碍人口流动的趋势,但总的来说并未对共建"一带一路"合作伙伴间的人口流动产生根本性影响。具体来说,新冠疫情并未对沿线国家或地区人口迁移的总体规模、迁移路径、演变格局产生颠覆性的改变。在总体规模方面,相比于2019年,2020年共建"一带一路"合作伙伴的人口迁移总量不降反升,增加170多万人,增幅较大的国家为沙特阿拉伯、土耳其、阿联酋等。就迁移路径而言,部分国家或地区出现了相对显著的变化,如受地缘政治因素影响,叙利亚迁往土耳其的人口数量在2020年有较大增幅，沙特阿拉伯和阿联酋对南亚和东南亚部分国家的人口吸引力增强。但这些变化没有改变下文将展示的人口迁移路径的临近效应、地缘政治效应和路径依赖效应等基本规律。从共建"一带一路"合作伙伴人口迁移空间分布格局来看，2020年，主要人口迁出地仍然是俄罗斯、乌克兰、印度、阿富汗等国，人口迁入地同样变化不大。人口迁移空间分布格局的整体地缘特征依旧十分明显，以印度为中心的南亚地缘迁移格局、以俄罗斯和乌克兰为中心的东欧迁移格局等仍十分鲜明。上述共建"一带一路"合作伙伴间人口迁移在疫情早期的变化与前述全球移民整体变化和预期有所不同，其原因有待在更全面、长期的数据基础上深入分析。

综上所述，无论是从迁入地还是迁出地的角度出发，共建"一带一路"合作伙伴间人口迁移空间分布都表现出集中性特征。亚洲既是全球国际人口迁移的重要迁出地，也是共建"一带一路"合作伙伴的重要迁出地。俄罗斯、印度等国家既扮演着迁出大国的角色同时又是迁入大国。相较于人口迁入地而言，人口迁出地的演变特征更加复杂和多变，受地缘政治因素的影响更加明显。新冠疫情并未对共建"一带一路"合作伙伴间的人口迁移空间格局产生根本性影响，其迁移模式具有一定的稳固性。

三、共建"一带一路"合作伙伴间人口迁移网络的格局及其变化

（一）人口迁移网络的地理格局

利用R软件，以67个共建"一带一路"合作伙伴为外圈坐标轴，以其相互之间的人口迁移量为弦，作1990年、2000年、2010年、2020年的沿线国际人口迁移弦图。其中，外圈坐标轴代表了一个地区的迁出人口和迁入人口之和，刻度单位为万人，不同的颜色代表不同的国家或地区；弦的宽度代表人口迁移量，弦越宽，两地之间的人口迁移量越大，弦的颜色和迁出国颜色一致。虽然弦图可以直观地反映人口迁移网络的复杂性和动态性，但是当

共建"一带一路"合作伙伴间人口迁移的空间格局及其演变特征：1990—2020 年

所表达的国家或地区单元过多、双向人口迁移关系过于复杂时，可视化效果就不十分理想。所以，本文在传统弦图的基础上加入阈值的筛选，将两个国家或地区之间的人口迁入量和迁出量与平均迁移量作比较，筛选出所有大于平均迁移量的迁移流，作为弦图的表达对象，结果如图 4 所示，从中可以发现共建"一带一路"合作伙伴间人口迁移网络格局的主要特征。

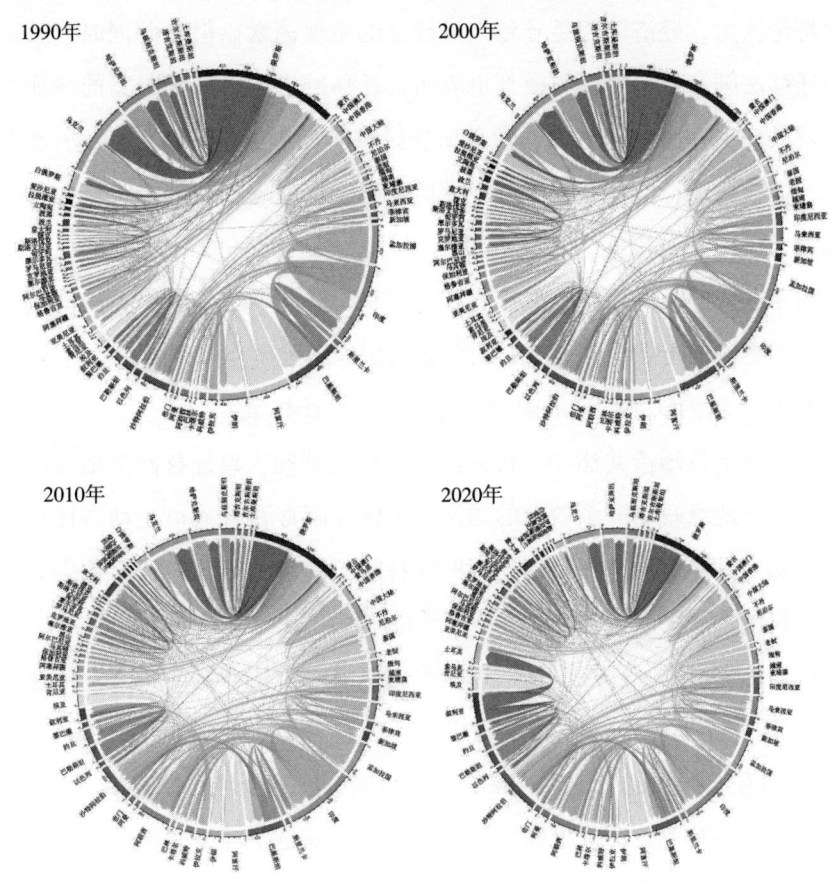

图 4　1990 年、2000 年、2010 年、2020 年共建"一带一路"合作伙伴间人口迁移弦图

1. 空间距离近的国家或地区间人口迁移量大

人口迁移网络格局具有临近效应，最大的迁移流发生在相邻或相近的国

家或地区间。如图4所示，最大的迁移流发生在俄罗斯、乌克兰及中亚五国之间。印度、巴基斯坦、孟加拉国之间，阿富汗、伊朗、巴基斯坦之间也存在较大的人口迁移流。除此之外，虽然东南亚国家之间、中东—海湾国家之间、东欧国家之间人口迁移规模较小，但也形成了稳定的区域人口迁移流。当前，国际人口迁移已被认为是经济全球化的直接结果。经济学角度的人口迁移理论认为，经济动因是导致人口迁移的主要因素。但与此同时，莱文斯坦的迁移法则和吉佛的引力模型也表明，迁移的可能性随着距离的增加而降低。就共建"一带一路"合作伙伴所在区域而言，东欧国家经济发展水平较高、社会较稳定，但是并没有大规模地吸引经济发展相对处于劣势地位的亚洲国家人口迁入；相反，亚洲移民更多迁至相对邻近的海湾国家。由此可见，由于迁移的距离成本、文化成本，面对同样具有经济吸引力的国家或地区，人们更倾向于选择空间上相对临近的国家或地区作为迁入地。

2. 地缘政治联系较强的国家或地区间人口迁移量大

地缘政治是塑造共建"一带一路"合作伙伴间人口迁移网络格局的重要因素之一。地缘政治联系较强的国家或地区之间存在着人口流动占比较大的迁移走廊。具体来说，在中东地区的沙特阿拉伯和阿联酋，迁出地多为巴勒斯坦、科威特、阿曼等，其中，沙特阿拉伯2020年迁往共建"一带一路"合作伙伴的人口中，迁往巴勒斯坦的占比达30.93%。阿联酋2020年迁往共建"一带一路"合作伙伴的人口中，迁往科威特的占比达22.17%。印度2020年则有近90%的迁入人口来自孟加拉国、巴基斯坦和尼泊尔。

当前，叙利亚移民规模骤增和移民流向剧变也是地缘政治因素对人口迁移网络格局产生影响的重要表现，如2020年土耳其72.16%的迁入人口来自叙利亚。

3. 从南亚和东南亚国家到中东产油国是重要迁移路径之一

从迁出地来看，1990年，印度、孟加拉国、印度尼西亚迁往沙特阿拉伯和阿联酋的人口，分别占这三国各自迁往共建"一带一路"合作伙伴人口的

24.99%、11.99%和52.22%；2020年，这三个比例分别为48.62%、35.95%和50.01%。从迁入地来看，1990年，印度、孟加拉国、印度尼西亚三国迁入沙特阿拉伯和阿联酋的人口，分别占沙特阿拉伯和阿联酋共建"一带一路"合作伙伴迁入人口总量的53.99%和44.01%；2020年，这两个比例分别为44.42%和59.79%。可见，中东产油国是南亚和东南亚国家在共建"一带一路"合作伙伴中的重要迁入地，而东南亚国家则是中东产油国从共建"一带一路"合作伙伴中获取移民的主要来源地。

4. 人口迁移流向基本维持原有路径

从时间尺度来看，早期移民的迁移路径选择会影响后续移民的迁移行为，人口迁移流向表现出路径依赖。由图5可见，1990—2020年间，共建"一带一路"合作伙伴间人口迁移网络格局整体稳定，除了移民数量的增减变化之外，人口迁移流向基本维持原有路径。但各区域移民规模的相对地位存在局部变化，如南亚次大陆—海湾—东南亚国家之间的人口迁移规模占比上升，尤其是海湾国家对区域内移民的吸引力明显增强，除一些政局不稳定的国家之外，海湾地区的石油出产国均为人口净迁入国。

综上所述，相较于全球范围内的人口迁移，"南—北"迁移模式在共建"一带一路"合作伙伴间的迁移上并不占优势，而"南—南"迁移模式和相邻地区间的小尺度迁移是其人口迁移的主流，距离、地缘政治和经济等因素是塑造共建"一带一路"合作伙伴间人口迁移网络格局的重要因素。迁移距离增加使迁移的经济成本及风险相应增加，因此，人们往往倾向于迁往近距离经济中心。同时，重大政治事件是形成两大迁移流的重要助推力量。在距离、政治、经济等因素的综合作用下形成的稳定迁移流，表现出路径依赖效应。

（二）人口迁移网络的社团结构特征

虽然弦图直观地反映了人口迁移网络的流向和规模，但其内在结构仍有待进一步揭示。本文利用Gephi软件进行模块化统计，以上述67个国家或地区为节点，以它们相互之间的人口迁移联系为边，并以迁移量为边的权重，构建无向加权网络，以辨析人口迁移网络的内在结构。在 1.0 的标准解析度下，67 个国家或地区被划分为不同的凝聚子群，如图 5 所示，同一颜色归属为同一子群，具体特征如下：

整体而言，共建"一带一路"合作伙伴间人口迁移网络基本上遵循地缘相近原则，呈团块状结构。在时间尺度上，凝聚子群发生明显的整合—分散—再整合过程。

1990 年的共建"一带一路"合作伙伴间人口迁移网络被划分为 6 个子群，分别是以俄罗斯为中心的独联体国家子群、东欧国家子群、中东国家子群、伊拉克—伊朗—阿富汗子群、北非—海湾—南亚—东南亚国家子群、中

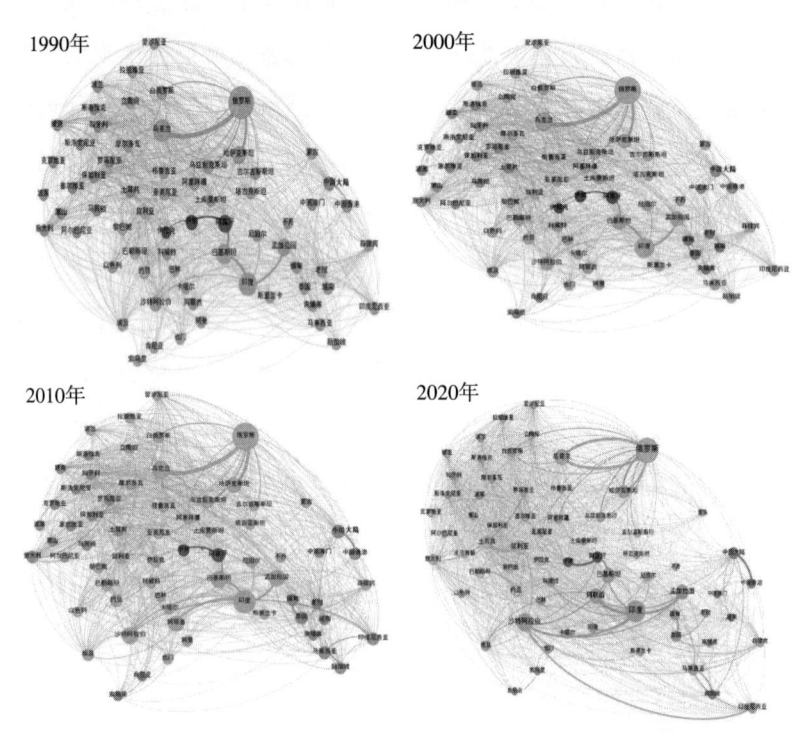

图 5　1990 年、2000 年、2010 年、2020 年共建"一带一路"合作伙伴间
人口迁移网络凝聚子群图

国内部子群。其中，以色列被划分到空间距离并不邻近的东北欧—中亚国家子群，可能与历史上犹太民族的政治迁移有关。随着时间的推移，子群的划分进一步细化。2000年，子群划分结果显示，北非—海湾—南亚—东南亚国家子群一分为三，位于非洲的索马里—肯尼亚单独成群，缅甸—老挝—泰国—越南—柬埔寨单独成群。2010年，马来西亚、新加坡、印度尼西亚与中国大陆、中国香港、中国澳门划归为同一子群，伊拉克从原本的伊拉克—伊朗—阿富汗子群脱离，划归中东国家子群。2020年，子群划分由分散向再整合发展，东欧国家子群进一步与独联体国家子群和中东国家子群融合形成独联体—东欧国家子群；中国内部子群与东南亚国家子群融合，形成中国内部—东南亚国家子群；由于阿富汗和伊朗人口流动联系密切，两者被单独归为一个子群，即阿富汗—伊朗子群；北马其顿、土耳其、保加利亚融入新的叙利亚—土耳其子群；沙特阿拉伯、阿联酋等中东国家对东南亚人口的吸引力逐渐增强，形成印度尼西亚—印度—沙特阿拉伯—阿联酋子群。

综上所述，共建"一带一路"合作伙伴间人口迁移网络以地缘关系为划分原则，呈团块状结构，距离相近的国家或地区容易划归为同一子群。在1990年、2000年、2010年三个时间段，独联体国家子群、东北欧国家子群内部结构稳定，与该区域人口迁移的原因有关——该区域人口迁移规模因20世纪90年代苏联解体和东欧剧变而大量增长，虽然随着政局稳定，迁移规模下降，但迁移路径具有依赖效应。到2020年，这一结构才发生较大变化，东欧国家子群与独联体国家子群在人口迁移方面进一步融合，形成了东欧—独联体国家子群。中国内部子群则与东南亚国家子群融合，形成中国—东南亚国家子群。相比于2010年，2020年东南亚国家子群所涉范围由5个国家演变为4个国家，越南融入中国内部—东南亚国家子群。原北非—海湾—南亚—东南亚国家子群演变为印度尼西亚—印度—阿联酋—沙特阿拉伯子群。

四、结论与讨论

（一）主要结论

本文以共建"一带一路"合作伙伴为研究对象，系统阐述了1990—2020年近30年间67个国家或地区之间的人口迁移空间格局及其演变特征，研究发现，共建"一带一路"合作伙伴间的人口迁移既有符合全球范围内人口迁移趋势和规律的现象，也表现出特殊性，具体如下：

第一，从人口迁移规模和宏观迁移态势上看，人口迁移规模逐渐增大，且各个时间段增幅变化较大。俄罗斯、印度的人口迁入量、迁出量均位于前列，其他主要迁入地还包括沙特阿拉伯、阿联酋等中东国家，主要迁出地还包括巴基斯坦、孟加拉国等南亚国家。

第二，从迁移路径看，人口迁移路径受临近效应、地缘政治效应及路径依赖效应的影响。

第三，从迁移格局来看，人口迁移网络的社团结构经历了整合—分散—再整合的过程。

第四，从人口迁移空间格局看，"南—南"迁移和局部地区内部迁移比"南—北"迁移更占优势。

第五，基于2019年和2020年国际移民存量年中数据，新冠疫情并未对人口迁移的总体规模、迁移路径、迁移格局产生根本性影响，人口迁移特征具有一定的稳定性。

第六，从影响因素看，由收入差距驱动的低收入向高收入国家的长距离迁移并不占据主导地位，距离相近、文化类同是影响共建"一带一路"合作伙伴间人口迁移空间分布格局的首要外部力量。

（二）讨论与思考

本文分析表明，在全球"南—南"迁移势头高涨的背景下，亚洲和非洲国家或地区在共建"一带一路"合作伙伴间人口迁移整体进程中的地位不断上升。亚洲国家或地区迁入人口占比由 1990 年的 64.01% 增长至 2020 年的 73.67%，迁出人口占比由 63.86% 增长至 73.97%；非洲国家或地区迁入人口占比由 0.17% 增长至 0.8%，迁出人口占比由 1.72% 增长至 3.82%；欧洲国家或地区不论从迁入地还是迁出地角度来说，其人口迁移规模和占比都呈现不同程度的缩减。

本文进一步将共建"一带一路"合作伙伴置于全球视角下分析，发现类似规律。20 世纪 90 年代始，"一带一路"所涉及的欧洲国家或地区迁移人口在世界范围内的人口迁移占比持续下降。其中，欧洲共建"一带一路"合作伙伴迁入人口占世界迁移总人口的比重由 1990 年的 15.4% 下降到 2020 年的 9.04%，迁出人口比重由 1990 年的 14.81% 下降到 7.86%。相比之下，亚洲共建"一带一路"合作伙伴迁移人口占世界迁移总人口的比重仅有轻微下降，迁入人口比重从 1990 年的 27.50% 下降到 2020 年的 26.08%，迁出人口比重从 1990 年的 27.43% 下降到 2020 年的 26.19%。

这些数据进一步印证了本文关于"南—南"迁移模式在共建"一带一路"合作伙伴间人口迁移中占据主导地位的结论，以及已有文献中关于"南—南"迁移模式在国际人口迁移中抬头的结论。同时，这些数据在某种程度上说明，不管是从共建"一带一路"合作伙伴范围内还是从全球范围内考察，欧洲作为传统的移民地区，其国际人口迁移的活力正在下降；而亚洲和非洲作为新兴发展区域，在其经济要素和政治要素日趋活跃的同时，人口要素也交织其中，人口迁移活力攀升。

囿于数据和时间，本文在联合国移民存量数据基础上对共建"一带一路"合作伙伴间人口迁移进行分析，可能存在夸大具有长期移民历史的国家的作用、未能涵盖移民离开出生国后的后续迁移等问题，以及未能在更长的时间跨度内对疫情造成的影响做多时点连贯性考察，期待在今后的研究中能够进行基于移民流量的分析，以进一步揭示共建"一带一路"合作伙伴间人口迁移空间格局的最新变化。

参考文献：

[1]陈红艳,喻忠磊,张华.中国国际人口迁移的空间格局及影响因素[J].人口与发展,2016,22(6):12-24.

[2]邓堃.一带一路战略区电子商务新常态模式探索[J].知识经济,2017(1):68-69.

[3]范兆斌.国际人口迁移与经济发展:新"智力流失"经济学视角[J].经济科学,2015(12):5-6.

[4]国家发展改革委,外交部,商务部.推动共建丝绸之路经济带和21世纪海上丝绸之路的愿景与行动[N/OL].人民日报.2015-03-29[2019-08-05].http://politics.people.com.cn/n/2015/0329/c1001-26765454-2.html.

[5]联合国.国际迁移2020重点介绍[EB/OL].[2020-01].https://www.un.org/development/desa/pd/.

[6]刘军.社会网络分析导论[M].北京:社会科学文献出版社,2004.

[7]刘军.整体网分析——UCINET软件实用指南[M].上海:上海人民出版社,2014.

[8]吕晨,孙威.人口集聚区吸纳人口迁入的影响因素——以东莞市为例[J].地理科学进展,2014,33(5):593-604.

[9]丘立本.国际移民的历史、现状与我国对策研究[J].华侨华人历史研究,2005(1):1-16.

[10]推进"一带一路"建设工作领导小组办公室.共建"一带一路":理念、实践与中国的贡献[N].法制日报,2017-05-11(2).

[11]王国霞,秦志琴,程丽琳.20世纪末中国迁移人口空间分布格局——基于城市的视角[J].地理科学,2012,32(3):273-281.

[12]张善余.人口地理学概论[M].上海:华东师范大学出版社,2012:267-268.

[13]张晓青,王雅丽,任嘉敏.1990-2013年国际人口迁移特征、机制及影响研究[J].人口与发展,2014,20(4):20-27.

[14]郑蕾,刘志高.中国对"一带一路"沿线直接投资空间格局[J].地理科学进展,2015,34(5):563-570.

[15]邹嘉龄,刘春腊,尹国庆,等.中国与"一带一路"沿线国家贸易格局及其经济贡献

[J]. 地理科学进展,2015,34(5):598-605.

[16]ABEL G J. Estimates of global bilateral migration flows by gender between 1960 and 2015[J]. International Migration Review,2017(3):1-44.

[17]ABEL G J,SANDER N. Quantifying global international migration flows[J]. Science,2014:1520-1522.

[18]CASTLES S,MILLER M J. The age of migration:international population movement in the modern world[M]. New York:The Guilford Press,2009:21-22,27,301-302.

[19]IOM. International migration report 2022[EB/OL]. (2018-05-08)[2021-12-05]. https://worldmigrationreport.iom.int/wmr-2022-interactive/.

[20]OLESEN H. Migration return and development:an institutional perspective[J]. International Organization of Migration,2003:133-158.

[21]PORTES A,RUMBAUT R G. Immigration America:a portrait[M]. Berkeley:University of California Press,2006:16-17.

[22]RAVENSTEIN E G. The laws of migration[J]. Journal of the statistical society of London,1885,48(2):167-235.

[23]United Nations Population Division. International migrant stock:the 2017 revision[EB/OL]. (2017)[2019-08-05]. https://www.un.org/en/development/desa/population/migration/data/estimates2/estimates17.asp.

从可持续发展目标看共建"一带一路"国家生殖健康问题及挑战

车 焱 蔚志新[*]

摘要：生殖健康关乎人类发展，是联合国 2030 年可持续发展目标的重要组成部分之一。生殖健康与计划生育、避孕节育息息相关。本文利用联合国人口司及国际权威学者文献于 2022 年发布及使用的数据，分析 144 个共建"一带一路"国家避孕节育现状及其变化趋势，探讨并分析共建"一带一路"国家避孕水平、未满足避孕需求同生殖健康重要评价指标——非意愿妊娠率和流产率、新生儿和 5 岁以下儿童死亡率之间的关系。分析结果表明，提高共建"一带一路"国家尤其是非洲国家避孕水平可以作为降低其非意愿妊娠率和流产率的重要手段，且有助于降低其新生儿和 5 岁以下儿童死亡率，助力实现联合国 2030 年可持续发展目标。

关键词："一带一路"；生殖健康；计划生育；可持续发展目标

---

[*] 车焱，上海市生物医药技术研究院国家卫健委计划生育药具重点实验室研究员；蔚志新，中国人口与发展研究中心研究员。

1994年，国际人口与发展大会通过行动纲领，将生殖健康定义为：生殖系统及其功能和过程所涉及的一切事宜，包括身体、精神和社会适应性等方面的健康状态，而不仅是指没有疾病或不虚弱。生殖健康意味着人们有满意而安全的性生活，有生育能力，并能够自主决定是否生育、何时生育及生育多少孩子。计划生育是生殖健康的核心内容，世界卫生组织将计划生育定义为：让人们获得理想的子女数量并决定生育间隔，实现的手段是避孕和治疗不孕不育。绝大多数非意愿妊娠是由未避孕或避孕失败所致。世界卫生组织的一份报告指出：全球所有非意愿妊娠中，61%以人工流产终止妊娠；45%的人工流产属不安全流产，其中97%发生在发展中国家；不安全流产是导致孕产妇死亡和疾病的主要原因。此外，有研究表明，生育间隔小于2年的婴儿死亡率比生育间隔2—3年的婴儿死亡率高出45%，比生育间隔在4年及以上的婴儿死亡率高出60%。因此，计划生育不仅有助于降低非意愿妊娠、不安全流产和妊娠间隔过短的风险，还有助于降低孕产妇及婴儿死亡率。

2015年，联合国193个会员国一致通过了17项可持续发展目标，并将其纳入《联合国2030年可持续发展议程》。其中，目标3"良好健康与福祉"所列的14个子目标中，有3个子目标与生殖健康密切相关，分别是：

3.1——到2030年，全球孕产妇每10万例活产的死亡率降至70例以下。

3.2——到2030年，消除新生儿和5岁以下儿童可预防的死亡，各国争取将新生儿每1000例活产的死亡率至少降至12例，5岁以下儿童每1000例活产的死亡率至少降至25例。

3.7——到2030年，确保普及性健康和生殖健康保健服务，包括计划生育、信息获取和教育，将生殖健康纳入国家战略和方案。

为此，本文围绕避孕节育、非意愿妊娠、非意愿妊娠流产、新生儿和5岁以下儿童死亡等内容，探讨共建"一带一路"国家面临的生殖健康问题与挑战。

一、共建"一带一路"国家避孕及避孕需求未满足情况

（一）数据来源及分布情况

截至 2022 年 7 月，中国已经同 149 个国家和 32 个国际组织签署 200 余份共建"一带一路"合作文件。根据联合国发布的《世界避孕使用 2022》，在 150 个共建"一带一路"国家（包括中国）中，缺少 6 个国家避孕状况和未满足避孕需求的数据，分别是非洲的塞舌尔，亚洲的文莱，欧洲的塞浦路斯、卢森堡，以及大洋洲的纽埃和密克罗西亚联邦。如表 1 所示，本文以其余 144 个国家为研究对象，包括非洲 51 个国家、亚洲 38 个国家、欧洲 25 个国家、大洋洲 9 个国家、南美洲 9 个国家、北美洲 12 个国家。

表 1 本文研究对象所涉的 144 个共建"一带一路"国家

洲别	国别
非洲（51 国）	苏丹、南非、塞内加尔、塞拉利昂、科特迪瓦、索马里、喀麦隆、南苏丹、几内亚、加纳、赞比亚、莫桑比克、加蓬、纳米比亚、毛里塔尼亚、安哥拉、吉布提、埃塞俄比亚、肯尼亚、尼日利亚、乍得、刚果（布）、津巴布韦、阿尔及利亚、坦桑尼亚、布隆迪、佛得角、乌干达、冈比亚、多哥、卢旺达、摩洛哥、马达加斯加、突尼斯、赤道几内亚、利比亚、埃及、利比里亚、莱索托、科摩罗、贝宁、马里、尼日尔、刚果（金）、博茨瓦纳、中非、几内亚比绍、厄立特里亚、布基纳法索、圣多美和普林西比、马拉维
亚洲（38 国）	中国、韩国、蒙古国、新加坡、东帝汶、马来西亚、缅甸、柬埔寨、越南、老挝、巴基斯坦、斯里兰卡、孟加拉国、尼泊尔、马尔代夫、阿联酋、科威特、土耳其、卡塔尔、阿曼、黎巴嫩、沙特阿拉伯、巴林、伊朗、伊拉克、阿富汗、阿塞拜疆、格鲁吉亚、亚美尼亚、哈萨克斯坦、吉尔吉斯斯坦、塔吉克斯坦、乌兹别克斯坦、泰国、印度尼西亚、菲律宾、也门、叙利亚

续表

洲别	国别
欧洲（25国）	俄罗斯、奥地利、希腊、波兰、塞尔维亚、捷克、保加利亚、斯洛伐克、阿尔巴尼亚、克罗地亚、波黑、黑山、爱沙尼亚、立陶宛、斯洛文尼亚、匈牙利、北马其顿（原马其顿）、罗马尼亚、拉脱维亚、乌克兰、白俄罗斯、摩尔多瓦、马耳他、葡萄牙、意大利
大洋洲（9国）	新西兰、巴布亚新几内亚、萨摩亚、斐济、库克群岛、汤加、瓦努阿图、所罗门群岛、基里巴斯
南美洲（9国）	智利、圭亚那、玻利维亚、乌拉圭、委内瑞拉、苏里南、厄瓜多尔、秘鲁、阿根廷
北美洲（12国）	哥斯达黎加、巴拿马、萨尔瓦多、多米尼加、特立尼达和多巴哥、多米尼克、格林纳达、巴巴多斯、古巴、牙买加、尼加拉瓜、安提瓜和巴布达

资料来源：中国"一带一路"网。

由于各国开展与避孕相关的全国性调查的时间和次数不同，《世界避孕使用2022》所包含的各国不同时期避孕率和最新调查数据存在时间差异。共建"一带一路"国家中，避孕相关数据共1067条，最早一份来自1958年的匈牙利，最新数据来自2021年的布基纳法索、斐济、尼日尔和乌干达。此外，安提瓜和巴布达、多米尼克、克罗地亚等三个国家仅有1990年以前的调查数据。表2为1067条数据的调查年份和调查数量。

表2　共建"一带一路"国家避孕数据调查年份与数量　　（单位：条）

调查年份	调查数量
1958—1969	10
1970—1979	81
1981—1989	114
1990—1999	212

续表

调查年份	调查数量
2000—2010	299
2011—2021	351

资料来源：《世界避孕使用 2022》。

注：跨年调查以调查结束年份为准。部分国家同一年份提供了几份不同来源的调查数据。

（二）综合避孕率及未满足避孕需求

1. 综合避孕率

综合避孕率定义为：在所有已婚或同居的育龄（15—49 岁）女性中，使用任何避孕方法者的占比。"同居"指的是女性与伴侣同住但尚未办理结婚登记或举办风俗婚礼。"任何避孕方法"包括现代避孕方法和传统避孕方法。"未满足避孕需求"指希望推迟下一次怀孕（满足生育间隔的需要）或不想再生孩子（满足数量限制的需要）的已婚或同居育龄女性未使用任何避孕方法的比例。

图 1 显示了本文所涉 144 个国家最近一次调查的综合避孕率，其中，欧洲、美洲国家综合避孕率最高，亚洲国家次之，非洲和大洋洲国家（除新西兰外）较低。

在 25 个欧洲国家中，有 20 个国家的避孕率接近或超过 60%，捷克的避孕率高达 86.3%；9 个南美洲国家中，有 7 个国家的避孕率超过 60%；12 个北美洲国家中，6 个国家的避孕率接近或超过 60%。仅阿尔巴尼亚（46%）、波斯尼亚和黑塞哥维那（45.8%）、特立尼达和多巴哥（40.3%）、苏里南（39.1%）、圭亚那（29.9%）及黑山共和国（20.7%）等少数欧洲、美洲国家的综合避孕率不到 50%。在 38 个亚洲国家中，有 10 个国家的避孕率超过

60%。其中，中国的避孕率达到84.5%[1]；韩国次之，为82.3%；阿富汗和马尔代夫最低，不到20%。在51个非洲国家中，仅7个国家的综合避孕率超过60%，摩洛哥最高，为70.8%；33个国家不足40%，其中17个国家不超过20%。在9个大洋洲国家中，除新西兰外，其他8个国家的避孕率均不足50%，其中6个国家处于40%以下，萨摩亚仅为16.6%。

总体上，经济社会发展水平与综合避孕率呈正比：发展水平高的国家，综合避孕率较高；反之，综合避孕率较低。一方面，经济社会发展可以提高一个国家和地区的综合避孕率水平。另一方面，提高避孕水平、降低非意愿妊娠率和母婴死亡率，也会降低一个国家和地区的生育水平，从而改善人们的健康状况，增进福祉。

2. 未满足避孕需求

一个国家或地区育龄人口综合避孕率较低，会导致未满足避孕需求增加。图1同时给出了103个共建"一带一路"国家（41个国家没有数据）育龄女性未满足避孕需求的情况。总的来看，非洲共建"一带一路"国家育龄女性未满足避孕需求最大，其次为大洋洲、南美洲和亚洲，欧洲和北美洲最小。

非洲和大洋洲国家（除新西兰外）的综合避孕率较低，使得育龄女性未满足避孕需求较高。47个非洲共建"一带一路"国家（其余非洲国家没有数据）中，未满足避孕需求比例最高的是利比亚（40.2%），最低为津巴布韦（10.4%）。分段来看，有19个国家未满足避孕需求的比例介于10%—20%之间，有16个介于20%—29%之间，有12个介于30%—41%之间。

---

[1] 根据国家卫生健康委员会发布的《2019中国卫生健康统计年鉴》,2010年和2016年,中国已婚育龄妇女综合避孕率分别为89.1%和83.0%,2018年降至80.6%。

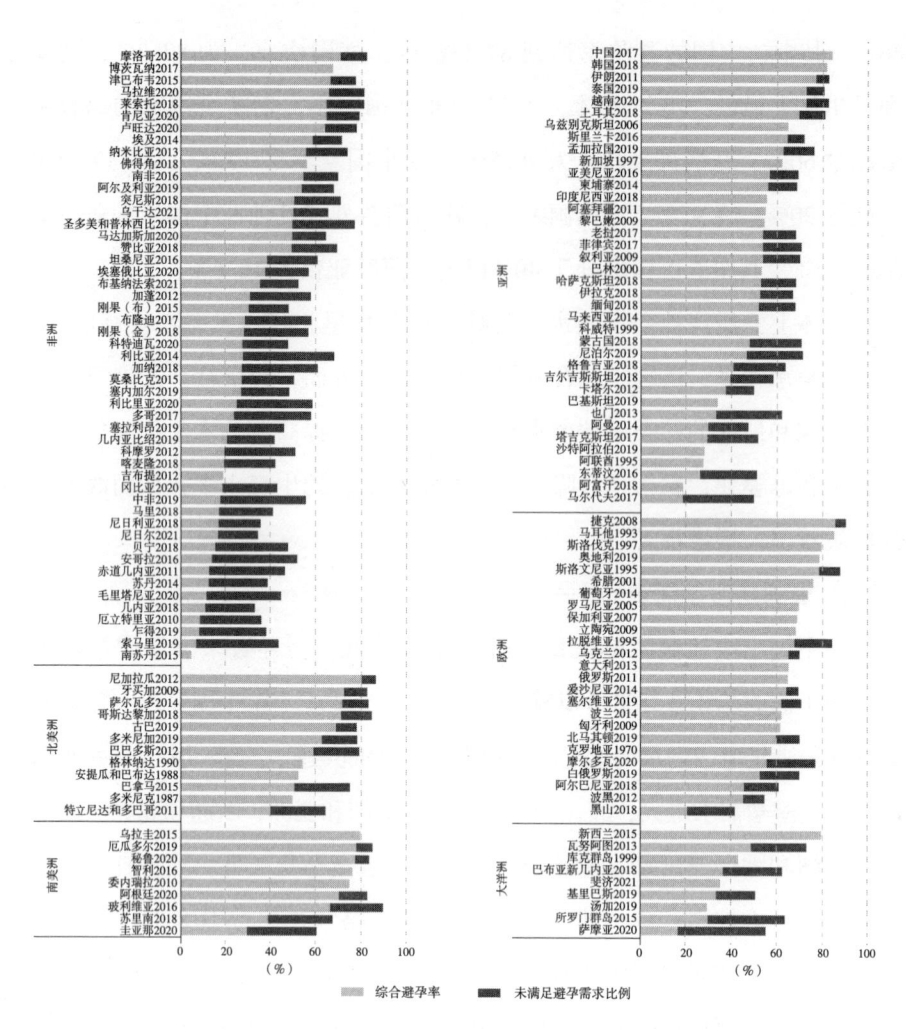

资料来源：《世界避孕使用 2022》。

图 1　共建"一带一路"国家综合避孕率和未满足避孕需求比例

大洋洲的 5 个共建"一带一路"国家中，未满足避孕需求比例最高的为萨摩亚（38.9%），最低的为基里巴斯（17.3%）。南美洲的 6 个共建"一带一路"国家中，未满足避孕需求比例最高的为圭亚那（30.5%），最低的为秘鲁（6.1%）。亚洲的 25 个共建"一带一路"国家中，有 7 个国家未满足避孕需求比例超过 20%，最高为马尔代夫（31.4%）；有 12 个国家未满足避孕需求比例在10%—20%之间，3个国家低于10%，最低为伊朗（6.1%）。中国2017年调查数据无该数值。2001年调查结果显示，中国未满足避孕需求比例为2.3%。北美洲的12个共建"一带一路"国家中，9个国家提供了未满足避孕需求比例，最高为特立尼达和多巴哥（24.3%），巴拿马次之（24.2%），尼加拉瓜最低（5.8%），其他各国介于10%—20%之间。欧洲的25个共建"一带一路"国家中，12个国家提供了未满足避孕需求比例，有2个国家超过了20%，分别为摩尔多瓦（21.2%）和黑山（21.0%）；5个国家介于10%—20%之间；6个国家低于10%，最低为捷克（4.3%）。

总之，综合避孕率越低，未满足避孕需求的比例越大。以非洲为例，其未满足避孕需求比例的数值范围从最低的10.4%到最高的40.2%，现代避孕方法使用率的数值范围从最高的65.8%到16.3%。可见，提高综合避孕率可以有效降低未满足避孕需求比例。

（三）综合避孕率变化趋势

144个共建"一带一路"国家中，137个国家在1990—2021年间开展了至少两次避孕节育相关调查；7个国家仅有一次调查数据，分别为亚洲的阿联酋，欧洲的拉脱维亚、马耳他和克罗地亚，北美的巴巴多斯和格林纳达，以及大洋洲的斐济。由1990年至今的各国综合避孕率变化趋势可知，多数非洲共建"一带一路"国家综合避孕率呈上升趋势，少数国家经历了先上升后略有下降的过程。多数亚洲共建"一带一路"国家的综合避孕率呈较平稳或轻度上升，少数几个国家略有下降，但幅度较小。北美洲近半数国家综合避孕率经历了先升后降。南美洲国家以上升趋势为主，少数国家呈波段式变化。大洋洲不同国家综合避孕率起伏变化明显。

如图2所示，进一步比较各国最近两次调查中的综合避孕率变化值，可以看出，非洲国家综合避孕率以上升为主。其中，乌干达上升幅度最大，2014—2021年间上升了23%；马拉维和布基纳法索的综合避孕率在10年左右的时间里上升了19%；但利比亚2003—2014年间的综合避孕率下降幅度超过15%，刚果（布）2012—2015年间的综合避孕率下降幅度接近15%。

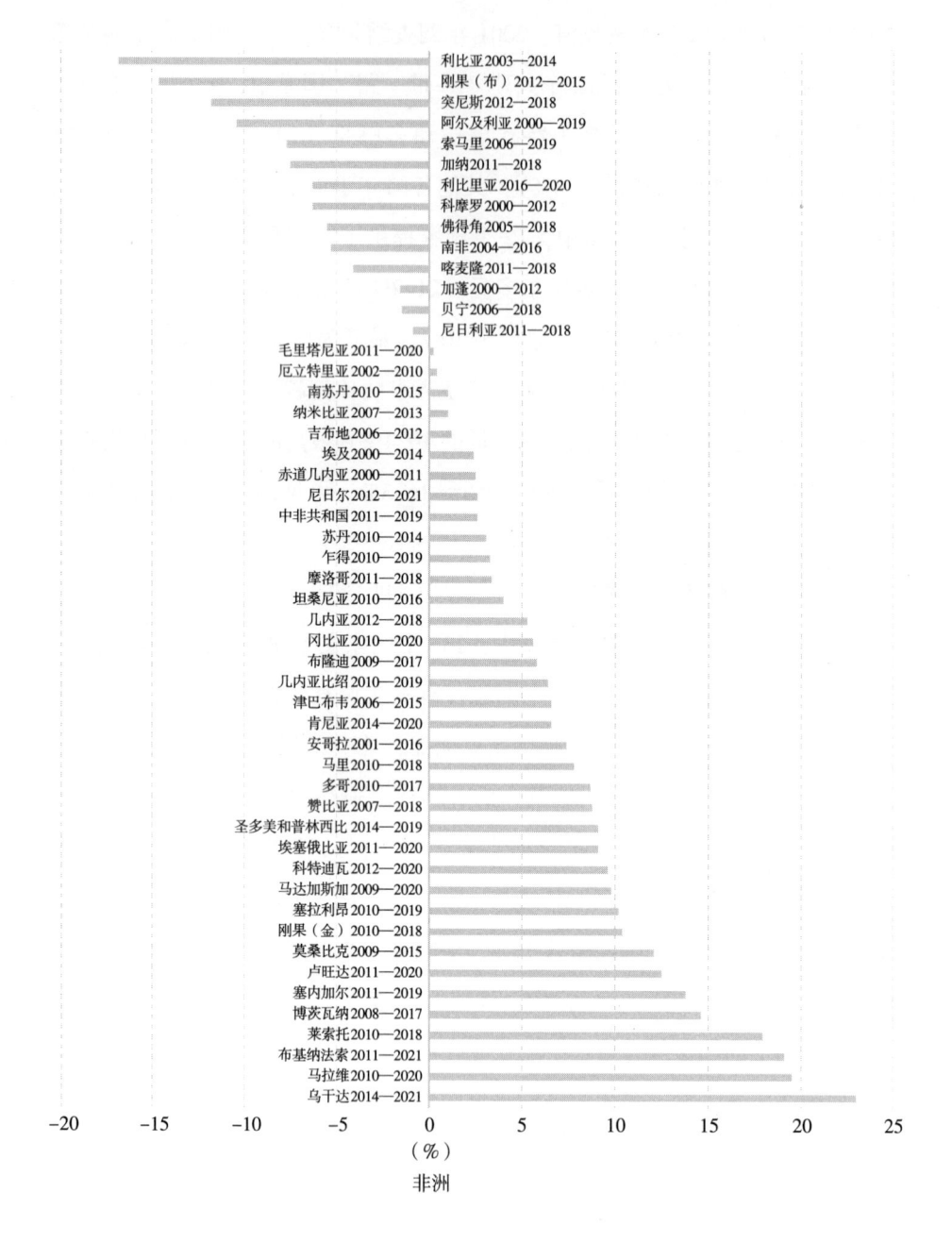

非洲

从可持续发展目标看共建"一带一路"国家生殖健康问题及挑战

北美洲

国家/时期	
多米尼克1982—1987	
巴拿马2013—2015	
哥斯达黎加2010—2018	
多米尼加共和国2010—2019	
古巴2011—2019	
特立尼达和多巴哥2006—2011	
萨尔瓦多2008—2014	
牙买加2003—2009	
安提瓜和巴布达1981—1988	
尼加拉瓜2001—2012	

（%）
北美洲

南美洲

国家/时期	
圭亚那2009—2020	
苏里南2010—2018	
乌拉圭2004—2015	
秘鲁2010—2020	
委内瑞拉1998—2010	
厄瓜多尔2004—2019	
玻利维亚2008—2016	
智利2006—2016	
阿根廷2012—2020	

（%）
南美洲

"一带一路"人口与发展（第三辑）

国家	数值
阿尔巴尼亚 2009—2018	
匈牙利 1993—2009	
葡萄牙 2006—2014	
白俄罗斯 2012—2019	
俄罗斯 2004—2011	
摩尔多瓦 2012—2020	
黑山共和国 2013—2018	
乌克兰 2005—2012	
爱沙尼亚 2010—2014	
塞尔维亚 2010—2019	
意大利 1996—2013	
保加利亚 2005—2007	
斯洛伐克 1991—1997	
立陶宛 2006—2009	
罗马尼亚 1999—2005	
斯洛文尼亚 1970—1995	
波斯尼亚和黑塞哥维那 2006—2012	
波兰 2011—2014	
奥地利 2013—2019	
捷克 1997—2008	
希腊 1999—2001	
北马其顿 2011—2019	

（%）

欧洲

从可持续发展目标看共建"一带一路"国家生殖健康问题及挑战

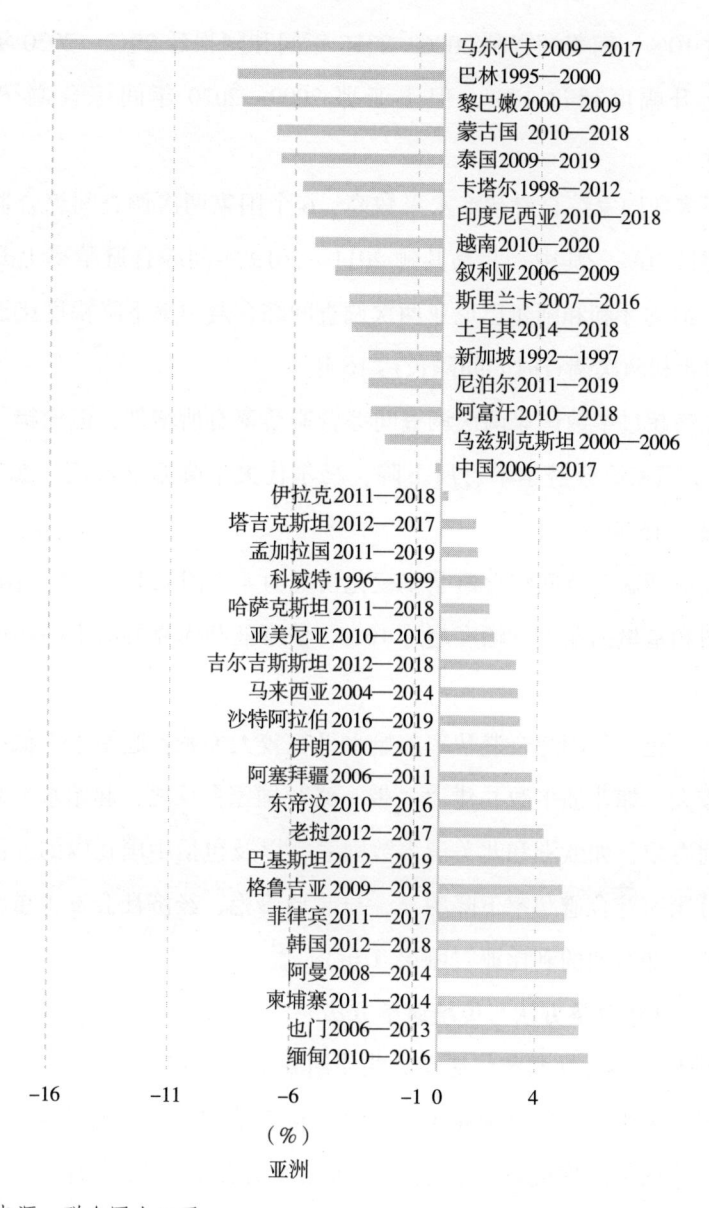

马尔代夫2009—2017
巴林1995—2000
黎巴嫩2000—2009
蒙古国 2010—2018
泰国2009—2019
卡塔尔1998—2012
印度尼西亚2010—2018
越南2010—2020
叙利亚2006—2009
斯里兰卡2007—2016
土耳其2014—2018
新加坡1992—1997
尼泊尔2011—2019
阿富汗2010—2018
乌兹别克斯坦2000—2006
中国2006—2017
伊拉克2011—2018
塔吉克斯坦2012—2017
孟加拉国2011—2019
科威特1996—1999
哈萨克斯坦2011—2018
亚美尼亚2010—2016
吉尔吉斯斯坦2012—2018
马来西亚2004—2014
沙特阿拉伯2016—2019
伊朗2000—2011
阿塞拜疆2006—2011
东帝汶2010—2016
老挝2012—2017
巴基斯坦2012—2019
格鲁吉亚2009—2018
菲律宾2011—2017
韩国2012—2018
阿曼2008—2014
柬埔寨2011—2014
也门2006—2013
缅甸2010—2016

-16　　-11　　-6　　-1 0　　4
（%）
亚洲

资料来源：联合国人口司。

图2　共建"一带一路"国家最近两次调查中的综合避孕率变化值

北美洲尼加拉瓜2001—2012年间综合避孕率上升了近12%，但多米尼加、巴拿马、哥斯达黎加和多米尼克4国最近两次调查的综合避孕率下降幅度均超过10%。南美洲智利2006—2016年间和阿根廷2012—2020年间综合避孕率上升幅度超过10%，但圭亚那2009—2020年间综合避孕率下降了12.6%。

欧洲多数国家综合避孕率水平较高，6个国家两次调查间综合避孕率上升幅度超过10%。其中，北马其顿2011—2019年间综合避孕率上升幅度接近20%，但匈牙利和阿尔巴尼亚两次调查间综合避孕率下降幅度接近或超过20%。匈牙利两次调查时间间隔长达16年。

亚洲略超过半数国家两次调查间综合避孕率有所增加，但增幅均未超过7%。15个国家综合避孕率有所下降，马尔代夫下降幅度最高，2009—2017年间下降了15.9%。

大洋洲两次调查间综合避孕率变化情况为4个国家上升、4个国家下降，瓦努阿图和基里巴斯上升幅度超过10%，萨摩亚和库克群岛下降幅度分别为10%和20%。

上述变化与各国综合避孕率起始水平有较大关系：起始水平低的国家往往增幅较大，如非洲多数共建"一带一路"国家；反之，起始水平高的国家增幅空间有限，如欧洲和北美洲多数国家，以及包括中国在内的亚洲部分国家。部分国家综合避孕率下降明显，与政局不稳、经济社会发生重大变化等因素有关，如非洲的利比亚、刚果（布）。

（四）现代避孕方法与传统避孕方法

1. 现代避孕方法与传统避孕方法使用率

世界卫生组织及联合国相关机构通常将避孕方法分为现代避孕方法和传统避孕方法两类。现代避孕方法主要包括女性绝育、男性绝育、宫内节育器、皮下埋植剂、避孕针、短效口服避孕药、女用避孕套、男用避孕套、阴道屏障法、哺乳闭经法、紧急避孕药和其他现代方法等12小类；传统避孕方法包括安全期、体外排精和其他传统方法等3小类。从图3可知，144个共建"一带一路"国家中，大多数国家现代避孕方法使用率接近综合避率，但各大洲之间分布不均衡；南美洲的秘鲁和玻利维亚、大洋洲的瓦努阿图传统避孕方法使用率相对较高，其他国家传统避孕方法使用率极低。

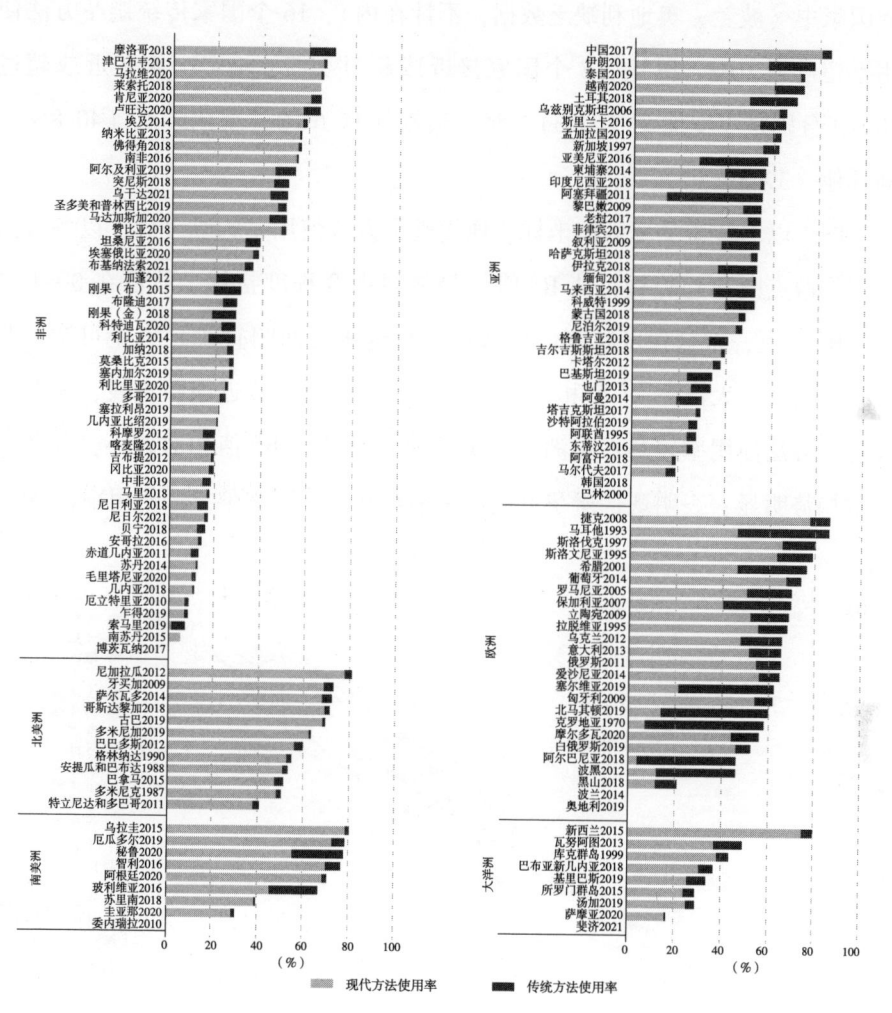

资料来源：联合国人口司。

图3 共建"一带一路"国家现代避孕方法和传统避孕方法使用率

非洲国家中，摩洛哥、加蓬、刚果（布）、刚果（金）和利比亚的传统避孕方法使用率超过了10%（10.5%—11.7%）。亚洲国家中，14个国家传统避孕方法使用率超过了10%，4个国家超过了20%，其中，阿塞拜疆高达41%。

传统避孕方法在欧洲共建"一带一路"国家较为普遍。在23个有数据的国家中（波兰、奥地利缺乏数据，不计在内），16个国家传统避孕方法使用率超过了10%，其中，8个国家接近或超过30%；4个国家接近或超过40%，分别是克罗地亚（51%）、北马其顿（45.6%）、塞尔维亚（40.8%）、马耳他（39.8%）。

图4以综合避孕率为横坐标、现代避孕方法使用率为纵坐标，以各大洲分层作散点图和趋势线，从 R^2 值（趋势线拟合程度指标，取值在0—1之间，R^2 越大，拟合程度越高，各散点分布越接近回归直线）大小可知，非洲、北美洲、大洋洲 R^2 值相对较大，各散点分布更接近回归直线，表明现代避孕方法使用率较高；亚洲、南美洲尤其是欧洲 R^2 值相对较小，各散点离散趋势明显，表明现代避孕方法使用率较低，传统避孕方法使用率较高。

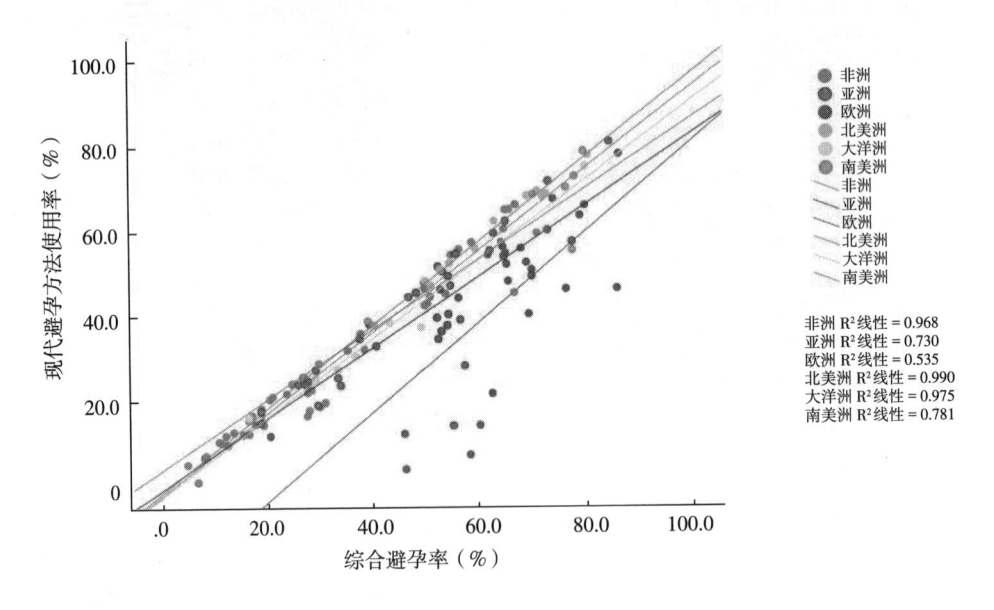

非洲 R^2 线性 = 0.968
亚洲 R^2 线性 = 0.730
欧洲 R^2 线性 = 0.535
北美洲 R^2 线性 = 0.990
大洋洲 R^2 线性 = 0.975
南美洲 R^2 线性 = 0.781

资料来源：联合国人口司。

图4 共建"一带一路"国家综合避孕率与现代避孕方法使用率相关性

2. 避孕方法构成

如上节所述，避孕方法种类较多，现代避孕方法有12小类，传统避孕方法有3小类。在细分时，一些避孕方法占比很低，不便于结果展示和叙述，因此本文将相似避孕种类的方法进行合并：女性绝育和男性绝育并称为绝育，女用避孕套和男用避孕套并称为避孕套，阴道屏障法、哺乳闭经法、紧急避孕药和其他现代方法并称为其他现代方法。此外，绝大多数国家的传统避孕方法使用率较低，因此，本文的避孕方法构成分析以现代避孕方法为主要对象。

图5反映了各大洲共建"一带一路"国家7种现代避孕方法构成情况。共建"一带一路"国家现代避孕方法构成呈现区域差异。亚洲共建"一带一路"国家的育龄女性采取的现代避孕方法主要为宫内节育器、口服药、避孕套和绝育。其中，宫内节育器使用率较高的国家为韩国（65.4%）、乌兹别克斯坦（49.7%）、中国（34.1%），口服药使用率较高的国家为孟加拉国（34.3%）、泰国（29.1%）、老挝（27.3%），避孕套使用率较高的国家为中国（24.6%）、新加坡（22.0%）、土耳其（19.1%），绝育使用率较高的国家为泰国（25.5%）、中国（19.7%）、伊朗（17.0%）、尼泊尔（16.4%）。此外，近三分之一国家的育龄女性使用避孕针，使用率较高的国家为印度尼西亚（28.9%）和缅甸（27.6%）。

南美洲、北美洲和大洋洲的现代避孕方法构成既存在诸多共性，也具有一些差异。这三大洲的共建"一带一路"国家育龄女性主要采取的现代避孕方法是绝育、避孕针和口服药。北美洲综合避孕率较高，因此，其共建"一带一路"国家对3种避孕方法的使用率相对较高。此外，南美洲、北美洲共建"一带一路"国家育龄女性还采取宫内节育器和避孕套，而除新西兰外的大洋洲共建"一带一路"国家，其育龄女性较少使用宫内节育器和避孕药，新西兰的情况与南美州和北美洲更接近。大洋洲和南美洲的部分共建"一带一路"国家育龄女性采用避孕针，但北美洲共建"一带一路"国家的育龄女性则很少采用。

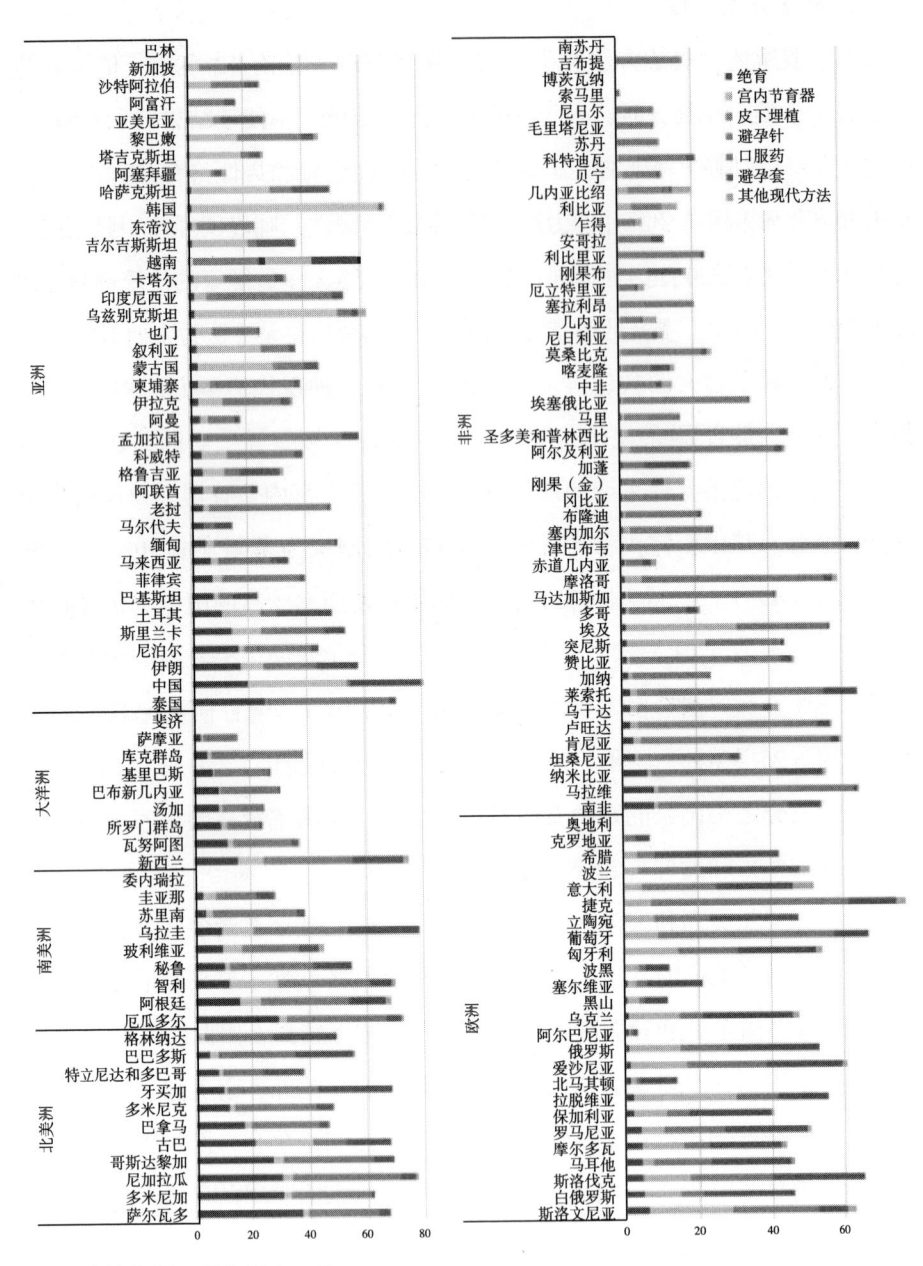

资料来源：联合国人口司。

图5 共建"一带一路"国家育龄女性各类现代避孕方法使用率

非洲共建"一带一路"国家的育龄女性主要采取的现代避孕方法为皮下埋植剂、避孕针和短效口服避孕药。其中，皮下埋植剂使用率较高的国家为卢旺达、肯尼亚和马拉维，避孕针使用率较高的国家有马拉维、莱索托、纳米比亚和马达加斯加等，短效口服避孕药使用率较高的国家有摩洛哥、津巴布韦和阿尔及利亚。此外，埃及和突尼斯育龄女性宫内节育器使用率较高，超过20%。欧洲的共建"一带一路"国家中育龄女性主要采取的现代避孕方法为避孕套、短效口服避孕药和宫内节育器。欧洲半数以上国家的避孕套使用率接近或超过20%。拉脱维亚和斯洛文尼亚的口服药使用率较高，捷克和葡萄牙的宫内节育器使用率较高。

二、共建"一带一路"国家非意愿妊娠及其与避孕和未满足避孕需求的关系

非意愿妊娠是指育龄女性不打算怀孕但却意外怀孕了，因此也被称为意外怀孕。各国报道的非意愿妊娠率较为分散，且报道的时间差异较大。为方便比较，本文采用比拉克等学者的文献报道数据，其在全面收集各国相关数据的基础上，采用贝叶斯模型对全球150个国家2015—2019年间的非意愿妊娠率进行了估计，其中包含了115个共建"一带一路"国家，即45个非洲国家、24个亚洲国家、23个欧洲国家、9个北美洲国家、8个南美洲国家和6个大洋洲国家。从表3可知，非洲国家2015—2019年间非意愿妊娠率总体较高，16个国家的非意愿妊娠率在81‰—100‰之间，14个国家的非意愿妊娠率高于100‰。北美洲、南美洲和大洋洲分别有3个、1个和1个国家非意愿妊娠率高于81‰—100‰之间，无低于40‰的国家。欧洲超过9成的国家非意愿妊娠率低于40‰，无超过80‰的国家。亚洲有10个国家非意愿妊娠率低于40‰，3个国家在81‰—100‰之间，无超过100‰的国家。

鉴于非意愿妊娠主要由未避孕或避孕失败所致，因此，本文比较了各国

综合避孕率、现代避孕方法使用率、未满足避孕需求比例与非意愿妊娠率之间的相关性。由图 6 可知，各大洲国家的综合避孕率与非意愿妊娠率的关系并不一致。北美洲、亚洲、大洋洲和南美洲国家的非意愿妊娠率随综合避孕率的上升而下降。北美洲国家下降趋势最为显著。非洲和欧洲国家非意愿妊娠率随综合避孕率的上升呈上升趋势，该结果可能与非洲国家综合避孕率总体不高、欧洲国家传统避孕方法使用率较高有关（安全期和体外排精等传统避孕方法失败率较高）。

如图 7 所示，用现代避孕方法使用率替换综合避孕率后，上述趋势不变，但亚洲、大洋洲和南美洲国家非意愿妊娠率下降趋势随现代避孕方法使用率升高而更为显著。如图 8 所示，分析未满足避孕需求比例与非意愿妊娠率的关系发现，仅亚洲国家非意愿妊娠率随未满足避孕需求比例上升而上升，其他五大洲非意愿妊娠率随未满足避孕需求比例上升而轻度下降，欧洲下降幅度最大。

表3 共建"一带一路"国家 2015—2019 年非意愿妊娠率分布　　（单位：个）

洲别	国家数量	不同范围非意愿妊娠率所含国家数量					
		5—20	21—40	41—60	61—80	81—100	101—145
非洲	45			7	8	16	14
亚洲	24	1	9	7	4	3	
欧洲	23	4	17	1	1		
北美洲	9			3	3	3	
大洋洲	6			2	2	1	1
南美洲	8			1	5	1	1
合计	115	5	26	21	23	24	16

资料来源：Bearak JM, Popinchalk A and Beavin C, et al. Country-Specific Estimates of Unintended Pregnancy and Abortion Incidence: A Global Comparative Analysis of Levels in 2015-2019, *BMJ Global Health* 2022, Vol. 7, No. 3。

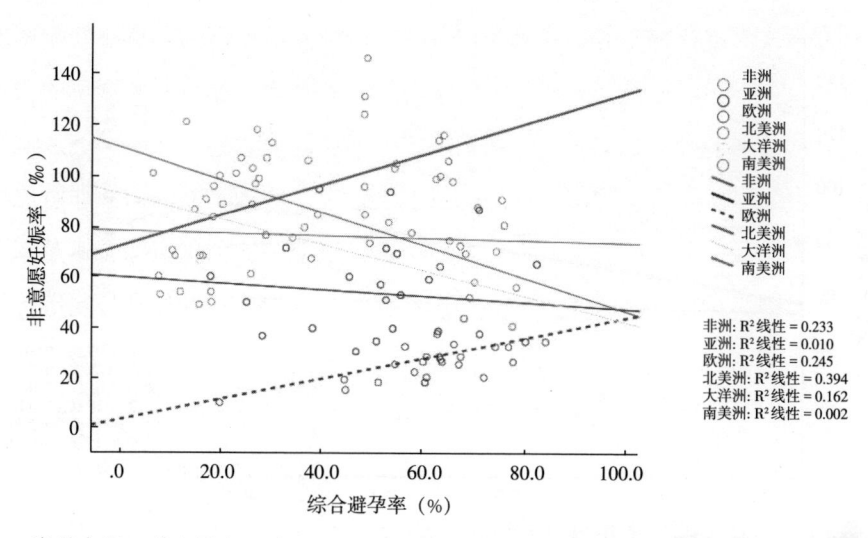

从可持续发展目标看共建"一带一路"国家生殖健康问题及挑战

资料来源：联合国人口司；Bearak JM, Popinchalk A and Beavin C, et al. Country-Specific Estimates of Unintended Pregnancy and Abortion Incidence: A Global Comparative Analysis of Levels in 2015-2019, *BMJ Global Health 2022*, Vol. 7, No. 3。

图6　2015—2019年共建"一带一路"国家综合避孕率与非意愿妊娠率之间的相关性

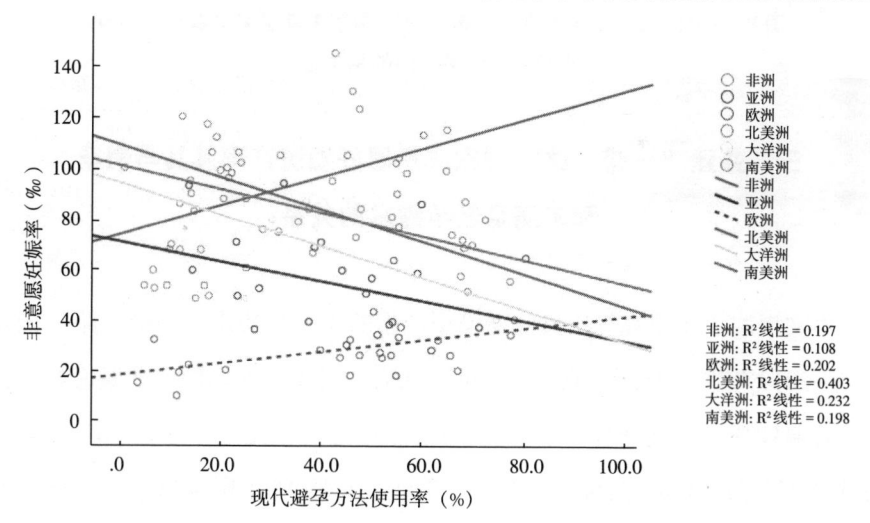

资料来源：联合国人口司；Bearak JM, Popinchalk A and Beavin C, et al. Country-Specific Estimates of Unintended Pregnancy and Abortion Incidence: A Global Comparative Analysis of Levels in 2015-2019, *BMJ Global Health 2022*, Vol. 7, No. 3。

图7　2015—2019年共建"一带一路"国家现代避孕方法使用率与非意愿妊娠率之间的相关性

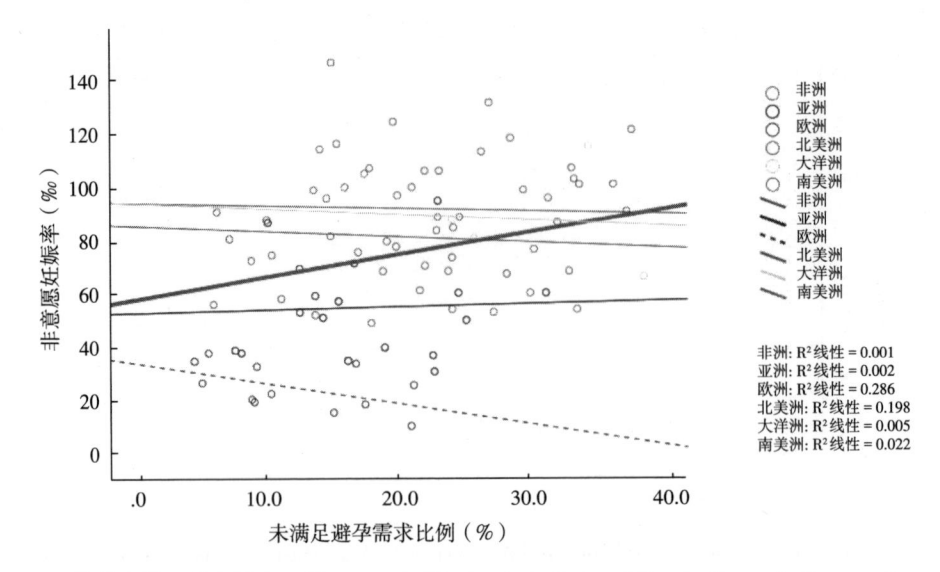

资料来源：联合国人口司；Bearak JM, Popinchalk A and Beavin C, et al. Country-Specific Estimates of Unintended Pregnancy and Abortion Incidence：A Global Comparative Analysis of Levels in 2015—2019, *BMJ Global Health 2022*, Vol. 7, No. 3。

图8 2015—2019年共建"一带一路"国家未满足避孕需求比例与非意愿妊娠率之间的相关性

三、共建"一带一路"国家非意愿妊娠流产率及其与避孕和未满足避孕需求的关系

本文提取了比拉克等用贝叶斯模型产生的115个共建"一带一路"国家2015—2019年非意愿妊娠流产率数据。从表4可见，亚洲国家非意愿妊娠流产率普遍较高，24个国家中，15个国家非意愿妊娠流产率超过30‰，其中10个国家超过40‰。其次是非洲和北美洲，非洲45个国家中，24个国家非意愿妊娠流产率超过30‰，其中9个国家超过40‰；北美洲9个国家中，5个国家的非意愿妊娠流产率超过30‰，3个超过40‰。大洋洲、南美洲和欧洲无一国家的非意愿妊娠流产率超过50‰，且只有1个国家超过40‰。

表4 共建"一带一路"国家非意愿妊娠流产率分布 （单位：个）

洲别	国家数量	不同范围非意愿妊娠流产率所含国家数量					
		≤10	11—20	21—30	31—40	41—50	≥51
非洲	45		6	15	15	7	2
亚洲	24	1		8	5	7	3
欧洲	23	11	9	1	1	1	
北美洲	9		1	3	2	2	1
大洋洲	6		1	1	3	1	
南美洲	8		1	1	5	1	
合计	115	12	18	29	31	19	6

资料来源：Bearak JM, Popinchalk A and Beavin C, et al. Country-Specific Estimates of Unintended Pregnancy and Abortion Incidence: A Global Comparative Analysis of Levels in 2015-2019, *BMJ Global Health 2022*, Vol. 7, No. 3。

图9至图11呈现各大洲共建"一带一路"国家非意愿妊娠流产率与各国综合避孕率、现代避孕方法使用率及未满足避孕需求比例之间的相关性。由图9可见，亚洲、北美洲、南美洲和大洋洲国家的综合避孕率越高，非意愿妊娠流产率越低，大洋洲下降幅度最大。由此可见，提高综合避孕率有助于降低非意愿妊娠流产率。但是，非洲和欧洲国家非意愿妊娠流产率随综合避孕率的上升而上升，且非洲国家非意愿妊娠流产率普遍高于欧洲国家。造成该现象的原因在于，非洲国家综合避孕率普遍较低，很大程度上，非意愿妊娠流产是由未避孕所致，而避孕效果较差的传统避孕方法在不少欧洲国家盛行，导致非意愿妊娠的流产率在欧洲、非洲国家大增。将横坐标换为现代避孕方法使用率后，上述趋势未变，如图10所示，从 R^2 值来看，北美洲、南美洲和大洋洲 R^2 值较大，表明非意愿妊娠流产率与现代避孕方法使用率关系较为密切，亚洲、非洲和欧洲 R^2 值小，表明这几个大洲不同国家非意愿妊娠流产率差异较大，与现代避孕方法使用率的关系不明显。图11为未

满足避孕需求比例与非意愿妊娠流产率的相关性，北美洲国家未满足避孕需求比例越高，非意愿妊娠流产率越高，但其他大洲国家未满足避孕需求比例与非意愿妊娠流产率相关性不明显。人工流产原因复杂，不仅与避孕失败和非意愿妊娠有关，还与各国宗教文化、人工流产相关法律，以及地方和个人的经济社会文化水平等密切相关，例如，在人工流产尚未合法的国家发生非意愿妊娠，很大程度上不能采用人工流产终止妊娠。

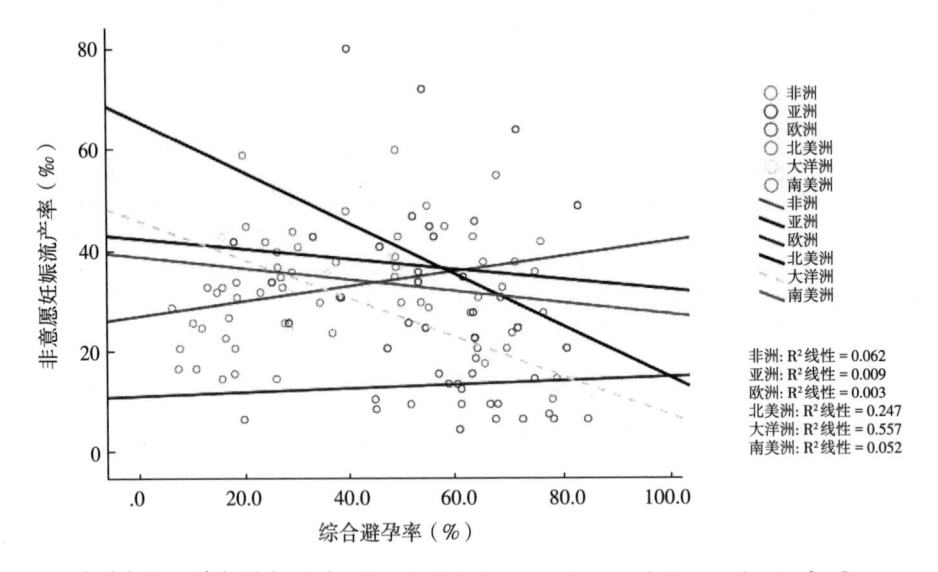

资料来源：联合国人口司；Bearak JM, Popinchalk A and Beavin C, et al. Country-Specific Estimates of Unintended Pregnancy and Abortion Incidence：A Global Comparative Analysis of Levels in 2015-2019，*BMJ Global Health 2022*，Vol. 7，No. 3。

图9　2015—2019年共建"一带一路"国家综合避孕率与非意愿妊娠流产率之间的相关性

从可持续发展目标看共建"一带一路"国家生殖健康问题及挑战

资料来源：联合国人口司；Bearak JM, Popinchalk A and Beavin C, et al. Country-Specific Estimates of Unintended Pregnancy and Abortion Incidence: A Global Comparative Analysis of Levels in 2015-2019, *BMJ Global Health 2022*, Vol.7, No.3。

图10　2015—2019年共建"一带一路"国家现代避孕方法使用率与非意愿妊娠流产率之间的相关性

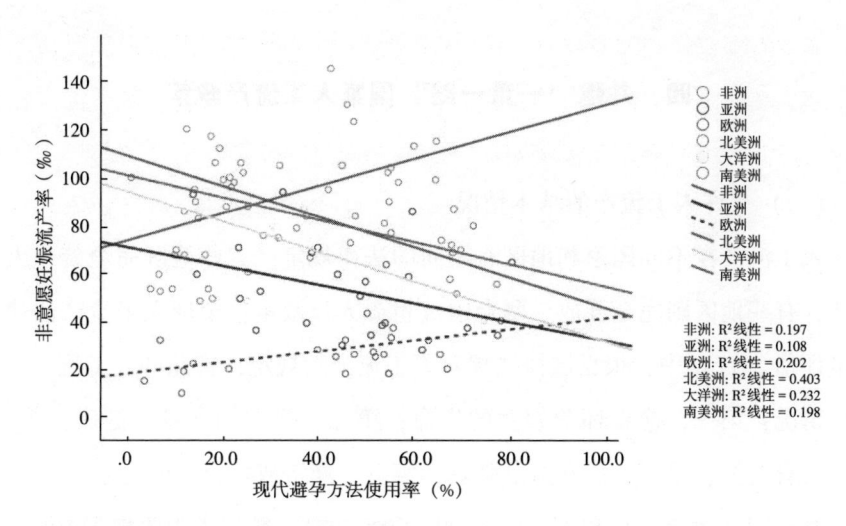

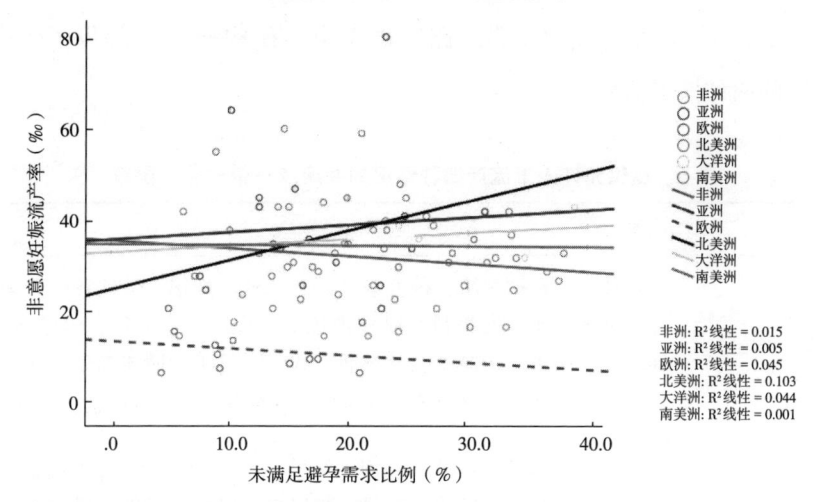

资料来源：联合国人口司；Bearak JM, Popinchalk A and Beavin C, et al. Country-Specific Estimates of Unintended Pregnancy and Abortion Incidence: A Global Comparative Analysis of Levels in 2015-2019, *BMJ Global Health 2022*, Vol.7, No.3。

图11　2015—2019年共建"一带一路"国家未满足避孕需求比例与非意愿妊娠流产率之间的相关性

四、共建"一带一路"国家人工流产政策

(一) 允许人工流产的基本情况

人工流产在不同国家和地区有不同的法律规定，有些地区完全禁止人工流产，有些地区则完全开放。联合国《世界人口政策：全球人工流产法律和政策评估2017》中，根据法律法规对人工流产的规定，将允许人工流产分为五种情况：第一，挽救怀孕妇女的生命；第二，保护妇女身心健康；第三，胎儿发育受损；第四，妇女遭受强暴；第五，经济或社会原因。

联合国《世界人口政策：生殖健康政策2021》数据表中收集了195个成员国最新的人工流产政策，其中包括150个共建"一带一路"国家（含中国）。数据表列出了允许人工流产的四种情况：第一，挽救怀孕妇女的生命；第二，保护妇女身心健康；第三，胎儿发育受损；第四，妇女遭受强暴。如表5所示，在150个共建"一带一路"国家中，有84个国家提供了允许人工流产的四种情况信息。

表5 提供允许人工流产四种情况的共建"一带一路"国家

洲别	国家
非洲（26国）	塞内加尔、塞拉利昂、科特迪瓦、几内亚、加纳、赞比亚、莫桑比克、纳米比亚、安哥拉、埃塞俄比亚、肯尼亚、乍得、津巴布韦、冈比亚、多哥、卢旺达、摩洛哥、埃及、马里、博茨瓦纳、几内亚比绍、圣多美和普林西比、马拉维、科摩罗、布基纳法索、佛得角
亚洲（22国）	中国、蒙古国、新加坡、缅甸、斯里兰卡、尼泊尔、马尔代夫、阿联酋、土耳其、卡塔尔、阿曼、黎巴嫩、巴林、伊朗、伊拉克、格鲁吉亚、哈萨克斯坦、乌兹别克斯坦、印度尼西亚、菲律宾、文莱、塞浦路斯

续表

洲别	国家
欧洲（20国）	俄罗斯、奥地利、波兰、塞尔维亚、捷克、保加利亚、斯洛伐克、阿尔巴尼亚、克罗地亚、波黑、爱沙尼亚、立陶宛、斯洛文尼亚、匈牙利、希腊、北马其顿（原马其顿）、罗马尼亚、乌克兰、白俄罗斯、葡萄牙
大洋洲（1国）	萨摩亚
南美洲（8国）	智利、圭亚那、玻利维亚、乌拉圭、委内瑞拉、厄瓜多尔、秘鲁、阿根廷
北美洲（7国）	哥斯达黎加、巴拿马、萨尔瓦多、特立尼达和多巴哥、古巴、牙买加、尼加拉瓜

资料来源：联合国人口司。

在84个共建"一带一路"国家中，80个国家规定，当挽救怀孕妇女的生命时，允许人工流产，占比95.2%；70个国家规定，当保护妇女身心健康时，允许人工流产，占比83.3%；54个国家规定，允许妇女在遭受强暴后实施人工流产，占比65.9%[1]；63个国家规定，胎儿发育受损时允许人工流产，占比75.0%。

不同国家允许人工流产的限制条件不同。在84个共建"一带一路"国家中，81个国家为至少符合一个条件则允许人工流产，可见，几乎所有国家都在一定条件下允许人工流产；菲律宾、萨尔瓦多、尼加拉瓜3国则无条件禁止人工流产。如表6所示，在一定条件下允许人工流产的81个国家中，符合1个条件即允许人工流产的国家有7个，符合2个条件即允许人工流产的国家有10个，符合3个条件即允许人工流产的国家有16个，符合4个条件即允许人工流产的国家有48个。

---

[1] 此类情况中，84个国家中有2个国家未提供数据，故以82个国家进行计算。

表6 一定条件下允许人工流产的共建"一带一路"国家名单

符合人工流产基本条件的数量	国家
无条件禁止（3国）	菲律宾、萨尔瓦多、尼加拉瓜
1个条件（7国）	乍得、塞内加尔、缅甸、斯里兰卡、巴林、黎巴嫩、委内瑞拉
2个条件（10国）	肯尼亚、马拉维、埃及、摩洛哥、塞拉利昂、文莱、秘鲁、哥斯达黎加、特立尼达和多巴哥、萨摩亚
3个条件（16国）	科摩罗、莫桑比克、科特迪瓦、冈比亚、多哥、中国、印度尼西亚、伊朗、马尔代夫、伊拉克、阿曼、乌克兰、奥地利、阿根廷、厄瓜多尔、牙买加
4个条件（48国）	埃塞俄比亚、卢旺达、赞比亚、津巴布韦、安哥拉、圣多美和普林西比、博茨瓦纳、纳米比亚、布基纳法索、佛得角、加纳、几内亚、几内亚比绍、马里、哈萨克斯坦、乌兹别克斯坦、蒙古国、新加坡、尼泊尔、塞浦路斯、格鲁吉亚、卡塔尔、土耳其、阿联酋、白俄罗斯、保加利亚、捷克、匈牙利、波兰、罗马尼亚、俄罗斯、斯洛伐克、爱沙尼亚、立陶宛、阿尔巴尼亚、波黑、克罗地亚、希腊、北马其顿、葡萄牙、塞尔维亚、斯洛文尼亚、玻利维亚、智利、圭亚那、乌拉圭、巴拿马、古巴

资料来源：联合国人口司。

（二）允许人工流产的三种补充情况

多数国家在一定条件下允许人工流产，但某些国家还规定了补充条件：第一，获得专业医疗人员的授权；第二，未成年人获得司法同意；第三，已婚妇女获得丈夫同意。在150个共建"一带一路"国家中，有82个国家提供了允许人工流产3种补充条件的数据。因无条件禁止人工流产的3个国家不适用此部分分析，故本部分以余下的79个国家为研究对象。

在79个共建"一带一路"国家中，以需要获得专业医疗人员的授权为允许人工流产补充条件的国家有62个，占比78.5%；以未成年人需要获得司法同意为人工流产补充条件的国家有 28 个，占比 36.8%[1]；以已婚妇女需要获得丈夫同意为人工流产补充条件的国家有 20 个，占比 26.3%[2]。

不同国家允许人工流产的补充条件数量不同。79 个共建"一带一路"国家中，66 个国家为允许人工流产时至少需要一种补充条件，即绝大多数国家允许人工流产，但需要符合一定的补充条件；其他 13 个国家为不需要补充条件。如表 7 所示，在 66 个需要补充条件的国家中，35 个国家需要符合 1 个补充条件，18 个国家需要符合 2 个补充条件，13 个国家需要符合 3 个补充条件。

表 7 需要补充条件以允许人工流产的共建"一带一路"国家名单

允许人工流产需符合的补充条件数量	国家
无（13 国）	乍得、科特迪瓦、几内亚比绍、塞内加尔、中国、蒙古国、尼泊尔、俄罗斯、克罗地亚、塞尔维亚、阿根廷、乌拉圭、牙买加
1 个条件（35 国）	肯尼亚、马拉维、赞比亚、布基纳法索、佛得角、加纳、几内亚、塞拉利昂、哈萨克斯坦、乌兹别克斯坦、文莱、新加坡、斯里兰卡、巴林、格鲁吉亚、黎巴嫩、白俄罗斯、保加利亚、捷克、波兰、罗马尼亚、斯洛伐克、乌克兰、爱沙尼亚、立陶宛、阿尔巴尼亚、希腊、北马其顿、葡萄牙、斯洛文尼亚、玻利维亚、秘鲁、哥斯达黎加、特立尼达和多巴哥、萨摩亚
2 个条件（18 国）	科摩罗、埃塞俄比亚、莫桑比克、津巴布韦、埃及、多哥、马尔代夫、塞浦路斯、阿曼、卡塔尔、阿联酋、匈牙利、波黑、奥地利、智利、圭亚那、巴拿马、古巴
3 个条件（13 国）	卢旺达、安哥拉、圣多美和普林西比、博茨瓦纳、纳米比亚、冈比亚、马里、印度尼西亚、缅甸、伊朗、伊拉克、土耳其、厄瓜多尔

资料来源：联合国人口司。

[1] 此情况下，79 个国家中有 3 个国家未提供数据，以 76 个国家进行计算。
[2] 此情况中，84 个国家中有 2 个国家未提供数据，以 82 个国家进行计算。

(三) 人工流产后的服务可及情况

如果进行非法人工流产，当事人会受到刑事指控吗？在 84 个共建"一带一路"国家中，55 个国家回应为会受到刑事指控。不论人工流产的法律规定如何，政府有确保人工流产后关爱的法律或条例，在 85 个[1]共建"一带一路"国家中，有 74 个国家回应为，政府有确保人工流产后关爱的法律或条例，其中，有 2 个国家认为，本国存在相互矛盾的多元法律体系；其他 11 个国家为不适用人工流产后关爱的法律或条例。

此外，就政府有确保人工流产后关爱的法律或条例而言，在 81 个至少符合 1 个条件则允许人工流产的国家中，除 11 个不适用的国家外，余下的 70 个国家中有 2 个国家有年龄条件的限制，有 5 个国家有第三方（如配偶、父母、监护人、医疗机构）授权条件的限制，但所有国家均没有婚姻状况条件的限制。

五、共建"一带一路"国家婴幼儿死亡及其与避孕、非意愿妊娠和流产的关系

（一）可持续发展目标中新生儿和 5 岁以下儿童死亡率下降目标实现情况

联合国《世界人口展望 2022》提供了对各国新生儿和 5 岁以下儿童死亡率的估计。联合国可持续发展目标提出，2030 年，各国争取将新生儿每 1000 例活产的死亡率至少降至 12 例，5 岁以下儿童每 1000 例活产的死亡率至少降至 25 例。截至 2019 年，144 个共建"一带一路"国家中有 59 个国家已经实现新生儿死亡率低于 12 例每 1000 例活产的目标，其中，欧洲 24 个国家（96%）、北美洲 7 个国家（58%）、南美洲 5 个国家（56%）、亚洲 19 个国家（50%）、大洋洲 3 个国家（33%）、非洲 1 个国家（2%）。

---

[1] 此方面,沙特阿拉伯提供数据,使得 84 个国家增加到 85 个。

2019 年，144 个共建"一带一路"国家中，有 81 个国家已经实现 5 岁以下儿童死亡率低于 25 例每 1000 例活产的目标，其中，欧洲 25 个国家（100%）、北美洲 11 个国家（92%）、南美洲 7 个国家（78%）、亚洲 26 个国家（68%）、大洋洲 5 个国家（56%）、非洲 7 个国家（14%）。

（二）新生儿和 5 岁以下儿童死亡率与避孕、非意愿妊娠和流产的关系

为方便将婴幼儿死亡数据与避孕、非意愿妊娠和流产数据结合分析，本文参考 144 个共建"一带一路"国家最近年份的避孕数据，将这些国家该年

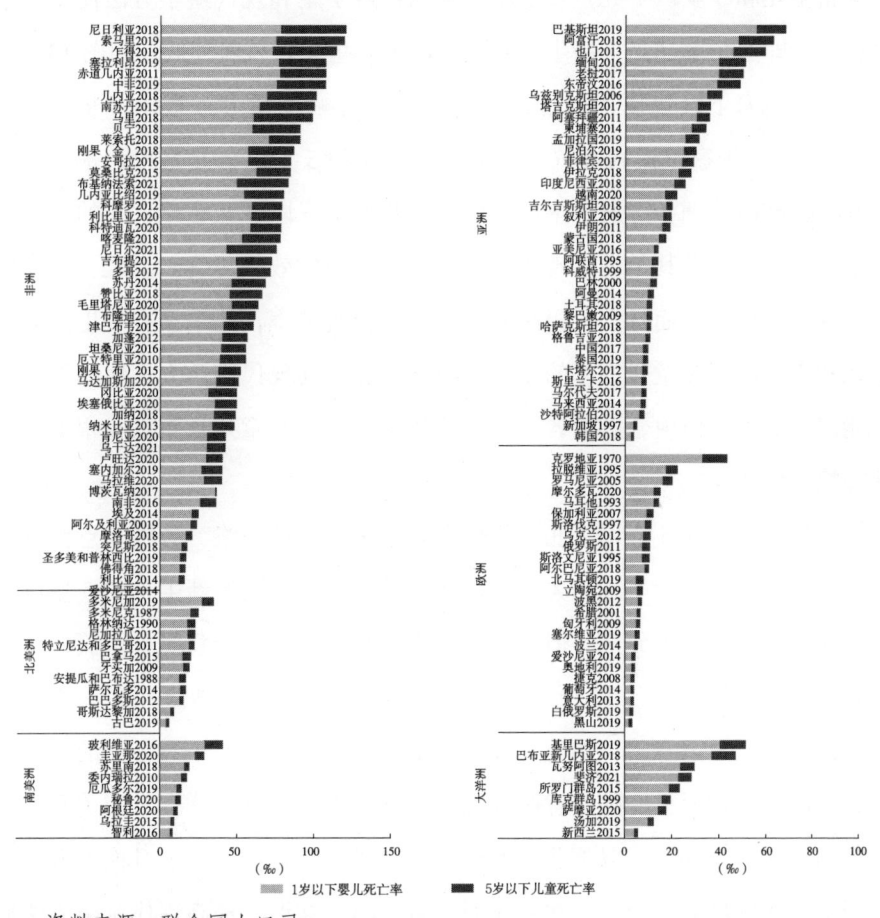

资料来源：联合国人口司。

图 12　共建"一带一路"国家新生儿和 5 岁以下儿童死亡率

份的新生儿和5岁以下儿童死亡率提取出来,其中,绝大多数国家是2010年以后的数据。由图12可知,非洲婴幼儿死亡率最高,其次是亚洲和大洋洲,欧洲婴幼儿死亡率整体较低。其中,欧洲克罗地亚只有1970年避孕数据,该年新生儿和5岁以下儿童死亡率较高,分别为32.9‰和42.5‰。2021年,克罗地亚新生儿和5岁以下儿童死亡率分别为3.7‰和4.8‰。

分析各国新生儿和5岁以下儿童死亡率及其与综合避孕率、现代避孕方法使用率、非意愿妊娠率和非意愿妊娠流产率的相关性时发现,各大洲不同国家新生儿和5岁以下儿童死亡率与其综合避孕率和现代避孕方法使用率呈负相关,即避孕率越高,新生儿和5岁以下儿童死亡风险越低,如图13。但不同大洲国家下降幅度不一样,非洲国家下降幅度最大,意味着非洲共建"一带一路"国家以提高避孕率降低其新生儿和5岁以下儿童死亡率的效果最好。提高南美洲各国避孕率以降低新生儿和5岁以下儿童死亡率的效果仅次于非洲各国,尤其是提高现代避孕方法使用率的效果更优。反之,欧洲国家下降幅度很小,而且,仅提高欧洲国家综合避孕率,几乎没有产生降低新生儿和5岁以下儿童死亡率的作用,因此,提高其现代避孕方法使用率虽有可能产生效果,但由于欧洲各国新生儿和5岁以下儿童死亡率已经很低,因此降幅有限。

分析新生儿和5岁以下儿童死亡率与共建"一带一路"各国非意愿妊娠率和非意愿妊娠流产率的相关性时发现,尽管非洲各国的新生儿和5岁以下儿童死亡率分布较为分散,但总体上随非意愿妊娠率和非意愿妊娠流产率的上升而略有下降,如图14所示。其原因可能与非洲国家新生儿和5岁以下儿童主要死亡原因有关,即卫生和经济条件较差。其他5个洲各国的新生儿和5岁以下儿童死亡率随非意愿妊娠率上升而上升,且大洋洲、南美洲和欧洲各国的新生儿和5岁以下儿童死亡率随非意愿妊娠流产率上升而上升,大洋洲上升速率最大。因此,在大洋洲、南美洲和欧洲,提高现代避孕方法使用率、降低非意愿妊娠流产率,有助于降低其新生儿和5岁以下儿童死亡率。亚洲各国新生儿和5岁以下儿童死亡率与非意愿妊娠流产率无关,与人工流产在多数亚洲国家合法有一定的关系。北美洲各国新生儿和5岁以下儿童亡率随非意愿妊娠流产率上升而略有下降,表明,在北美洲,非意愿妊娠流产不是导致新生儿和5岁以下儿童死亡的主要因素。

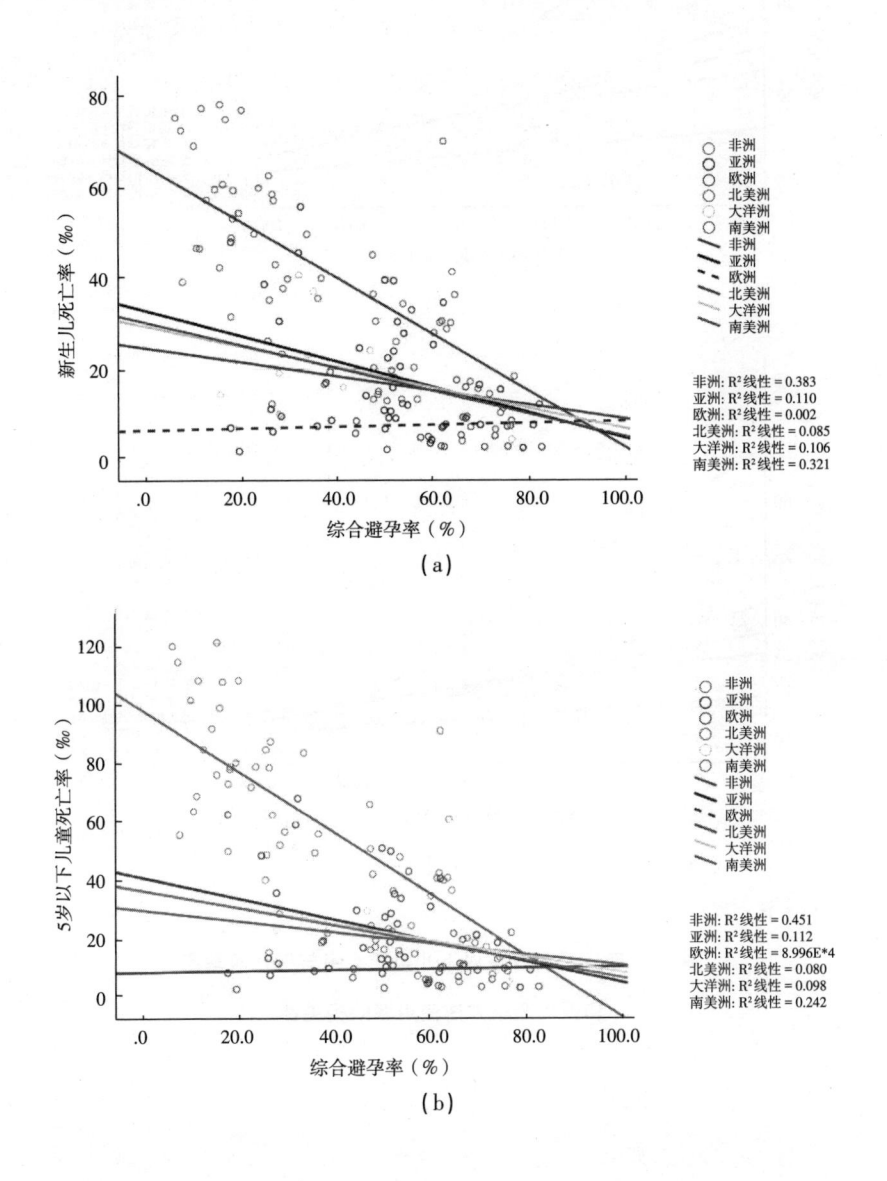

(a)

(b)

(c)

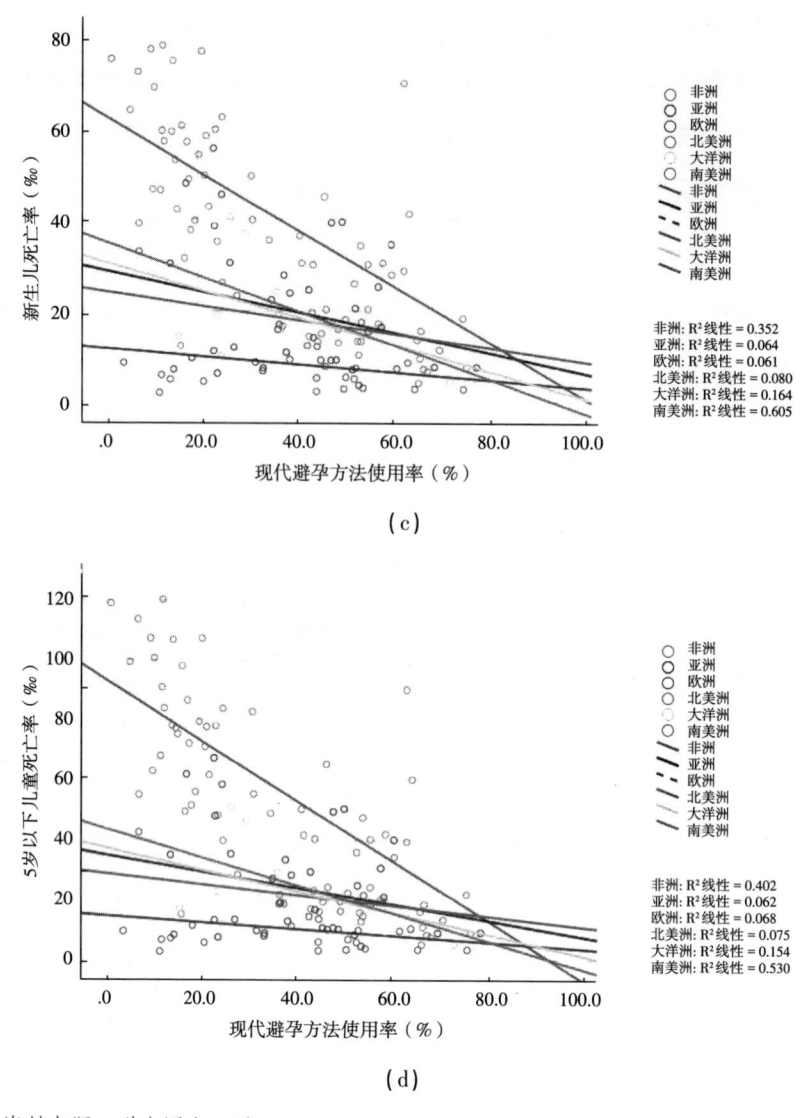

(d)

资料来源：联合国人口司。

图13　新生儿和5岁以下儿童死亡率与综合避孕率和现代避孕方法使用率的相关性

从可持续发展目标看共建"一带一路"国家生殖健康问题及挑战

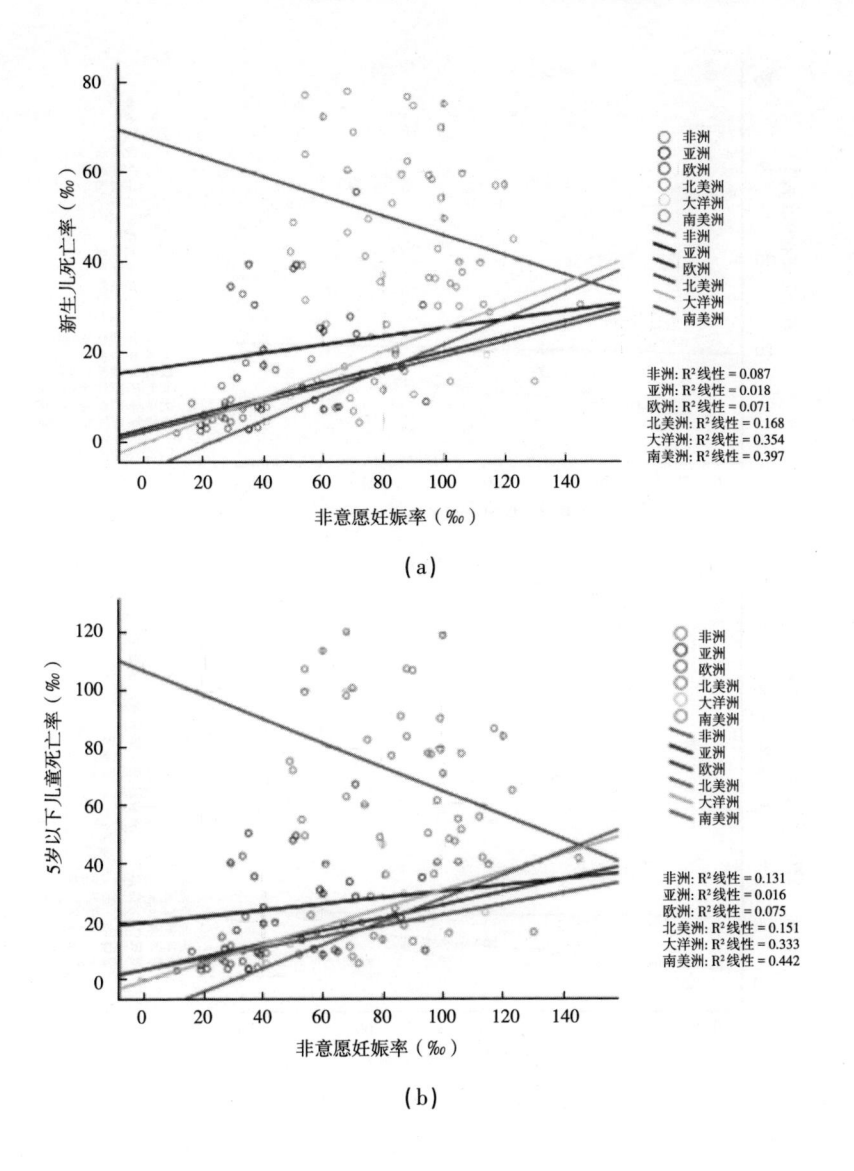

(a)

非洲: R²线性 = 0.087
亚洲: R²线性 = 0.018
欧洲: R²线性 = 0.071
北美洲: R²线性 = 0.168
大洋洲: R²线性 = 0.354
南美洲: R²线性 = 0.397

(b)

非洲: R²线性 = 0.131
亚洲: R²线性 = 0.016
欧洲: R²线性 = 0.075
北美洲: R²线性 = 0.151
大洋洲: R²线性 = 0.333
南美洲: R²线性 = 0.442

(c)

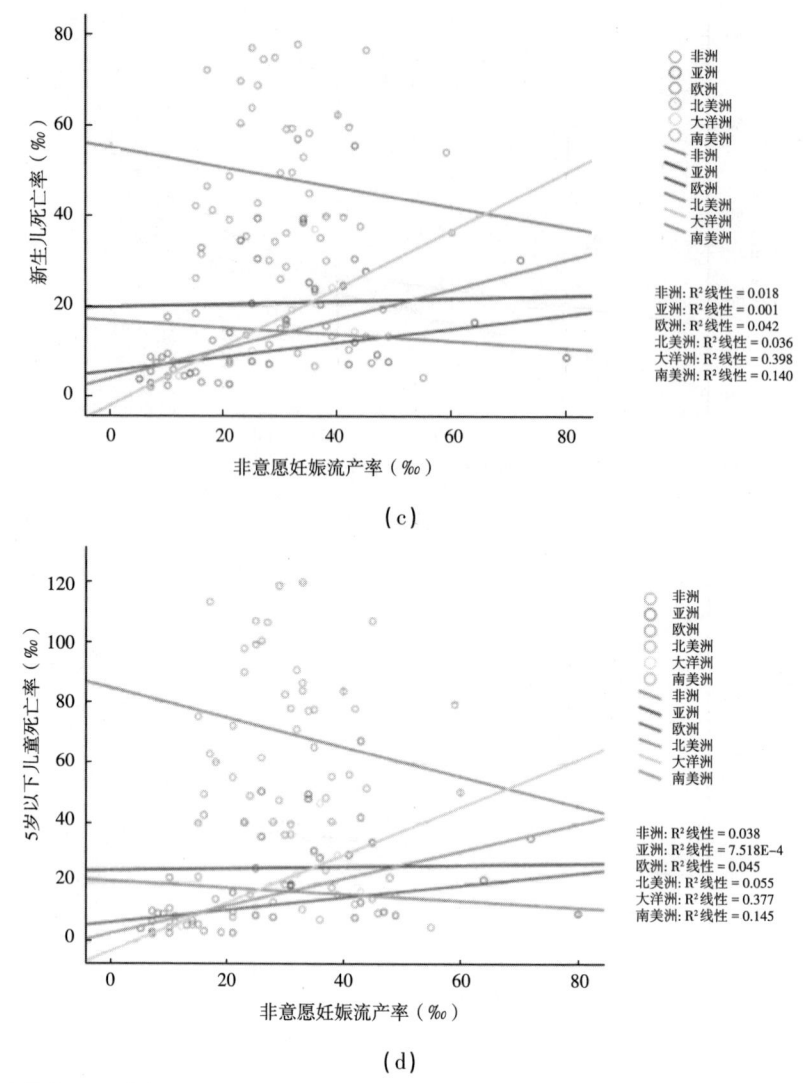

(d)

资料来源：联合国人口司；Bearak JM, Popinchalk A and Beavin C, et al. Country-Specific Estimates of Unintended Pregnancy and Abortion Incidence: A Global Comparative Analysis of Levels in 2015-2019, *BMJ Global Health* 2022, Vol. 7, No. 3。

图14　共建"一带一路"国家新生儿和5岁以下儿童死亡率与非意愿妊娠率和非意愿妊娠流产率的相关性

六、总结

1994年，国际人口与发展大会提出了以促进生殖健康为主要内容之一的行动纲领，2015年，联合国提出的2030年可持续发展目标再次纳入生殖健康相关内容，凸显了提供安全、可靠的计划生育及避孕服务对人类可持续发展的重要性。

本文分析表明，共建"一带一路"国家的综合避孕率、现代避孕方法使用率及未满足避孕需求比例差异较大，尽管有少部分国家最近一次避孕数据来自20年前甚至30年前的调查，但不可否认，无论是综合避孕率还是现代避孕方法使用率，非洲共建"一带一路"国家普遍较低，未满足避孕需求比例普遍较高。这一问题在部分亚洲和大洋洲共建"一带一路"国家也较为突出。欧洲除个别国家（如黑山）外，其他共建"一带一路"国家综合避孕率普遍较高。

从综合避孕率变化趋势看，非洲的利比亚、刚果（布）、突尼斯、阿尔及利亚，大洋洲的库克群岛、萨摩亚，亚洲的马尔代夫，欧洲的阿尔巴尼亚、匈牙利，北美洲的多米尼加、巴拿马、哥斯达黎加、多米尼克，以及南美洲的圭亚那最近一次调查的综合避孕率比5—10年前的水平下降了10个百分点以上。鉴于提高综合避孕率尤其是现代避孕方法使用率是一个国家降低孕产妇及婴儿死亡率、提高女性生殖健康水平的重要手段，因此，这些国家避孕率的下降可能会在一定程度上影响其女性生殖健康水平。

包括体外排精和安全期在内的传统避孕方法失败率接近30%，但传统避孕方法在亚洲的阿塞拜疆、亚美尼亚、伊朗和土耳其，南美洲的玻利维亚，以及数个欧洲国家，如马耳他、希腊、保加利亚、塞尔维亚、北马其顿、阿尔巴尼亚、波黑等使用率较高。究其原因，一方面，可能受当地传统文化的影响，另一方面，宗教因素不容小觑。提高这些国家的现代避孕方法使用率不仅需要增加经济投入，还需考虑宗教和文化因素。

现代避孕方法中，绝育为不可逆的避孕方法，适用于生育目标已完成、无再生育计划的对象。可逆的避孕方法适用于所有育龄对象，其中，宫内节育器、皮下埋植剂和长效避孕针通常称为长效可逆避孕方法，其避孕有效性在99%以上，且不会出现由于使用者使用不当导致避孕失败的问题，安全性也有较高保障，因而受到世界卫生组织等多个国际组织的推荐。长效可逆避孕方法在多数共建"一带一路"国家占比较高，其中，亚洲和欧洲国家以宫内节育器为主，非洲和北美洲国家以避孕针为主、皮下埋植剂为辅。长效可逆避孕方法多为医控方法，通常需要有资质的技术人员操作，在经济欠发达的共建"一带一路"国家，要提高其长效可逆避孕方法使用率，需提高当地民众对这些方法的接纳程度、计划生育服务机构的技术服务能力和避孕方法的可获得性。

短效可逆避孕方法是由使用者自己控制的避孕方法，使用比例最高的短效可逆避孕方法是短效口服避孕药和避孕套。使用正确的情况下，其避孕有效性可达98%或99%，但由于存在漏服避孕药或未正确使用避孕套等情况，一般人群中，避孕套的避孕失败率可达15%。短效口服避孕药和避孕套在多数欧洲、南美洲和北美洲的共建"一带一路"国家最为普及，在大部分亚洲国家和少部分非洲国家较为普及。避孕套是目前唯一兼具避孕和预防性病、艾滋病的避孕药具，在中国的使用率呈加速上升趋势。

非意愿妊娠和非意愿妊娠流产总体发生水平在非洲共建"一带一路"国家最高，其次是亚洲国家，最后是欧洲国家。提高综合避孕率对降低亚洲、南美洲、北美洲和大洋洲国家的非意愿妊娠率和非意愿妊娠流产率存在一定的作用，使用现代避孕方法作用更为显著，但在非洲和欧洲国家作用有限。欧洲国家非意愿妊娠和非意愿妊娠流产总体水平在各大洲中最低，仅提高避孕率对降低非意愿妊娠率和非意愿妊娠流产率的作用有限。而非洲国家由于综合避孕率普遍较低，短效可逆避孕方法使用率及未满足避孕需求比例普遍较高，因此，总体上其综合避孕率与非意愿妊娠率和非意愿妊娠流产率的联系较弱。但是，从国际经验看，提高非洲国家综合避孕率、降低其未满足避孕需求比例，能有效降低非洲国家的非意愿妊娠率和非意愿妊娠流产率。

世界卫生组织估计，在发展中国家，平均每 8 分钟就有 1 名妇女死于不安全流产。不安全流产是指由未经培训或在缺乏最基本医疗条件的情况下终止非意愿妊娠。因此，法律允许人工流产手术是降低不安全流产的基本条件。约半数非洲共建"一带一路"国家和多数大洋洲共建"一带一路"国家的人工流产还受到法律限制，即便在允许人工流产的国家，也几乎都设置了一定条件才能实施人工流产手术。人工流产相关法律的制定涉及复杂的政治、宗教、习俗、伦理和医学问题。虽然世界卫生组织积极倡导人工流产合法化，但其普及在很多国家还面临较大障碍。

截至 2019 年，几乎所有欧洲共建"一带一路"国家已经实现联合国关于新生儿和 5 岁以下儿童死亡率的目标，超过半数的北美洲和南美洲的国家也已经实现，接近或略超过半数的亚洲国家实现了该目标，但仅三分之一大洋洲国家实现了其中关于降低新生儿死亡率的目标，非洲绝大多数国家 2 个目标均未实现。

从新生儿和 5 岁以下儿童死亡率与综合避孕率的关系看，除欧洲外，其他各大洲新生儿和 5 岁以下儿童死亡率与综合避孕率呈负相关，即随着综合避孕率上升，新生儿和 5 岁以下儿童死亡率下降，这一现象在非洲国家最为显著。由于欧洲新生儿和 5 岁以下儿童死亡率极低，单纯通过提高避孕率来进一步降低其死亡率的效果有限。

此外，除非洲外，其他各洲的新生儿和 5 岁以下儿童死亡率随非意愿妊娠率上升而轻度上升，因此，降低这些地区国家的非意愿妊娠率有助于降低其新生儿和 5 岁以下儿童死亡率。非洲国家由于经济和医疗水平有限，因此其新生儿和 5 岁以下儿童死亡率受非意愿妊娠率影响较其他洲更大。此外，非洲和北美洲国家新生儿和 5 岁以下儿童死亡率总体上随非意愿妊娠流产率的上升而下降；大洋洲、南美洲和欧洲各国新生儿和 5 岁以下儿童死亡率随非意愿妊娠流产率上升而上升；亚洲国家新生儿和 5 岁以下儿童死亡率与非意愿妊娠流产率关系并不密切。有研究发现，61%的非意愿妊娠以人工流产终止，因此，流产与非意愿妊娠既相关又有所不同。非意愿妊娠流产与新生儿和 5 岁以下儿童死亡无直接关联，因此，仅通过降低流产率对降低新生儿和 5 岁以下儿童死亡率作用有限。

总之，共建"一带一路"国家的综合避孕率、未满足避孕需求比例、非意愿妊娠率和非意愿妊娠流产率，以及新生儿和 5 岁以下儿童死亡率在各大洲之间及各个国家之间存在较大差异。多数国家的综合避孕率在上升，现代避孕方法使用率占比在提高，有助于这些国家降低非意愿妊娠率、非意愿妊娠流产率、新生儿和 5 岁以下儿童死亡率，从而提高本国人口的生殖健康水平，助力实现联合国 2030 年可持续发展目标。

参考文献：

[1]联合国.可持续发展目标——目标 3:确保健康的生活方式,促进各年龄段人群的福祉[EB/OL].[2022-09-20]. https://www.un.org/sustainabledevelopment/zh/health/.

[2]中国一带一路网.已同中国签订共建"一带一路"合作文件的国览[EB/OL].(2022-08-15)[2022-10-16]. https://www.yidaiyilu.gov.cn/xwzx/roll/77298.htm.

[3]中国计划生育协会,中国人口与发展研究中心.中国生殖健康报告[R].北京:知识产权出版社,2020.

[4]BEARAK J M,POPINCHALK A,BEAVIN C,et al. Country-specific estimates of unintended pregnancy and abortion incidence:a global comparative analysis of levels in 2015-2019[J]. BMJ global health 2022,7(3).

[5]BEARAK J,POPINCHALK A,GANATRA B,et al. Unintended pregnancy and abortion by income, region, and the legal status of abortion:estimates from a comprehensive model for 1990-2019[J]. Lancet global health 2020,8(9):1152-61.

[6] The Alan Guttmacher Institute. Family planning can reduce high infant mortality levels 2002[EB/OL].[2022-10-08]. https://www.guttmacher.org/sites/default/files/report_pdf/ib_2-02.pdf.

[7] United Nations,Department of Economic and Social Affairs,Population Division. World contraceptive use,2022[EB/OL].(2022-4)[2023-8]. https://www.un.org/development/desa/pd/content/methodology-report-wcu2022.

[8] United Nations. World population policies 2017:abortion laws and policies-a global assessment[EB/OL].(2020). https://www.un.org/development/desa/pd/content/methodology-report-wcu2022.

[9] United Nations,Department of Economic and Social Affairs. World population policies 2021:reproductive health policies[EB/OL].(2021). https://www.un.org/development/desa/pd/data/world-population-policies.

[10] United Nations,Department of Economic and Social Affairs. World population prospects 2022[EB/OL].(2022). https://population.un.org/wpp/.

[11] World Health Organization. Abortion-fact sheets[EB/OL].(2021)[2022-10-16]. https://www.who.int/news-room/fact-sheets/detail/abortion.

[12] World Health Organization. Contraception[EB/OL].[2022-10-16]. https://www.who.int/health-topics/contraception#tab=tab_1.

[13] World Health Organization. Family planning-a global handbook for providers 2018 edition[EB/OL].(2018). https://fphandbook.org/.

[14] World Health Qrganization. Reproductive health[EB/OL].[2022-10-16]. https://www.who.int/southeastasia/health-topics/reproductive-health.

国别报告

泰国人口与发展状况报告

胡仕勇　赵洪硕　张晓筱　邵红梅[*]

摘要：本报告以泰国人口与发展现状为切入点，论述泰国人口基本情况、人口与经济社会发展关系等，分析泰国人口与发展的主要特征及成因，探讨泰国人口与发展的问题与挑战。在泰国人口与经济社会发展背景下，本报告就推进中泰交通建设合作，开发全方位、多层次的合作沟通渠道，加强教育合作，促进新时代中泰关系长期稳定发展提出了若干建议。

关键词：泰国；人口与发展；"一带一路"

泰国位于中南半岛中部，南接暹罗湾和马来西亚，东邻老挝和柬埔寨，西靠缅甸和安达曼海，国土面积51.3万平方公里。历史上曾以暹罗作为国名，1939年更名为泰国，后经几次更改，1949年正式定名为泰王国，简称泰国，首都曼谷。泰国政体是君主立宪制，按照现行第20部泰国宪法，国王是国家元首和军队的最高统帅，是国家主权和统一的象征。

---

[*] 胡仕勇，博士，武汉理工大学法学与人文社会学院副教授、硕士生导师；赵洪硕，武汉理工大学法学与人文社会学院硕士生；张晓筱，博士，武汉理工大学法学与人文学院讲师；邵红梅，博士，中国地质大学（武汉）经济管理学院讲师。

泰国共有77个府，曼谷是唯一的府级直辖市。泰国共有30多个民族，其中，暹罗泰族约占人口总数的86%。泰国与中国的交往历史源远流长，是东南亚中华文化圈的重要国度。泰国主要宗教为佛教，国语为泰语。

泰国是东南亚国家联盟（以下简称"东盟"）三个创始成员国之一，目前，东盟是亚洲第三大经济体与世界第六大经济体。在东盟中，泰国经济规模仅次于印度尼西亚，被列为东南亚第二大经济体。泰国属于发展中国家，但经济发展迅速。1960年，泰国国内生产总值仅为27.6亿美元，1961年起，泰国实施国家经济和社会发展五年计划，2019年，其国内生产总值达到5440.8亿美元。受新冠疫情影响，2020年，国内生产总值出现8%的负增长，2021年恢复正增长，为1.9%，达5189亿美元。[1] 泰国传统经济产业是制造业、农业、渔业及旅游业等，是亚洲唯一的粮食净出口国、世界五大农产品出口国之一。随着"泰国4.0"战略[2]与东部经济走廊发展规划的推进，高新技术产业的经济贡献率呈上升状态。

一、人口与发展现状

（一）人口的基本情况

1. 人口总量与区域分布

2021年，泰国人口总量为7160.1万人，根据联合国《世界人口展望2022》的中方案预测值，2050年，泰国人口预测总量为6807.5万人。《东盟统计年鉴2021》数据显示，泰国2020年人口总量位于东盟第4，低于印度尼西亚、菲律宾及越南。泰国人口密度为132.8人每平方公里，在东盟10国中位列第5。

---

[1]《泰国国家概况》，https://www.mfa.gov.cn/web/gjhdq_676201/gj_676203/yz_676205/1206_676932/1206x0_676934/.

[2]"泰国4.0"战略旨在将泰国农业、轻工业、重工业转型为创新科技的智慧型产业。

根据泰国统计局公布的资料，泰国曼谷、东北部及中部地区人口分布较为集中，而西部与南部地区人口分布较为分散。曼谷是泰国人口最多的城市，作为泰国首府，具有强大的人口虹吸效应。泰国统计局数据显示，2021年，曼谷地区人口总量为552.79万人。东北部的呵叻府、乌汶府与孔敬府的人口总量分别以263.41万人、186.85万人与179.08万人，位居泰国第2、第3、第4位。北部的清迈府是泰国著名的历史文化古城，是泰国北部政治、经济、文化、教育中心，人口总量为178.93万人，位列第五。东部沿海的北柳、春武里和罗勇三府的人口也相对较多。

泰国人口分布体现出较强的地理环境关联性与政治经济关联性：第一，地理环境关联性。人口分布较为集中的东北部地区是泰国的呵叻高原。呵叻高原处于背风面，这一地区河谷宽浅，沿河地带适合种植农作物，是良好的农牧业基地。人口分布较多的中部地区是湄南河平原，这一地区河渠纵横，是泰国稻米的主要产地。第二，政治经济关联性。人口最多的城市曼谷位于湄南河畔，地理环境优渥，是泰国政治、经济与文化中心。东部沿海的北柳、春武里和罗勇三府是泰国东部经济走廊的经济特区。

2. 性别与年龄结构

据泰国统计局和联合国《世界人口展望2022》数据，2021年，泰国人口性别比为95.2，预计到2050年，泰国人口性别比为92.0。人口性别比呈现区域差异，曼谷地区为88.3，中部地区为94.1，北部地区为95.7，东北部地区为98.2，南部地区为96.8。根据《东盟统计年鉴2021》数据，泰国2020年的性别比水平（95.1）位列东盟第8位。

联合国《世界人口展望2022》数据显示，2021年，泰国少儿人口（0—14岁）总数为1131.32万人，占比为15.80%；劳动年龄人口（15—64岁）总数为4989.74万人，占比为69.69%；老年人口（65岁及以上）总数为1039.04万人，占比为14.51%。按照国际社会对人口老龄化的划分标准，泰国已于2021年迈入老龄社会。据预测，2050年，泰国老年人口占比将增加至31.57%，少儿人口与劳动年龄人口占比将分别减少至11.50%与56.93%。

泰国老年人口（60岁及以上人口）分布存在一定的区域差异。曼谷地区老年人口占比为20.64%，中部地区老年人口占比为18.04%，北部地区老年人口占比为20.69%，东北部地区老年人口占比为17.54%，南部地区老年人口占比为15.75%。《东盟统计年鉴2021》数据显示，2020年，泰国65岁及以上老年人口比例（13.0%）高于东盟平均水平（7.2%），位列东盟第2位。

3. 新生儿数量与总和生育率

新生儿数量与总和生育率是影响人口结构的重要指标。泰国统计局数据显示，2021年，泰国新生儿数量为64.43万人，新生儿性别比为106.3，总和生育率为1.33。2012—2021年，泰国新生儿数量与总和生育率数据如图1所示。

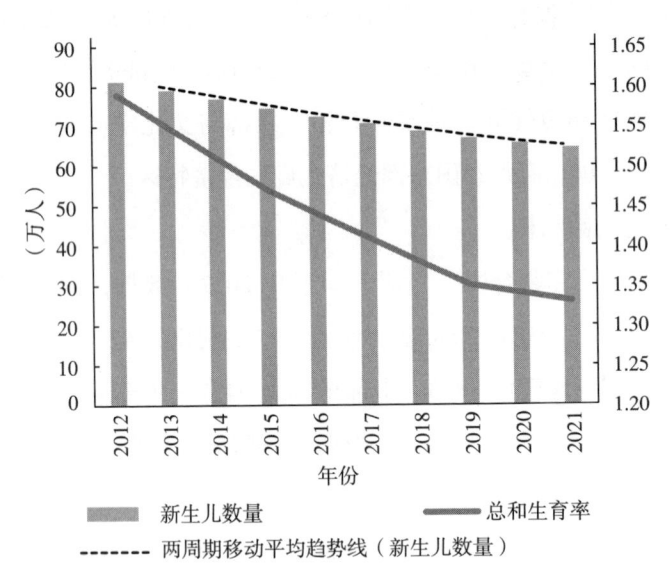

资料来源：泰国统计局。

图1　2012—2021年泰国新生儿数量与总和生育率状况

图1显示，2012年，泰国新生儿数量为81.24万人，2021年，新生儿数量降至64.43万人，两周期移动平均趋势线表明，新生儿数量呈下降状态。

2012—2021年，泰国总和生育率整体呈现下降态势，其中，2020—2021年，下降态势较为平缓。联合国《世界人口展望2022》数据预测，2050年，泰国总和生育率为1.44。

4. 死亡率与自然增长率

泰国统计局数据表明，2012年，泰国的死亡人数为42.32万人，死亡率为6.56‰，自然增长率为6.13‰；2021年，泰国的死亡人数为56.36万人，死亡率为8.52‰，自然增长率为-0.29‰。联合国《世界人口展望2022》预测数据显示，2050年，泰国死亡人数为88.9万人，死亡率为13.1‰，自然增长率为-6.0‰。

（二）与经济相关的人口现状

1. 劳动力总量与劳动力参与率

泰国统计局数据显示，2021年，泰国劳动力总量为3869.96万人，其中，男性劳动力总量为2098.85万人，女性劳动力总量为1771.11万人。泰国不同地区的劳动力总量存在一定差异，其中，曼谷地区劳动力总量为549.12万人，中部地区为1214.00万人，北部地区为623.95万人，东北部地区为957.74万人，南部地区为525.15万人。从区域分布看，中部地区与东北部地区劳动力总量相对充沛。根据《东盟统计年鉴2021》数据，2020年，泰国劳动力总量低于印度尼西亚（1.38亿人）、越南（5460.65万人）与菲律宾（4364.90万人）。

泰国统计局数据显示，2021年，泰国劳动力参与率为67.78%，其中，男性劳动力参与率为76.25%，女性劳动力参与率为59.80%。从2015年第1季度至2022年第2季度的动态面板数据看，女性劳动力参与率普遍低于男性，差值在16个百分点左右。《东盟统计年鉴2021》数据显示，2020年，泰国劳动力参与率低于越南（74.0%）、马来西亚（68.4%）与新加坡（68.1%），与印度尼西亚持平。

2. 就业与失业

泰国统计局数据显示，2021年，泰国平均就业人数为3775.12万人，其中，男性为2045.93万人，女性为1729.19万人；2021年，平均失业人数为74.82万人，其中，男性为40.59万人，女性为34.23万人。就业人口数量与失业人口数量存在一定区域差异，如表1所示。

表1 2021年泰国不同区域就业人口与失业人口数量 （单位：万人）

区域	就业人口数量	失业人口数量
曼谷地区	534.45	14.49
中部地区	1193.82	18.85
北部地区	607.98	11.01
东北部地区	929.82	14.50
南部地区	509.05	15.97

资料来源：泰国统计局。

泰国统计局数据显示，2021年，15岁及以上人口平均失业率为1.9%。《东盟统计年鉴2021》数据显示，2020年，泰国15岁及以上人口平均失业率为1.7%，在东盟国家中最低；15—24岁平均失业率在东盟中仅高于越南，其中，男性失业率为6.8%，女性失业率为8.1%。

3. 人口产业分布与旅游人数变化

2020年，泰国三大产业的就业人口数量分别为1181.05万人、952.67万人、1237.20万人，占就业人口总数的比重分别为35.04%、28.25%、36.71%。对比2018年，第一产业、第二产业就业人口数量呈现下降态势；第三产业就业人口数量呈现上升态势，增加了17.71万人。人口产业结构变化体现了"泰国4.0"战略的产业调整方向。

旅游业是泰国支柱产业之一，旅游人数尤其是国际旅游人数直接影响泰国旅游业的发展。根据泰国统计局数据，2020年，泰国国际游客入境人数为816万人，离境人数为936万人。图2显示了2009—2020年间泰国国际游客出入境状况，2009—2019年，国际游客入境人数大于出境人数。其中，2010年与2017年，国际游客净流入超过100万人；受新冠疫情等因素影响，2020年，国际游客净流出超过100万人。通过两周期移动平均趋势线可以发现，2009—2019年间，国际游客入境数量呈稳步上升，而2020年，国际游客入境数量呈断崖型下滑，可以看出，新冠疫情极大冲击了泰国的交通运输业、旅游业等产业，对泰国国民经济影响较大。

资料来源：泰国统计局。

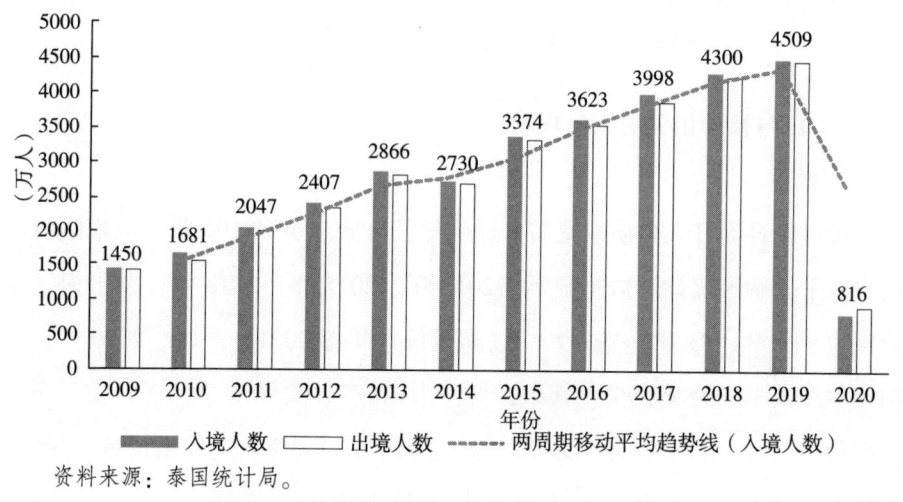

图2 2009—2020年泰国国际游客出入境状况

泰国是东盟重要的交通枢纽。图3显示了2011—2020年间东盟游客目的国分布状况，近10年，泰国始终是东盟游客的主要目的国。

[图表：2011—2020年东盟游客目的国分布状况，包含文莱、柬埔寨、印度尼西亚、老挝、马来西亚、缅甸、菲律宾、新加坡、泰国、越南；泰国数据：1909.83、2235.39、2654.67、2477.98、2988.11、3252.96、3559.2、3817.82、3991.63、670.24]

资料来源：《东盟统计年鉴2021》。

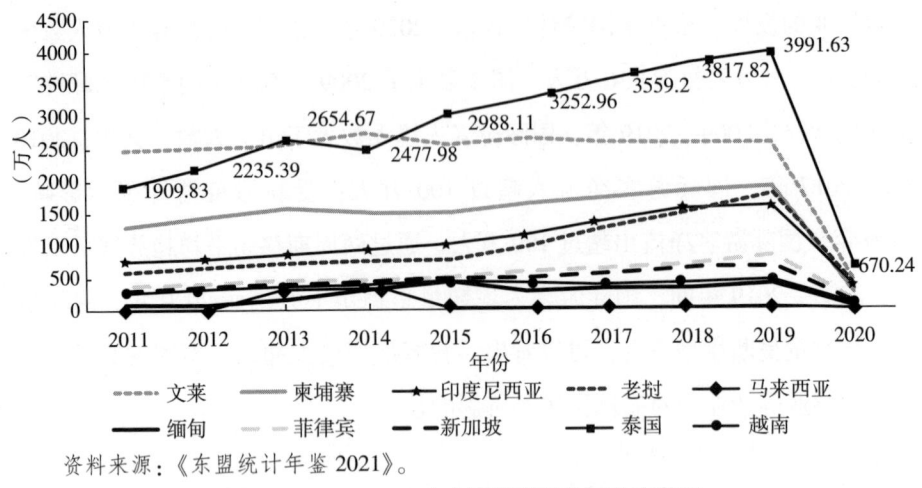

图3　2011—2020年东盟游客目的国分布状况

（三）与社会相关的人口现状

1. 教育

通过教育提升人口质量是转变经济增长方式、突破中等收入国家陷阱的重要抓手。泰国统计局数据显示，2013年、2015年、2018年，泰国识字率分别为94.1%、93.0%、93.9%。《东盟统计年鉴2021》显示，2020年，泰国小学净入学率为99.9%，其中，男性为100%，女性为99.7%；中学净入学率为77.3%，其中，男性为73.5%，女性为81.3%。世界银行数据显示，2019年，泰国25岁及以上人口中获得学士学位（或同等学力）比例为15.63%，获得硕士学位（或同等学力）比例为2.13%，获得博士学位（或同等学力）比例为0.09%。

图4显示2011—2020年间泰国15—59岁劳动年龄人口平均受教育年限变动状况。图4表明，泰国15—59岁劳动年龄人口平均受教育年限提升较为缓慢，2011年，平均受教育年限为9.10年，2020年，平均受教育年限为9.86年，10年间，泰国15—59岁劳动年龄人口的平均受教育年限提升了0.76年。

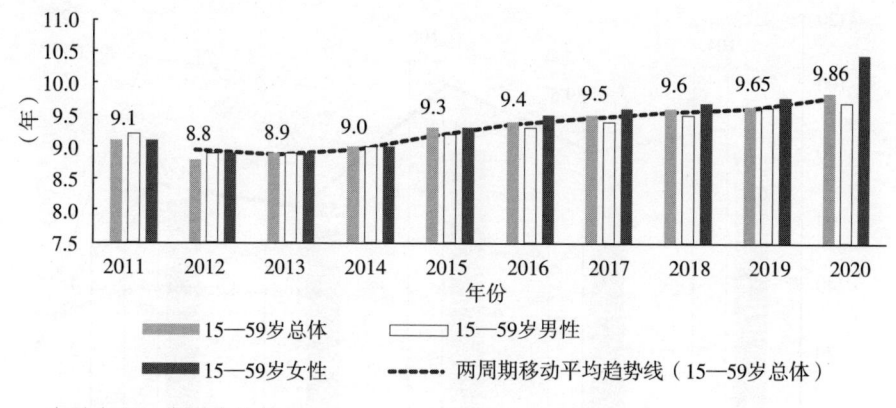

资料来源：泰国统计局。

图 4 2011—2020 年间泰国 15—59 岁劳动年龄人口平均受教育年限变动状况

2. 健康与贫困

婴儿死亡率与出生时预期寿命是人口健康与社会进步的重要指标。联合国《世界人口展望 2022》数据显示，泰国婴儿死亡率从 1950 年的 139.3‰ 下降到 2021 年的 7.1‰，降幅达 132.2‰，预计 2050 年，婴儿死亡率将下降到 3.7‰；出生时预期寿命从 1950 年的 43.2 岁提高到 2021 年的 78.7 岁，增加了 35.5 岁，预计到 2050 年，出生时预期寿命将增长到 84.6 岁。

根据泰国统计局数据，泰国绝对贫困人口数量从 2010 年的 875.1 万人下降到 2020 年的 475.30 万人。根据《东盟统计年鉴 2021》数据，2010—2019 年间，泰国贫困人口占比从 16.9% 下降到 6.2%，2019 年，泰国贫困人口比重低于印度尼西亚，高于马来西亚与越南。泰国贫困人口分布存在较大区域差异，曼谷地区贫困人口数量是 4.41 万人，中部地区是 68.58 万人，北部地区是 77.39 万人，东北部地区是 212.86 万人，南部地区是 112.06 万人。其中，东北部地区贫困人口占全国贫困人口数量的比重为 44.78%。

根据泰国统计局数据，在泰国贫困户的城乡分布中，农村贫困户的数量始终高于城市。如图 5 所示，泰国贫困人口比例呈波动趋势，2018 年与 2020 年均有一定程度的上升。

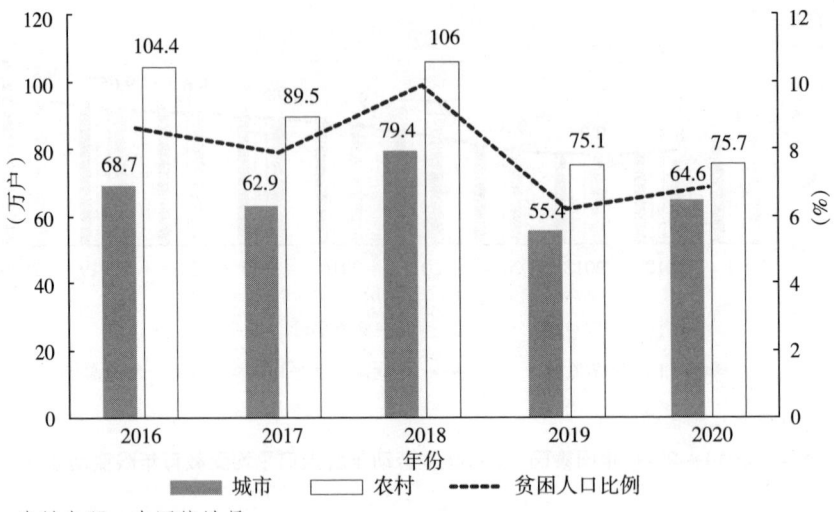

资料来源：泰国统计局。

图5 2016—2020年泰国贫困户城乡分布与贫困人口比例

3. 家庭与婚姻

家庭是人口的基本单位，泰国的家庭规模呈动态缩小趋势。2010年，户均人口为3.33人，2020年为2.66人，其中，曼谷地区为2.18人，中部地区为2.65人，北部地区为2.69人，东北部地区为2.79人，南部地区为2.89人。[1]

如图6所示，泰国统计局数据显示，2012—2019年，结婚对数相对平稳。2020年与2021年，结婚对数呈现阶梯式下降状态，分别为27.13万对和24.10万对，离婚对数相对稳定。

---

[1] 资料来源：https://globaldatalab.org/areadata/table/hhsize/THA/。

资料来源：泰国统计局。

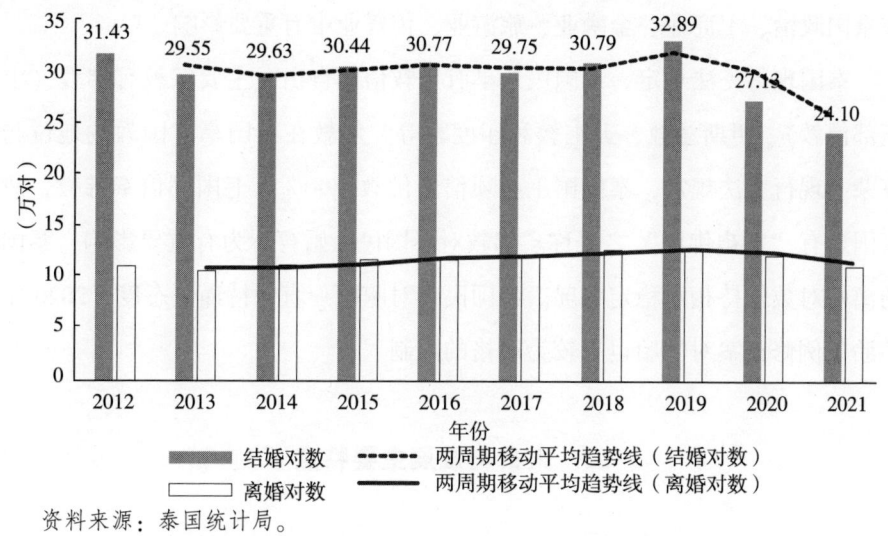

图6 2012—2021年泰国结婚对数与离婚对数变动状况

（四）与文化相关的人口现状

泰国是一个多民族国家，共有30多个民族。其中，总人口的86%为暹罗泰族，3%为高棉人，2%为马来人，9%为其他民族。暹罗泰族中，39%为中部泰人，28%为伊森人，10%为兰纳泰人，9%为南部泰人。[1] 按语系（语族、语支）分类，泰国大致包含5种语系，即泰语系、南亚语系、汉藏语系、南岛语系和苗瑶语系。[2] 泰语系共有24个族群，南亚语系共有22个族群，汉藏语系人口主要分布在泰国北部和西部地区，共有11个族群。南岛语系共有3个族群，苗瑶语系共有2个族群，主要分布在泰国北部。华裔占泰国总人口的14%左右，19世纪下半叶到20世纪30年代，大批华人移居泰国。泰国华裔多数居住在曼谷和外府城市，曼谷居民中，华裔占40%，

---

[1] John Draper and Joel Sawat Selway, "A New Dataset on Horizontal Structural Ethnic Inequalities in Thailand in Order to Address Sustainable Development Goal 10", *Social Indicators Research*, January 2019, Vol. 141, No. 4, 284.

[2] 周建新、王美莲：《泰国的民族划分及其民族政策分析》，载《广西民族研究》，2019年第5期，第49—58页。

在泰国政治、工商业、金融业、旅游业、传媒业中有重要影响。[1]

泰国现行宪法规定，泰国民众享有宗教信仰自由，主要宗教有佛教（上座部佛教）、伊斯兰教、天主教和印度教等。佛教在泰国享有国教的地位与尊荣。现行宪法规定，泰国国王必须信奉佛教，90%以上国民信奉佛教，故泰国素有"黄袍佛国"之美称。佛教对泰国民众婚育行为有重要影响，泰国的离婚对数保持相对稳定状况。泰国民众对堕胎一直保持谨慎态度，2020年堕胎条例修正案对堕胎也有较为严格的限制。

二、人口与发展主要特点

人口与经济社会发展呈现动态协同关系。人口要素特征体现着国家经济社会发展的特点，人口均衡发展会成为经济发展的重要动能，有利于社会稳定；反之，则会影响经济与社会的发展。

（一）人口与经济交织变动状况

图7展现了在工业化、城镇化及现代化影响下，泰国人口出生率、死亡率与自然增长率由"高、低、高"过渡阶段向"低、低、低"模式转变的过程。

在第二次世界大战期间，披汶政府提出把泰国人口增加到1亿的目标，20世纪50年代，泰国政府专门设立婚姻促进委员会，推行"早生多生，繁荣民族"的政策主张，对多子女家庭给予生育补助与社会优抚。根据人口转变的经典模型，1950年至1960年，泰国人口转变处于早期扩张阶段，死亡率先于出生率下降，自然增长率从23.4‰逐渐上升到29.0‰；1961年至1980年，泰国人口转变处于后期扩张阶段，死亡率继续下降并达到低水平，

---

[1]《泰国的民族与宗教》，http://th.mofcom.gov.cn/article/ddgk/zwminzu/201508/20150801080900.shtml。

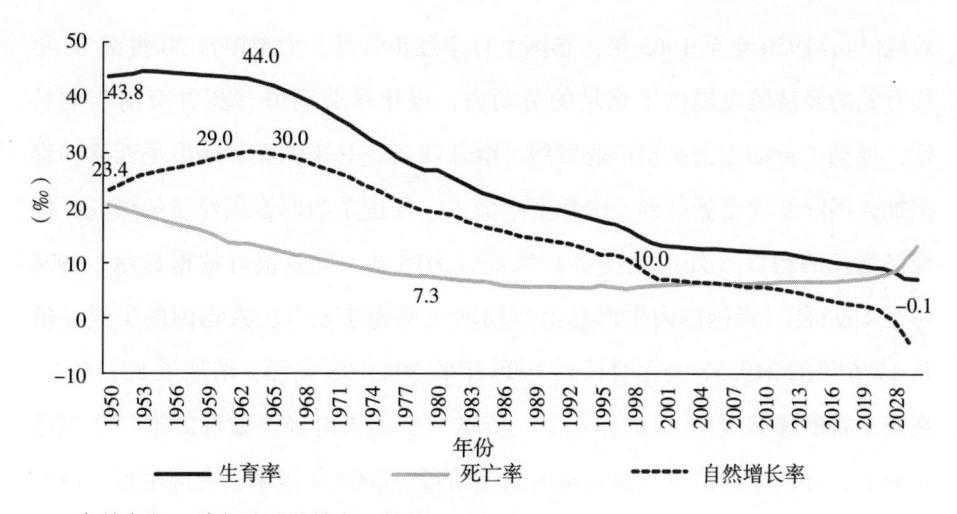

资料来源：联合国《世界人口展望2022》。

图7　1950—2050年泰国人口出生率、死亡率与自然增长率变动情况

出生率也开始下降，人口自然增长率在1965年达到峰值（30‰）。人口的快速增长带来一系列社会发展问题，如自然资源破坏、高失业率与贫困化等，泰国进入人口政策调整的窗口期。1970年，为应对日益凸显的人口问题，泰国政府推出了家庭生育计划，大力推行"两个孩子家庭"计划，为育龄夫妇免费做绝育手术、免费发放避孕药具。经过10年调整政策的实施，1980年，泰国人口自然增长率下降至19.5‰，较1970年下降了10.5个千分点。

联合国《世界人口展望2022》数据显示，1981年至2027年，泰国人口处于低位静止阶段，死亡率徘徊在6‰—8‰区间，出生率继续下降，人口自然增长率进入低位静止阶段。2028年至2050年，泰国人口预计处于减退阶段，出生率继续下降并开始低于死亡率。2028年，人口自然增长率将呈现负增长（-0.1‰），预计2050年降至-6.0‰。

图8显示1961年至2021年泰国经济与人口转变状况。人口转变直接影响劳动力市场供给和经济增长方式。根据人口增长对劳动力供给影响的滞后

效应[1]，1950年至1965年，泰国生育率逐步攀升，为泰国自20世纪70年代开始的经济腾飞提供了充足的劳动力，强化了劳动力"买方市场"的特性，推动了劳动力密集型产业发展。继菲律宾、马来西亚和印度尼西亚，泰国加入国际开放市场行列，国际资本涌入，促进了当时泰国经济的增长，但经济增长的粗放（外向型经济）特征较为明显。世界银行数据显示，1976年至1996年，泰国国内生产总值年均增长率为7.89%，人均国内生产总值从1976年的319.57美元增长到1996年的3043.98美元，增加了852.52%。在资本报酬递减规律[2]的作用下，资本与劳动力对经济发展的推动作用逐步减弱，外向型经济发展模式进入转型阶段。2000年以来，泰国生育率持续走低，人口增长速度进一步下降，人口老龄化趋势逐渐明显，老年人口抚养

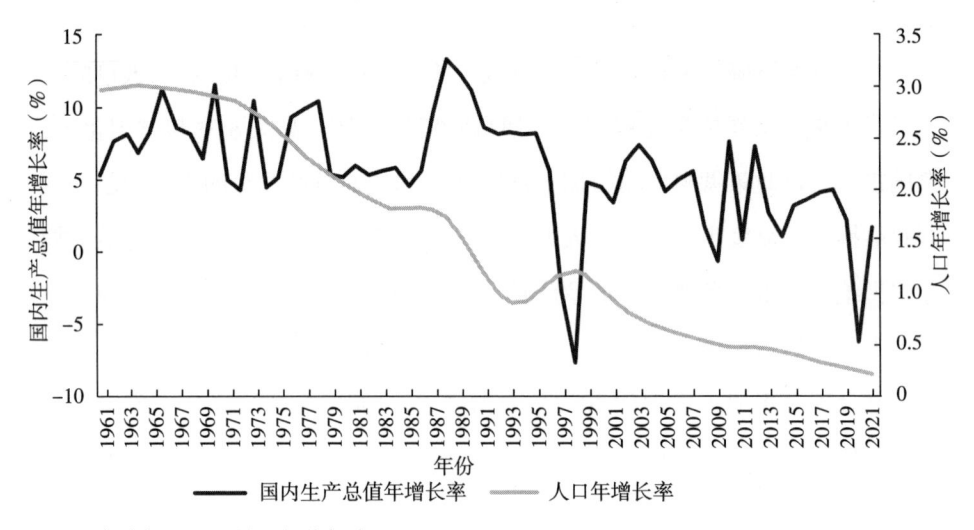

资料来源：世界银行数据库。

图8　1961—2021年泰国经济增长与人口变动状况

---

[1] 指当前劳动力的增长受前一时期人口增长的影响。
[2] 报酬递减规律由法国古典经济学家杜尔格提出，意为从一定的土壤中获得的报酬随着向该土地投入的劳动力和资本数量的增加而有所增加，但随着投入的单位劳动力和资本增加，报酬的增加态势呈现下降状态。

比逐步上升。2000年与2021年，泰国的老年人口抚养比分别为9.1%和20.8%。2000年至2021年，泰国经济发展进入收缩阶段，国内生产总值年均增长率为3.41%。2021年，泰国劳动年龄人口数量开始持续性降低，老龄化进程加速并伴有高龄老人占比快速增长。为将经济增长的原动力转移到依靠技术进步的生产率提升上，泰国在2016年出台了以东部经济走廊发展规划为重点的"泰国4.0"战略。

泰国外向型经济特点深刻影响着泰国人口与经济间的变动关系。世界银行数据显示，泰国贸易额占国民生产总值比例[1]从1960年的33.56%增加到2021年的116.68%，其中，2008年达到了140.43%。外向型经济容易受外部市场波动影响，1997年，亚洲金融危机严重影响了泰国经济发展态势；2008年的国际金融危机与2020年的新冠疫情再次影响了泰国经济发展走势。

（二）劳动力动态变化

劳动力是经济发展过程中的重要配置要素，是人口变动与经济发展关联的显性元素。图9对比了15—64岁劳动力参与率与15—24岁劳动力参与率走势，从中可以发现就业环境、经济增长方式与教育等因素的影响。受较为充分的就业环境与泰国传统农业优势等因素影响，泰国就业率保持在较高水平。30年间，泰国15—64岁劳动力参与率呈现较为稳定的高水平态势；15—24岁劳动力参与率变动呈现明显下滑态势，由1990年的67.28%下降到2021年的39.23%。

图9数据显示，1990—2021年间，泰国劳动力总量在2011年达到最大值，为4008.31万人。2011年后，泰国劳动力总量出现增长停滞、略有下降的状态。联合国《世界人口展望2022》显示，2021—2050年，泰国15—64

---

[1] 根据世界银行的界定，贸易额占国民生产总值比例是指货物和服务的进出口总额占国民生产总值的份额。

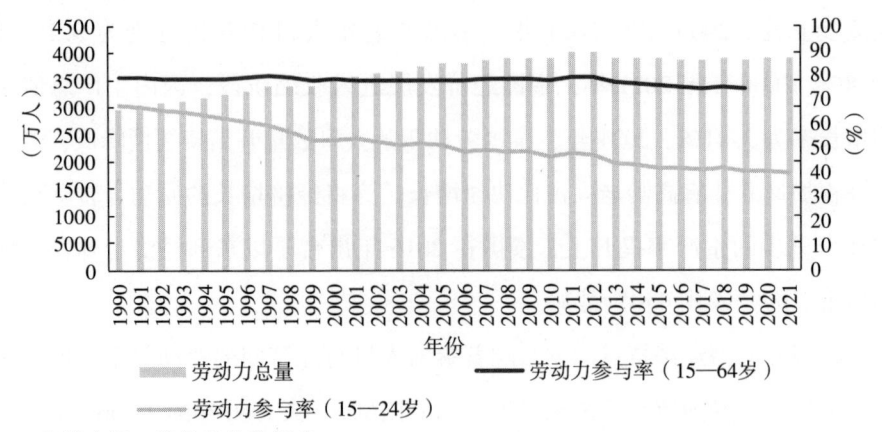

"一带一路"人口与发展（第三辑）

图 9　1990—2021 年泰国劳动力总量与劳动力参与率状况

资料来源：世界银行数据库。

注：缺少 2020 年和 2021 年 15—64 岁劳动力参与率数据。

岁劳动年龄人口呈现逐步下降态势，预计在 2030 年降至 4712.4 万人，在 2050 年降至 3864.7 万人，按此趋势，泰国劳动力总量将会进一步下降。随着东盟国家纷纷推出本国产业升级计划，泰国移民的净流入数量整体处于下降态势，劳动力市场的国际迁移补充也将处于下降态势，如图 10 所示。

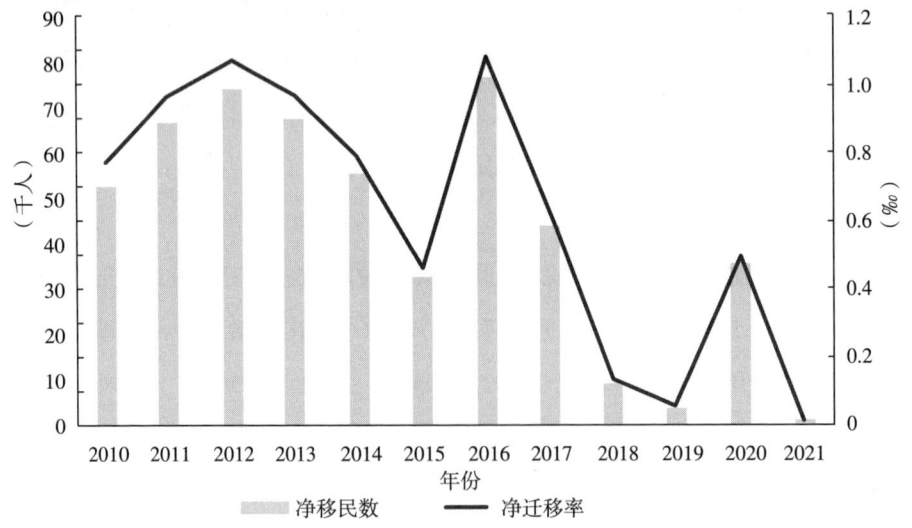

资料来源：联合国《世界人口展望 2022》。

图 10　2010—2021 年泰国净移民状况

劳动力市场状况不仅反映就业环境、经济增长方式与教育发展状况，还反映产业分布与区域经济发展状况。泰国劳动力分布存在区域不均衡现象，主要集中于曼谷及其周围地区、东部与中部。因为曼谷与东部经济走廊均是泰国重要的经济发展区域，中部是泰国重要的农业基地，能够承载大量劳动力。

（三）人口城镇化发展特点

人口城镇化是农村人口向城市地区迁移的过程，反映了人口迁移过程的空间流动与社会流动。根据《东盟统计年鉴2021》数据，2011—2020年间，泰国人口城镇化水平由44.7%增加到51.4%，上升了6.7个百分点。如图11所示，比较东盟国家2011—2020年间人口城镇化水平可以发现，泰国人口城镇化水平推进速度较为平缓，人口城镇化水平落后于新加坡、文莱、马来西亚与印度尼西亚。

资料来源：《东盟统计年鉴2021》。

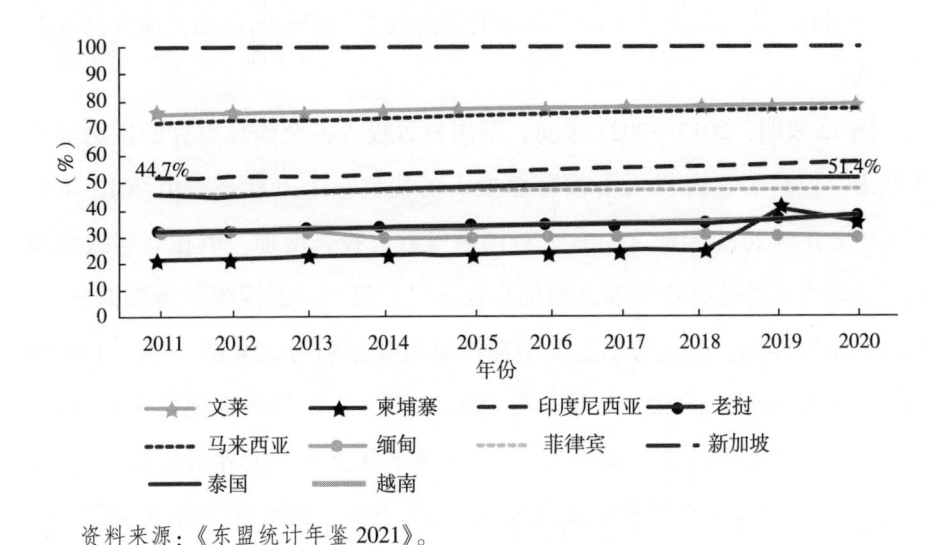

图11 2011—2020年东盟人口城镇化水平

泰国人口城镇化水平存在三个方面的问题：第一，有吸引力的城市主要集中在曼谷地区，东部经济走廊的吸引力还有待增强。曼谷人口迁移的吸收能力已经达到饱和状态。泰国统计局数据显示，曼谷市出现较为明显的人口净流出状态，2012年，净流出人数为3.74万人，2021年，净流出人数增长到7.08万人。第二，泰国作为亚洲唯一粮食净出口国，农业产值较为可观。世界银行数据显示，2019年，泰国农业增加值的年增长率为6.09%，受新冠疫情影响，2020年年增长率为负值，2021年恢复到1.38%。农业生产仍能吸纳相对稳定的大量劳动力。世界银行数据显示，2016—2019年间，从事农业的劳动力占比稳定在31%左右。第三，泰国铁路发展相对缓慢。交通运输能力是推进人口城镇化的重要条件，世界银行数据显示，1995年，泰国铁路总长度为4041公里，2017年为4092公里，22年间仅增加了51公里。

（四）教育发展状况

高等教育发展有利于提升人口素质、促进人力资本形成与人口的社会流动，是创新驱动生产率提升的重要抓手。"泰国4.0"战略强调提升人口质量，泰国政府重视高素质劳动力对高附加值技术型产业的作用，加大高等教育投入。

图12表明，2013—2021年间，泰国教育投入占全国总预算的比例呈下降状态，但高等教育投入占教育总投入的比例呈上升状态，由2013年的16.9%上升到2021年的21.2%。泰国高等教育投入增加，但在高等教育规模与劳动力市场供应效果等方面仍存在不足。第一，泰国统计局数据显示，2017—2021年间，公立与私立大学在校总人数分别为224.87万人、177.70万人、207.69万人、205.82万人与190.26万人，高等教育规模不增反降。第二，泰国高水平教育劳动力比例[1]呈现下降态势。世界银行数据显示，2010年，泰国高水平教育劳动力比例为87.76%，2020年下降到81.75%。第三，泰国高等教育培养方向与市场需求存在脱节。泰国高等教育体系存在

---

[1] 世界银行对高水平教育劳动力比例的界定是接受过高水平教育的劳动年龄人口的百分比。根据《国际教育标准分类2011》(ISCED 2011)，高水平教育包括短周期高等教育、学士学位或同等学力、硕士学位或同等学力、博士学位或同等学力。

"重文轻工"现象，导致理工类专业人才匮乏。2018年，泰国就业市场数据显示，数字产业劳动力缺口达1.4万人。

资料来源：泰国统计局。

图12 2013—2021年泰国教育投入状况

三、人口与发展面临的问题与挑战

（一）曼谷高人口密度的负面影响

泰国统计局数据显示，2010年曼谷常住人口为630万人，2015年为940.2万人，2018年达到1000万人，2021年为1072.2万人，人口密度已经达到5278.7人每平方公里，约占泰国总人口的14.97%。[1] 持续增长的人口为曼谷提供了充足的劳动力，促进了曼谷服务业的发展。曼谷集中了泰国主要的高等教育资源，为曼谷的国际商贸业、金融业和高新产业汇聚了大量高素质劳动力，推动了曼谷经济发展。泰国统计局数据显示，2020年，曼谷

---

[1] 资料来源：https://worldpopulationreview.com/world-cities/bangkok-population。

市经济总量占泰国国内生产总值的33.71%。

曼谷的高人口密度促进了规模经济的发展,也引发了诸多的问题。曼谷是亚洲第六拥挤的城市,是世界第八交通拥堵的城市,高人口密度带来的空气污染、噪声污染、交通事故、气候变化和拥堵每年产生150亿至229亿美元的社会成本,其中,拥堵造成的经济损失是最高昂的外部性成本。泰国污染控制部数据显示,曼谷的空气质量已经达到不安全级别。[1]

曼谷高人口密度也直接或间接地引发了泰国全局性的发展问题。首先,曼谷对泰国人口城镇化发展的承载能力逐步达到限度。2001年至2018年,曼谷的人口增长率平均超过2.60%。据预测,2035年,曼谷人口增长率将降至0.83%[2];其次,高人口密度形成的规模经济会吸引更多投资,产生更多本地就业岗位,从而引发区域就业岗位供给不平衡。2017年1月至2022年10月,泰国空缺岗位的分区域数据显示,曼谷市空缺岗位较多,占全国空缺岗位的比例为22.16%,月份最大值达到39.62%;另外,区域经济发展不平衡会对治理区域性贫困产生影响。[3] 根据泰国统计局数据,泰国东北部地区21个府中的贫困人口数量为212.8万人,占全国的44.78%,其中,呵叻府贫困人口数量高达53.2万人,区域性贫困成为泰国人口与经济社会发展的一大挑战。

(二) 东部经济走廊发展的挑战

东部经济走廊发展规划是"泰国4.0"战略推进的重要引擎。东部经济走廊有着良好的工业基础,具有优越的区位优势,紧邻曼谷,南临泰国湾,拥有漫长的海岸线,是泰国重要的航运区域。东部经济走廊的发展具备良好的劳动力资源,同时能吸引中部与东北部的剩余劳动力,缓解东北部贫困问

---

[1] Eva Ayaragarnchanakul Felix Creutzig, "Bangkok's Locked-in Traffic Jam: Price Congestion or Regulate Parking?", *Case Studies on Transport Policy*, 2022, Vol. 10, No. 1.

[2] 资料来源:https://worldpopulationreview.com/world-cities/bangkok-population。

[3] 苏潘纳达·利潘昂达:《泰国省际差异、趋同性及其对贫困问题的影响》,载《海派经济学》,2014年第1期。

题，推进多中心多区域城市化的协同发展，从而再次激活泰国经济发展动能。东部经济走廊是人口与经济社会发展背景下解决泰国经济发展深层次问题的一剂良方。东部经济走廊招商引资取得一定的效果，区域经济得到了一定程度的发展，同时也受到来自内部与外部环境的影响。

内部环境影响。区域经济发展既有合作，也有内部竞争。东部经济走廊面临着来自曼谷的同步竞争。2011—2020 年，曼谷与东部经济走廊区域[1]经济发展状况如图 13 所示。10 年的经济发展对比显示，曼谷始终高于东部经济走廊，并且增势更明显。

资料来源：泰国统计局。

图 13 2011—2020 年泰国曼谷与东部经济走廊区域经济总量对比

东部经济走廊聚焦新型汽车、智能电子、高端农业及生物科技、机器人及信息技术等高新技术产业。高新技术产业需要大量研发人员支撑，然而目前，泰国研发人员总量有限。世界银行数据显示，2020 年，泰国研发人员比例为每百万分之 1790.15，研发人员总量估计为 12.7 万人，并且面临着曼谷高新经济竞争的分流。另外，高新技术产业需要大量高素质劳动力，据东部

――――――――――
〔1〕 东部经济走廊区域的经济发展状况以泰国北柳府、春武里府和罗勇府经济总量之和的变动情况来说明。

经济走廊办公室估计，到2023年，东部经济走廊至少需要19万学士学位以上的高素质劳动力。泰国优质高等教育资源主要集中在曼谷，东部经济走廊的高学历劳动力存量不足。泰国统计局数据显示，2021年，曼谷15岁及以上劳动力中受过高等教育的占比为37.1%，而东部经济走廊三府受高等教育劳动力平均占比为20.9%。

外部环境影响。东盟同质竞争分散了国际资本投入与国际劳动力资源。"泰国4.0"战略推出后，越南、马来西亚、印度尼西亚等东盟国家相继推出了本国产业升级计划，越南推出了谅山—河内—胡志明市—木排经济走廊，马来西亚推出了五大区域经济走廊，印度尼西亚推出了六大经济走廊。这些经济走廊计划与泰国的战略存在同质竞争，降低了泰国东部经济走廊的国际资本吸引力。图14显示，在东部经济走廊推动期间（以2017年、2018年作为观察时期），泰国吸收外国直接投资低于印度尼西亚与越南，略高于马来西亚。

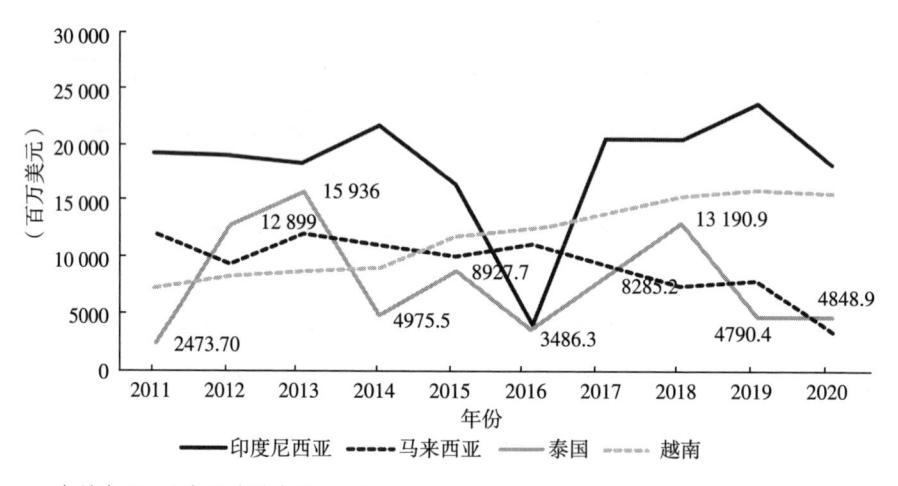

资料来源：《东盟统计年鉴2021》。

图14 2011—2020年东盟4国吸收外国直接投资状况

越南、印度尼西亚等国经济快速发展、劳动薪资水平上升等因素造成来自老挝、缅甸、柬埔寨等国从事建筑、服务业等基础岗位的国际劳工从泰国净流出。越南、印度尼西亚等国推出的产业升级计划加剧了这一净流出现象。根据联合国《世界人口展望2022》数据，2017年与2018年，泰国流入移民人数锐减，东盟同质竞争降低了泰国东部经济走廊吸收国际人力资源的能力。因此东部经济走廊发展动力不足也成为泰国人口与发展中的重要问题。

（三）人口老龄化

如图15所示，1960年，泰国人口金字塔总体呈底部扩张、上部收缩的趋势。较高生育率使0—14岁少儿人口在泰国总人口中占比较大，该阶段泰国人口进入年轻型人口年龄结构〔1〕类型。1980年之后，泰国人口金字塔底部开始收缩，15—24岁青少年人口比重开始上升，为这个阶段泰国经济发展提供了人口红利机会窗口期〔2〕。2000年，泰国人口金字塔中部开始出现凹凸，人口类型由年轻型逐渐向成年型转变。2020年，泰国人口金字塔中部依旧呈现凹凸状，底部开始收缩，以40—59岁年龄段最为明显，75岁及以上人口有扩张趋势，说明老年人口比例不断上升。预计到2050年，泰国人口金字塔底部收缩，顶端不断扩张，80岁及以上高龄老年人口持续增多，占全国总人口比重上升。人口金字塔的动态变化反映了泰国经济社会发展状况，也显示出泰国人口老龄化加速的现实问题。

泰国人口转变已经进入低位静止阶段，低出生率、低死亡率、低人口自然增长率已经成为泰国人口基本特点。在低人口自然增长率与人口老龄化的共同作用下，泰国老年人口比重上升、劳动年龄人口比重下降、老年人口抚

---

〔1〕 年轻型人口年龄结构是年龄较小的人口在总人口中高于一定比例时的人口年龄结构类型。老年人口系数在4%以下、少年儿童人口系数在40%以上、老少比的数值在15%以下、年龄中位数在20岁以下为年轻型人口年龄结构。

〔2〕 人口红利是建立在人口机会基础上的经济学概念，是指人口变化带来的有利机会条件在政策环境激活下所产生的经济增长效应。人口红利机会窗口期是收获人口红利的集中期，通常是指"总抚养比（15—64岁劳动年龄人口=100）不超过50"的区间。

养比上升。据联合国《世界人口展望2022》数据,到2030年,泰国劳动年龄人口比重与老年人口抚养比分别为65.39%和32.6%,2050年预计为56.93%和55.4%。劳动年龄人口比重下降意味着劳动力总量下降[1],老年人口抚养比上升意味着社会保障经费支出增加,财政支出压力加大,进而要求加快转变经济增长方式,提升以技术创新为驱动的全要素生产力,从而推动泰国新阶段的经济发展。

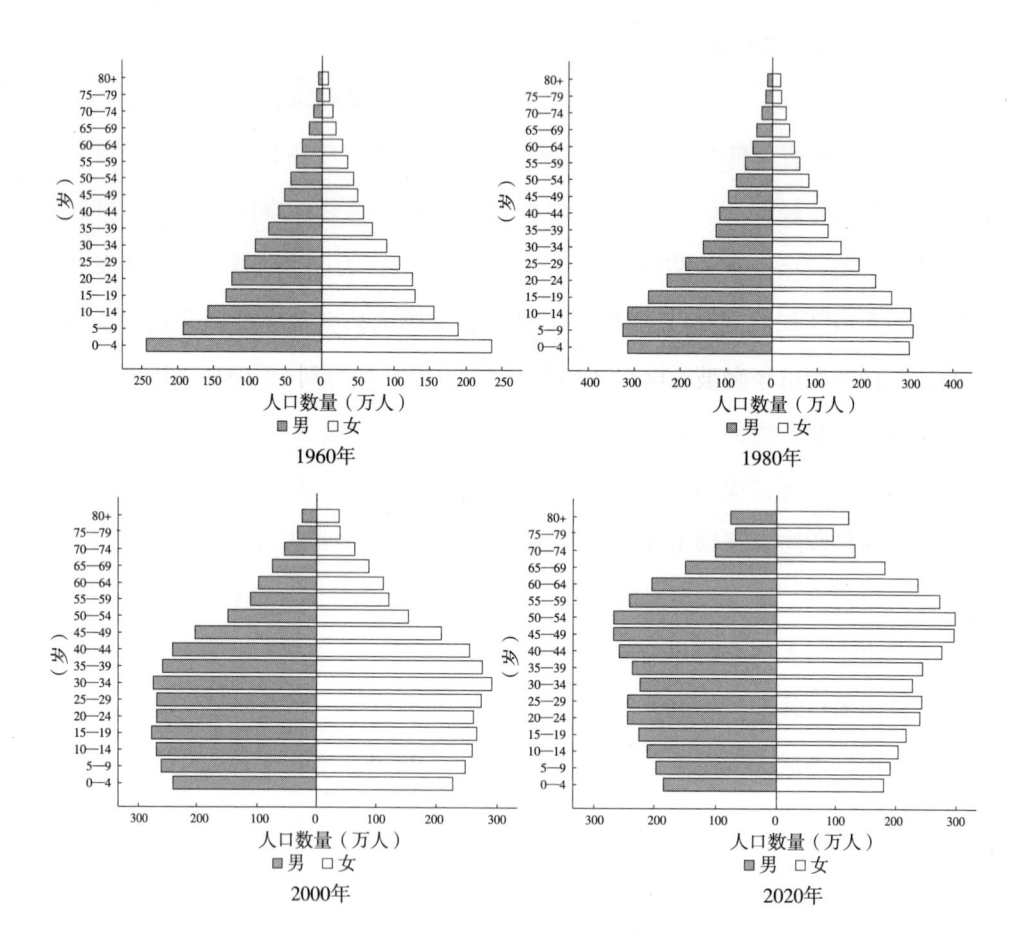

1960年

1980年

2000年

2020年

---

[1] 世界银行报告显示,相较于2020年,预计泰国2060年劳动力总量将减少1440万人。

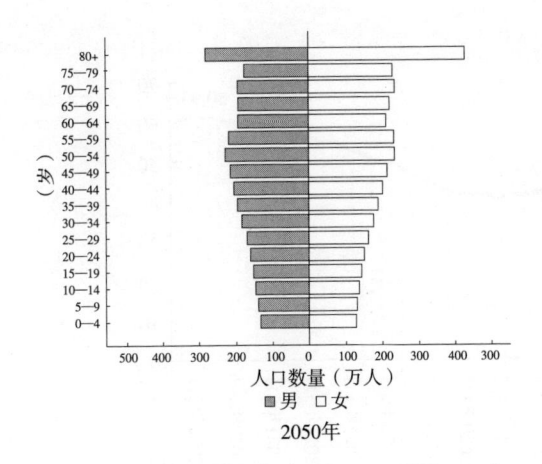

资料来源：联合国《世界人口展望2022》。

图15　1960年、1980年、2000年、2020年与2050年泰国人口金字塔

（四）发展需求与老年群体社会保障间的矛盾

如图16所示，泰国政府用于发展资金需求的公共债务增加较快，泰国的政府债务比已经突破60%的警戒线，2022年6月达到60.93%，政府债务额达到创纪录的9.044万亿泰铢。政府债务攀升的重要原因是国内债务增加。较2019年4月的政府债务比，2022年7月政府债务比增加了10%左右，大量政府债务用于基础设施建设。在东部经济走廊等的基础设施建设资金需求下，泰国财政已经较为紧张。[1]

泰国面临人口老龄化带来的社会保障支出压力。老年人口抚养比增加意味着社会财富要向老年群体的社会保障支出转移。目前，泰国已经形成基础设施建设资金开支与老年群体社会保障开支的矛盾，随着泰国人口老龄化加剧，财政支出的矛盾可能进一步加剧。世界银行数据预测，泰国养老金与老年群体社会保障等财政支出占国内生产总值的比例将从2017的1.4%上升到2060年的5.6%。[2]

---

[1] Fiscal Balance in Thailand, https://www.focus-economics.com/country-indicator/thailand/fiscal-balance.

[2] The World Bank in Thailand, https://www.worldbank.org/en/country/thailand.

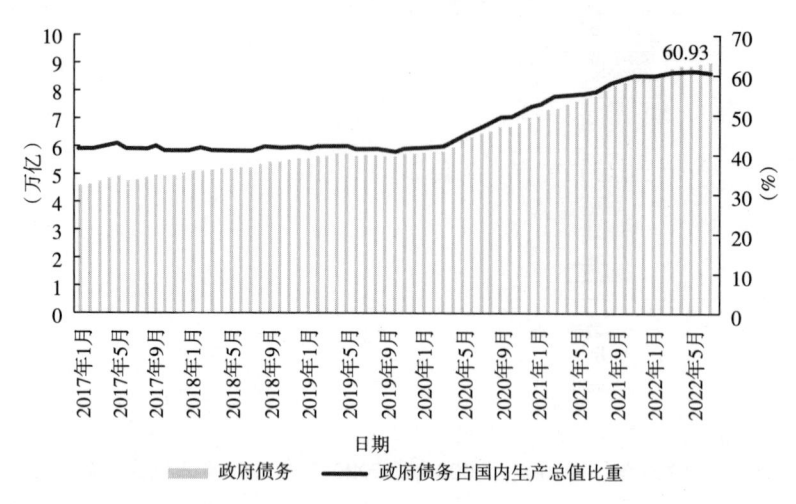

资料来源：泰国统计局。

图16　2017年1月—2022年7月泰国政府债务状况

在联合国开发计划署发布的2021—2022年人类发展指数中，泰国在191个国家中排名第66位，上升了6位，位列全球人类发展水平极高行列。泰国区位优势明显，风光旖旎，是亚洲重要的贸易、金融与物流中心，也是"丝绸之路经济带"和"21世纪海上丝绸之路"的出海口和支点国家之一。据《"一带一路"国家基础设施发展指数报告2021》，泰国"一带一路"基础设施发展指数已经跃升至第6位，发展成本指数一直保持在第2位，反映出泰国区位建设的重要性。

四、思考与建议

共建"一带一路"合作伙伴关系是新时代中泰友好关系发展的重要组成部分。中泰两国在农业、铁路、高新技术等多产业上的合作，促进了地区互联互通和两国关系发展。

通过共建"一带一路"，两国政府寻找人口合作的突破口，助推两国关系发展与合作建设,有助于缓解泰国目前面临的人口与发展问题。基于泰国人口与发展中遇到的问题与挑战,以及中泰共建"一带一路"合作伙伴关系的发展现状,报告提出以下四个方面的建议:

(一)推进交通建设合作,促进泰国城市化发展

从发展态势与地理位置看,泰国初步成型的城市圈是以曼谷为中心的曼谷都会区和以北柳、春武里和罗勇三府形成的东部经济走廊连贯形成的泰国湾城市圈。推动泰国湾城市圈建设,将有助于缓解曼谷人口高密度引发的全局性发展问题,形成更大的合力推动泰国人口城镇化水平的提升。

第一,交通是推进城市圈建设的重要保证。交通建设可以降低人口迁移的成本,引流优质教育资源,实现跨区域办学,提升东部经济走廊劳动力的高等教育水平,促进城市圈内人力资源共享与深度合作。《"一带一路"国家基础设施发展指数报告2021》显示,2019年,中国铁建股份有限公司承建的东部经济走廊连接3个机场高速铁路项目,以及2021年,中国电力建设集团完工的泰国捷运蓝色延长线轨道交通项目,均有利于提升泰国湾城市圈的交通运输能力。随着曼谷城市发展的日益"外溢",曼谷市与都会区其他五府的公路建设以及东部走廊三府的公路建设[1]都是值得关注的建设项目。

第二,城市圈的建设还需提升辐射能力,从而实现全局性增长。进一步加强泰国湾城市圈的辐射能力,提升曼谷都会区、东部经济走廊与劳动力资源丰富的泰国东北部、中部地区的交通运输能力,将有效拉动泰国东北部与中部经济及对华出口贸易。

第三,持续提升泰中罗勇工业园的区位辐射能力与服务能力。泰中罗勇工业园自2005年开始建设,园区毗邻泰国最大集装箱深水港和物流枢

---

[1]《"交通"无惧新冠——"东部经济走廊"的公路建设计划》,https://www.thaiheadlines.com/70040/。

纽——廉差邦港。泰中罗勇工业园第1期已基本完成招商，160余家中国企业落户投资，带动中国企业对泰投资超过40亿美元，企业累计总产值超过180亿美元。园区内员工共计4万余人，其中90%为泰国员工。[1] 罗勇工业园正在开发第2期，中资企业正持续入驻工业园，增进投资合作。另外，吸引其他国家的企业入驻，增强区位辐射能力，预计第2期园内企业可增加到300家，累计创造10万个就业岗位。同时，工业园还将培养大量技术性劳动力，进一步推动城市圈发展。[2]

（二）多方位深化人员合作，释放人口发展潜能

在中泰共建"一带一路"伙伴关系中，应坚持互信互惠理念，加强技术创新合作，提高泰国劳动力资源配置效率，进一步释放人口发展潜能，提升以技术创新为主要驱动的全要素生产力。

第一，推动两国在生物经济、循环经济、绿色经济与新能源等领域的研发人员合作。泰国政府在全面分析和总结自身优势基础上，提出大力发展生物循环绿色经济，泰国要实现在绿色经济领域的突破性发展，可与中资企业深入合作，实现研发成果互利共享，造福两国人民。近年来，中资企业承接了泰国沼气与生物发电的替代能源合作项目，也正在推进"一村一电站"的太阳能合作，以及核电与水电等领域的合作项目。随着泰国绿色经济的发展，相关产业的合作规模将持续扩大，同时也将持续增加劳动力市场需求，缓解曼谷等地城市化发展过程中的环境污染问题。

第二，提升中泰两国在智慧农业领域的研发与推广人员合作，释放泰国农村劳动力，提高劳动力资源配置效率。中泰两国目前都在智慧农业领域进行了研发，合则互惠。智慧农业的发展有利于解绑泰国农业劳动力。通过教育与职业培训，提升转移劳动力的职业技能，投放到高附加值的高新技术行

---

[1] 商务部国际贸易经济合作研究院等：《对外投资合作国别（地区）指南：泰国》，北京：中国商务出版社，2021年，第22页。

[2] 林芮等：《罗勇工业园驶入发展快车道》，载《人民日报》，2019年3月2日，第3版。

业，从而促进劳动力资源配置转换与效率提升。智慧农业的研发与推广合作，也有利于泰国农业生产率提升，扩大双边农产品贸易规模。

第三，促进两国在旅游业与养老业等服务业人员合作，提升泰国女性与初老群体的劳动力参与率，释放劳动力潜能，促进"银发经济"发展。从目前泰国劳动力参与率看，女性劳动力参与率较低，可以通过进一步提高服务业尤其是旅游业劳动力的承接能力，提高女性群体的劳动力参与率。泰国是中国最大的旅游目的国之一，2019 年，赴泰中国游客超过 1000 万人次。泰国为恢复经济，大力吸引国际游客。2023 年年初，中国重新开放公民组团出境旅游，泰国是首批试点中国公民出境团队旅游目的地，开拓中泰旅游业合作空间，将有利于进一步提升泰国旅游行业的劳动力参与率。

跨境养老在发达国家（如美国、英国、法国、日本、韩国等）都较为普遍，退休人员、养老人员及其所在的东道国都有受益之处。中泰两国都面临着老龄化加速问题，适时引入中泰合作养老机制，有利于将老年阶段的储蓄转为消费，从而推动两国"银发经济"发展。在中泰两国合作养老机制中引入时间银行服务模式，积极稳妥开发初老群体的劳动力资源，进一步释放劳动力潜能。

（三）增强多层次的沟通渠道，提升劳动力供给水平

目前泰国在经济发展、区域与次区域层级面临来自印度尼西亚、越南、马来西亚等国的竞争，国际资本与国际劳动力，需加强多层次的沟通渠道，促进中泰经济合作与发展，增强泰国的国际竞争力与区域影响力，提升劳动力供给水平。

第一，在国家层面，不断突破合作领域。2022 年 11 月，中泰两国领导人签署了《中泰战略性合作共同行动计划（2022—2026 年）》《中泰共同推进"一带一路"建设的合作规划》，以及经贸投资、电子商务、科技创新领域合作文件。除在投资、贸易、旅游、基础设施、产业园等传统领域开展合作之外，未来将稳步拓展在数字经济、新能源汽车、科技创新等新领域的合作，提供更多高新技术岗位，增强劳动力接受高等教育意愿，从而促进劳动力技能水平和受教育水平的提升。

第二，在地方政府层面，提升区域经济发展互动。2022年，中泰两国声明中提出，促进中国粤港澳大湾区、长江三角洲与泰国东部经济走廊协同发展。泰国湾城市圈借鉴长江三角洲城市群在产业链、物流链等方面的经验，形成合理有效区域内分工。通过推进泰国湾城市圈与长江三角洲、粤港澳大湾区的协同发展，提升人才流动的便利性，促进城市圈协同发展的人才共享。

第三，加强区域和次区域合作，增强区域竞争力，促进国际劳动力回流。继续推进两国在东盟区域内的建设性合作。在次区域合作层面，完善相互协调和相互支持的对接机制，例如三河流域机制[1]和澜湄合作等，促进中泰在沿湄公河流域合作关系。

（四）深化高等教育与职业培训合作，提升人口质量

提升以技术创新为驱动的全要素生产力，实现经济增长方式转型，需要规模化的高等教育产业与完善的职业培训体系。目前，泰国劳动力受教育年限增长缓慢、高水平教育劳动力比例呈下降状态、高技能高学历劳动力短缺等问题，限制了"泰国4.0"战略的推进。中国在专业教育、标准建设、质量保障等方面已经积累了相应的经验，中泰在高等教育与职业培训存在一定合作空间。

2020年，中泰高等教育合作联盟成立，吸引了中泰两国160余所高校参与，推动了中泰两国在人才培养、科学研究合作、文化沟通及教育服务等方面的合作。目前，中泰两国高等教育与职业培训已经开展了多种形式与途径的交流，例如中泰高校联合培养、设立孔子学院、建立海外文化中心，以及

---

[1] 三河流域机制是泰国重要的次区域合作框架，指伊洛瓦底江—湄南河—湄公河三河流域内国家间经济合作。

互派留学生与交换生项目等,推动了两国高等教育合作与文化交流。基于泰国对高技能高学历劳动力需求及相关政策,两国可就如下三方面加强合作。

第一,推进中泰理工类高等职业教育与专业硕士的联合培养,带动两国相关教育产业合作与发展。在条件成熟情况下,根据教育部《高等学校境外办学指南》跨境联合办学,释放国内尤其是西南高职教育产业产能,在东部经济走廊三府设立分部。采用中国高等教育产业发展的成熟模式,培育劳动力市场所需不同层次的专业技术人才,充实高技能高学历劳动力,缓解泰国专业技术人才短缺问题。

第二,发挥中泰高等教育合作联盟作用,联合培养拔尖研发人才。利用中泰高等教育合作联盟平台,通过签订合作协议、联合培养等各类形式,引进高质量师资队伍和培养高质量留学生。利用留学生学科竞赛、国际学生研讨论坛等形式,提升两国高等教育合作质量,培育高层次的研发人才,助推高等教育的交流与扩大。

第三,充分发挥泰国华裔作用,助推中泰高等教育合作。充分调动泰国华裔参与中泰高等教育合作的积极性与主动性,发挥华裔在泰国教育界的影响力,深挖两国高等教育合作办学的潜力,助力两国高尖科技人才联合培养机制。

参考文献:

[1]利潘昂达.泰国省际差异、趋同性及其对贫困问题的影响[J].海派经济学,2014(1).

[2]李云龙,赵长峰,马文婧.泰国数字经济发展与中泰"数字丝绸之路建设"[J].广西社会科学,2022(6).

[3]人民日报.泰国经济持续稳步复苏[N/OL].(2022-08-08)[2023-03-23].https://m.gmw.cn/baijia/2022-08/08/1303079915.html.

[4]商务部国际贸易经济合作研究院等.对外投资合作国别(地区)指南:泰国[M].北

京:中国商务出版社,2021.

[5]世界银行数据库.世界人口展望:2008 年修订本[DB/OL].(2008)[2023-04-14]. https://data. worldbank. org. cn/indicator/SP. DYN. LE00. IN? view = chart&locations = TH.

[6]泰国统计局.自然资源与环境统计[EB/OL].[2023-3-20]. http://statbbi. nso. go. th/staticreport/page/sector/en/index. aspx.

[7]中国经济新闻网.为吸引投资,泰国加快重点领域产业转型[EB/OL].(2022-09-15)[2023-02-13]. https://www. cet. com. cn/wzsy/cyzx/3241595. shtml.

[8]中国侨网.泰国本土劳动力短缺[EB/OL].(2021-12-03)[2023-03-18]. https://baijiahao. baidu. com/s? id = 1718052406493730977&wfr = spider&for = pc&searchword = .

[9]中华人民共和国商务部.泰国的民族与宗教[EB/OL].(2015-08-14)[2023-03-12]. http://th. mofcom. gov. cn/article/ddgk/zwminzu/201508/20150801080900. shtml.

[10]中华人民共和国外交部.泰国国家概况[EB/OL].(2023-04)[2023-04-13]. https://www. mfa. gov. cn/web/gjhdq_676201/gj_676203/yz_676205/1206_676932/1206x0_676934/.

[11]周建新,王美莲.泰国的民族划分及其民族政策分析[J].广西民族研究,2019(5).

[12]"走出去"导航网."一带一路"基建指数国别报告 2021:泰国[R/OL].(2022-02-15). https://www. investgo. cn/article/gb/fxbg/202202/578236. html.

[13]AYARAGARNCHANAKUL E, CREUTZIG F. Bangkok's locked-in traffic jam:price congestion or regulate parking? [J]. Case Studies on Transport Policy,2022,10(1).

[14]DRAPER J,SAWAT SELWAY J. A new data set on horizontal structural ethnic inequalities in Thailand in order to address sustainable development goal 10[J]. Social Indicators Research,2019,141(4).

[15]FURUOKA, FUMITAKA. Population growth and economic development:new empirical evidence from Thailand[J]. Economics Bulletin,2009,29(1).

[16]United Nations,Department of Economic and Social Affairs Population Division. World population prospects 2022[EB/OL].[2023-03-12]. https://population. un. org/wpp/.

[17]US-ABC organizes SME webinar in response to Covid-19 crisis focused on supporting

digitalization of Thai SMEs[EB/OL]. (2021-08-31)[2023-02-20]. https://www.usasean. org/press-release/2021/08/31/us-abc-organizes-sme-webinar-response-covid-19-crisis-focused-supporting.

菲律宾人口与发展状况报告

徐晓勇　孟繁兴　李志强[*]

摘要：菲律宾是东盟第二人口大国，人口年龄结构整体年轻，劳动力规模庞大。同时，菲律宾面临着人口增速快、人口资源环境压力大、城镇化发展停滞、就业形势严峻、减贫任务重等问题。菲律宾在人口、经济、社会文化、政治体制等方面具有鲜明特点，应在共建"一带一路"倡议框架下，利用其资源禀赋，加强国际劳务、人力资源开发、医疗健康服务等领域的国际合作。

关键词：菲律宾；人口与发展；"一带一路"

菲律宾位于亚洲东南部，北隔巴士海峡与中国台湾地区遥遥相对，南部隔苏拉威西海、巴拉巴克海峡与印度尼西亚、马来西亚相望，西濒南海，东临太平洋。菲律宾是一个多民族的群岛国家，共有7000多个岛屿。同时，菲律宾人口数量在东盟国家中位列第2，是亚太经合组织成员之一，也是全球新兴市场国家之一。作为东南亚地区北连东亚、南通大洋洲的重要海上通

---

* 徐晓勇，云南大学经济学院副研究员；孟繁兴、李志强，云南大学经济学院硕士生。

道，菲律宾自古以来就是中国东南沿海居民"下南洋"的重要目的地，也是中国商人、移民等进入马来群岛、印度洋等区域的重要中转站之一，中菲交流具有悠久的历史。随着共建"一带一路"倡议的提出，两国交流合作进入新的阶段。本文分析菲律宾的人口与发展变化及其特征，旨在从人口学视角阐明中菲合作的机遇与措施，推动共建"一带一路"合作伙伴之间的交流与合作。

一、人口与发展现状

自 1946 年彻底结束 400 余年的殖民历史、获得独立国家地位，菲律宾社会发展进入新阶段。得益于东亚、东南亚地区在战后国际政治经济体系中的重要性加强，尤其是利用西方国家向东亚、东南亚地区产业转移的有利条件，菲律宾步入了一个稳定发展的阶段，经济、社会等领域取得了长足进步，成为具有一定影响力的东南亚国家。

（一）人口发展状况

1. 人口规模

根据联合国《世界人口展望 2022》的数据，截至 2021 年 7 月，菲律宾人口约为 1.14 亿人，人口规模在全球国家中排名第 12 位，在东南亚国家中仅次于印度尼西亚，排名第 2 位。从 20 世纪 50 年代开始，菲律宾人口规模进入持续高速增长时期，从人口总量不足 2000 万人逐渐成为人口总量过亿的国家。图 1 展示了菲律宾 1950 年以来历年人口规模与人口增长率。从人口增长率的变化来看，菲律宾经历三个不同的阶段。1950—1959 年是人口超高速增长阶段，这一时期，人口增长率保持在年均 43‰，不到 10 年的时间，人口净增长接近 900 万人，增幅接近 50%，人口呈现爆炸式增长态势。1960—1996 年为人口高速增长阶段，这一时期，人口增长率明显下降，从年均超过 40‰下降到 20‰—30‰之间，尤其是 1975 年以后，人口增长率在

25‰左右长期波动，表现出较为稳定的增长态势。1997年至今，菲律宾人口进入减速增长阶段，人口增长率持续下降，到2021年已经降至13.6‰的历史最低水平；尽管这一阶段人口增长率持续走低，但是在东南亚范围内仍然属于增率最高的国家之一，而且这种增长势头将在较长时期内继续保持。根据联合国《世界人口展望2022》人口预测的中方案，菲律宾在21世纪末之前仍然能保持人口增长态势，并将于2092年达到1.81亿的人口峰值。菲律宾也将成为人口过亿国家中最晚进入人口负增长的国家之一。

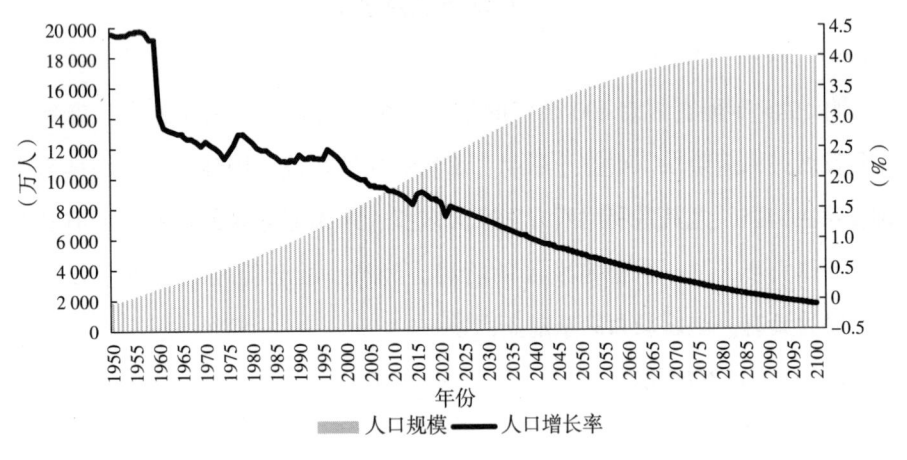

资料来源：联合国《世界人口展望2022》。

图1 1950—2100年菲律宾人口规模及人口增长率变化趋势

2. 人口结构

（1）人口年龄结构

1950年以后，菲律宾人口出生率较高，少儿人口与劳动年龄人口规模以较快的速度增长，这使得菲律宾人口长期保持年轻型人口年龄结构。根据人口年龄结构的划分标准，当65岁及以上老年人口占比小于4%时，为年轻型人口年龄结构；当该系数为4%—7%时，为成年型人口年龄结构；当该系数大于7%时，为老年型人口年龄结构。1950年，菲律宾0—14岁少儿人口和65岁及以上老年人口占比分别为44.0%和3.6%，属于典型的年轻型人口年龄结构。2005年，菲律宾老年人口比重首次超过4%，少儿人口比重下降到36.5%，完成了从年轻型人口年龄结构向成年型人口年龄结构的转变。2021年，菲律宾老年人口比重进一步上升到6.1%，少儿人口下降到30.0%，15—64岁劳动年龄人口比重达到63.9%的历史最高水平，仍然属于典型的成年型人口年龄结构。根据联合国《世界人口展望2022》的预测数据，菲律宾老年人口比重将于2030年前后超过7%，进入人口老龄化社会，完成向老年型人口年龄结构的转变。从人口年龄中位数的变化可以看出，菲律宾人口老龄化速度较慢，人口年龄结构较为年轻。1950年，菲律宾人口年龄中位数为16.8岁，这一时期人口出生率较高，少儿人口比重快速上升，人口年龄结构年轻化的趋势明显。到1963年，人口年龄中位数下降到14.7岁。1963年之后，人口年龄中位数持续提高，但在东南亚和世界范围内仍然较为年轻。2021年，人口年龄中位数为24.5岁，比东南亚和全世界分别低了6.3岁和5.5岁。

从图2人口金字塔可以直观地看出菲律宾人口结构特征及其演变。1950年，菲律宾人口金字塔呈现出底部扩大的正金字塔形状，低年龄组人口规模明显高于高年龄组，特别是0—4岁年龄组人口比重显著高于其他年龄组，这实际上体现了二战结束和国家独立之后形成的人口出生高峰。到1990年，菲律宾0—4岁年龄组人口比重在各年龄组中的优势减弱，呈现出典型的正金字塔形状，这表明，随着人口出生高峰的回落及20世纪50—60年代出生的人口进入成年阶段，菲律宾人口逐渐由年轻型人口年龄结构向成年型人口年龄结构演变。到2020年，0—4岁、10—14岁年龄组人口比重仍在各年龄组中最高，但已不具备绝对优势。0—14岁少儿人口增长势能减弱使菲律宾人口老龄化进程加快。根据联合国人口预测数据，2030年前后，菲律宾将迈入老龄化社会的门槛，开启温和缓慢的老龄化进程。在2050年的人口金字塔中，底部低龄组人口开始明显萎缩，反映出人口年龄分布重心开始向更高年龄成年组移动的趋势。

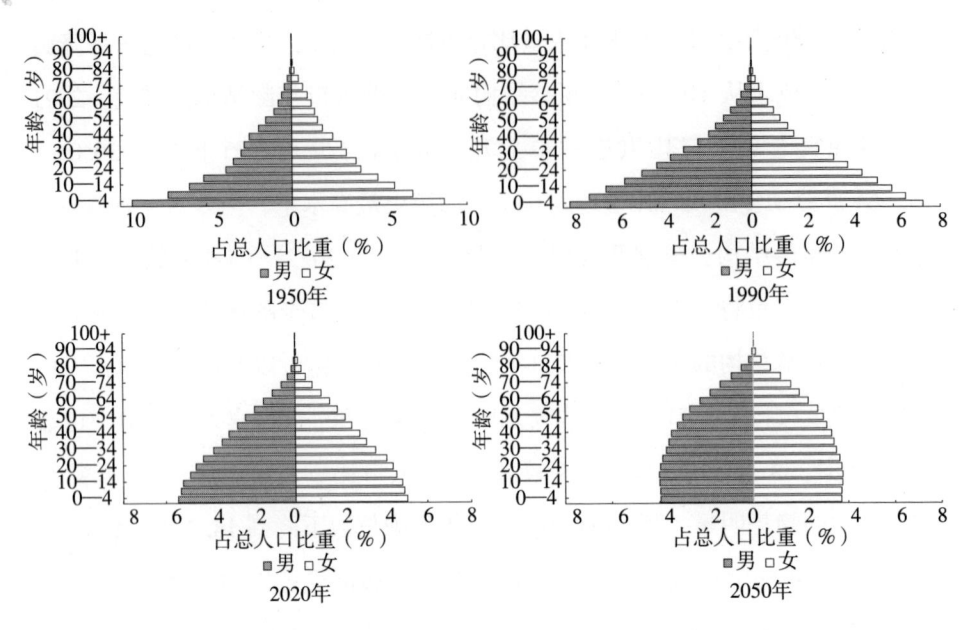

资料来源：联合国《世界人口展望2022》。

图2 1950年、1990年、2020年和2050年菲律宾人口金字塔

（2）人口性别结构

菲律宾人口性别结构总体较为均衡。1950—2021年间，菲律宾总人口性别比在99—103.1之间，具有均衡度高、变动较小的特征。1950年之后，菲律宾的总人口性别结构从"男少女多"逐渐变为"男多女少"，但并没有改变总人口性别结构较为均衡的格局。应该指出的是，性别比缓慢升高是菲律宾人口发展的长期趋势之一。菲律宾总人口性别比持续提高与较高的出生人口性别比[1]有一定关系。如图3，从菲律宾的出生人口性别比来看，1950年后基本维持在106.5—107.8之间，多数年份都略高于107这一正常值上限。[2]尽管多数年份出生人口性别比只是略高于107的性别均衡上限，但

---

〔1〕 出生人口性别比是反映一定时期内出生人口男女比例的人口指标，正常范围是102—107，即每100名出生女婴对应102—107名出生男婴。

〔2〕 人口性别均衡的判断标准为：总人口性别比在96—106之间，出生人口性别比为103—107之间。

其微弱偏高的长期积累仍会拉动总人口性别比缓慢上升。如果出生人口性别比无法稳定回落到 107 以下，菲律宾性别结构失衡的潜在动能将长期存在，未来存在人口性别结构失衡的风险。

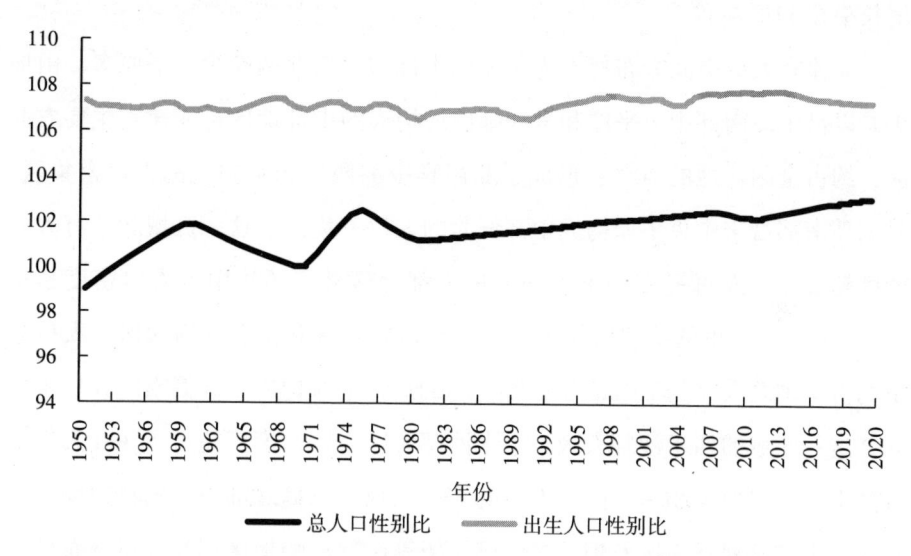

资料来源：联合国《世界人口展望 2022》。

图 3　1950—2020 年菲律宾总人口性别比和出生人口性别比

3. 人口分布

尽管菲律宾位于全球人口最为稠密的东亚—东南亚—南亚人口密集带，但由于地理环境较为封闭，且长期处于殖民统治之下，在 20 世纪 50 年代之前，菲律宾整体人口密度并不高。殖民统治结束后，菲律宾开始进入人口持续高速增长期，人口密度增长十分迅速。1950 年，菲律宾人口密度为 62 人每平方公里，2021 年达到 363 人每平方公里，增长了近 5.3 倍，成为全球人口密度排名第 7 位的国家。尽管菲律宾人口密度总体较高，但其内部区域差异十分明显。2021 年，人口最密集的国家首都区（马尼拉大都会区）人口密度达到 21 765 人每平方公里，是全国平均水平的 60 倍左右，是人口最为稀疏的科蒂拉行政区的 240 倍左右。相较于 2010 年，菲律宾所有行政大区的人口密度均有所增加。其中，"邦萨摩洛"穆斯林自治区增长最快，增长率达到34.83%；中央吕宋大区和甲拉巴松大区也增长较快，增长率均超过20%；科迪勒拉行政区、伊罗戈斯大区、东米沙鄢大区等地区则增长较慢，增长率在11%左右。

菲律宾人口空间分布特点为明显的中部多、南北两端少，平原多、山地少。以吕宋岛南部中央平原和米沙鄢群岛构成的中部地区是菲律宾主要农业区，约占全国耕地的40%，形成了菲律宾中部两块相互独立的人口密集区。吕宋岛南部吕宋中央平原构成中部偏北的人口密集区，这一区域除了有人口密度超过2万人每平方公里的马尼拉大都会区外，还集中了人口密度超过400人每平方公里的甲拉巴松大区、中央吕宋大区和伊罗戈斯大区，人口数量约占全国总人口的25%。米沙鄢群岛的局部平原构成中部偏南的人口密集区，这一区域的西米沙鄢大区、中米沙鄢大区人口密度都超过了300人每平方公里，人口数量约占全国总人口的35%。而吕宋岛北部山区的科迪勒拉行政区、卡加延河谷大区及棉兰老、巴拉望等南部岛屿地区则是人口分布较少的区域。从2010年和2020年两次人口普查的数据来看，除了两大人口密集区人口继续稳定增长外，棉兰老岛的南部地区成为另一个人口密度增长较快的区域。

4. 人口国际流动

菲律宾长期受到西方国家的殖民统治，较早被纳入西方主导的国际社会之中，人口国际流动较为活跃。独立后，菲律宾人口快速增长，大量年轻人口在国内缺乏良好的就业机会。借助与美国等西方国家的密切联系，许多年轻人口进入美国、西亚、日本及周边比较富裕的国家工作，形成了以海外务工为特征的国际人口流出浪潮。

如图4所示，根据联合国国际移民数据库数据，菲律宾人口流出呈现波动下降的趋势。1961—1975年是菲律宾人口流出的高峰期，年均流出人口数量约23万人；1975—2000年间，流出人口规模出现下降和反弹，年均流出人口下降到约14万人；2000—2020年间，流出人口进一步下降到13.5万人；2020年以来的新冠疫情导致大量人口回流，菲律宾首次出现人口净流入。从菲律宾人口国际流动的流向来看，美国、西亚、大洋洲、周边国家和地区是主要的流动目的地。美国是菲律宾最大的流动目的地，约占全部流出人口的40%，沙特阿拉伯、马来西亚、中国香港特别行政区、澳大利亚、日本所占比重也较高。

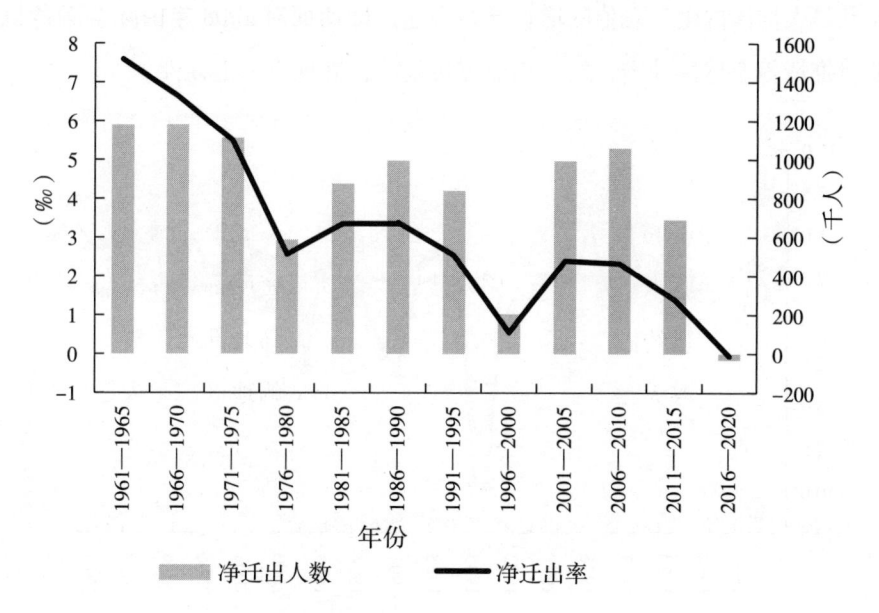

资料来源：联合国国际移民数据库。

图4 1961—2020年菲律宾国际人口迁移趋势

（二）经济状况

1. 经济发展历程

菲律宾经济发展取得了显著成果。按2015年不变价美元计算，菲律宾经济总量从1960年的313.4亿美元增加到2021年的3789.6亿美元，年均增长率4.1%。剔除人口增长因素后，菲律宾人均国内生产总值从1960年的1193美元增加到2021年3413美元，年均增长率为1.7%。如图5所示，可以看到，随着人口增速逐渐放缓，人均国内生产总值的增长逐渐加快。从国内生产总值的增长轨迹来看，1960—1982 年，菲律宾主要依靠人口增长来拉动经济增长。20 世纪 70 年代，中东劳务市场开辟后，菲律宾迎来第一次发展高峰。1983 年起，菲律宾陷入经济衰退，此后历经国内政治变化、海湾战争和亚洲金融危机，经济发展不断受挫，直到 2003 年，其人均国内生产总值才恢复至 1982 年的水平。进入 21 世纪以来，菲律宾经济增长稳中有进，尤其是人均国内生产总值的增长开始提速，即使面对 2008 年国际金融危机、新冠疫情等全球性冲击，经济仍能较快复苏，展现出一定韧性。

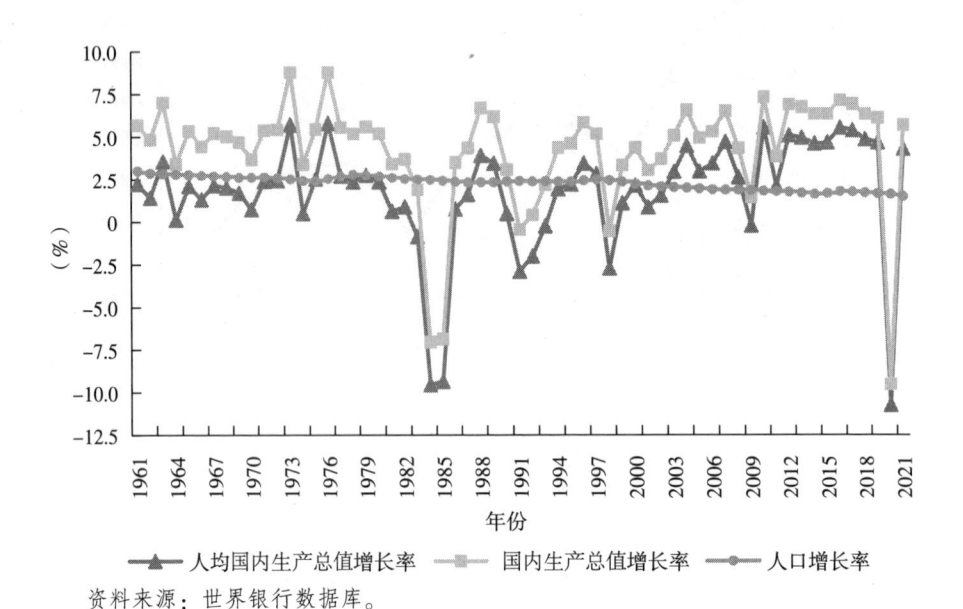

资料来源：世界银行数据库。

图 5　1961—2021 年菲律宾经济增长历程

与印度尼西亚、马来西亚两国相比，20 世纪 90 年代，菲律宾虽然发展缓慢，但是赖以创汇的海外劳工遍布世界各地，因此，其在 1997 年的亚洲金融危机中受到的冲击较小。此后，菲律宾经济开始复苏，人均国内生产总值增长率逐渐赶上印度尼西亚、马来西亚两国。2008 年以后，菲律宾经济增长速度进一步上升，人均国内生产总值增长率超过东亚和太平洋地区的整体水平，但2020年新冠疫情给菲律宾带来不小的冲击。除了传统的劳务输出产业以外，菲律宾在投资、经贸等领域不断扩大开放、深入参与国际合作，发掘更大经济增长潜力的同时，发展风险也随之增加。

2. 产业发展现状

菲律宾国民经济以第三产业为主，第一产业、第二产业、第三产业的比例约为1∶3∶6。尽管第三产业比重高，具有产业结构高级化的特征，但菲律宾的产业经济没有经历充分的工业化，工业基础薄弱、对外依赖性强的特点较为明显。

菲律宾地处热带雨林和热带季风气候区，土地丰饶、水热条件较好、农业资源丰富。全国森林面积达1579万公顷，覆盖率达53%，有乌木、檀木等名贵木材。水产资源丰富，鱼类品种有2400多种，金枪鱼资源居世界前列。已开发的海水、淡水渔场面积达2080平方公里。2021年，菲律宾第一产业增加值为396.8亿美元，占国内生产总值的10.1%。出口农产品主要包括椰子油、香蕉、鱼虾、糖及糖制品、椰丝、菠萝和菠萝汁、未加工烟草、天然橡胶、椰子粉粕等。

菲律宾拥有较为丰富的矿产资源和能源资源。矿产资源储量较大的有铜、金、银、铁、铬、镍等20多种。地热资源储量丰富，其热值相当于20.9亿桶原油。近年来，巴拉望外岛发现大规模天然气资源，菲律宾能源资源储量进一步提高。但良好的矿产和能源资源禀赋并未推动菲律宾工业的快速发展，第二产业在其国民经济中的地位较低。2021年，第二产业增加值为1138.4亿美元，占国内生产总值的28.9%。工业结构偏重于食品加工、服装纺织，以及电子、汽车零件制造等轻工业。工业出口产品主要包括半导体、电子产品、运输设备、服装、铜和石油制品等。

2021年，作为菲律宾支柱产业的第三产业增加值占国内生产总值的61%，达2405.7亿美元。菲律宾是全球主要劳务输出国之一，海外务工人口超过1000万人。2021年，菲律宾海外劳工现金汇款达314亿美元，占当年国内生产总值的 8.9%，同比增长 5.1%。此外，菲律宾旅游业发展前景广阔。菲律宾拥有独特的火山风景和曲折绵延的海岸线，形成了著名的长滩岛、薄荷岛、卢霍山、百胜滩、伊富高省原始梯田等景点。旅游业是菲律宾经济发展的一大支柱，也是其外汇收入的重要来源之一。

3. 就业状况

2021 年，菲律宾人口年龄中位数不到 25 岁，人口年龄结构十分年轻，15—64 岁劳动年龄人口超过 7000 万人，占比接近三分之二，劳动力规模庞大。如图 6 所示，自 1990 年以来，菲律宾的劳动力参与率总体保持稳定，2020 年，受新冠疫情影响，劳动力参与率降至 54.8%，此后又有小幅回升。失业率也长期保持稳定，近年来开始下降，2020 年出现一定反弹。菲律宾劳动年龄人口增量逐渐减少，正不断靠近人口红利机会窗口期，就业市场的吸纳能力有所提高。另一方面，近年来，失业率的下降趋势与经济增长速度上升表现出一致性。

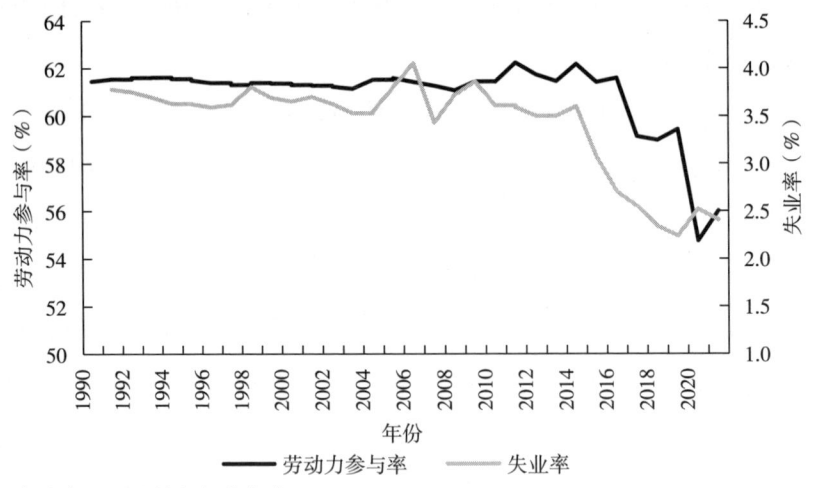

资料来源：世界银行数据库。

图 6 1990—2021 年菲律宾劳动力参与率和失业率

如图 7 所示，从就业结构来看，20 世纪 90 年代以来，第三产业超过第一产业成为菲律宾最大的就业部门，三大产业就业结构与产值结构基本保持同步变动。2007年，第三产业就业人口首次超过第一产业、第二产业总和，在就业结构中占据主导地位。到2019年，第三产业就业人口占比已经达到58%。尽管农村人口仍然是菲律宾人口的主体，但第一产业吸纳人口就业的作用明显下降，到2019年，第一产业就业比重已经下降到22.9%，仅比第二产业高出3.8个百分点。第二产业吸纳就业的能力最弱，2019年，其就业比重不足20%，但持续增长的态势明显，未来5—10年间有望取代第一产业，成为吸纳就业的第二大产业部门。

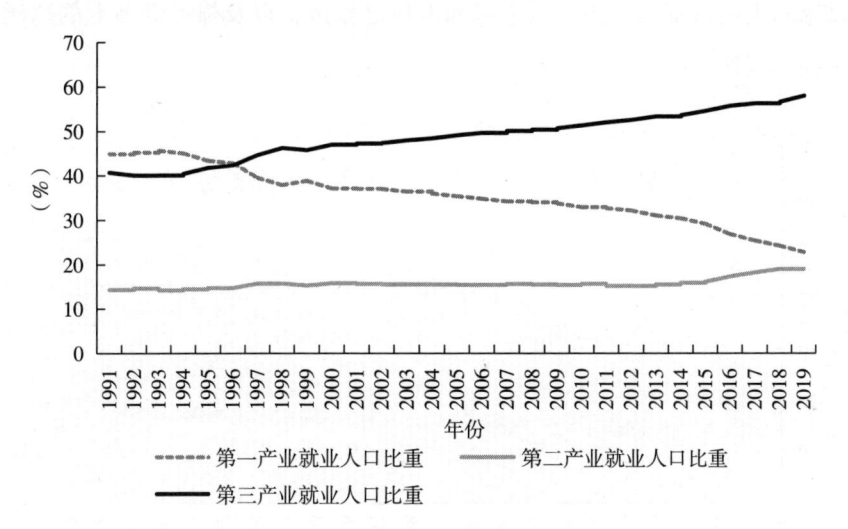

资料来源：世界银行数据库。

图7　1991—2019年菲律宾三大产业就业人口比重

4. 城镇化水平

如图8所示，菲律宾城镇化发展具有两个鲜明特征。第一，城镇化发展起点高，但长期陷入发展停滞状态。1960年，菲律宾城镇化率达到30.3%。此后，菲律宾进入快速工业化阶段，工业发展吸引劳动力等各种要素不断向城镇集聚，城镇化率也呈现加速发展态势，1990年时达到47%。然而此时，菲律宾出现过度城镇化倾向，大量人口涌入城市导致公共资源遭到挤兑、贫困问题蔓延、人居环境恶化。20世纪90年代后，由于城镇压力过大和经济发展停滞，菲律宾的城镇化进程进入瓶颈期，在长达20年的时间里，菲律宾城镇化率维持在既有水平，甚至出现小幅下降。2008年国际金融危机之后，菲律宾城镇化发展进入调整期，社会经济发展致力于投资基础设施建设、改善民生条件，城镇化开始注重可持续性。2010年之后，城镇化发展重新发力，人口城镇化率逐步提升。第二，城镇化发展水平不均衡。2020年，菲律宾全国人口普查结果显示，菲律宾首都区城镇化率达到100%，集中了全国近四分之一的城镇人口。5个地区的城镇化率超过全国平均水平，分别是吕宋岛上的首都区、中央吕宋区和卡拉巴松区，以及棉兰老岛上的达沃区和中棉兰老区。

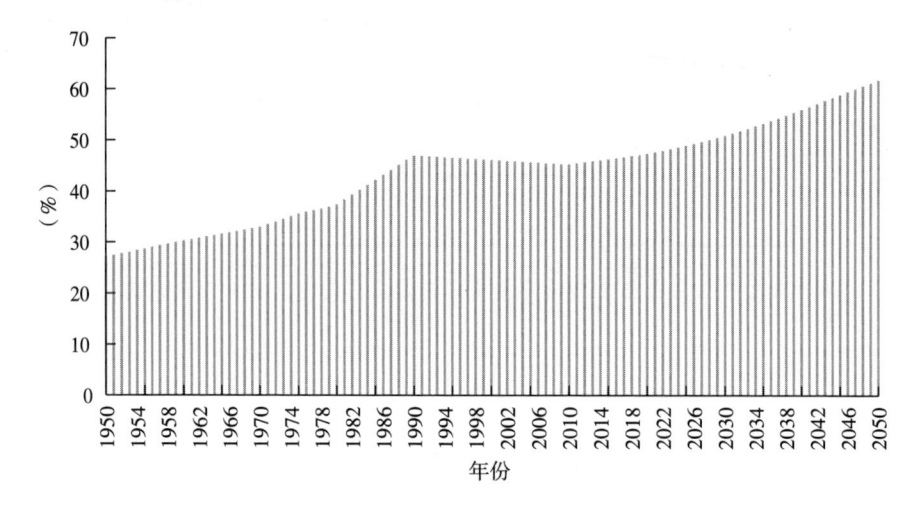

资料来源：联合国《世界城市化展望2018》。

图8　1950—2050年菲律宾城镇化率变化情况

（三）社会状况

1. 教育状况

20世纪初，美国殖民者在菲律宾初步建立现代教育体制，着手推行世俗化、大众化的基础教育。这种教育体制本质上是美国模式的移植，出于文化殖民的需要，英语成为教学用语，对日后菲律宾的发展产生深远影响。独立建国后，菲律宾不断普及免费公立教育，于1987年立法确定了义务教育制度。美国殖民者在菲律宾创办高等教育时"重文轻理"，导致菲律宾独立建国后人才供求严重错位。20世纪70年代，菲律宾逐步调整学科设置，重视医学和工科的发展。经过历届政府的不断努力，菲律宾人口的受教育水平在东南亚国家中处于较高水平，义务教育年限居于前列。

图9显示了2012—2021年间，菲律宾各级教育的毛入学率变化。小学毛入学率一度超过110%，2018—2019年接近100%，一定程度上说明，菲律宾基础教育资源紧张的状况得以改变，适龄儿童受教育机会更充足，因此能充分做到适龄入学。但受疫情影响，2021年，小学毛入学率下降为92.4%。2012—2021年间，中学毛入学率波动上升，从2014年的87%上升到2021年的90.4%。高校毛入学率在2017年以前快速上升，此后波动回落，这与近年来高校学费数次上调有一定关联。

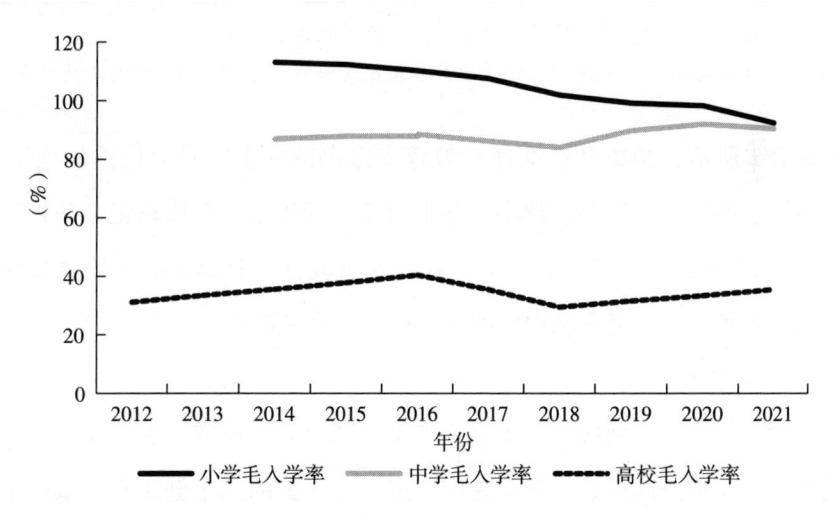

资料来源：联合国人类发展报告数据库。

图9　2012—2021年菲律宾各级教育毛入学率

表1　2020年东盟10国的教育投入和受教育水平

国别	教育支出占国内生产总值比重	义务教育年限	平均受教育年限
文莱	4.43	9	9.1
柬埔寨	3.13	9	5.0
老挝	2.30	9	5.3
印度尼西亚	3.49	9	8.2
马来西亚	3.92	6	10.4
缅甸	2.14	5	5.0
菲律宾	3.73	12	9.4
新加坡	2.51	6	11.6
泰国	3.15	9	7.9
越南	4.11	9	8.3

资料来源：联合国教科文组织、联合国人类发展报告数据库。

注：文莱和缅甸的教育支出占国内生产总值比重分别是2016年和2019年的数据。

如表1所示，2020年，菲律宾教育支出占国内生产总值比重位列第4，在东盟国家中仅次于文莱、越南和马来西亚；近年来，菲律宾将义务教育年限延长到12年，为东盟最高。由于政府重视教育，菲律宾的人均受教育年限达到9.4年，在东盟国家中仅次于新加坡和马来西亚。

2. 健康水平

菲律宾位于热带地区，全年高温多雨，同时人口稠密，部分地区生活条件较差，易受传染病侵袭。独立建国以来，菲律宾的卫生健康水平取得了长足进步。如图10所示，1950年时，菲律宾的人均预期寿命只有53.4岁，2020年时达到72.1岁，提升了18.7岁。2021年，由于新冠疫情暴发，菲律宾全年确诊病例超过236万例，死亡病例42 143例，死亡率有较大幅度的上

升，使得 2021 年人均预期寿命较 2020 年下降 2.8 岁。

资料来源：联合国《世界人口展望 2022》。

图 10　1950—2020 年菲律宾人均预期寿命

如图 11 所示，菲律宾孕产妇和婴幼儿的健康保障水平也有明显提升。孕产妇死亡率从 2000 年的 160 人每 10 万例活产下降到 2017 年的 121 人每 10 万例活产，但这个数值仍然比全球平均水平高出 1 倍左右。与东盟其他国家相比，菲律宾的孕产妇死亡率居于中游水平，但明显高于越南。菲律宾人均预期寿命的提高离不开婴儿死亡率和 5 岁以下儿童死亡率的显著降低。1950 年，菲律宾婴儿死亡率达 103.4‰，5 岁以下儿童死亡率高达 149‰。经过半个世纪的努力，到 2000 年时，上述两项指标已分别降到 30.8‰和 38‰，但截至 2021 年，菲律宾的婴儿死亡率和 5 岁以下儿童死亡率在东盟国家中居于下游水平，高于柬埔寨、越南。

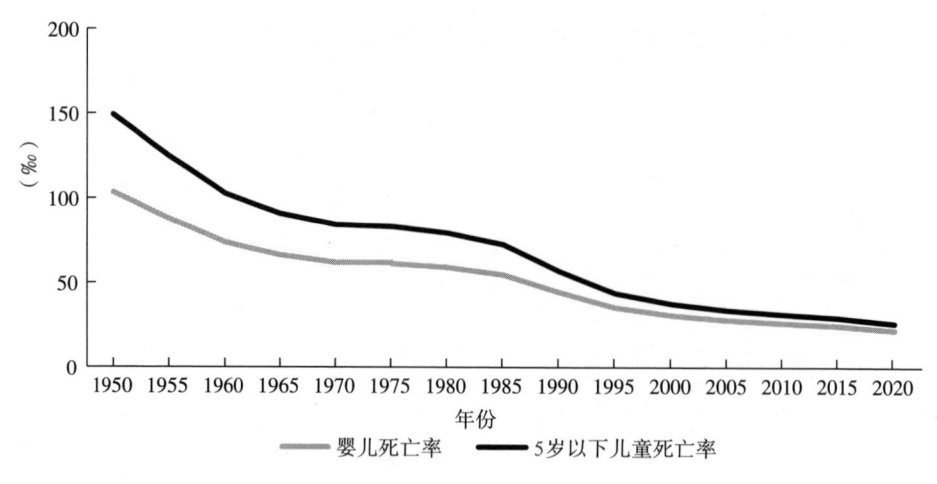

资料来源：联合国《世界人口展望 2022》。

图 11　1950—2020 年菲律宾婴儿死亡率和 5 岁以下儿童死亡率

3. 贫困状况

20 世纪 90 年代以来，菲律宾不仅强化了健康、教育等领域的保障措施，还开展了一系列就业培训和市场改革，鼓励人们通过就业创业自主脱贫。按菲律宾国家贫困线标准[1]衡量，菲律宾贫困率从 1991 年的 34.4% 下降至 2003 年的 24.9%。杜特尔特执政期间，贫困率进一步降至 16.7% 的历史最低水平。2021 年，受疫情冲击，部分人口出现返贫现象，贫困率回升至 18.1%。按世界银行的国际贫困线标准衡量，2018 年，菲律宾贫困率为 4.3%，仍高于老挝和越南，低于印度尼西亚，这表明菲律宾社会存在一定的贫富分化。

4. 性别平等状况

20 世纪 80 年代，菲律宾首位女总统科拉松·阿基诺上台，随之，政府出台了一系列保护女性权益的政策。目前，教育、健康等领域的性别平等取得了较大的成就。在受教育机会方面，女性在初等教育阶段的毛入学率与男

---

[1] 菲律宾统计局发布的 2021 年菲律宾国家贫困线标准为家庭每月人均收入低于 2406 比索（按 2021 年平均汇率计算，约为 49 美元）。

性大体相当，在中等教育和高等教育阶段的毛入学率高于男性。菲律宾女性参政议政的机会提升。世界银行数据显示，菲律宾国家议会中，女性席位的比例从1997年的11.1%提升至2021年的28%，位居东盟国家前列。

就业方面的性别平等仍有漫漫长路要走。如图12所示，菲律宾男性和女性的劳动力参与率多年来基本保持平行变动，男性比女性高出25个百分点左右。在女性的中等和高等教育毛入学率均高于男性的情况下，女性劳动力参与率低的现象说明，女性在就业时受到的性别歧视较严重。近年来，受疫情影响，女性密集就业的服务业首当其冲，女性就业形势较为严峻。

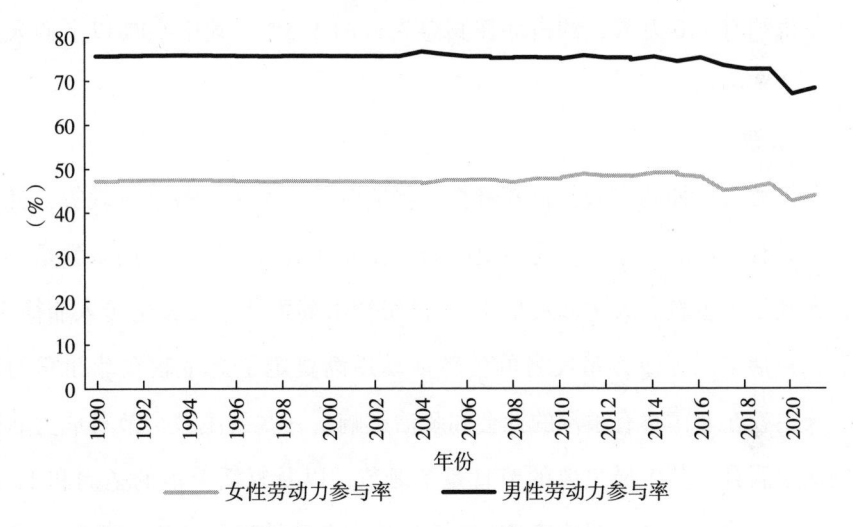

资料来源：世界银行数据库。

图 12　1990—2020 年菲律宾分性别的劳动力参与率

（四）文化状况

1. 民族

菲律宾是一个多民族国家，共有90多个民族。按照各民族人口数量和来源可以分为三大类：主体族群、其他本土少数人口族群、移民后裔族群。菲律宾主体族群为比萨扬人、他加禄人、伊洛克人、比科尔人，都属于广义的马来族，占全国总人口的85%以上。其中，比萨扬人是菲律宾人口最多的族群，约占全国总人口的 35%；他加禄人、伊洛克人和比科尔人人口数量分列第 2—4 位，约占全国总人口的 18%、11% 和 6.4%。除了以上四大主体族群外，菲律宾其他本土少数人口族群规模不到总人口的 10%，主要包括邦板牙人、马京达瑙人、邦阿锡楠人、伊巴纳格人、桑巴尔人、伊富高人、阿巴尧人、卡林阿人、邦都人、伊巴坦人。其中，人口较多的族群为：邦板牙人约 240 万人，马京达瑙人约 160 万人，邦阿锡楠人约 154 万人，伊巴纳格人约 50 万人。移民后裔少数族群包括华人、阿拉伯人、印度人、西班牙人和美国人，其中，华人规模较大。根据菲律宾国家统计局的数据，在菲律宾的华人华侨约有 110 万人，约占菲律宾总人口的 1.5%，其中 90% 以上的人加入了菲律宾国籍。

2. 宗教

菲律宾人信仰的宗教包括基督教、伊斯兰教、本土宗教和佛教等，其宗教信仰具有一定的民族性。受历史影响，在菲律宾占主流地位的宗教是基督教，尤其是天主教。天主教最早于 16 世纪初由葡萄牙人麦哲伦传入菲律宾，此后，包括美国等西方殖民者的传教活动逐渐奠定了天主教在菲律宾的地位。天主教在菲律宾有很深的社会和政治影响。一些天主教会节日成为菲律宾的法定假日，其中最主要的节日是圣诞节，以及复活节前的圣周和 11 月的诸圣节、诸灵节等。菲律宾 2015 年人口普查结果显示，近 80% 的人信仰罗马天主教，超过 10% 的人信仰基督新教、复原主义和独立天主教教派，如菲律宾独立教会、基督堂教会、基督复临安息日会、菲律宾联合教会和福音布道会等。菲律宾统计局 2019 年报告显示，伊斯兰教是菲律宾的第二大宗教，约 6% 的人口是穆斯林，主要居住在"邦萨摩洛"穆斯林自治区，他们大部分属于逊尼派中的沙斐仪派，也有一些有阿赫迈底亚穆斯林。此外，还有少部分人口信奉菲律宾的本土原始宗教和佛教。本土原始宗教信徒多来自山区少数民族部族，佛教信徒多为华人和其他亚裔。

二、人口与发展的主要特征

（一）人口转变仍未完成，人口增长动能依然强劲

独立建国后，菲律宾社会经济发展进入新阶段，人口发展环境得到了重大改变，人口数量进入持续高速增长时期。人口高速增长是菲律宾以人口生育、死亡模式革命性变革为主要内容的人口转变带来的必然结果。实际上，菲律宾的人口转变在20世纪50年代之前就已经开启。如图13所示，在1950年时，人口死亡率下降到15‰，1960年时进一步下降到10‰，人口死亡率革命[1]已经接近尾声，但此时人口出生率仍然维持在40‰—50‰的较高水平，具有人口转变初期"高出生率、低死亡率、高自然增长率"的典型特征。这一阶段，菲律宾人口自然增长率稳定在35‰以上，增长率超过50%。1960年之后，菲律宾人口死亡率下降已经十分缓慢，2000年之后基本稳定在6‰的极低水平。与此同时，人口出生率也开始持续下降，从1960年的46.5‰下降到2020年的22‰。由于人口出生率的下降速度明显快于死亡率，这一时期人口自然增长率有所下降，但仍然保持较高的水平，到2010年之后才低于20‰，完成了人口增长速度从中高速增长向中速增长的转变。这一时期具有人口转变过渡阶段的典型特征，尽管人口出生率、死亡率、自然增长率都有不同程度的下降，但自然增长率仍然保持在中高速水平。这一时期，菲律宾人口总量也从不足3000万快速增长到了1.1亿，出现了持续超过60年的人口中高速增长阶段。严格来说，菲律宾目前仍然处于人口转变过渡阶段的最后时点。根据联合国《世界人口展望2022》的中方案预测数据进行判断，未来10年，菲律宾有望进入人口转变的完成阶段。

---

[1] 工业革命之后，营养、医疗、就业模式、生活方式和生育观念的重大变化使得人口死亡率和生育率先后大幅下降，进而改变了人口再生产模式，这种由工业化和现代化带来的人口生育、死亡指标重大变化被称为"人口生育率革命"和"人口死亡率革命"。

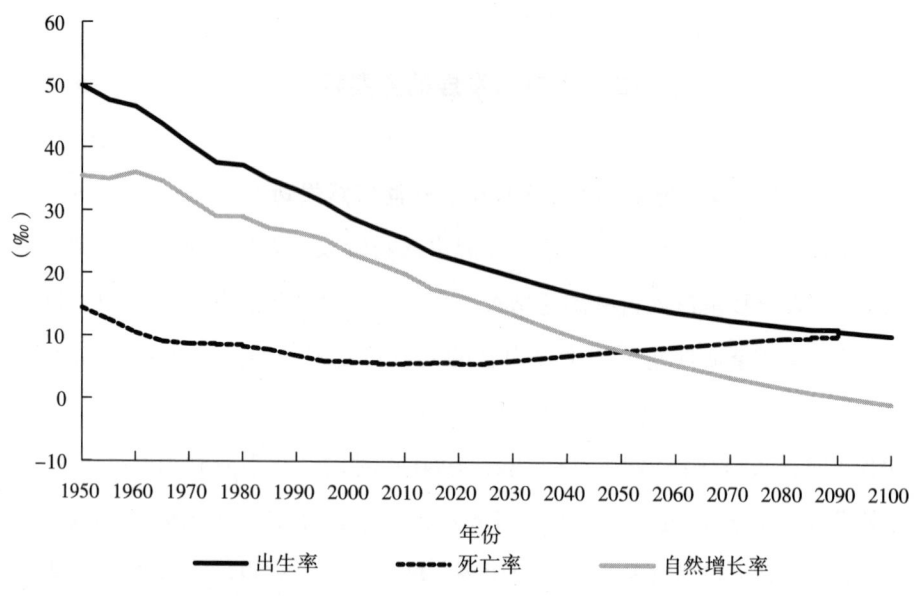

资料来源：联合国《世界人口展望 2022》。

图 13　1950—2100 年菲律宾人口出生率、死亡率及自然增长率变动趋势

20 世纪 50 年代之后，东南亚各国普遍取得国家独立并开启人口转变历程。菲律宾、越南、缅甸、老挝、泰国等国家几乎同时进入以死亡率下降为标志的人口转变第一阶段。但此后，菲律宾的人口转变进程与周边国家相比较为迟缓，以中高速增长为特征的人口转变第二阶段持续时间较长。目前，菲律宾仍然处于人口转变第二阶段的尾声期，预计这一阶段的持续时间为 70 年。相较而言，菲律宾周边国家人口转变第二阶段所用时间则远低于此，越南用时 40 年，缅甸用时 35 年，泰国用时 30 年。人口转变第二阶段时间长意味着菲律宾获得更长时间的人口快速增长期，使得菲律宾成为二战之后东南亚地区人口增长速度最快的国家。更重要的是，较高的人口增长动能还将持续较长时间。根据联合国《世界人口展望 2022》的预测数据，菲律宾的人口增长将持续到 2092 年，在 2040 年之前还能保持 10‰ 以上的相对较高的人口自然增长速度。菲律宾将是目前人口超过 1 亿国家中到 21 世纪末期仍然保持人口正增长的少数国家之一。

(二) 人口增长快，资源环境压力大

快速的人口增长和庞大的人口规模给菲律宾带来了极大的人口环境压力，耕地不足、粮食难以自给、森林过度砍伐等问题较为严重。菲律宾岛屿众多、丘陵广布、平原狭小，2020年，菲律宾的人口密度达368人每平方公里，人均耕地面积仅0.05公顷，不足世界平均水平的三分之一。尽管位于热带地区，水热充足，但常受台风等灾害侵袭，农业生产条件并不算太好。目前，菲律宾的人口出生率较20世纪已有明显下降，但受到人口增长惯性的影响，2021年，菲律宾人口增量接近170万，预计2030年之前，每年人口增量仍然在170万左右。人口增量还未出现大幅减少的迹象，快速膨胀的人口与有限的资源环境形成了矛盾。

菲律宾粮食增产落后于人口增长，粮食自给长期存在缺口。受疫情和台风影响，2021年，菲律宾大米进口量高达277万吨，居世界第3，大米的自给率降低到81.5%[1]，菲律宾已经成为粮食安全风险最高的国家之一。为保障粮食安全、减少外部依赖，菲律宾在补贴农业发展、保护耕地等方面出台了不少政策措施，但目前仍需解决人口快速增长和城镇化造成的农业产能不足，以及运力不足导致的供需错位等问题。

菲律宾的人口膨胀加重了生态环境负担。人口数量快速增长，人口活动挤占生态空间，并对生态资源进行掠夺式开发以满足生产生活需求。菲律宾仍处于经济转型阶段，初级产品贸易占据一定地位，为满足发达国家的木材原材料进口需求，许多企业在林业经营中选择不可持续的粗放生产模式，加大了森林砍伐力度，甚至从事非法砍伐和走私活动。菲律宾的森林覆盖率在1948年时达到59%，到2020年仅剩24.1%。人口数量和环境容量的矛盾给生态系统造成了难以避免的破坏，人口与资源环境系统之间存在结构性失衡。

---

[1] The Philippine Star, "Rice Self-Sufficiency Ratio Drops to 81.5%", https://www.philstar.com/business/2022/11/18/2224541/rice-self-sufficiency-ratio-drops-815.

(三) 人口抚养比下降缓慢，人口红利效应不明显

通常，随着人口转变的进行，必然会带来劳动年龄人口比重较高并持续增长的阶段，由此产生抚养比下降并有利于经济发展的人口红利效应。在菲律宾的人口转变过程中，随着劳动年龄人口数量增加，人口抚养比也快速下降。人口总抚养比[1]从1960年的103%下降到2021年的54%，其中，少儿抚养比由98%下降到46%，老年人口抚养比则从6%增长到9%。尽管从纵向比较来看，菲律宾的抚养负担处于历史最低水平，但从横向的国别比较来看，菲律宾的抚养负担仍然较重。如图14，从2021年菲律宾与东南亚国家人口抚养比数据图来看，菲律宾的抚养负担在东南亚国家中处于较高水平，仅低于东帝汶，高于世界平均水平。

按照人口红利效应的判断依据，当一国的人口抚养比小于50%时，该国进入人口红利机会窗口期，具有较好的人口开发潜力。从菲律宾的人口抚养比演变来看，抚养比最低的2021年仍然超过50%的临界值4个百分点，因此，菲律宾还没有进入严格意义上的人口红利机会窗口期。总抚养比下降缓慢主要源于少儿抚养比居高不下。由于避孕、人工流产等手段和政策在菲律宾难以有效实施，因此生育水平下降较慢，2014年之前，菲律宾总和生育率仍然在3.0以上，使得菲律宾少儿抚养负担较重。2021年，菲律宾少儿抚养比达46%，比世界平均水平高出5.6个百分点。根据联合国预测数据，菲律宾少儿抚养比将呈缓慢下降趋势，到2050年下降到34.9%，到2080年下降到28.7%，但由于老龄化推动老年人口抚养比上升，人口总抚养比下降空间较小，2051年将达到51.2%的最低值，难以进入50%以下的区间。与人口红利效应显著的中国、越南相比，菲律宾在人口老龄化快速发展之前，没有经历生育率快速下降的阶段。少儿人口比重居高不下，使得菲律宾难以开启

---

[1] 总抚养比指被抚养人口(0—14岁少儿人口与65岁及以上老年人口之和)与抚养人口(15—64岁劳动年龄人口)之比。

人口红利机会窗口期。

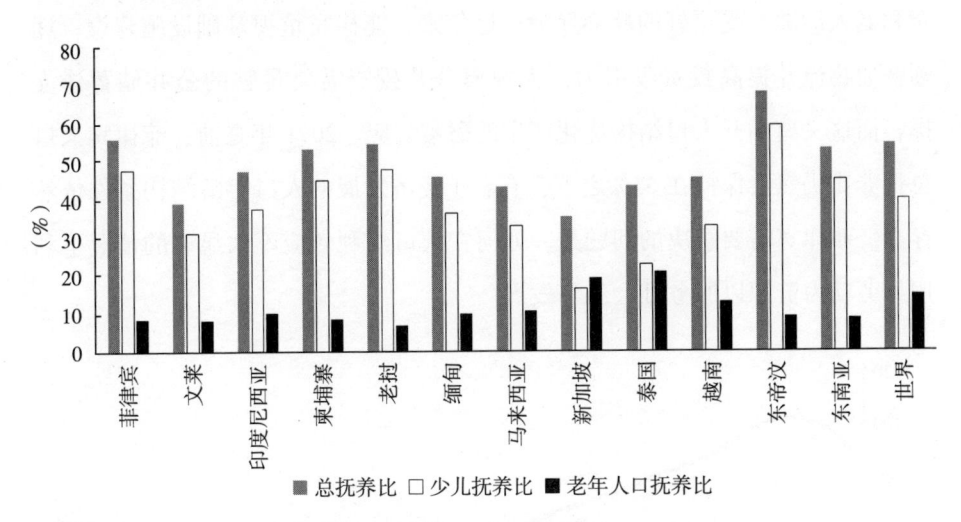

资料来源：联合国《世界人口展望2022》。

图14 2021年菲律宾与东南亚国家人口抚养比

人口红利机会窗口期尚未开启并不意味着菲律宾无法利用人口转变带来经济发展红利。实际上，菲律宾的经济社会发展一直有赖于劳动年龄人口规模增长以及抚养负担持续下降所创造的有利条件。劳动力整体年轻且规模庞大有利于菲律宾发展劳动密集型产业，同时，劳动力向城镇集聚发挥出规模效应，促进劳动密集型产业形成集群，从而提升菲律宾在国际供应链中的地位。人口红利带来的要素优势逐渐受到国际资本青睐，菲律宾的外国直接投资净流入额从2010年10.7亿美元增长至2020年的68.2亿美元，许多跨国企业选择在菲律宾投资设厂。作为一种要素禀赋，人口红利给菲律宾带来了产业优势，而从代际分配的角度来看，人口红利促进了菲律宾社会的财富积累。如图15，菲律宾的人口总抚养比从1990年的78%下降到2019年的57%，而总储蓄率水平从1990—1999年的24.5%提升到2010—2019年的35.4%。人口抚养负担降低后，家庭对生活必需品的支出压力减小，可以将更多的收入用来提升消费和储蓄水平以满足远期需求。社会公共储蓄和公共投资随之增加，劳动年龄人口和非劳动年龄人口间转移支付的能力增强，儿童和老人能够享受更好的社会保障。近年来，菲律宾重视基础设施建设，逐渐畅通物流并提高投资吸引力，大规模公共投资需要足够的公共储蓄作支撑，而这又离不开人口结构优化产生的财富效应。2071年之前，菲律宾人口总抚养比仍然会保持在55%之下，有利于经济发展的人口年龄结构条件依然存在。菲律宾需要解决的问题是，如何在人口红利效应不太显著的情况下利用好劳动力资源以服务社会经济发展。

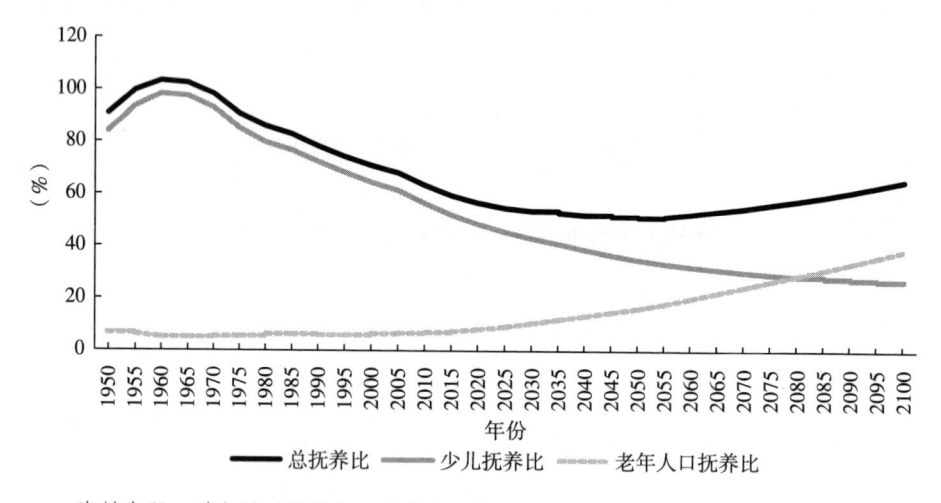

资料来源：联合国《世界人口展望2022》。

图15　1950—2100年菲律宾人口抚养比

（四）人口城镇化发展停滞，发展引领作用不足

人口城镇化是推动工业化和现代经济发展的重要驱动因素，菲律宾是东南亚国家中人口城镇化起步较早、发展较快的国家。早在1960年，菲律宾的人口城镇化率就超过了30%，进入城镇化高速增长阶段，到1990年，人口城镇化率增长到47%。20世纪90年代，菲律宾的人口城镇化水平在东南亚国家中仅次于新加坡、马来西亚、文莱等经济较为发达的国家。但1990年后，菲律宾的人口城镇化陷入较长停滞期，人口城镇化率不升反降，2010

年下降到45.3%，2011年后虽有所反弹，但2021年也仅仅回升到比1990年略高的水平（47.7%）。20世纪90年代是东亚、东南亚新兴经济体承接国际产业转移、借助经济全球化快速发展的机遇期，菲律宾人口城镇化发展停滞导致人口集聚效应减弱，人口城镇化驱动工业化的效果大打折扣，在一定程度上也错失了分享区域高速发展的机遇。

此外，菲律宾人口城镇化还存在空间格局不合理、城镇体系不完善的问题。在城镇体系上，菲律宾的城市体系并没有形成在城市规模上小城市多、中等城市次之、大城市少的金字塔型稳定结构，而是出现超大城市一家独大、大城市数量不足、中小城市人口承载能力弱的问题。表2是菲律宾不同规模城市的人口数据。从中可以发现，马尼拉大都会区是菲律宾唯一一个人口超过1000万的超大城市。马尼拉大都会区以马尼拉市为核心，包括奎松市在内的16个城市及1个自治市，尽管在行政区划上不是一个城市，但这些城市建成区紧密相连，集中分布在619.54平方公里的狭小空间内，已经形成了密不可分的城市体系。马尼拉大都会区是菲律宾高度城镇化区域，2020年共有1348.4万人口，承载了全国四分之一的城镇人口。菲律宾第二大城市是人口177.7万的达沃市，也是除马尼拉大都会区外唯一一个人口过百万的大城市。由于人口在100—500万的大城市仅有一个，使得这一规模的城市在菲律宾城市体系中的作用十分微弱。

实际上，对于菲律宾这样一个人口过亿的国家而言，人口在100—500万的大城市对于要素集聚和区域经济的带动辐射作用是最强的，这一层级城市力量不足既是菲律宾城镇化停滞不前的重要原因，也是导致马尼拉大都会区人口恶性膨胀的重要因素。人口规模在50万以下的小城市数量较多，占全国城市总量的80%以上，绝大多数小城市人口都在30万人以下，存在城市体量小、人口承载能力弱的问题。在城镇化空间格局上，菲律宾的重要核心城市主要分布在中部的吕宋岛中央平原和米沙鄢群岛，北部山区和棉兰老岛南部地区缺乏具有区域影响力和全国影响力的大城市。菲律宾城市体系不完善、不同人口等级的城市结构和空间分布不合理，使得人口的城乡转移和不同规模城市间流动缺乏良好的通道和机制，不利于打破当前城镇化发展的瓶颈，引领全国各区域的协调发展。

表2　菲律宾不同规模城市人口数据

规模	数量（个）	名称	人口规模（万人）	占全国人口比重（%）	占城镇人口比重（%）
1000万以上	1	马尼拉大都会区	1348.4	12.02	25.35
500—1000万	0	—	—	—	—
100—500万	1	达沃	177.7	1.58	3.34
50—100万	10	三宝颜市、宿务市、安蒂波罗市、卡加延德奥罗市、达斯马里纳斯市、桑托斯将军城、巴科奥尔、圣荷西德孟特市、巴科洛德市、卡兰巴市	741.3	6.61	13.94
30—50万	20	拉普拉普市、安赫莱斯市、碧瑶市、卡巴纳端市、怡朗市等	776.0	6.92	14.59
10—30万	74	塔古姆市等	1233.3	11.00	23.19

资料来源：菲律宾2020年全国人口普查。

（五）就业形势不容乐观，减贫任务依然艰巨

多年以来，菲律宾人口增长迅速，如何实现充分就业是需要着重解决的问题。菲律宾政府将促进就业作为执政的重要任务之一，并取得积极效果。2010年之后，菲律宾人口失业率稳步下降，到2019年已经低于5%，劳动力就业较为充分。新冠疫情暴发使旅游、交通、外贸等行业受到巨大影响，失业率飙升。2020年第一季度，失业率升至17.5%，出现大规模失业潮，2020

年下半年，失业率有所下降，但全年平均失业率仍高达10.2%。2021年，菲律宾失业率进一步下降，维持在7%—9%，失业人口维持在300—500万人之间。失业人口大量增长阻碍了菲律宾减贫任务。《菲律宾发展计划（2017—2022年）》确定了到2022年将贫困人口比重降至14%的目标。杜特尔特执政期间，虽然菲律宾贫困率已经降至16.6%，但受疫情冲击，2021年，贫困率又回升至18.1%，这不仅使得2022年减贫目标的实现难度增大，也对菲律宾中长期减贫事业的推进提出了挑战。

（六）海外劳工群体规模大，积极效应与问题挑战并存

菲律宾人口密集、劳动力丰富，早在殖民时代就有一定规模的劳工出国就业。早期国际劳工的主要目的地是美国的夏威夷、加利福尼亚、阿拉斯加等。20世纪60年代之后，越来越多的菲律宾劳工进入北美洲、西亚、大洋洲的就业市场，形成了菲律宾海外劳工这一特殊群体。菲律宾海外劳工主要从事农业、建筑、生产、运输、医疗、家政等行业。1995年后，女性劳工数量超过男性，主要从事家政业和娱乐业，并逐渐形成"菲佣"这一群体。"菲佣"以文化程度高、英语流利、家政专业、家政服务经验丰富成为高端家政服务市场的著名品牌。菲律宾海外劳工群体的形成与壮大有三个主要原因。第一，从20世纪50年代开始，菲律宾劳动年龄人口规模快速增长，劳动力资源丰富，劳动力成本较低。第二，国内劳动密集型产业发展滞后、就业岗位创造能力弱、就业机会不足，推动劳动力进入海外就业市场。第三，菲律宾在殖民地时代和西方社会建立了较为密切的政治、经济、文化联系，民众英语普及度较高，使得劳动力进入国际劳务市场阻碍较小。

国际劳务输出成为菲律宾的重要特色，也成为国家社会经济发展的重要影响因素。这种影响可以概括为两个"十分之一"：菲律宾海外务工人员约占全国人口总量的十分之一；海外务工人员每年向国内的汇款总额约占全国国内生产总值的十分之一。据菲律宾国家统计局和央行数据，仅2018年，全国海外劳工人数接近 230 万人，同年的海外汇款高达 322 亿美元[1]。海外汇款不仅是许多家庭的主要收入来源，也为菲律宾带来了巨额外汇收入，为平衡国际收支、确保国家经济安全起到了重要作用。因此，海外劳工群体也得到了菲律宾国内社会的高度评价，被称为菲律宾的"新国家英雄""海外菲律宾投资者""最伟大的输出"。

菲律宾国际劳务输出也存在一些问题。一是在海外劳工汇款加持下的国际收支顺差在一定程度上降低了菲律宾社会资源的利用率，而且海外汇款较少被用于有效投资，没有依托外汇收入形成更好的国内经济运行环境。二是海外劳工的持续增长造成了国内人才的流失。海外劳工是菲律宾受教育程度相对较高的群体，其劳动能力与创新能力相对较强，这实际上是菲律宾人力资本和智力资本的重要损失。

三、思考与启示

（一）中菲两国合作交流现状

双边贸易方面，2020 年，中国大陆和菲律宾双边货物贸易额达到 613 亿美元，比 2015 年增长 34.14%；其中，中国对菲律宾出口 419.6 亿美元，中国从菲律宾进口 193.4 亿美元。中国多年保持菲律宾第一大贸易伙伴国、第一大进口来源国和第三大出口目的国地位；菲律宾是中国在东盟 10 国中贸易体量排名第 6 的贸易伙伴。

从投资来看，两国间直接投资规模呈现增长态势。2020 年，中国企业对菲律宾的直接投资流量为 1.3 亿美元，较 2015 年增长了 300%以上；2015—2019 年，菲律宾对中国的直接投资规模持续增长，从 2015 年的 0.11 亿美元

---

[1] 海外汇款数据来自中华人民共和国商务部驻菲律宾经商参处。参见《2018 年菲律宾海外劳工汇款创下新高》，http://www.mofcom.gov.cn/article/i/jyjl/j/201902/20190202835676.shtml。

增长到2019年的2.76亿美元。

人员往来方面，随着中菲两国实施多项人员往来便利化举措，签署《文化合作协定2019年至2023年执行计划》，两国间人员往来更加频繁。同时，两国间开通新的直通航线，除了原有的由菲律宾主要城市直飞北京、上海、深圳、广州、香港、澳门等城市的航线外，还开通了由成都、昆明、泉州等城市直飞克拉克、达沃、卡里波等城市的新航线，促进了两国间的人员往来。2019年，中国大陆游客赴菲旅游人次达174万，比2018年增长了38.58%，中国大陆成为菲律宾第二大游客来源地。[1] 截至2019年，中国在菲律宾开设5家孔子学院，派出大批教师开展汉语教学。截至2021年年末，各类在菲劳务人员3321人，比2010年增长近5倍。

（二）共建"一带一路"倡议下中菲两国的合作机遇

1. 菲律宾参与共建"一带一路"

中国是菲律宾最大的贸易伙伴国及重要的国际直接投资国。2013年，中国提出共建"一带一路"倡议后，菲律宾在多个国际场合及在双方领导人会晤时表达了扩大两国交流、深化合作的意愿。2016年10月，时任菲律宾总统杜特尔特访华，两国发表了《中华人民共和国与菲律宾共和国联合声明》，恢复两国经贸联委会等双边对话机制，承诺在《关于加强双边贸易、投资和经济合作的谅解备忘录》框架下发挥互补优势，不断促进贸易、投资和经济合作，并加强两国在优先领域的经济关系。同时，双方签署了《中国政府和菲律宾政府经济技术合作协定》《中国国家发改委和菲律宾国家经济发展署关于开展产能合作与投资合作的谅解备忘录》《中国商务部和菲律宾贸工部签署关于加强贸易、投资和经济合作的谅解备忘录》等多个合作协定。[2] 中菲双方就菲律宾参与共建"一带一路"倡议达成了共识。中菲双方积极推

---

[1]《2019年赴菲律宾中国游客同比增长近四成》，http://sc.people.com.cn/n2/2020/0219/c345167-33808778.html。

[2]《中华人民共和国与菲律宾共和国联合声明》，新华社北京2016年10月21日电。

动共建"一带一路"倡议落地生根，为两国深化合作提供了良好的宏观环境。

2. 共建"一带一路"倡议对接菲律宾发展需求

作为亚洲的新兴市场国家，菲律宾人均国内生产总值在 3000—4000 美元之间，处于经济能够也需要快速增长的时期。杜特尔特政府出台了《菲律宾发展计划（2017—2022 年）》，希望通过投资提升经济发展速度与水平，其中，基础设施投资建设具有重要地位。菲律宾基础设施相对陈旧，与经济社会发展需求不匹配，《菲律宾发展计划（2017—2022 年）》提出"大建特建"大规模基础设施建设计划，希望在 6 年之内投资 8.4 万亿比索（约合 1500 亿美元），在全国进行大规模基础设施建设。根据该项计划，2028 年之前，菲律宾将建成 6 个机场、9 条铁路、3 条高速公路、32 条道路和桥梁、4 个港口、10 个大型水资源项目和灌溉系统。菲律宾政府希望这些基础设施的建成能够有效降低生产成本、提高流通效率、创造就业机会、提高农民收入。菲律宾的大规模投资和建设计划为中菲合作提供了新契机。通过深化共建"一带一路"倡议与菲律宾发展战略间的对接，签署《基础设施合作规划》等系列规划，持续改善两国间国际贸易、产业合作、投资准入与人员往来条件，强化基础设施建设、电信、农业等领域合作。

3. 两国深化合作的有利条件

中菲两国处于经济社会发展的不同阶段，人口、资源、经济等要素具有较强的互补性，为两国深化合作提供了有利条件。在人口要素方面，菲律宾具有年轻人口比重高、规模大、劳动力资源丰富、劳动力成本较低的特点。两国在劳动力供给潜力和工资水平方面的差异为两国在人力资源开发利用方面深入合作奠定了基础。

在经济要素方面，两国产业结构、发展阶段差异较大，产业经济具有互补性。菲律宾经济支柱是第三产业，第二产业以轻工业为主，重工业生产能力和技术水平相对落后，缺乏具备国际竞争力的产业，这为两国产业合作提供了空间。

在自然资源方面，菲律宾矿产资源丰富，金矿储量居世界第 3 位，铜矿储量居世界第 4 位，镍矿储量居世界第 5 位，铬矿储量居世界第 6 位。目前，中国已成为菲律宾第一大镍矿进口国，未来两国在石油、铜矿贸易中具有一定增长空间。

（三）中菲两国合作的重点领域

在共建"一带一路"倡议之下，根据两国人口发展的基本特征，遵循通过人口相关领域交流推动两国合作效果的原则，中菲可以在人力资源开发、国际劳务合作、健康服务等领域加强合作。

1. 人力资源开发

中国利用人力资源助推经济社会发展的成功经验可以为菲律宾提供参考和借鉴。

第一，促进充分就业的举措。充分就业是人力资源发挥效能的必要条件，中国人口红利的实现离不开劳动者的充分就业。中国在促进充分就业上的经验包括：在宏观的产业选择上优先发展能够发挥劳动力规模优势的劳动密集型产业，如纺织业、服装制作业、食品加工业、文教体育用品制造业、金属制品加工业、建筑施工业等，创造就业机会；在微观上出台就业帮扶政策与措施，如农村转移人口集中职业技能培训、免费就业信息服务、有组织的劳务输出、劳务输入地的管理与服务等。

第二，提高人力资源质量的举措。通过加大教育、促进医疗卫生领域的投资和公共政策改革，将人口数量转变为人力资本质量。菲律宾可借鉴中国全面教育和全民医保的政策，通过提高素质教育、技术教育、终身教育质量、医疗和公共服务水平，来提高劳动力人口综合素质，增强劳动生产效率，提高人力资本产出效率。

第三，促进女性人力资本参与社会经济的举措。女性人口是社会人力资源的重要组成部分，中国重视女性人力资源的开发，鼓励女性劳动力走出家庭，积极参与经济建设，制定性别平等的教育、就业和劳动保障等法律法规，保障健康、有序的就业秩序，促进女性劳动力资源的合理开发和利用，使得中国女性劳动力参与率位于全球前列。菲律宾女性劳动力参与率不足50%，可借鉴中国的相关举措，增加女性人力资源开发力度。

2. 国际劳务合作

中菲两国在国际劳务市场中各有优势领域，具有较强的差异性和互补性。据中国商务部消息，2020 年，中国承包工程合同 95.97 亿美元，实现连续 10 年的高速增长，2021 年年末，各类在菲劳务人员增长到 3321 人。中国在菲务工人员为中国施工工程的顺利开展起到了促进作用，也将工程管理经验、技术方法带入菲律宾，为菲律宾工程技术与工程管理的发展发挥了积极的作用。因此，两国可以在共建"一带一路"倡议下，积极推动国际劳务合作的深入发展。

3. 疾病控制与医疗服务

中国是全球医疗技术和服务水平较高的国家之一。菲律宾人口密集、地处热带、流行病风险较高，随着社会经济的发展，民众对于高质量医疗服务的需求快速增长，两国在疾病控制与医疗服务领域有广阔的合作空间。在抗击新冠疫情的过程中，中国一方面分享抗疫经验，另一方面，向菲律宾提供医疗物资和技术援助，对菲律宾应对疫情起到了重要作用。

中菲两国在抗击疫情中的合作表明，两国在疾病控制和医疗领域具有合作潜力。在共建"一带一路"倡议下，通过人员交流、技术交流、业务交流等途径，对接菲律宾在流行病检测、预防、治疗方面的巨大需求，为提高菲律宾人口健康水平贡献力量的同时，推动中国医药企业"走出去"，开拓更为广阔的国际市场。

参考文献：

[1] 包茂宏. 森林史研究:以菲律宾森林滥伐史研究为重点[J]. 中国历史地理论丛,

2005(1).

[2]陈丙先."一带一路"国别概览:菲律宾[M].大连:大连海事大学出版社,2019(1).

[3]李涛,陈丙先.菲律宾概况[M].北京:世界图书出版公司,2012(1).

[4]马燕冰.列国志:菲律宾[M].北京:社会科学文献出版社,2019(2).

[5]商务部.2020年度中国对外承包工程统计公报[M].北京:中国商务出版社,2021(1).

[6]商务部国际贸易经济合作研究院等.对外投资合作国别(地区)指南:菲律宾(2021年版)[R].2021.

[7]申韬,缪慧星.菲律宾经济社会地理[M].北京:中国出版集团,世界图书出版公司,2014(1).

[8]韦红,窦永生.菲律宾城市化进程中粮食安全问题及其应对措施评析[J].社会主义研究,2012(5).

[9]原新,金牛,刘旭阳.中国人口红利的理论建构、机制重构与未来结构[J].中国人口科学,2021(3).

[10]张宇权.菲律宾蓝皮书:菲律宾发展报告(2017-2018)[M].北京:社会科学文献出版社,2019.

[11]张宇权.菲律宾蓝皮书:菲律宾发展报告(2019-2020)[M].北京:社会科学文献出版社,2020.

[12]Philippine Bureau of Statistics, Philippine statistical yearbook[EB/OL].(2019). https://psa.gov.ph/philippine-statistical-yearbook.

[13]United Nations, Department of Economic and Social Affairs Population Division. World population prospects 2022[EB/OL].(2022-09-08)[2023-03-24]. https://population.un.org/wpp/Download/Standard/MostUsed/.

白俄罗斯人口与发展状况报告

金鑫 艾欣 乔晓春[*]

摘要：白俄罗斯是一个拥有悠久历史和文明但又年轻的国家。自1991年独立以来，白俄罗斯经济呈现波动增长态势，于2014年达到独立后的峰值，但其人口总量在独立后持续减少。2014年后，白俄罗斯经济出现下滑，失业率上升，收入下降，人口健康水平、生育意愿持续下降。因此，白俄罗斯人口增长受到影响并呈下降趋势。人口衰退和经济波动相互作用，给白俄罗斯国民经济发展带来较为严峻的挑战。近年来，白俄罗斯实行的经济改革和社会政策，推动了经济发展和社会稳定，人口生育水平和健康水平不断提升。中国与白俄罗斯各领域双边合作不断推进，基于白俄罗斯人口和经济社会发展状况，中白合作仍具有较大价值和潜力。

关键词：白俄罗斯；"一带一路"；人口负增长；性别比失衡；国际合作

白俄罗斯共和国，简称白俄罗斯，位于东欧平原西部，国土面积为

---

[*] 金鑫，北京大学情报分析馆员，北京大学人口学博士；艾欣，北京外国语大学俄语学院讲师、俄语语言文学学士，圣彼得堡大学硕士，北京大学博士；乔晓春，北京大学人口研究所教授、博士生导师，中国人口学会副会长。

20.76万平方公里，位列世界第84位、欧洲国家第13位、独联体国家第4位。北部和东部与俄罗斯相邻，西与拉脱维亚、立陶宛和波兰接壤，南与乌克兰相邻，无出海口。白俄罗斯地处西欧与东欧及斯拉夫东正教文明的交界处，是欧盟与独联体、特别是与俄罗斯的地缘政治交叉点，因此，其地理位置十分重要。白俄罗斯国境线总长约为3517公里，与欧盟国家毗邻的国境线长约1250公里，地扼俄罗斯通往东欧和西欧的战略要冲，也是欧亚大陆桥必经的交通枢纽。在苏联解体之前，白俄罗斯是苏联通往中欧和西欧的传统通道，目前，白俄罗斯是俄罗斯同北约抗衡的战略前沿。

基于上述地缘特征，得益于民族宗教、语言、习俗、社会特征和文学艺术等多方面的交融，白俄罗斯形成了一个多元文化社会。多元文化为白俄罗斯带来了包容和尊重的社会基础，使其人口和社会发展具有多元化特征，但也给社会发展带来内部冲突的风险。在白俄罗斯国家统计委员会公布的数据中，截至2021年1月1日，白俄罗斯总人口934.96万，共有140个民族，其中，白俄罗斯族占各民族总人口的83.7%、俄罗斯族占8.3%、波兰族占3.1%，此外还有乌克兰族（占1.7%）、犹太族（占0.1%）、其他民族（占3.1%）等。目前，白俄罗斯境内拥有6个州及1个具有独立行政区划地位的州级市（首都明斯克市）。

白俄罗斯拥有丰富的森林、钾盐、泥炭和水资源，有"万湖之国""万河之国"的美誉，其工农业基础较好，工业部门较为齐全，机械制造和加工业发达，曾有苏联"装配车间"之称。白俄罗斯的经济结构和发展特点保留了苏联时期的大部分结构特征，独立后，白俄罗斯实行的经济改革政策是由以公有制为基础的社会主义计划经济向社会主义市场经济过渡和转轨。独立至今，白俄罗斯经济进程可以分为经济衰退困难阶段（1991—1995年）、经济复苏稳步增长阶段（1996—2011年）和低迷发展阶段（2012年至今）。目前，受新冠疫情、地缘政治冲突、国际社会制裁等因素影响，白俄罗斯发展速度放缓。

一、人口与发展现状

（一）基本状况

1. 人口持续减少，长期处于零增长或负增长

据白俄罗斯国家统计局数据，截至 2022 年 1 月 1 日，该国人口总量约为 925.55 万人，比 2021 年年初减少 9.41 万人，由此计算其人口密度约为 45 人每平方千米，属于地广人稀的国家。白俄罗斯人口变动趋势不容乐观。基于联合国《世界人口展望 2022》数据，白俄罗斯人口总量于 1990 年达到 1043 万人的最高点后即波动下降，至 2000 年减少到 1026 万人。随后，白俄罗斯人口逐年降至 1000 万人以下且降幅逐渐扩大，2000 年人口总量比 1990 年减少 1.6%，2010 年人口总量比 2000 年减少 5.1%。2013 年，人口总量降至 969 万，相当于 1990 年人口总量的 92.9%。2020 年，白俄罗斯人口总量降至 963 万，仅相当于 1990 年人口总量的 92.3%。如图 1 所示，2011—2022 年，白俄罗斯人口总体处于零增长或负增长状态。

白俄罗斯与东欧国家人口与发展状况具有相似之处。1990—2022 年，东欧 10 国都面临较为严重的人口减少问题。如图 2 所示，联合国《世界人口展望 2022》数据显示，2022 年，除捷克（+1.84%）、波兰（+4.72%）和斯洛伐克（+7.22%）人口总量比 1990 年略有增长之外，其余国家都经历了不同程度的下降，按照下降幅度由大至小排序分别为：保加利亚（-29.35%）、摩尔多瓦（-27.00%）、乌克兰（-22.66%）、罗马尼亚（-13.92%）、白俄罗斯（-8.63%）、匈牙利（-3.94%）、俄罗斯（-2.22%）。2022 年，白俄罗斯人口总量在东欧 10 国中排名第 7，比 1990 年排名下降 2 个位次。

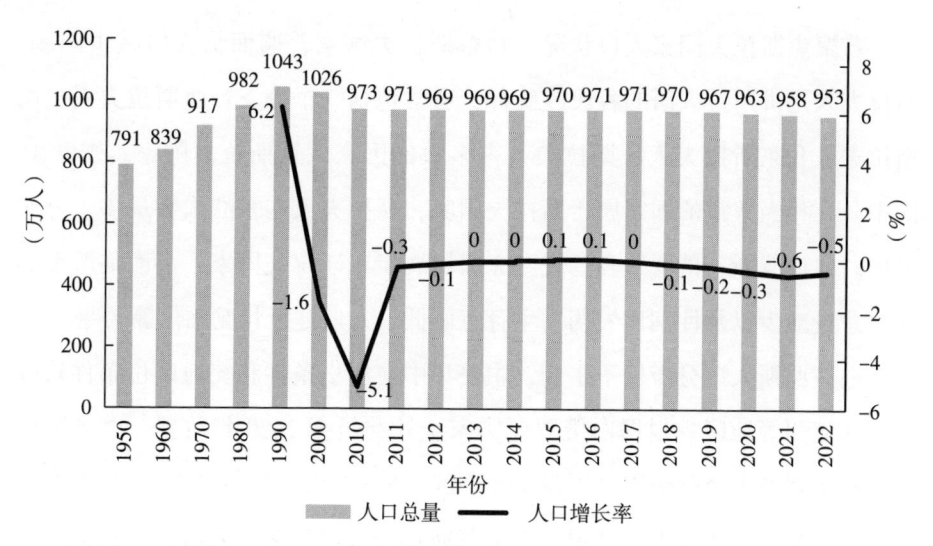

白俄罗斯人口与发展状况报告

资料来源：联合国《世界人口展望 2022》。

图 1　1950—2022 年白俄罗斯人口总量和人口增长率

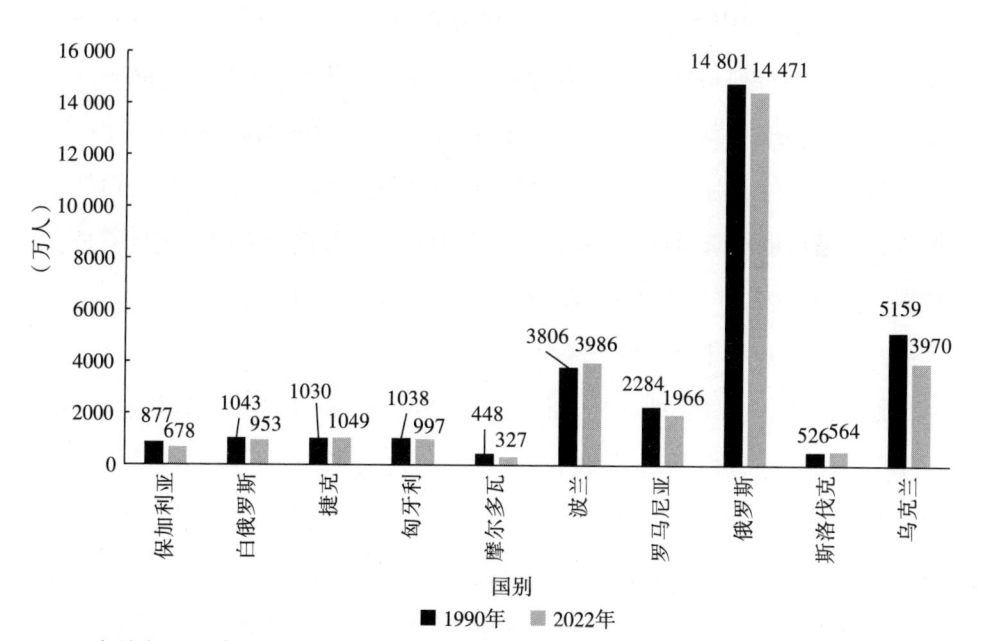

资料来源：联合国《世界人口展望 2022》。

图 2　1990 年和 2022 年东欧 10 国人口总量对比

若聚焦斯拉夫国家人口状况，则东斯拉夫国家普遍面临人口减少问题。斯拉夫人是讲斯拉夫语的各民族统称，通常包括三个分支：西斯拉夫人、南斯拉夫人和东斯拉夫人，斯拉夫人占多数的国家就是斯拉夫国家。东欧10国中，有相当数量的国家属于斯拉夫国家，斯拉夫人在东欧人数最多、分布最广。白俄罗斯、俄罗斯和乌克兰3国均属于东斯拉夫国家，都面临严重的人口总量减少以及性别比失衡、生育意愿低、人口健康状况恶化等问题。

白俄罗斯人口分布极不平衡，主要集中在历史条件和交通区位条件较好的明斯克州等地区。根据白俄罗斯国家统计委员会2020年数据，白俄罗斯拥有6个州及1个州级市，下设118个区、115个市、24个市辖区、85个镇和2.3万个农村居民点。其中，首都明斯克市人口最多、人口密度最大，约有199万居民，人口密度为5697人每平方千米。明斯克州人口约为147万人，人口密度为36人每平方千米，维捷布斯克州、戈梅利州、格罗德诺州、莫吉廖夫州、布列斯特州人口数量相当，人口密度为30—42人每平方千米。[1] 人口分布主要受自然环境、交通和矿产资源分布的影响。

明斯克市位于白俄罗斯中部，坐落在第聂伯河河畔，1919年成为白俄罗斯首都，是白俄罗斯的政治、经济、文化中心。据白俄罗斯国家统计委员会数据，截至2022年1月1日，明斯克市人口数量约为199.65万人。

2. 生育率持续下降，低于人口更替水平

如图3所示，白俄罗斯人口出生率从20世纪50年代后持续快速下降，于1975年前后一度回升，但也仅在1986年达到17.4‰，随后继续波动下降，2021年降至9.28‰，2022年出生率为9.2‰。值得注意的是，1993年，白俄罗斯人口死亡率升至12.64‰，高于当年度人口出生率11.7‰，此后差距越来越大。据联合国《世界人口展望2022》预测，白俄罗斯人口出生率还将继续下降，在2040年前后出现缓慢回升的趋势，但这一回升趋势将迅

---

[1] "Key Facts About Belarus", https://www.belarus.by/en/about-belarus/key-facts.

速结束并继续下降。因此，白俄罗斯未来的人口出生率与死亡率仍会保持相对差距。

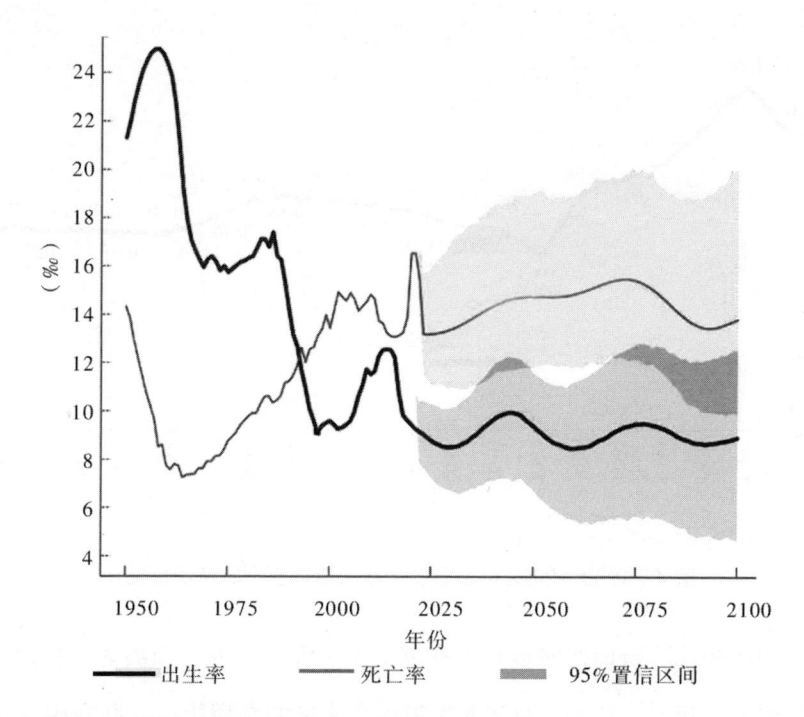

图3 1950—2100年白俄罗斯出生率及死亡率变动情况

资料来源：联合国《世界人口展望2022》。

白俄罗斯净人口再生产率[1]长期低于1。图4显示了白俄罗斯自20世纪50年代以来的净人口再生产率变化趋势，1960年前后，白俄罗斯净人口再生产率达到1.24的峰值，此后不断下降，于1977年后跌破1，2022年净人口再生产率为0.72，人口再生产呈现代际缩小趋势，这意味着白俄罗斯人

---

[1] 净人口再生产率是从代际更替的角度衡量人口再生产和人口变化的指标,它反映的是子女一代人数与父母一代人数的比较关系。若该指标等于1,则代表简单再生产,人口数量在代际上不增不减;大于1代表人口是扩大的再生产,人口在代际层面逐渐扩大;小于1则相反。这一指标是假设一批女性从出生起就遵循某年的年龄别生育率和死亡率并经历整个育龄期,则其所生育的女婴的平均数量同样可以表示为女儿一代在达到母亲生育年龄时的人数与母亲生育她们时的人数之比。

口数量不仅在年度规模上不断减少,在代际层面也在缩减,人口形势较为严峻。

资料来源:联合国《世界人口展望2022》。

图4 1950—2022年白俄罗斯净人口再生产率变动情况

如图5所示,白俄罗斯总和生育率呈先下降、后上升的趋势,目前,其处于缓慢上升状态。总和生育率是衡量生育水平的常用指标,联合国《世界人口展望2022》数据显示,白俄罗斯的总和生育率在20世纪50年代中期曾达2.71,高于2.1的人口更替水平,随后,总和生育率与净人口再生产率的下降趋势一致,在20世纪90年代初骤降至1.92。进入21世纪以来,白俄罗斯总和生育率呈现波动下降的趋势,2008年前后,总和生育率短暂回升至1.43,但始终低于更替水平。从地区角度看,白俄罗斯的总和生育率水平与东欧10国的平均生育水平相当。据联合国《世界人口展望2022》预测,白俄罗斯及东欧国家总和生育率将缓慢回升,但很大概率仍低于更替水平,生育率低下问题依旧严峻。

资料来源：联合国《世界人口展望 2022》。

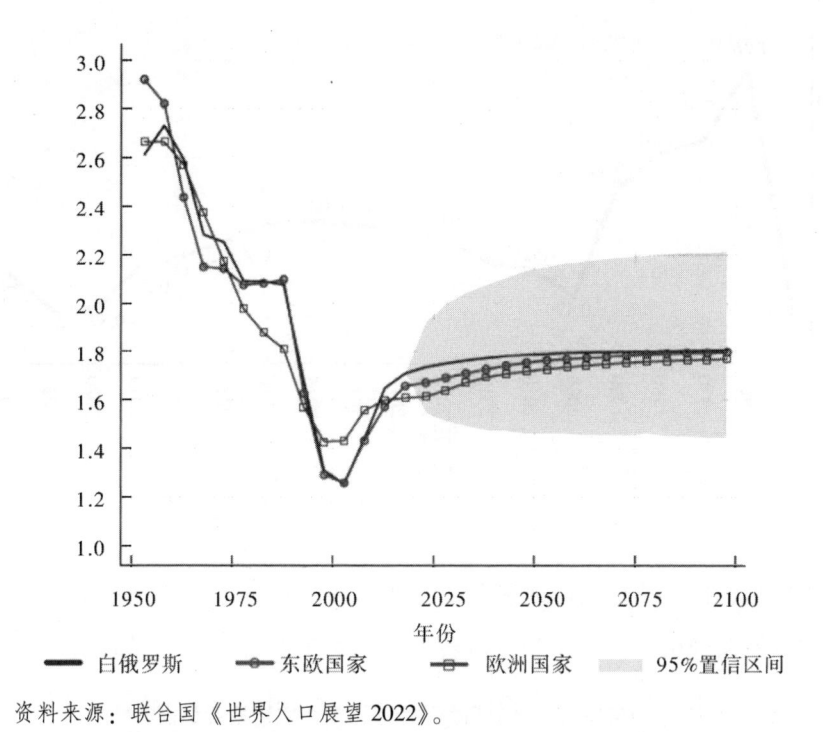

图 5　1950—2100 年白俄罗斯、东欧国家和欧洲国家的总和生育率变动趋势

3. 死亡率先快速下降后趋于稳定，人均预期寿命波动上升

包括白俄罗斯在内的东欧各国，由于宗教信仰和民族习俗等原因，生育水平持续下降，在过去相当长的时期内，人口增长率也处于波动下降过程，如图 6 所示。1950 年，白俄罗斯的出生率曾高达 21.31‰，死亡率为 10.61‰，考虑人口迁移因素后的人口增长率为 -0.5‰。1960 年，人口增长率升至 1.26‰。1990 年，出生率为 14.21‰，死亡率为 13.43‰，人口增长率为 0.34‰。1990 年至 2000 年，白俄罗斯政治动荡、经济衰退，出生率降至 9.60‰，死亡率升至 15.48‰，人口增长率降至 -0.49‰。由此看出，20 世纪 90 年代，由于经济社会不稳定，民众对未来充满不确定感，因此，缺乏稳定和安全的人口发展环境。

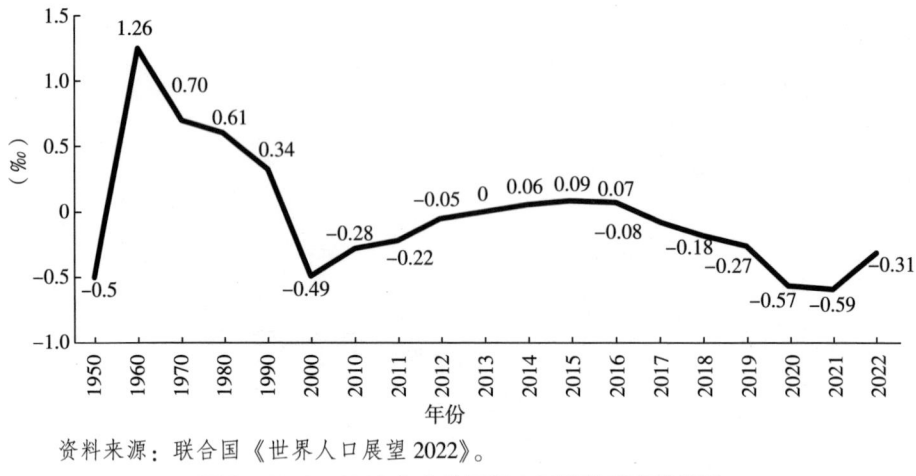

图 6 1950—2022 年白俄罗斯人口增长率变动趋势

资料来源：联合国《世界人口展望 2022》。

独立后，白俄罗斯人均预期寿命波动上升。如图 7 所示，20 世纪 90 年代，白俄罗斯经历社会动荡和经济转型，人均预期寿命先下降后迅速上升，其变动趋势与东欧和欧洲国家整体变动趋势大致相同，但仍显著低于欧洲平均水平。具体而言，2000 年以后，白俄罗斯的预期寿命增长迅速，到 2021 年增长至 72.44 岁。如图 8 所示，白俄罗斯人均预期寿命在东欧国家排名第 6 位，高于保加利亚、乌克兰、俄罗斯、摩尔多瓦，但低于捷克、波兰等国家。预计白俄罗斯的人均预期寿命将继续增长，到 2050 年时将达 79.89 岁。

资料来源：联合国《世界人口展望2022》。

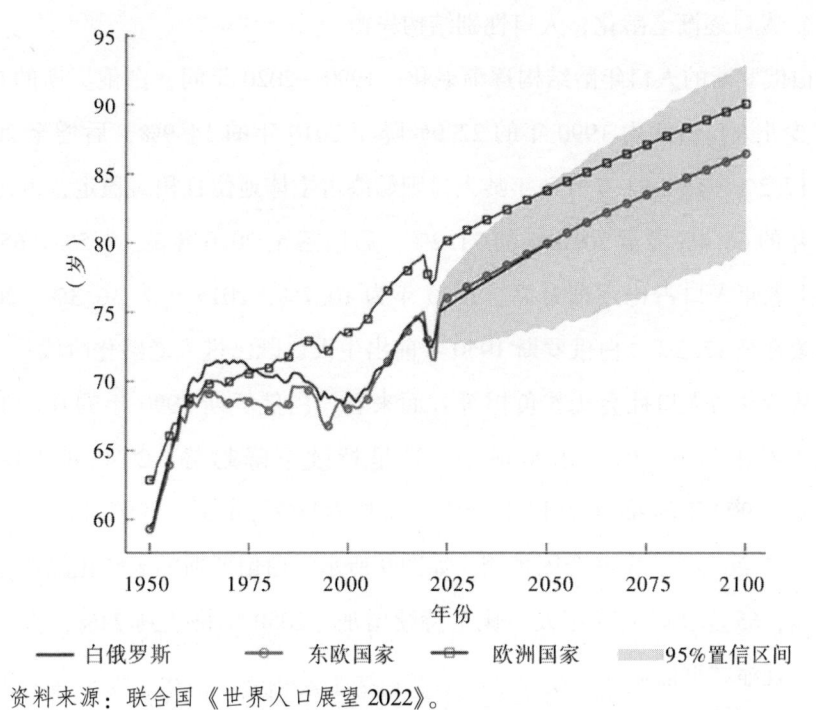

图7　1950—2050年白俄罗斯、东欧国家和欧洲国家人均预期寿命

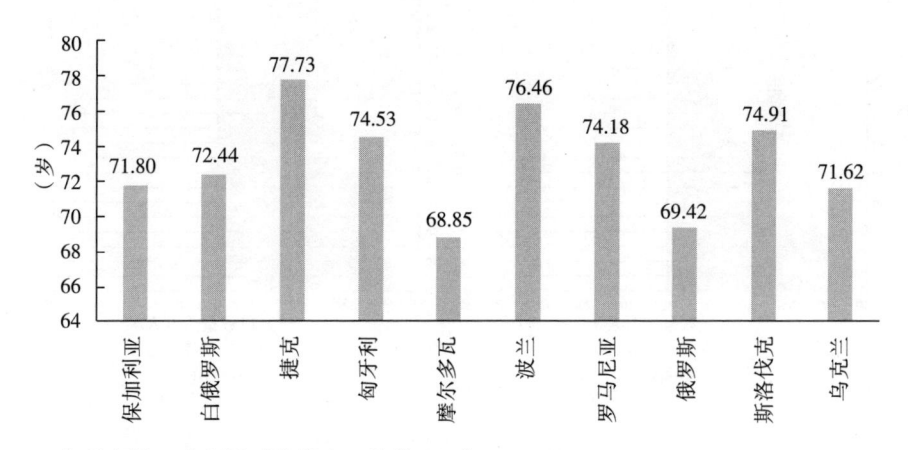

资料来源：联合国《世界人口展望2022》。

图8　2021年东欧10国人均预期寿命

4. 人口逐渐老龄化，人口性别结构失衡

白俄罗斯的人口年龄结构逐渐老化。1990—2020 年间，白俄罗斯的 0—14 岁少儿人口占比由 1990 年的 22.9% 降至 2010 年的 14.9%，后增至 2020 年的 17.2%。15—64 岁劳动年龄人口则始终占主体地位且相对稳定，占比由 1990 年的 66.4% 增至 2010 年的 71.2%，后回落至 2020 年的 67.5%。65 岁及以上老年人口占比逐渐升高，1990 年为 10.7%，2015 年为 16.3%，2020 年继续升至 17.2%，白俄罗斯 1950 年前出生人口既已进入老龄化阶段。

从劳动力人口社会抚养负担等方面来看，白俄罗斯 1990 年的 0—14 岁少儿抚养比为 69.7%，水平适中，且呈持续下降趋势，2020 年下降至 45.6%；1990 年的 65 岁及以上老年人口抚养比为 20.3%，随后波动上升，2020 年为 26.9%。据联合国预测，如图 9 所示，白俄罗斯的老龄化趋势将愈发明显，65 岁及以上老年人口比重持续增加，2050 年将达到 24%，人口金字塔呈现缩减型倾向。

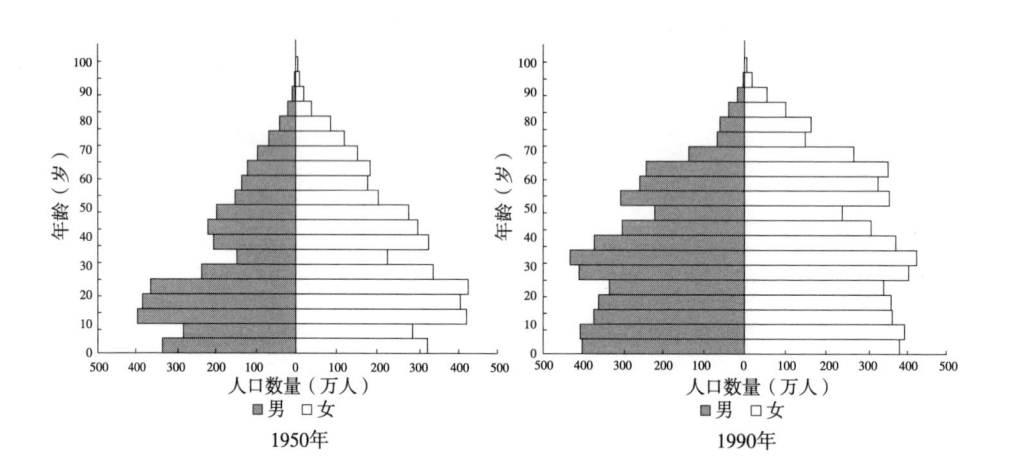

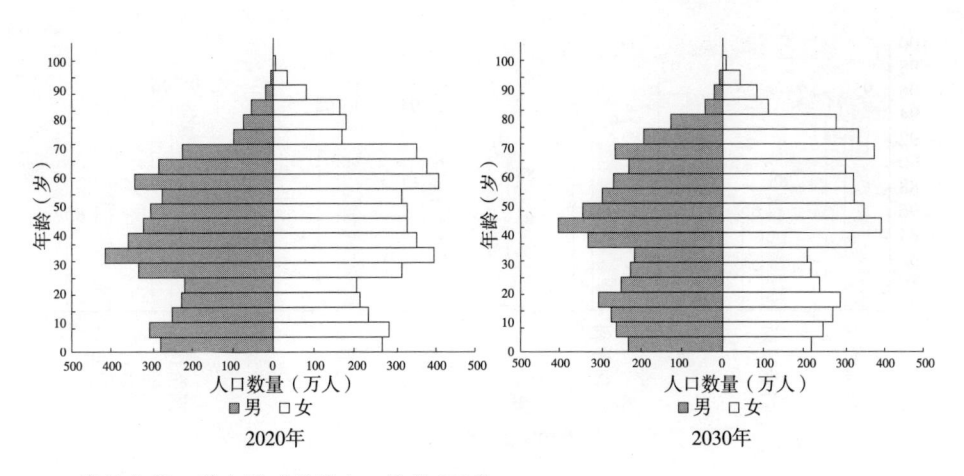

资料来源：联合国《世界人口展望2022》。

图9　1950年、1990年、2010年、2020年白俄罗斯人口金字塔

此外，白俄罗斯人口存在性别结构失衡。自20世纪50年代以来，男性人口始终少于女性人口，且这一差异随着年龄增长呈加重趋势。这主要是由白俄罗斯男性死亡率高于女性死亡率所致。除生理原因外，白俄罗斯男性死亡率较高的原因主要是酗酒、吸烟等不健康的生活方式及其所导致的慢性病。截至目前，白俄罗斯已出台并实施了一系列卫生政策和预防措施，降低男性过早死亡率。白俄罗斯总人口性别比在1990年后一直呈下降趋势，此后基本维持在85—86之间。出生人口性别比保持在106或107，处于正常值范围。如图10所示，与东欧其他国家相比，白俄罗斯2022年总人口性别比最低。

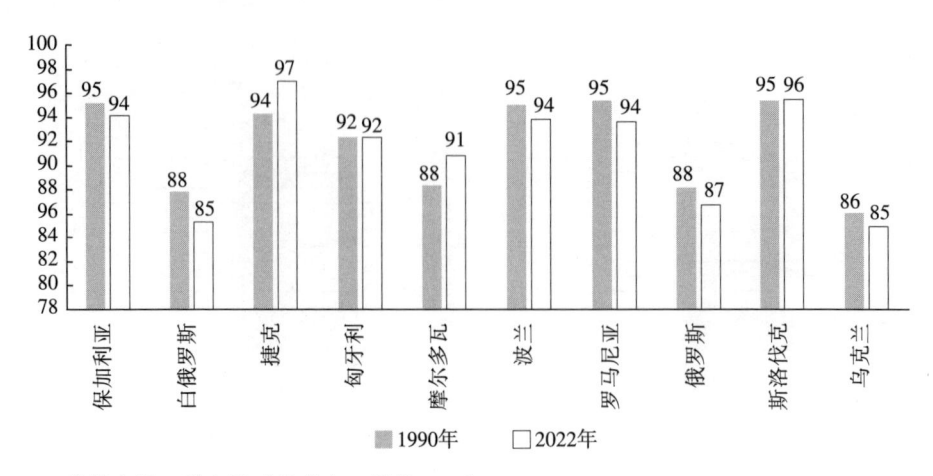

资料来源：联合国《世界人口展望 2022》。

图 10　1990 年、2022 年东欧 10 国总人口性别比

5. 人口迁移以国内流动为主，国际迁移以净迁入为主

自白俄罗斯独立后，其人口迁移形式主要以国内迁移为主，未发生大规模的人口外流。国内迁移中，其人口迁移的主要方向是从农村到城市或从小城市到大城市。一方面，这改变了城乡人口结构，提高了区域城镇化水平，另一方面，这造成了农村及小城镇的劳动力短缺。

在国际人口迁移方面，独立前的白俄罗斯在 1950 年前后发生过人口大规模外流，1950—1955 年，人口净迁移率高达 -10‰。后随苏联解体及白俄罗斯独立，原苏联加盟共和国之间的人口流动转变为国际迁移，白俄罗斯相对于其他加盟共和国具有相对稳定的政治环境，因此，在一定程度上吸引了来自其他独联体国家的移民。1995—2000 年，其人口净迁移率达 1.1‰。后随着经济衰退，2000—2022 年，白俄罗斯出现过人口净流出现象，但多数年份依旧以人口净流入为主。流入的移民主要来自独联体国家和波罗的海国家，包括俄罗斯、乌克兰、波兰和德国等，以青年为主，移民的目的主要是工作和学习。[1]

---

[1] 白俄罗斯国家统计委员会，http://belsta.gov.by。

（二）经济状况

2021 年，白俄罗斯名义国内生产总值约为 682.2 亿美元，以 2010 年为基年的实际国内生产总值为 647 亿美元，世界排名第 84 位。国有经济在白俄罗斯经济中占据重要地位，依据白俄罗斯国家统计委员会数据，2015 年，有 39.3% 的国民受雇于国有企业。白俄罗斯自苏联时代就有良好的工业基础，2017 年，第二产业产值占国内生产总值比重达 40.8%。汽车制造业、机械制造业、冶金加工业、机床、电子及激光技术较为先进；信息技术产业也较发达；农业和畜牧业发展良好，马铃薯、甜菜和亚麻等作物产量居于独联体国家前列。白俄罗斯与俄罗斯经济联系紧密，新冠疫情前的 2019 年，与俄罗斯的贸易往来分别占白俄罗斯进出口份额的 46.3% 和 54.2%。中国与白俄罗斯的经贸往来快速发展，2019 年为其第五大出口国和第三大进口国，并在明斯克建有中白工业园。

1. 属于中高收入国家，城镇化水平较高

依据世界银行的划分标准，白俄罗斯属于中高收入国家，在东欧国家中处于中等偏上水平。如图 11 所示，1991 年以来，白俄罗斯经济总体呈增长趋势，实际国内生产总值由 315 亿美元增至 2021 年的 647 亿美元。按照人均国内生产总值标准，白俄罗斯已迈入中高收入国家[1]行列。人均国内生产总值由 2000 年的 1276.3 美元增至 2021 年的 7303.7 美元。1991 年至今，工业在白俄罗斯经济结构中一直处于核心位置，工业的发展变动影响整体国民经济。2016 年，工业对国内生产总值的贡献率约为 36.1%，集中了国家约 37% 的固定资产，吸纳了 23% 的就业人口。除俄罗斯外，白俄罗斯工业竞争力远超出其他东欧和独联体国家。

---

[1] 世界银行把全世界经济体划分为四个收入组别，分别是高收入、中高收入、中低收入和低收入组别。

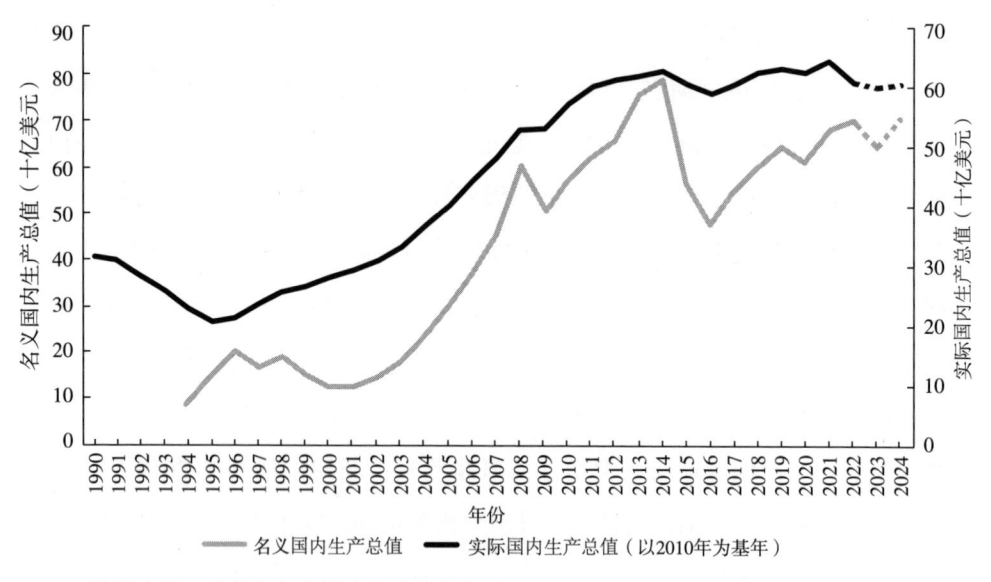

图 11　1990—2024 年白俄罗斯名义国内生产总值及实际国内生产总值变动情况

资料来源：世界银行世界发展指标数据库。

2. 处于人口红利期，就业状况良好，劳动力参与率不断上升

从人口结构来看，白俄罗斯处于人口红利期，劳动力规模和就业率持续上升。1990 年以来，白俄罗斯的劳动年龄人口的劳动力参与率不断上升，人口总抚养比波动下降。劳动力规模持续增长，2020 年，15—64 岁劳动年龄人口达 634.8 万人，占总人口的 67.2%。如图 12 所示，1990—2019 年，15—64 岁劳动年龄人口的劳动力参与率保持平稳，2019 年达 78.06%，在东欧国家中处于较高水平。

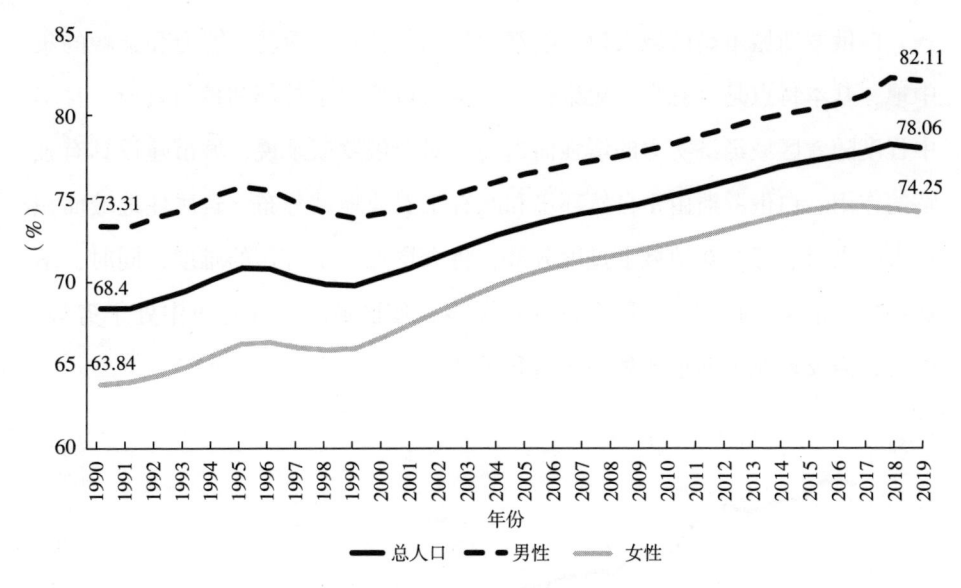

资料来源：世界银行世界发展指标数据库。

图 12　1990—2019 年白俄罗斯 15—64 岁劳动年龄人口劳动力参与率变动情况

白俄罗斯就业形势整体良好。从 15 岁以上人口的就业率和 15—64 岁劳动年龄人口失业率来看，2000—2005 年，白俄罗斯劳动力市场就业紧张，失业人口数量居高不下。根据可获得的数据，2003 年，白俄罗斯官方登记失业人口数量达 13.61 万人。2006—2019 年，官方登记失业人口数量从 5.2 万人下降至 2018 年的 1.25 万人，随后，失业人口数量进一步下降。根据现有数据测算，2020 年，白俄罗斯劳动年龄人口失业率为 4.7%，与其他东欧国家相比处于适当水平。2021 年，官方登记失业人口数量约为 0.53 万人。

3. 城镇化水平平稳上升，地区城镇化水平不均衡

白俄罗斯城镇化水平整体较高。独立前，白俄罗斯城镇化水平快速上升，得益于苏联时期工业转移计划及丰富的自然资源，城镇化率由 1960 年的 32.4% 上升至 1990 年的 65.98%，如图 13 所示。近 30 年，白俄罗斯城镇化水平平稳上升，1991—2021 年，城镇化率由 66.37% 升至 79.91%，在东欧国家中较为领先。

白俄罗斯城市是区域人口、经济、信息、技术、活动、智力和金融的集中地，基本特点是具有高度集聚性。大量人口聚集于首都和各州首府，且集中程度随着区域经济实力的增强而提高。对白俄罗斯来说，城市建设具有独特的作用。白俄罗斯由于自然环境和既有工农业地域分布，若居住地域面积过大，人口、经济在地域上过度分散，将会增加分工合作的难度，同时，增加物质、信息、技术、金融等的交流成本，使区域产品在竞争中处于劣势，因此，需要以城市的形式集中人口和经济。

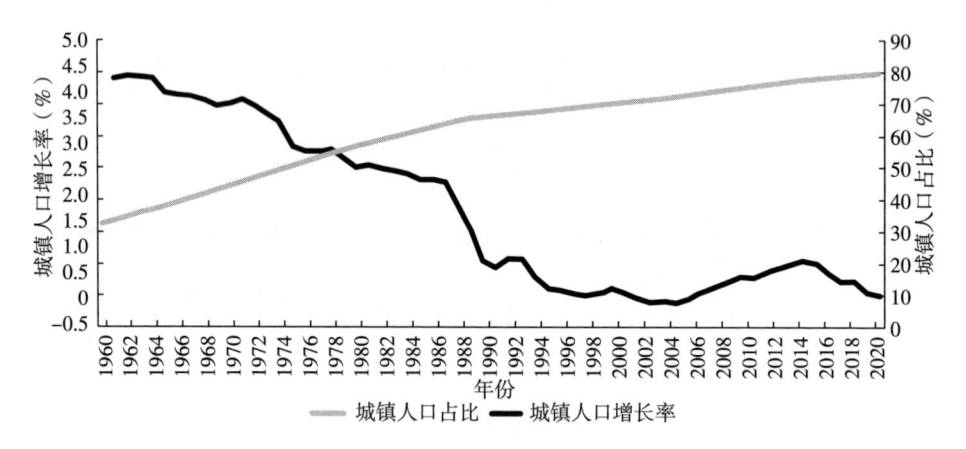

资料来源：世界银行世界发展指标数据库。

图 13　1991—2019 年白俄罗斯人口城镇化水平变动情况

4. 人力资源质量较高，人力资本指数不断提升

白俄罗斯人力资本处于中等偏上水平。世界银行人力资本指数是通过教育质量、健康状况、技能与就业和环境基础四项指标来衡量一国开发国民劳动力素质的能力，将健康与教育对下一代劳动者生产力的贡献进行量化。[1]该指数的意义在于，评估人力资本差距会使评估对象损失多少收入，如果立即采取行动，损失变成收益的时间能缩短多少。2010 年至 2020 年间，白俄

---

[1] World Bank,"2020. The Human Capital Index 2020 Update: Human Capital in the Time of COVID-19",https：//openknowledge. worldbank. org/handle/10986/34432.

罗斯的人力资本指数大致保持在0.7，超过乌克兰（0.63），这意味着，2020年在白俄罗斯出生的孩子，如果能享受完整的教育和充分的健康，长大后的生产力将达到70%，这一数值低于欧洲地区和中亚地区的平均水平，但高于中低收入国家的平均水平。

（三）人口素质

白俄罗斯是东欧地区社会秩序相对良好的国家，教育体系较完备，科技教育发展程度接近俄罗斯，在一些方面达到发达国家的水平。总体而言，白俄罗斯劳动力素质相对较高，但卫生和医疗条件在独联体国家中居于前列。

1. 科技教育发展程度处于较高水平

白俄罗斯人均受教育年限在东欧国家和独联体国家中始终处于较高水平。1991年以前，苏联免费义务教育政策和教育投资为白俄罗斯教育发展打下良好的基础。白俄罗斯现行教育法为2011年1月13日颁布的《白俄罗斯共和国教育法》。普通学校实行11年制免费义务教育，高等院校学制4—5年，分为公费和自费两种形式。

白俄罗斯人口的识字率较高，1979年已实现全国基本无文盲，成年人识字率达99.9%。目前，白俄罗斯约有1万所教育机构，各类学生总量约200万人，教育经费占比持续保持在不低于国内生产总值5%的水平。进入21世纪以来，随着经济的复苏，白俄罗斯的科技体制改革提上了日程，科研经费投入进一步增长。2021年，约有3799所学前教育机构（在学儿童约42.4万人）、3009所普通中等教育机构（在校生约105.8万人）、223所中等专业学校（在校生约11.04万人）、176所高职院校（在校生约6.08万人）、50所高等院校（在校生约26.3万人）。白俄罗斯的著名大学有白俄罗斯国立大学、白俄罗斯国立技术大学、白俄罗斯国立师范大学、白俄罗斯国立经济大学、白俄罗斯国立农业大学、明斯克国立语言大学等。

2. 人口健康状况有所改善，但不良生活方式及慢性病仍是人口健康风险因素

第一，白俄罗斯医疗卫生水平在独联体国家中位于前列。白俄罗斯宪法规定，全国实行免费医疗制度，医疗卫生事业主要靠国家财政支持。白俄罗斯现有 13 个医学和药品科研所、4 个中央科研实验室、4 所医学院和 4 所医生进修学院等。白俄罗斯专科医生约 5.91 万人，普通医务人员约 12.72 万人。

第二，白俄罗斯人口健康水平有所改善，尤其在妇幼健康和生殖健康方面取得了明显成效。首先，5 岁以下儿童死亡率大幅下降，由 1990 年的 20‰降至 2019 年的 4‰[1]，低于俄罗斯的 8‰。如图 14 所示，白俄罗斯 5

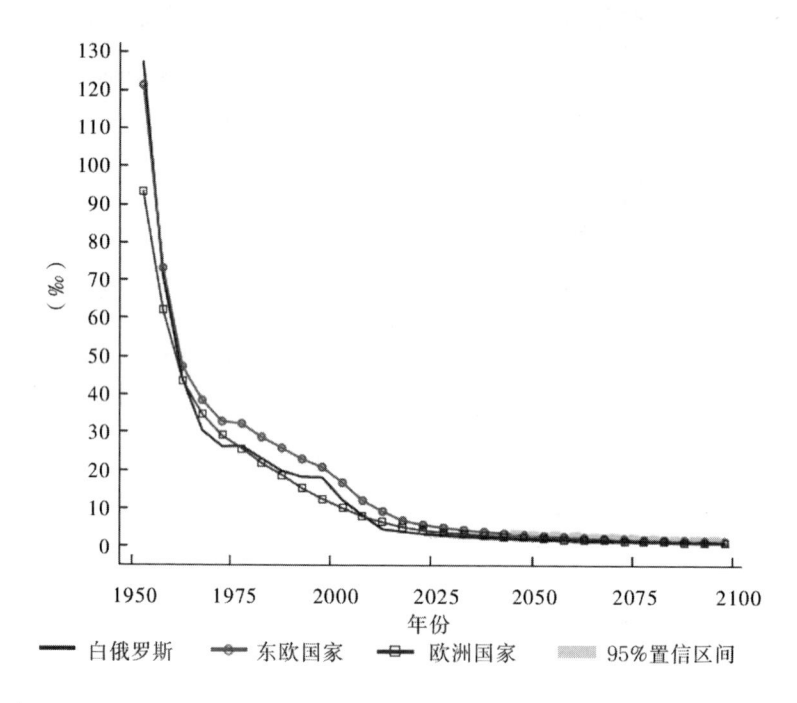

资料来源：联合国《世界人口展望 2019》。

图 14　白俄罗斯、东欧国家和欧洲国家 5 岁以下儿童死亡率变动情况

---

[1] "Under-Five Mortality Rate (per 1000 Live Births)", https://data.who.int/indicators/i/2322814.

岁以下儿童死亡率在过去30年间呈下降趋势。此外,白俄罗斯婴儿死亡率大幅下降。联合国数据显示,每1000名活产婴儿中婴儿死亡数由1950—1990年间的95人,下降至1995—2000年间的15人,后于2005—2010年间持续下降至6人,2010—2015年间已进一步降至3人,目前稳定至2—3人。

第三,白俄罗斯孕产妇死亡率不断降低。如图15所示,世界卫生组织数据表明,白俄罗斯2000年的孕产妇死亡率为22人每10万例活产,2016年降低至3人每10万例活产。由于白俄罗斯人口基数较少,孕产妇死亡人数不具有比较意义。从孕产妇死亡率角度看,2005年,白俄罗斯的孕产妇死亡率就已达到高收入国家水平(11人每10万例活产)。

资料来源:世界卫生组织。

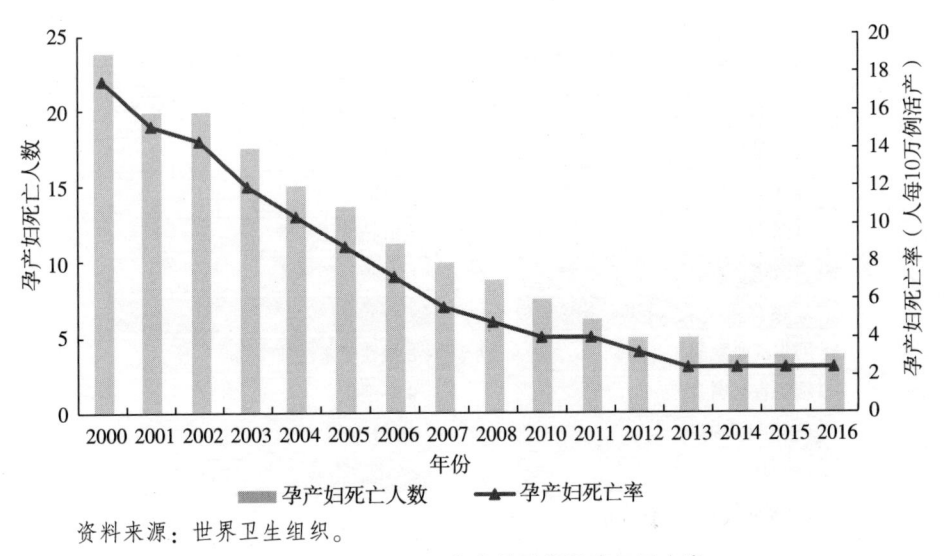

图15 2000—2016年白俄罗斯孕产妇死亡率

白俄罗斯生殖健康服务较为完善。根据世卫组织数据,白俄罗斯的孕妇接受产前保健服务(至少就诊4次)的比例在2010—2012年达99.7%,高于中亚和东欧其他国家。根据世界卫生组织数据,从使用现代避孕方法满足已婚育龄妇女计划生育需求的比例来看,2012年欧洲地区平均水平和白俄罗斯水平分别为77%和74.6%,但2019年白俄罗斯该指标下降至66%,而欧洲地区平均水平升为78.6%，这说明白俄罗斯需要进一步加强生育服务。[1]随着产前保健服务、现代避孕方法的可及性与普及性的提升，白俄罗斯人工流产率大幅减少，孕产妇健康水平不断提高。

第四，慢性非传染性疾病是白俄罗斯人口健康的主要风险因素。如图16所示，从全人群死因构成来看，心脑血管疾病等慢性非传染性疾病是白俄罗斯人口的主要死亡原因。1991—2019年，缺血性心脏病一直是白俄罗斯人口的首要死因，且占比由36.91%上升至44.88%，脑卒中则为第二大死因。值得关注的是，以认知障碍为主的神经系统疾病在2019年一跃成为白俄罗斯第三大死因。从死因构成排序对比可以看出，心血管疾病、肿瘤、神经系统

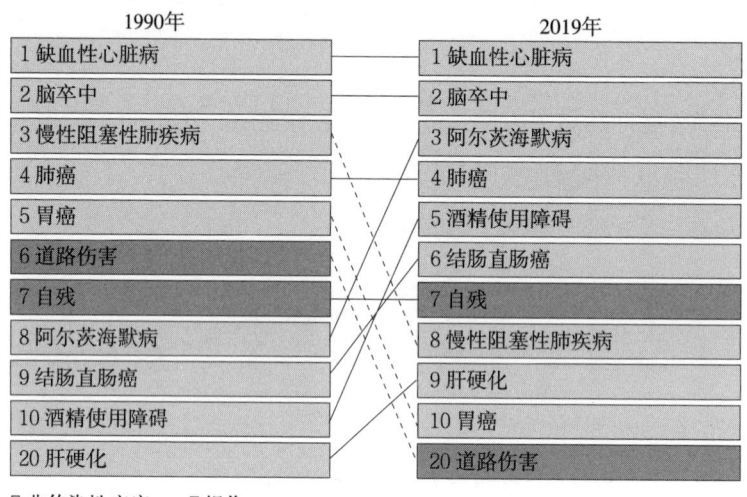

1990年	2019年
1 缺血性心脏病	1 缺血性心脏病
2 脑卒中	2 脑卒中
3 慢性阻塞性肺疾病	3 阿尔茨海默病
4 肺癌	4 肺癌
5 胃癌	5 酒精使用障碍
6 道路伤害	6 结肠直肠癌
7 自残	7 自残
8 阿尔茨海默病	8 慢性阻塞性肺疾病
9 结肠直肠癌	9 肝硬化
10 酒精使用障碍	10 胃癌
20 肝硬化	20 道路伤害

□非传染性疾病　■损伤

资料来源：健康指标与评估研究所。

图16　1990年、2019年白俄罗斯全人群死因构成排序及对比

疾病和消化系统疾病等仍是威胁白俄罗斯人口健康的主要因素。[2] 伴随着

---

［1］"Proportion of Women of Reproductive Age Who Have Their Need for Family Planning Satisfied with Modern Methods（%）"，https://data.who.int/indicators/i/8074BD9.

［2］2019 GBD Compare Database, Institute for Health Metrics and Evaluation, https://vizhub.healthdata.org/gbd-compare/.

现代化过程所发生的疾病和死因模式的变化，白俄罗斯目前尚处在流行病学转变阶段，受到传染性疾病和非传染性疾病或慢性疾病的双重影响，且不良的生活方式依旧对白俄罗斯人口构成较为严重的死亡风险，这成为其医疗卫生体系和人口健康的负担。

3. 贫困人口数量和比例相对较低，集中在农村和欠发达地区

白俄罗斯的贫困人口占比较低，但存在明显的城乡及地区差异。世界银行 2020 年数据显示，白俄罗斯低于国家贫困线的人口占比约为 4.8%。若以每人每天 1.9 美元作为最低贫困标准来衡量，白俄罗斯已基本消除绝对贫困。这说明白俄罗斯的贫困治理需要细化人口类型及贫困特征，精准扶贫。

4. 在教育获得、劳动力参与、政治参与等方面性别差异较小

白俄罗斯女性在学前、初等、中等教育阶段的入学机会仍低于男性，在高等教育阶段女性略高于男性。世界银行数据显示，2020 年，白俄罗斯中小学毛入学率的性别平等指数[1]约为 0.99，这说明从数据上来看，初等和中等教育方面女性和男性差异依然存在，女性略低于男性。但在高等教育毛入学率方面，白俄罗斯女性获得高等教育的比例高于男性，2019 年女性与男性入学比例为 1.12。实现教育中的性别平等有助于提高妇女的地位和能力，白俄罗斯教育发展程度较高，但在初等和中等教育方面还需要进一步关注性别平等问题。总体而言，白俄罗斯女性受教育的权益能得到较好保护。

劳动力参与率方面，白俄罗斯性别差异较大。女性劳动力参与率增长缓慢，2019 年，女性劳动力参与率为 74.25%，高于俄罗斯（54.8%）等国家；男性劳动力参与率达 82.11%，低于中国（82.8%），高于俄罗斯（79.4%）；男性劳动力参与率高于女性。白俄罗斯劳动力市场依然存在性别歧视问题。

---

[1] 初等和中等教育毛入学率的性别平等指数（GPI）是指公立和私立学校初等和中等教育中女生与男生的入学比例。该指标可以表示为初等和中等教育中的女性毛入学率与男性毛入学率之比。GPI 用来衡量初等和中等教育中的性别平等状况，GPI 小于 1 表明初等和中等教育中，女性在学习机会方面比男性处于不利地位，而 GPI 大于 1 则表明相反。

白俄罗斯女性议员比例和高层级决策部门的女性占比较高。2001年至2019年间，女性议员在议会中的比例从10%上升到40%，高于其他东欧国家。

（四）文化状况

1. 白俄罗斯文化发展与区域、民族及历史紧密关联

白俄罗斯文化与白俄罗斯民族和国家形成的历史有紧密的联系。关于白俄罗斯人和白俄罗斯文化的起源，学界尚无定论。主流观点认为，白俄罗斯民族形成自6—7世纪迁移至现今白俄罗斯领土内的斯拉夫人与原住民波罗的海诸部族的融合。9世纪末，基辅罗斯留里克王朝兴起，在国家形成中起到重要作用的"自瓦良格到希腊之路"[1]也有一部分经过了现代白俄罗斯的领土，促进了这片区域经济和文化的发展。公元988年，基督教正式从拜占庭传入基辅罗斯，白俄罗斯土地也一同受洗，并于992年成立了波洛茨克教区。基督教促进了文字的传播，也使文化艺术得以繁荣。11世纪，白俄罗斯境内的主要政治实体波洛茨克公国摆脱了对基辅罗斯的依赖，并于13世纪并入立陶宛大公国，免遭蒙古鞑靼人大规模入侵基辅罗斯和东欧平原地区所带来的影响和冲击。并入立陶宛大公国促使白俄罗斯土地的经济、政治和民族文化实现统一，最终形成了区别于俄罗斯人和乌克兰人的白俄罗斯民族。[2] 1386年，立陶宛大公国和波兰王国通过政治联姻结为联盟，并于1569年因卢布林联合结成波兰立陶宛联邦。白俄罗斯人成为联邦内仅次于波兰人和乌克兰人的第三大民族。[3] 17—18世纪下半叶，波兰立陶宛联邦逐渐衰弱，在政治上依附于俄罗斯帝国，后被俄罗斯、普鲁士和奥地利三国三次瓜分，最终于1795年彻底消失，白俄罗斯的土地成为俄罗斯帝国的一部分。在沙皇尼古拉一世和亚历山大三世时期，俄罗斯帝国在白俄罗斯地区推

---

[1] 中世纪欧洲沟通北欧波罗的海地区与东南欧和小亚细亚的重要商道。
[2] Zaprudnik Jan, *Belarus: At a Crossroads in History*, Boulder: Westview Press, 1993, p.27.
[3] Pogonowski Iwo Cyprian, *Poland a Historical Atlas*, New York: Hippocrene Books, 1987, p.141.

行去波兰化及俄罗斯化，使白俄罗斯民族文化的发展受到了压制。

俄罗斯帝国在1917年二月革命倒台后，白俄罗斯于1918年首次宣布独立，曾于1918至1919年间短暂成立白俄罗斯人民共和国。1922年12月30日，白俄罗斯正式加入苏联，成为苏联建立时的四个加盟共和国之一。二战时期，白俄罗斯国民经济遭受重创，在战后重建过程中，白俄罗斯重点发展工业，成为苏联西部主要制造业中心，吸引了大量俄罗斯人定居就业。

随着苏联解体，白俄罗斯在1991年8月25日宣布独立，称白俄罗斯共和国。独立后的白俄罗斯继续保持同俄罗斯的紧密联系，特别是1994年亚历山大·卢卡申科执政以来，白俄罗斯实行对俄友好的外交政策，推进经济、军事、文化等领域的俄白一体化建设。白语和俄语均为白俄罗斯官方语言，但从实际使用情况上看，俄语依然占据着社会生活的主导地位。此外，白、俄混合语也占有重要地位，2011年的调查显示，88.37%的白俄罗斯人实际上在日常生活中更习惯使用的是白、俄混合语，而非标准白语或标准俄语。[1]苏联解体后出生的白俄罗斯人更倾向于将混合语作为自己的第一语言。[2]

2. 白俄罗斯社会、民族及文化具有较强的包容性

总体而言，白俄罗斯的民族性和文化特质可以概括为以下几点：

第一，白俄罗斯文化具有包容性。白俄罗斯地处东欧平原，为内陆国家，地势低平，多为河流湿地和森林，历史上同周边民族的交往频繁，多种文化和宗教在此和谐并存。地缘政治环境的复杂性使得白俄罗斯文化具有了强大的适应力，而白俄罗斯每个历史阶段都有其他文化因素加入和渗透，使得白俄罗斯民族的自我认知不断重塑。

---

[1] Виктор Одиноченко,"Языковая ситуация в современной Белоруссии", https://inosmi.ru/20141124/224461486.html?ysclid=l9l5p5r5uu924345692.

[2] Герд Хентшель,"Белорусский, русский и белорусско-русская смешанная речь", *Вопросы языкознания*, № 1, 2013, c. 76.

第二，白俄罗斯文化具有独特性。白俄罗斯民族自诞生起就生活在这片土地上，保持了较为纯粹的民族文化基因。他们崇尚白色，向往精神纯洁和内在自由，在与众多民族接触和交往的过程中依然保持本民族文化的特色和创造力，同时不断融入更大的文化空间。

第三，白俄罗斯民族性格较为中庸、温和。生活在各种文明交杂混合的"小气候区"，使得白俄罗斯民族性格中蕴含着平和而积极的动力。白俄罗斯民族和文化是在同俄、乌兄弟民族，以及瓦良格人、波罗的海人、波兰人、法兰西人、德意志人等多民族互动中形成和发展的，在与其相互影响和渗透的过程中也保存了自身的完整性和自主性。[1]

苏联解体后的30年间，白俄罗斯的民族文化认同经历了三个不同发展阶段。一是20世纪90年代初，国内经济水平的下降导致国内民族主义情绪的高涨，"去苏联化"、"回归欧洲"、追溯白俄罗斯传统历史文化，尤其是立陶宛公国时期的文化，成为新时期建构国家文化认同的重点问题被社会广泛讨论。二是20世纪90年代中期至21世纪第一个10年，总统卢卡申科确定了同俄罗斯的一体化进程，但同时也开始表明独立姿态，确立了新的国家标识，通过新的宪法修订。三是2009年至今，伴随着国际局势的新变化，白俄罗斯民族文化认同更为客观、平衡和理性，白俄罗斯人进一步意识到自己和俄罗斯人的区别，树立国家独立的国际形象和价值取向。[2] 近年来，白俄两国一体化进程加速，两国联盟建设获得了新的突破，白俄罗斯民族文化认同或将面临新的转变。2019年12月，在《建立联盟国家的条约》签署20周年之际，白、俄两国领导人要求各自政府评估一体化成果并制定深化一体化的路线图。经历了近年政治危机的白俄罗斯在经济、政治、国防等多个领域加快推动与俄罗斯的协同合作。白俄罗斯未来的社会格局与文化环境将

---

[1] 张严峻：《白俄罗斯民族文化认同的历史流变与现实境遇》，载《俄罗斯研究》，2018年第4期，第107—109页。

[2] 同[1]，第117—120页。

越来越多地受到地缘政治的影响。[1]

3. 白俄罗斯宗教信仰以东正教和罗马天主教为主

白俄罗斯的主要宗教信仰为基督教，其中东正教是最大的宗派，隶属于俄罗斯东正教会。根据 2015 年的一组调查数据，信仰东正教的人数约占白俄罗斯人口的 68%。不过在基督教信仰的教派划分上，白俄罗斯的情况存在一定的复杂性。白俄罗斯第二大宗教为天主教，但由于天主教在白俄罗斯历史发展中的特殊情况，又区分为罗马天主教和希腊礼（拜占庭礼）天主教，其中主要的宗派罗马天主教信徒数约占总人口的 14%。另有 3% 的人口信仰其他宗教，包括犹太教、伊斯兰教、希腊礼天主教（联合派）、东正教旧礼仪派等。[2] 值得一提的是，由于白俄罗斯《良心和宗教组织自由法》第 5 条规定，任何人都没有义务公开其对宗教的态度，因此宗教问题没有被列为国家人口普查的强制性问题。[3]

历史上，现代白俄罗斯领土虽然于 10 世纪末在基辅罗斯统治下接受了拜占庭基督正教（11 世纪东西教会大分裂后的东正教），但因 13 世纪至 15 世纪并入立陶宛大公国，又在 1569 年至 1795 年隶属于波兰立陶宛联邦，而受到罗马天主教会的强烈影响。波兰人曾成立白俄罗斯拜占庭天主教会，以将白俄罗斯的东正教信徒并入罗马教廷。白俄罗斯教会于 1595 年通过布列斯特联合同拉丁教会完全合并，但在接受天主教教义的同时也保持着拜占庭式的礼拜仪式，并使用教会斯拉夫语。尽管该合并引起了许多东正教徒的积极抵抗，但到 18 世纪末，白俄罗斯地区的大多数居民都成了联合派信徒，而上层阶级则大多是天主教徒。苏联时代，由于国家推行无神论，白俄罗斯

---

〔1〕 赵会荣：《俄白联盟建设获突破，一体化进程将提速》，载《世界知识》，2021 年第 23 期，第 54—55 页。

〔2〕 "Belarus Religion", https://2009 - 2017. state. gov/j/drl/rls/irf/religiousfreedom/index. htm? year=2015&dlid=256167#wrapper.

〔3〕 Закон РБ. № 2054-XII от 17. 12. 1992. "О свободе совести и религиозных организациях", https://belzakon. net/Законодательство/Закон_РБ/199/2002? ysclid=l9lfm0pcyn80601556.

宗教信仰受到限制。独立后，白俄罗斯宪法赋予个人信奉任何宗教信仰和参加法律未禁止的礼拜活动的自由，规定所有信仰在法律面前一律平等，但禁止宗教团体从事破坏国家主权、宪法制度、公民和谐，侵犯公民权利和自由，妨碍公民履行国家、公共和家庭职责或危害公众健康和道德的活动。法律还承认白俄罗斯东正教会在发展人民传统方面的决定性作用，以及通常被称为传统信仰的宗教团体（天主教、犹太教、伊斯兰教和福音派路德宗等）的历史重要性。

截至2022年1月1日，白俄罗斯官方登记的宗教团体中有1726个属于东正教会，526个属于基督教新教五旬节派，500个属于罗马天主教会，281个属于基督教新教浸礼宗，其余宗派的宗教团体数量均在100个以下。[1]相较于天主教徒所占比例不到1%的俄罗斯，白俄罗斯的天主教信徒所占比重较大，这是白俄罗斯宗教信仰状况的一大特质。但长期以来，由于民族认同感未完全建立，信奉罗马天主教的白俄罗斯人常被归类为"波兰人"。白俄罗斯天主教普及率呈现由东至西逐渐升高的趋势。在与波兰和立陶宛接壤的格罗德诺州，罗马天主教徒比例为全白俄罗斯最高，约占当地总人口的32%，也拥有全国最多的天主教堂（178座，占白俄罗斯全国总数的34.6%）。[2]

4. 白俄罗斯民族构成多样化，存在跨境民族问题

根据白俄罗斯国家统计委员会公布的2019年人口普查结果，白俄罗斯共有130多个可识别民族，2021年，白俄罗斯国安及统计局又公布民族数量增加至140个。2019年，白俄罗斯人口普查结果显示，人口最多的民族依次

---

[1] "Уполномоченный по делам религий и национальностей. Сведения о количественном росте религиозных общин в Республике Беларусь（1996-2022 годы）", http：//www.belarus21.by/Articles/svedeniya-o-kolichestvennom-roste-religioznyh-obshhin-v-respublike-belarus-1996-2020-gody.

[2] Уполномоченный по делам религий и национальностей, "Количество религиозных общин в Республике Беларусь（по состоянию на 1 января 2021 г.）", http：//www.belarus21.by/ru/main_menu/religion/relig_org/new_url_1949557390.

是白俄罗斯人（7 990 719 人，占总人口 84.9%）、俄罗斯人（706 992 人，占总人口 7.5%）、波兰人（287 693 人，占总人口 3.1%）、乌克兰人（159 656 人，占总人口 1.7%）、犹太人（13 705 人）、亚美尼亚人（9392 人）、鞑靼人（8445 人）、吉卜赛人（6848 人）、阿塞拜疆人（6001 人）、立陶宛人（5287 人）、土库曼人（5231 人），还有 1000—3000 名德国人、格鲁吉亚人、摩尔多瓦人、中国人、拉脱维亚人、乌兹别克人、哈萨克人、阿拉伯人和塔吉克人生活在白俄罗斯。[1]

白俄罗斯民族构成具有历史流动性和动态性。其民族构成整体表现为：苏联时代，白俄罗斯人占比略微下降，俄罗斯人、乌克兰人占比上升；苏联解体后反之，白俄罗斯人占比呈回升态势，俄罗斯人、乌克兰人占比则呈下降态势。此外，波兰人和犹太人占比自苏联至今一直呈现下降趋势。根据白俄罗斯国家统计委员会公布的数据，半个世纪以来，白俄罗斯民族构成具体情况如表 1 所示。

表 1　1959—2019 年白俄罗斯民族构成表

年份	总人口（人）	白俄罗斯人 人口（人）	白俄罗斯人 占比（%）	俄罗斯人 人口（人）	俄罗斯人 占比（%）	波兰人 人口（人）	波兰人 占比（%）	乌克兰人 人口（人）	乌克兰人 占比（%）	犹太人 人口（人）	犹太人 占比（%）
1959	8 055 714	6 532 035	81.09	660 159	8.19	538 881	6.69	133 061	1.65	150 084	1.86
1970	9 002 338	7 289 610	80.97	938 161	10.42	382 600	4.25	190 839	2.12	148 011	1.64
1979	9 532 516	7 567 955	79.39	1 134 117	11.90	403 169	4.23	230 985	2.42	135 450	1.42
1989	10 151 806	7 904 623	77.86	1 342 099	13.22	417 720	4.11	291 008	2.87	111 977	1.10
1999	10 045 237	8 159 073	81.22	1 141 731	11.37	395 712	3.94	237 014	2.36	27 798	0.28

---

[1] Национальный статистический комитет Республики Беларусь, "Общая численность населения, численность населения по возрасту и полу, состоянию в браке, уровню образования, национальностям, языку, источникам средств к существованию по Республике Беларусь", https://belstat.gov.by/upload/iblock/471/471b4693ab545e3c40d206338ff4ec9e.pdf.

续表

年份	总人口（人）	白俄罗斯人 人口（人）	白俄罗斯人 占比（%）	俄罗斯人 人口（人）	俄罗斯人 占比（%）	波兰人 人口（人）	波兰人 占比（%）	乌克兰人 人口（人）	乌克兰人 占比（%）	犹太人 人口（人）	犹太人 占比（%）
2009	9 503 807	7 957 252	83.73	785 084	8.26	294 549	3.10	158 723	1.67	12 926	0.14
2019	9 413 446	7 990 719	84.89	706 992	7.51	287 693	3.06	159 656	1.70	13 705	0.15

资料来源：白俄罗斯国家统计委员会。

从各民族区域分布情况来看，主体民族白俄罗斯人除在西部的格罗德诺州外，在全国各州占比均超过80%。格罗德诺州则拥有全国最多的波兰族人口，波兰人占全州人口的21.7%，白俄罗斯人则占全州人口的68.3%。俄罗斯族占比最多的地区为东部和俄罗斯接壤的维捷布斯克州，为12.2%。乌克兰族则主要集中在南部和乌克兰接壤的布列斯特州和戈梅利州，尤其是两国边境区域。

可以发现，白俄罗斯的跨境民族主要来自周围与其接壤的大国——俄罗斯、波兰和乌克兰。由于白俄罗斯特殊且复杂的历史背景，现代白俄罗斯领土曾在不同时期与以上三国共属一国，造成多民族混居、边境区域双边民族杂居和过渡的情况。此外，苏联时期同属一个政治实体也使得俄、乌、白三国人口交流频繁，大量俄、乌两国劳动力进入作为苏联西部主要制造业中心的白俄罗斯就业、定居，形成了俄、乌移民增加的态势。而苏联解体后，随着白俄罗斯对自身民族文化与国别主体性的强调，俄、乌民族居民又回迁母国，使白俄罗斯出现人口衰减的情况。

二、人口与发展主要问题与对策

稳定的人口规模与合理的人口结构是经济发展、政治稳定、文化繁荣和民族昌盛的必要前提。在国家层面，白俄罗斯在2011年和2016年分别出台政策[1]，制订人口规划并提出明确的人口发展目标，即今后5到10年间要稳定和提高生育率，目标是综合生育率达到1.75。此外，白俄罗斯总统卢卡申科在媒体上一再敦促家庭生育3个或更多子女[2]，并在法律层面将白俄罗斯人口政策和人口安全提升到国家安全战略高度，出台家庭支持政策，这些都在一定程度上缓解了人口迅速下降带来的危机。

然而，人口增长缺少稳定的社会经济环境，人口系统内部各要素失衡，如人口死亡率高于人口出生率、老龄化加剧、性别结构失衡、男性人均预期寿命偏低等问题依然存在。白俄罗斯独立至今，经济进程基本分为如下几个阶段，包括1991—1995年经济衰退困难阶段、1996—2011年经济复苏稳步增长阶段、2012年至今处于经济低迷发展阶段，以及2020年开始又遭遇新冠疫情的影响。白俄罗斯的人口发展与经济社会发展息息相关，人口总量、人口迁移水平、生育水平与国民经济和社会状况具有明显的相关性。

（一）人口总量减少，出台生育支持政策

收入减少、就业困难、人口健康问题增多、总人口性别比失衡等是白俄罗斯独立后在人口与发展方面的主要问题与挑战，这些问题对白俄罗斯经济社会发展极为不利。与此同时，白俄罗斯人口年龄结构老化和老年人口抚养比上升，使经济社会发展不断承压。但白俄罗斯仍具有较高的人口素质和总体较低的抚养比，依旧处于人口红利期，有利于国民经济进一步发展。该时期的人口发展及其政策具有以下特点：

1. 推行促进经济增长的政策，重视社会保障，提高民众生育意愿

白俄罗斯独立后非常重视居民的社会保障。为适应经济改革和政治改

---

[1] "Государственная Программа 'Здоровье народа и демографическаябезопасность Республики Беларусь' на 2016-2020 годы", http://www.government.by/upload/docs/filecdf0f8a76b95e004.PDF.

[2] 例如，在2014年8月21日举行的一场关于解决人口问题的政府会议上，白俄罗斯总统宣布，减少社会福利所节省下来的资源将用于支持家庭。他说："一个家庭只有一个孩子成长并长大，将是一场灾难！两个孩子是必要的。但更倡导生育三个、四个孩子。……好吧，或许有人会生育五个孩子——我们中有这样的人，感谢他们……但生育三个孩子是必要的！"

革，白俄罗斯独立后的社会政策和保障制度改革都注重回应不同收入和社会阶层的实际需求。例如，在工资、物价和补贴三方面，改变原有的计划制定低物价的局面，逐步放开物价并推动工资市场化；逐步推进社会保障事业的多元化，将社会保障由国家承担变为地方政府和国家共同承担；社会保障政策侧重于为贫困阶层提供有针对性的社会保障，以及开拓社会保障资金来源、提高保障水平等。以上政策有利于增强白俄罗斯民众对社会和经济发展的信心，一定程度上提高了生育意愿。

基于上述基本国情，白俄罗斯逐渐形成了本国的人口支持政策体系，其主要内容包括：推动经济改革，注重社会保障，促进人口生育。

2. 改善人口健康状况，促进人口增长，出台支持生育政策

白俄罗斯出台若干社会政策，其目标是为处于育龄期且有劳动能力的人群提供成长和就业机会；同时，侧重对弱势群体如退休者、残疾人、青少年，以及在切尔诺贝利核电站事故污染区的居民提供社会保障。因此，白俄罗斯针对解决以上人口问题的一揽子社会政策导向包括：在就业和受教育方面保证男女平等、保障青少年身心健康、增进免费医疗对人民健康的帮助等。

为提高生育水平，白俄罗斯在关注以上目标人群的基础上，向有子女的家庭提供物质补贴，实行税收优惠；对多子女家庭，由国家提供价格优惠的住房，母亲获得多种现金补贴及带薪产假；为托育机构入托儿童提供餐费、向中小学学生提供学习用具等一系列的优惠和补贴政策，并在各教育阶段设立学生奖学金。这些政策为促进生育提供了多方位支持。

（二）人口增长速度缓慢，人口老龄化，人口健康问题凸显

2015年以来，在政府政策的推动下，白俄罗斯的人口状况有所改善。据联合国预测，白俄罗斯的人口生育水平将缓慢增长，人口负增长的趋势将有所改善。2030年，总和生育率将回升至1.5左右，随后还将缓慢上升。目前，白俄罗斯已进入老龄化社会，若生育率进一步下降，随着人均预期寿命

的增加，白俄罗斯人口老龄化也将进一步加剧。尽管白俄罗斯出台了一揽子家庭生育支持性政策，但按照人口变动规律，白俄罗斯生育水平短期内依旧很难达到人口更替水平，这就要求白俄罗斯加强家庭生育支持力度，例如扩大对有子女家庭的经济支持以减少贫困，增加就业和育儿相兼顾的机会，继续提高避孕服务覆盖率，满足弱势群体的特殊需求，等等。

人口老龄化进程加快，白俄罗斯养老保障体系亟待完善与改革。社会保障体系受到人口老龄化的冲击，由于人口老龄化和领取养老金人数增加，白俄罗斯现收现付制的养老金自2013年便进入赤字。白俄罗斯养老金制度改革主要依靠渐进式延迟退休政策，2016年，女性退休年龄为55岁，男性为60岁，但从2017年开始，男性和女性的退休年龄采取渐进式推迟，直到2022年，女性退休年龄达58岁，男性达63岁。

基于目前的死亡水平及联合国预测结果，白俄罗斯人均预期寿命较低，这是由多方面因素造成的。白俄罗斯需要进一步出台政策措施降低死亡的主要风险，例如改善男性人口健康、降低广泛流行疾病的发生率、创造条件促使人们改变不健康的生活方式、降低非慢性疾病的死亡率、鼓励健康的生活方式等。最为重要的是，白俄罗斯需要将老龄化问题和老年人需求纳入国家发展计划，以解决和预防老龄化带来的社会问题。

解决白俄罗斯人口问题需要科学制定综合方案，在持续的社会发展下实现人口发展。在家庭支持政策和生育问题上，应该进一步加大对于家庭的支持，主要目标也应在于形成能够被社会普遍接受的生育文化和价值体系，以鼓励家庭生育更多的孩子。此外，在改善健康状况、降低死亡率方面，需要宣传健康生活方式，提高居民生活质量，改善卫生和环境状况，促进白俄罗斯人生活方式的积极变化。

三、思考与启示

白俄罗斯地处欧亚大陆中心地带，背靠俄罗斯、面向欧盟，处于东欧、西欧国家及黑海、波罗的海沿岸国家交通运输的十字路口，是连接欧亚大陆至欧盟及大西洋港口的重要公路、铁路运输走廊，也是中国共建"一带一路"倡议的重要节点。虽然目前白俄罗斯人口发展存在若干问题，但其人口受教育程度、素质和国家经济发展在东欧国家中处于较高水平。与此同时，白俄罗斯具有独特优势，其劳动年龄人口占比较高，劳动力素质较高，经济增长和教育发展较为迅速，中白合作有较好的社会与人口发展基础。

除拥有较好的社会和人口发展条件以外，白俄罗斯工农业基础较好。白俄罗斯工业部门较为齐全，机械制造和加工业发达，具有较高的科研和教育水平，拥有马兹载重汽车、别拉斯矿山自卸车、明斯克轮式牵引车及拖拉机等世界著名的机械制造类企业，以及钾肥生产和石化等大型工业产业集群。白俄罗斯不仅是世界第三大钾肥生产国，钾肥出口量约占全球的20%，还在电子、光学、激光技术等领域世界领先。农业普遍实行大规模机械化生产，农产品特别是肉类及肉制品、牛奶及奶制品、禽、蛋、糖等除自给自足外，还可大量出口。

目前，中白双方建立了高层定期互访机制，两国高层交往频繁，政治互信，经济融合，各领域务实合作不断扩大。2020年12月14日，中国与白俄罗斯政府间合作委员会第四次会议期间，两国签署《中华人民共和国商务部和白俄罗斯共和国经济部关于启动〈中国与白俄罗斯服务贸易与投资协定〉谈判的联合声明》，标志着中白双方将围绕相关议题开展谈判，以期达成全面、高水平、与世界贸易组织规则相一致的协定。

人口与发展问题是人类社会共同面对的基础性、全局性和战略性问题，对经济社会发展具有深刻影响。为进一步深化中白合作、践行正确义利观、更好地推进共建"一带一路"倡议和"全天候全面战略伙伴关系"的落实,需关注和把握白俄罗斯的人口与发展状况及其特征,应重点关注以下几个方面:

第一,利用白俄罗斯人力资源储量优势和区位优势,开展中白投资合作。白俄罗斯劳动力参与率较高、人口素质和受教育水平较高,但产业结构、经济模式、劳动力基数小等原因导致其国内对口劳动力匮乏,劳动力素质难以满足需求,往往需要依赖外籍劳动力输入来满足国内劳动力需求。中国具备高素质及专业化的劳动力资源,白俄罗斯可成为中国重要的劳务派遣国,也可在技术支持及培训合作等领域开展更多合作。另外,白俄罗斯是欧亚经济联盟成员,这为外国投资者提供了新的机遇,有利于通过白俄罗斯打开欧亚经济联盟的大市场。而欧亚经济联盟内部资本和劳动力资源的相互流动将带来生产的扩大和资源的更大规模配置,以促进市场主体的优化重组,从而产生现代大型生产企业,这既能增强白俄罗斯企业的国际竞争力,也有利于中国企业参与白俄罗斯国际化的进程,收获较为丰厚的投资机会。

第二,利用资源禀赋,优化中白两国投资和贸易结构,实现互利共赢。中白两国在基础设施建设、工农业、科技、旅游等领域具有较大合作潜力。中国作为白俄罗斯第二大贸易伙伴,双边贸易额持续稳定增长,中白工业园作为双边合作重点项目,是中国在海外最大的也是政策条件最为优惠的境外合作区。当前,白俄罗斯正处于工业现代化转型时期,制造业、轻工业相对落后,面临设备陈旧、技术落后和资金短缺等困难,中白两国经济要素禀赋的差异性、产业结构的互补性及地理位置的毗邻性,构成了两国经贸合作的坚实基础。中方企业可以在基建工程、交通、房地产、汽车制造、通信、家电等轻工业和服务业领域与白方开展合作。为此,两国可进一步推进产业的转移承接和投资合作。

第三,关注人口规模,注意市场规模,防范风险。随着共建"一带一路"倡议的推进、"全面战略伙伴关系"的加深,以及"全天候"友谊的深化，中国与白俄罗斯的投资联系也日趋紧密，主要体现为中国对其投资增长较快，但白俄罗斯对中国投资较少。另外，要统筹安排工程和项目实施进度，目前，该区域局势有较高风险，中方企业在统筹安排实施进度、保障项目质量的同时，也应使项目尽早获益，避免遭遇不确定风险。

第四，要充分认识白俄罗斯国际环境和白俄罗斯与俄罗斯盟国关系等问题。目前，白俄罗斯所面临的国际环境具有复杂性，因俄白联盟关系，白俄罗斯与欧盟和中东欧国家的关系正受到欧盟不断加重的经济制裁和其他制裁的影响。另外，俄白两国在一体化过程中也存在一些分歧。在白俄罗斯经商的企业，也必须充分考虑俄白关系和欧白关系，以更好地认识白俄罗斯国内外环境。

第五，加强公共卫生领域的交流与合作，提高人口健康素质。目前，中白工业园以生物医药、精细化工等为主导产业，充分考虑了白俄罗斯产业现状，有利于外资与当地优势产业的结合，有利于提高白俄罗斯的生物医药水平和医疗技术，提高人口健康水平。此外，中白两国也需要加强公共卫生和医疗领域合作。健康是发展的核心，人民健康素质是推动经济可持续发展的重要支柱。推动医疗卫生领域的合作交流，并直接惠及当地人民，有利于深化民心相通，夯实其他领域合作的民意基础，并以公共卫生合作助力"一带一路"高质量发展。新冠疫情期间，中白两国围绕共同抗击疫情展开密切合作。基于白俄罗斯当前的人口健康状况与医疗体系建设，未来的合作重点应包括以下方面：一是加强慢性病领域的医疗援助，加强健康咨询服务等领域的合作，进一步提高白俄罗斯民众对于健康生活方式的认识，满足其个性化健康服务的需求；二是支持公共卫生及疾病预防控制体系建设，重点推进传染病和心脑血管疾病等慢性疾病的防治技术合作交流，深化包括各民族传统的和现代医疗保健资源健康产业化合作，推动中国传统医学的传播；三是推进中白两国在医疗卫生体制政策经验和理念方面的国际交流，在全民健康覆盖、卫生体制改革、医疗专业人才培养和能力建设、卫生信息系统现代化建设等方面与白俄罗斯开展合作。这既可为白俄罗斯提供经验与技术支持，又可实现优势互补，为促进中国人口发展提供更多思路。

参考文献：

［1］刘丹. "俄白联盟国家" 20 年历史嬗变与发展趋势［J］. 俄罗斯学刊, 2019, 9 (6): 17.

［2］世界卫生组织. Who the global health observatorys［DB/OL］. https://www. who. int/data/gho/data/countries/country – details/GHO/kazakhstan? countryProfileId = bb4aaa96 – dbb8 – 4056 – a5b4 – f090c7760a91.

［3］赵会荣. 俄白联盟建设获突破, 一体化进程将提速［J］. 世界态势, 2021, 23: 54 – 55.

［4］张严峻. 白俄罗斯民族文化认同的历史流变与现实境遇［J］. 俄罗斯研究, 2018 (4): 107 – 109.

［5］Belarus religion［EB/OL］. https://2009 – 2017. state. gov/j/drl/rls/irf/religiousfreedom/index. htm?year = 2015&dlid = 256167#wrapper.

［6］CYPRIAN I, POGONOWSKI. Poland a historical atlas［M］. New York: Hippocrene Books, 1987: 141.

［7］Key facts about Belarus［EB/OL］. https://www. belarus. by/en/about – belarus/key – facts.

［8］United Nations, World population prospects 2022［EB/OL］. (2022). http://population. un. org/wpp/.

［9］The World Bank. The human capital index 2020 update: human capital in the time of Covid – 19［EB/OL］. (2020). https://openknowledge. worldbank. org/handle/10986/34432.

［10］ZAPRUDNIK J. Belarus: at a crossroads in history［M］. Boulder, Colorado: Westview Press, 1993: 27.

［11］ВикторОдиноченко. Языковая ситуация в современной Белоруссии［EB/OL］. https://inosmi. ru/20141124/224461486. html? ysclid = l9l5p5r5uu924345692.

［12］Герд Хентшель. Белорусский, русский и белорусско – русская смешанная речь［J］. Вопросыязыкознания, 2013 (1): 76.

[13] Закон РБ. № 2054 – XII от 17. 12. 1992. О свободе совести и религиозных организациях [EB/OL]. https://belzakon.net/Законодательство/Закон _ РБ/199/2002?ysclid=l9lfm0pcyn80601556.

[14] Уполномоченный по делам религий и национальностей. Сведения о количественном росте религиозных общин в Республике Беларусь (1996 – 2022 годы) [EB/OL]. http://www.belarus21.by/Articles/svedeniya-o-kolichestvennom-roste-religioznyh-obshhin-v-respublike-belarus-1996-2020-gody.

[15] Уполномоченный по делам религий и национальностей. Количество религиозных общин в Республике Беларусь (по состоянию на 1 января 2021 г.) [EB/OL]. http://www.belarus21.by/ru/main_menu/religion/relig_org/new_url_1949557390.

[16] Национальный статистический комитет Республики Беларусь. Общая численность населения, численность населения по возрасту и полу, состоянию в браке, уровню образования, национальностям, языку, источникам средств к существованию по Республике Беларусь [EB].

阿根廷人口与发展状况报告

彭舒婉　郑澜　马小红*

摘要：2022年是中阿建交50周年，也是中阿友好合作年，两国的合作领域进一步扩大，交流日益密切。本文通过对阿根廷人口基本状况、人口与经济发展、人口与社会及文化变迁的描述和分析，总结出其人口与发展具有四大优势，即长达20年之久的人口红利期，民族文化融合的包容社会心态，位居拉美国家前列的受教育程度，以及人口密度小、自然资源丰富。但阿根廷同时面临着国内人口聚集程度不均衡、社会抚养负担加重和社会不平等等问题。在共建"一带一路"倡议背景下，中国可加强与阿根廷在数字经济、绿色发展和科技创新等领域的交流与合作。

关键词：阿根廷；人口红利；民族融合；人口老龄化

阿根廷全称阿根廷共和国，是由23个省和1个联邦首都（布宜诺斯艾利斯）区组成的总统共和制联邦制国家，地处南美洲南部，总人口为4503.6

---

* 彭舒婉，中共北京市委党校（北京行政学院）人口学专业硕士生；郑澜，莆田学院马克思主义学院助教；马小红，中共北京市委党校（北京行政学院）北京市情研究中心主任，北京人口与发展研究中心教授。

万人，国土面积 278.04 万平方千米（不包括马尔维纳斯群岛及阿根廷主张的南极领土），东濒大西洋，西同智利以安第斯山脉为界，北部和东部与玻利维亚、巴拉圭、巴西、乌拉圭接壤，拥有"世界粮仓"潘帕斯草原，为拉丁美洲第二大国。

阿根廷的工业、农牧业较发达，矿产资源丰富，是拉美地区综合国力较强的国家，是联合国、世界贸易组织、美洲国家组织、拉美和加勒比共同体、里约集团、南方共同市场、拉美经济体系、拉美一体化协会等国际和地区组织成员国，也是 20 国集团、77 国集团等多边机制的成员国。自 1972 年建交以来，中阿在政治、经济、文化和军事等方面的交流不断深化。2022 年 1 月，中国超过巴西成为阿根廷第一大贸易伙伴。不仅如此，阿根廷在 2022 年中阿建交 50 周年之际正式加入共建"一带一路"合作倡议，开启了"中阿友好合作年"。研究阿根廷的人口与发展对两国共建"一带一路"具有重要意义。

一、人口与发展现状

人口与经济、社会和文化发展联系紧密。本部分将对阿根廷人口基本状况进行描述，并对阿根廷人口与经济、社会及文化发展之间的关系进行分析和讨论。

（一）人口基本状况

1. 人口规模与变化

如图 1 所示，联合国《世界人口展望 2022》数据显示，2022 年年中，阿根廷人口总量为 4503.6 万人。1950 年至 2020 年间，阿根廷人口规模稳步增长，从 1702 万人增长至 4504 万人。但其人口增长率呈逐步下降趋势，从 1950 年的 1.98% 跌至 2020 年的 0.57%。按照联合国的预测，到 2050 年，阿根廷人口总量将达 5162 万人，较 2020 年增长 659 万人。

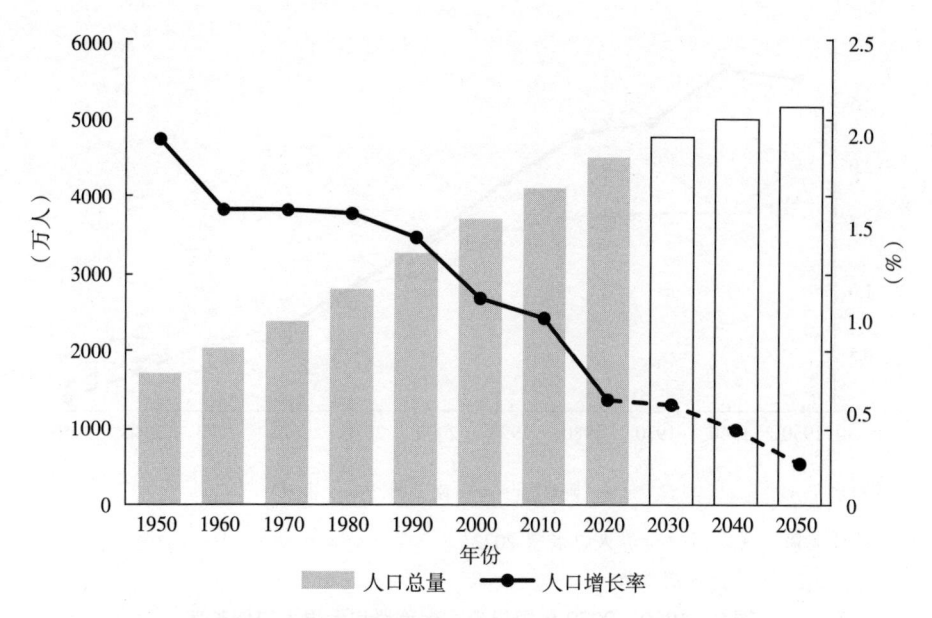

资料来源：联合国《世界人口展望2022》。
注：2022年后为预测数据。

图1 1950—2050年阿根廷人口总量及人口增长率

如图2所示，2010年前，阿根廷人口增长率一直低于南美洲平均水平，但从2000年开始，差距逐渐缩小，2010年，两者均接近1%，之后至2050年，阿根廷的人口增长率将超过南美洲平均水平。和世界相比，阿根廷人口增长率自20世纪50年代开始从未超过世界人口增长平均水平，80年代以来，二者的差值保持在0.2%—0.3%之间。

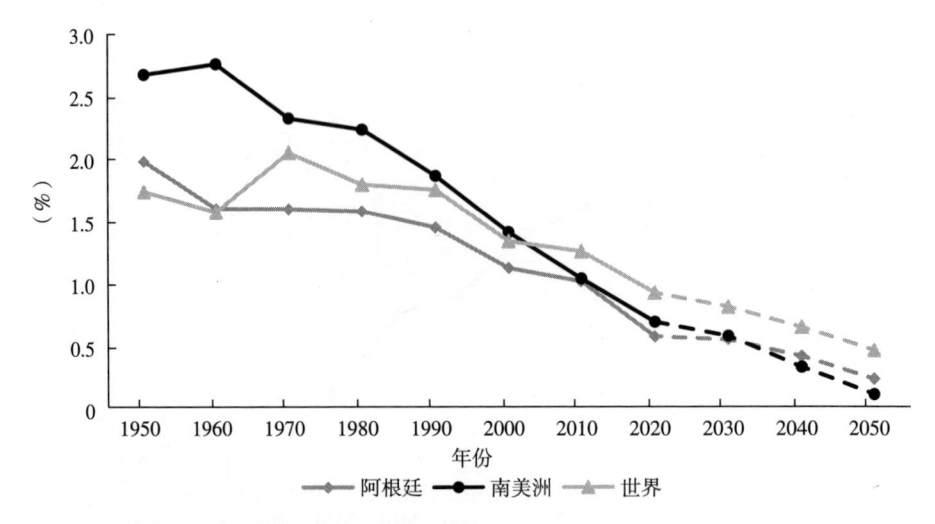

资料来源：联合国《世界人口展望2022》。

注：2022年后为预测数据。

图2 1950—2050年阿根廷、南美洲和世界人口增长率

2. 人口年龄结构和性别结构

从年龄结构来看，2022年阿根廷0—14岁少儿人口、15—64岁劳动年龄人口和65岁及以上老年人口占比分别为23.05%、65.03%和11.92%，属于轻度老龄化社会。如图3所示，1950年至2020年间，阿根廷0—14岁的少儿人口占比下降了7.4个百分点，65岁及以上老年人口占比由4.1%上升至11.7%，增加了7.6个百分点，劳动年龄人口的占比基本保持不变。阿根廷自20世纪70年代前中期进入老龄化社会，其后老年人口占比逐年增加。按照联合国预测结果，阿根廷将于21世纪30年代中期前进入中度老龄化社会。[1]

---

[1] 根据联合国关于老龄化的划分标准,当一个国家或地区60岁及以上人口占总人口比重超过10%或65岁及以上人口比重超过7%时,表示进入轻度老龄化社会;60岁及以上人口占总人口比重超过20%或65岁及以上人口超过14%时,表示进入中度老龄化社会;60岁及以上人口占总人口比重超过30%或65岁及以上人口超过21%时,表示进入重度老龄化社会。

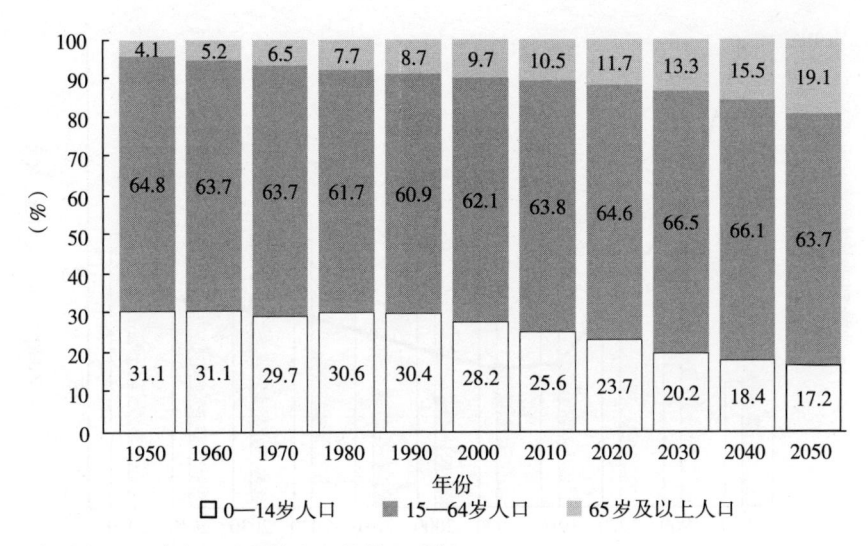

年份	0—14岁人口	15—64岁人口	65岁及以上人口
1950	31.1	64.8	4.1
1960	31.1	63.7	5.2
1970	29.7	63.7	6.5
1980	30.6	61.7	7.7
1990	30.4	60.9	8.7
2000	28.2	62.1	9.7
2010	25.6	63.8	10.5
2020	23.7	64.6	11.7
2030	20.2	66.5	13.3
2040	18.4	66.1	15.5
2050	17.2	63.7	19.1

资料来源：联合国《世界人口展望2022》。

注：2022年后为预测数据。

图3　1950—2050年阿根廷不同年龄段人口比重

人口年龄中位数同样反映出阿根廷人口年龄结构的转变。1950年，阿根廷人口年龄中位数为24.4岁，这表明总人口中有一半人口年龄在24.4岁以下，之后逐渐上升，2020年，人口年龄中位数已上升至31岁，预计2050年之后，阿根廷人口年龄中位数将超过40岁，人口年龄结构老化将持续加剧。

从性别结构来看，阿根廷人口性别结构相对均衡，出生人口性别比长期在103—107之间波动，处于正常变动范围。如图4所示，阿根廷的总人口性别比长期在96—104之间波动，20世纪60年代初期开始低于100，即每100名女性相对应男性人口数量少于100名，呈现女多男少的状态。

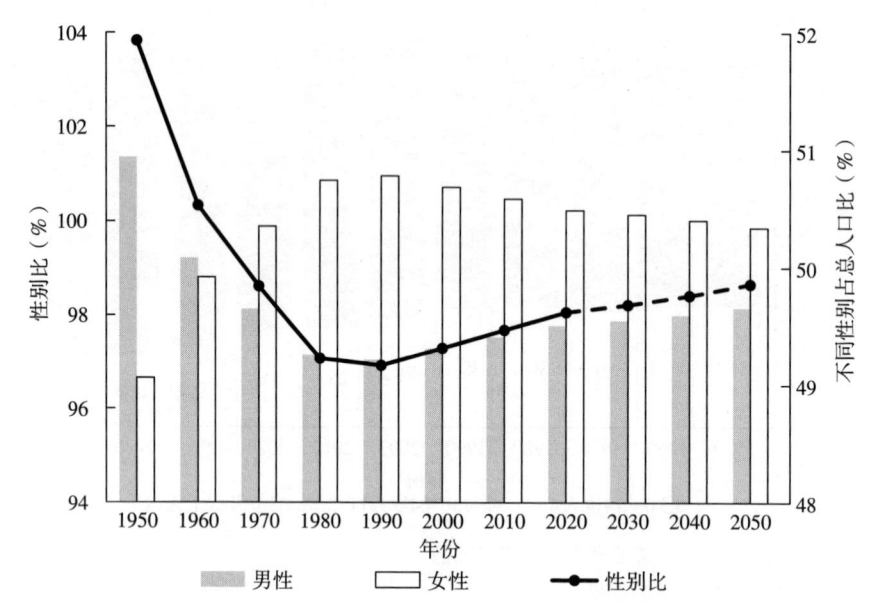

资料来源：联合国《世界人口展望 2022》。

注：2022 年后为预测数据。

图 4　1950—2050 年阿根廷人口性别结构

3. 人口迁移与人口分布

阿根廷原为土著印第安人居住地，16 世纪中叶沦为西班牙殖民地，1810 年独立后，因劳动力短缺而实行鼓励移民政策。1929—1933 年的大萧条使经济长期依赖世界市场和国际资本的阿根廷受到了巨大的打击，同时终结了阿根廷大规模移民和自由移民的历史。如图 5 所示，自 20 世纪 80 年代开始，阿根廷人口净迁移率开始出现负值，其后在 -1‰—1‰ 间波动，人口迁入与迁出基本处于均衡状态。

图 5 1950—2050 年阿根廷净迁移人数和净迁移率变化

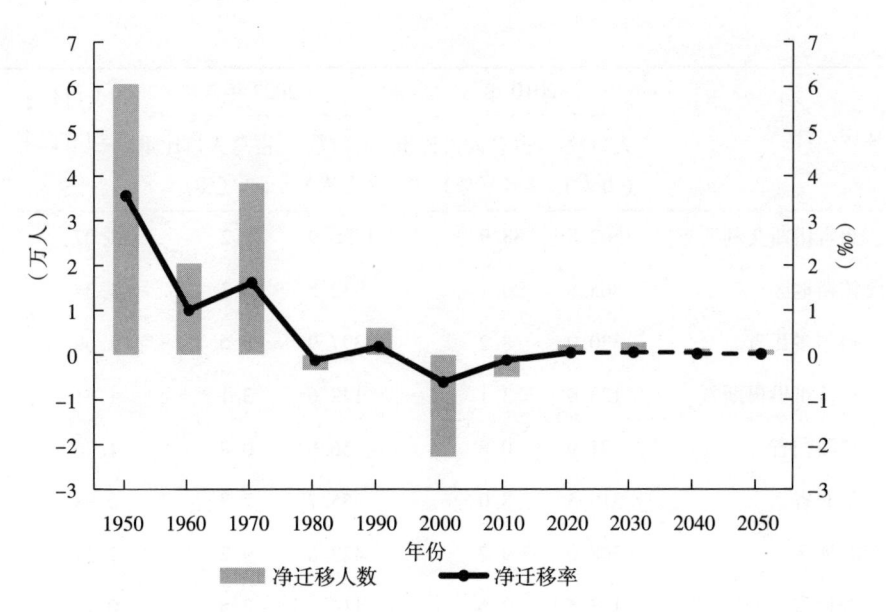

资料来源：联合国《世界人口展望 2022》。
注：2022 年后为预测数据。

在阿根廷，人口的地理分布很不均衡。如表 1 所示，东部地区集中了全国大部分人口，内地各省人口较少。2022 年，大布宜诺斯艾利斯省区和潘帕斯地区总人口为 3001.8 万人，占总人口的比重达 65.2%。大布宜诺斯艾利斯省区人口规模虽仍在增长，但其在全国总人口中的比重相较 2010 年下降了 1.3 个百分点。

表 1 阿根廷各地区、各省区人口数及占比

地区/省区	2010 年 人口数（万人）	2010 年 占总人口比重（%）	2022 年 人口数（万人）	2022 年 占总人口比重（%）	人口年平均增长率（%）
大布宜诺斯艾利斯省区	1851.5	46.2	2069.0	44.9	1.01
联邦首都区	289.0	7.2	312.1	6.8	0.70

续表

地区/省区	2010年 人口数（万人）	2010年 占总人口比重（%）	2022年 人口数（万人）	2022年 占总人口比重（%）	人口年平均增长率（%）
布宜诺斯艾利斯省	1562.5	38.9	1756.9	38.2	1.07
潘帕斯地区	805.8	20.1	932.8	20.3	1.34
科尔多瓦省	330.9	8.2	397.9	8.6	1.69
恩特雷里奥斯省	123.6	3.1	142.6	3.1	1.31
拉潘帕省	31.9	0.8	36.6	0.8	1.26
圣非省	319.5	8.0	355.7	7.7	0.98
东北地区	368.0	9.2	422.8	9.2	1.27
查科省	105.5	2.6	114.3	2.5	0.73
科连特斯省	99.3	2.5	119.8	2.6	1.72
福莫萨省	53.0	1.3	60.6	1.3	1.22
米西奥内斯省	110.2	2.7	128.1	2.8	1.38
西北地区	491.1	12.2	581.0	12.6	1.54
卡塔马卡省	36.8	0.9	43.0	0.9	1.42
胡胡伊省	67.3	1.7	79.8	1.7	1.56
拉里奥哈省	33.4	0.8	38.5	0.8	1.30
萨尔塔省	121.4	3.0	144.1	3.1	1.57
圣地亚哥-德尔埃斯特罗省	87.4	2.2	105.4	2.3	1.72
图库曼省	144.8	3.6	170.3	3.7	1.49
库约地区	285.2	7.1	337.4	7.3	1.54
门多萨省	173.9	4.3	201.5	4.4	1.35
圣胡安省	68.1	1.7	81.8	1.8	1.68

续表

地区/省区	2010年 人口数（万人）	2010年 占总人口比重（%）	2022年 人口数（万人）	2022年 占总人口比重（%）	人口年平均增长率（%）
圣路易斯省	43.2	1.1	54.1	1.2	2.06
巴塔哥尼亚地区	210.0	5.2	261.6	5.7	2.02
丘布斯特省	50.9	1.3	60.3	1.3	1.55
内乌肯省	55.1	1.4	72.7	1.6	2.54
里奥内格罗省	63.9	1.6	76.2	1.7	1.62
圣克鲁斯省	27.4	0.7	33.3	0.7	1.80
火地岛省	12.7	0.3	19.1	0.4	3.75
合计	4011.7	100.0	4604.5	100.0	1.26

资料来源：阿根廷国家统计与人口普查局。

（二）人口与经济

1. 经济发展、产业结构与外商投资

阿根廷是拉丁美洲仅次于巴西和墨西哥的第三大经济体，同时也是南美洲仅次于巴西的第二大经济体。世界银行数据显示，2021年，阿根廷人均国内生产总值为10 729.2美元，人均国内生产总值年增长率为9.2%。20世纪初，阿根廷经济总量曾位居世界前10名。第一次世界大战后，特别是1929—1933年大萧条后，阿根廷逐步倒退为中等偏上收入国家[1]，虽人均国民总收入在2014年和2017年达到高收入国家水平，但2018年再次遭受经济重创，通胀高企、货币贬值、外债负担走高，到2021年经济状况才有所

---

[1] 世界银行根据人均国民总收入，将世界各国划分为高收入国家、中等偏上收入国家、中等偏下收入国家、低收入国家4类，并于每年7月调整标准。国民总收入与国内生产总值有所区别，国内生产总值是指一个国家或者地区在一定时期内所有的常住单位新创造出来的增加值的总和，是从生产的角度来反映经济增长情况的指标，而国民总收入是从收入分配的角度来反映居民、政府和企业，以及来自国外要素的净收入的总情况。

好转。如图 6 所示，从国内生产总值年增长率的变化来看，阿根廷的经济形势处于不稳定的、波动的状态。

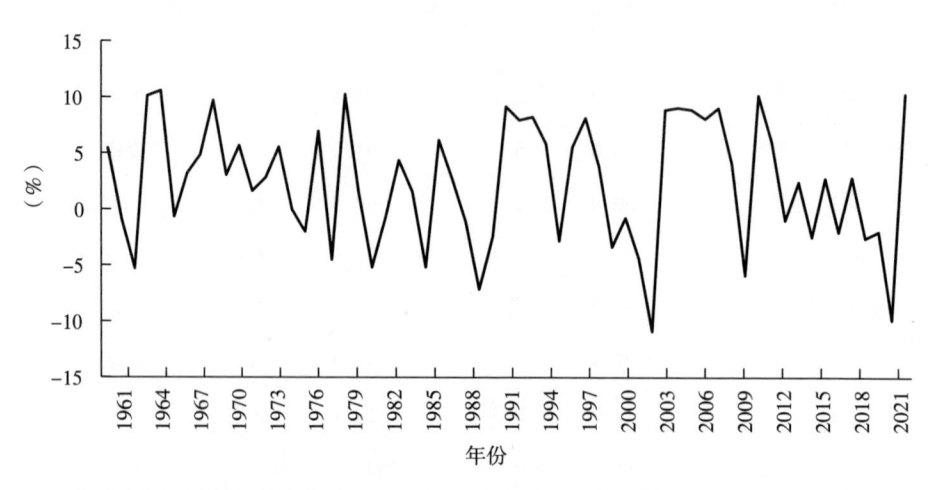

资料来源：世界银行数据库。

图 6 1961—2021 年阿根廷国内生产总值年增长率

从产业结构来看，作为中高收入国家，阿根廷的第三产业占比超三分之二。如图 7 所示，2019 年，阿根廷第一产业、第二产业和第三产业的就业人员占比分别为 0.1%、21.8% 和 78.1%。

阿根廷的农牧业十分发达，是世界粮食和肉类重要的产地和出口国，潘帕斯草原素有"世界粮仓"之称，主要的农产品有葵花籽、柠檬、大豆、葡萄、玉米、烟草、花生、茶叶、小麦等。阿根廷的工业较为发达，其发展得益于 19 世纪中叶的第二次工业革命，欧洲的工业化和城市化为阿根廷提供了发展窗口，食品、汽车、耐用消费品、纺织、化工和石化、印刷、钢铁等领域得到快速发展。除此之外，阿根廷矿产资源丰富，是拉丁美洲主要的矿业国之一，主要矿产资源有石油、天然气、铜、金、铀、铅、锌、硼酸盐、黏土等。

图7 1991—2019年阿根廷三大产业就业人员比重

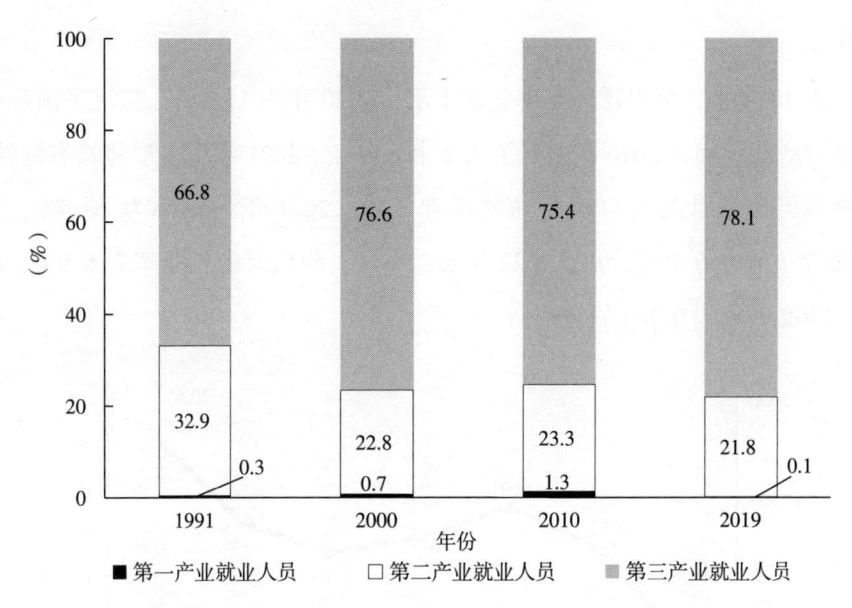

资料来源：世界银行数据库。

阿根廷吸引外资的历史始于19世纪上半叶。第二次世界大战前，英国投资占半数以上；战后，美国企业对阿根廷的投资迅速增加。1990—1999年，外国投资总额达1210亿美元，主要来自西班牙、美国、法国、智利等国家。外国投资主要集中在石油、天然气、汽车制造、医药、化工、金融、民航、电信、服务业等领域。根据阿根廷国家统计与人口普查局数据，2021年，阿根廷货物贸易进出口总额为1475亿美元，同比增加17.7%。其中，进口总额为631.8亿美元，同比增长49.2%，出口总额为779.3亿美元，同比下降42.0%。

2. 劳动力状况

世界银行数据显示，1990年至2019年间，阿根廷劳动力人口数量稳步增长，2020年，因经济危机、新冠疫情等影响，阿根廷劳动力规模从2019年的2043万人降至1920万人，减少了123万人。与此同时，劳动力参与率、失业率也出现了波动。如图8所示，近10年来，阿根廷劳动力参与率稍有增长。

近 10 年来，阿根廷失业率显著上涨，2020 年为 11.5%，超过了国际失业率警戒线，相比 2010 年上升了 3.2 个百分点。2021 年后，形势略有好转，阿根廷国家统计与人口普查局的调查显示，2021 年失业率为 10.9%，比 2020 年下降 0.6 个百分点。2022 年第二季度，阿根廷的失业率为 6.9%，较上一季度下降了 0.1 个百分点。

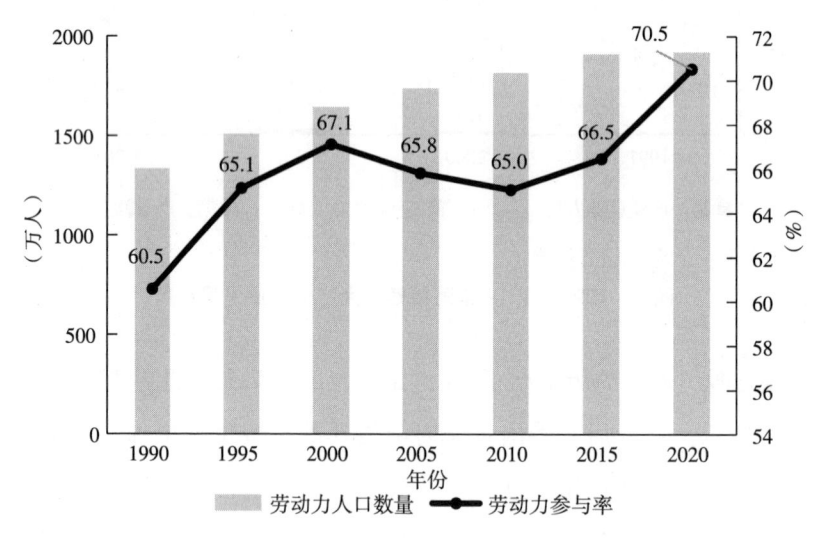

资料来源：世界银行数据库。

图 8　1990—2020 年阿根廷劳动力人口数量与劳动力参与率

3. 城镇化发展状况

阿根廷是拉美城镇化程度最高的国家之一。19 世纪 80 年代，伴随着人口激增和经济发展，阿根廷随全球城市发展的潮流一起进入了高速城镇化的时代。这一过程糅合了对殖民历史的延续、对欧洲经验的借鉴和对本国国情的适应。至 1930 年，阿根廷的城镇化率已超过 60%。[1] 如图 9 所示，世界银行数据显示，1960 年，阿根廷城镇人口占比为 73.6%，2020 年的城镇人

---

[1] 张昀辰:《阿根廷早期城市化,1880—1930》,南开大学硕士论文,2019 年 4 月。

口占比为92.1%，增长了约19个百分点。

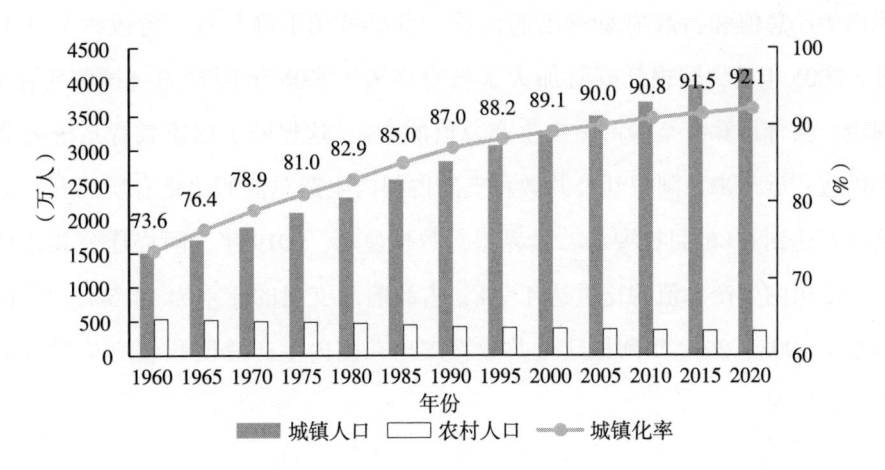

图9　1960—2020年阿根廷城乡人口规模与城镇化率

资料来源：世界银行数据库。

（三）人口与社会

1. 教育状况

阿根廷教育体系包含学前教育、初级义务教育、中等义务教育、高等教育四个等级。其中，学前教育针对45天至5岁的儿童，该阶段最后一年为法定必须入学；初级义务教育为6年制或7年制；中等义务教育为5年制或6年制；高等教育分为大学和研究生两级，宽进严出，大部分大学免试入学（非西班牙语系国家公民需参加语言能力考试）。阿根廷国家统计与人口普查局2010年人口普查数据显示，2010年，阿根廷的文盲率为1.9%，15岁及以上人口中有18.4%为中学毕业者，20岁及以上人口中有6.4%为大学毕业者，0.6%完成了研究生教育。[1] 根据国家统计与人口普查局2021年永久住户调查数据，2021年，阿根廷人口中的21.6%完成了中等教育，14.6%完成了高等教育。

---

[1] 由于新冠疫情等，2020年人口普查推迟到2022年进行，本报告写作时尚未公布普查数据。

阿根廷教育水平虽然居拉美国家前列，但2001年后，公共教育支出占国内生产总值和占政府总支出的比重一度呈波动下降趋势。为改善公共教育，2005年后，阿根廷政府加大了教育投入。2006年颁布的《国家宪法》规定，教育预算应至少占国内生产总值的6%，这保障了国家教育系统的资金供应。近年来，阿根廷公共教育支出占国内生产总值的比重有所回升，但仍没有达到6%的目标要求。世界银行数据显示，2019年，阿根廷公共教育支出占国内生产总值的比重达4.7%，占政府总支出的比重为12.5%。图10显示了1998—2019年阿根廷公共教育支出在国内生产总值和政府总支出中的占比情况。

资料来源：世界银行数据库。

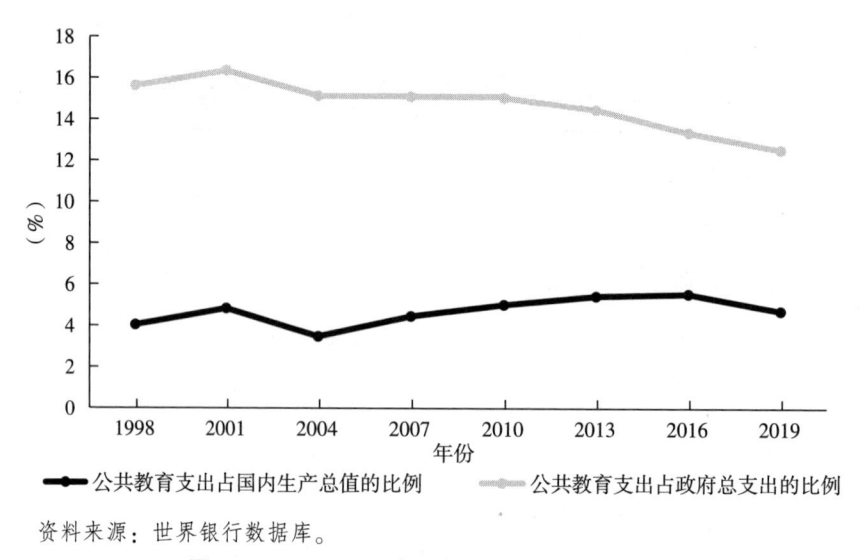

图10 1998—2019年阿根廷公共教育支出情况

2. 妇幼健康状况

健康是人口可持续发展的重要内容，是衡量一个国家或地区人民生活水平的重要标准。其中，避孕方法对保护和促进妇女生殖健康、提升出生人口素质至关重要。世界银行数据显示，阿根廷现代避孕方法普及率较高，2013年在15—49岁育龄女性中的普及率已达72.4%。科学的避孕方法可以有效降低艾滋病的感染率，阿根廷 15—49 岁人口中感染艾滋病的比重长期稳定在 0.5% 以下。

孕产妇死亡率、婴儿死亡率和 5 岁以下儿童死亡率是衡量妇幼健康的核心指标。根据联合国《世界人口展望 2022》数据，1950 年，阿根廷的婴儿死亡率高达 67.3‰，随着医疗卫生水平的提高，2022 年，这项指标降至 8.8‰，低于南美洲国家的平均水平 12.0‰。如表 2 所示，世界银行数据显示，2000 年至 2017 年，阿根廷 5 岁以下儿童死亡率和孕产妇死亡率都出现明显下降，5 岁以下儿童死亡率从 2000 年 19.6‰ 下降至 2017 年的 10.3‰；孕产妇死亡率从 2000 年的 66 人每十万例活产下降至 2019 年的 39 人每十万例活产。

表 2　2000—2017 年阿根廷妇幼健康相关指标

年份	孕产妇死亡率（人每十万例活产）	婴儿死亡率（‰）	5 岁以下儿童死亡率（‰）
2000	66	17.5	19.6
2005	59	14.8	16.5
2010	51	12.9	14.5
2015	41	10.2	11.5
2017	39	9.2	10.3

资料来源：世界银行数据库。

3. 贫困状况

阿根廷国家统计与人口普查局数据显示，2022 年上半年，贫困线以下的家庭占比达 27.7%，较 2021 年下半年下降 0.2 个百分点；如图 11 所示，贫困线以下的人口占比超过三分之一，为 36.5%，较 2021 年下半年 37.3% 有所下降，为新冠疫情发生以来最低。从区域分布上看，人口贫困率最高的地区为大布宜诺斯艾利斯省区和库约地区，均为 37%；最低的地区是巴塔哥尼亚地区，为31.4%。2022年上半年，大多数区域的贫困状况较2021年下半年都有所改善，其中，库约地区人口贫困率较2021年下半年下降了5.7个百分点，系同比降幅最大的地区；从年龄分布上看，超过一半（50.9%）的0—14岁儿童处于贫困状态。

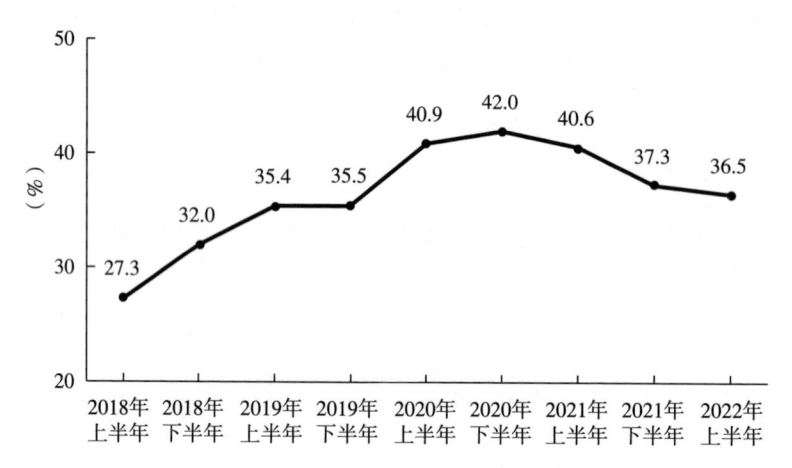

资料来源：阿根廷国家统计与人口普查局。

图11　2018年上半年至2022年上半年阿根廷人口贫困率变化

4. 性别平等状况

世界经济论坛通过性别差距指数来衡量性别平等状况，该指数旨在衡量基于性别的原因在国家层面获取资源和机会方面的差距，而不是这些国家现有资源和机会的实际水平。它包括四大范畴，即薪资和工作机会、受教育程度、医疗健康及生存、政治参与。世界经济论坛发布的性别差距指数数据显示，2022年，阿根廷的性别差距指数为0.756，在所调查的146个国家中排名第33位。[1] 分范畴来看，在薪资和工作机会方面得分为0.635，排名第102位；受教育程度方面得分为1.000，与其他28个国家并列第1；医疗健康和生存方面得分为0.977，排名第46位；政治参与方面得分0.413，排名

---

[1] World Economic Forum, "Global Gender Gap Report 2022", https://cn.weforum.org/publications/global-gender-gap-report-2022/.

第 28 位。2006 年以来,阿根廷的性别差距指数上升了 12%。[1]

根据世界银行的数据,2021 年,阿根廷国家议会中妇女席位的比例为 44.7%,在全球排名第 16 位,相比 1997 年占比增加了 17.1 个百分点。在劳动力市场参与方面,2019 年,阿根廷男性劳动力参与率为 71.2%,女性劳动力参与率为 59.5%,世界各国的女性平均劳动力参与率是 47.29%,可以看出,阿根廷有着较高的女性劳动力参与率,但仍与本国男性存在较大差距。

2020 年 12 月 11 日,阿根廷众议院以 131 票赞成、117 票反对和 6 票弃权通过了允许女性在妊娠 14 周内选择堕胎的法案,参议院于 12 月 30 日以 38 票赞成、29 票反对和 1 票弃权的结果也通过了该法案。该法案允许女性在怀孕 14 周内自愿终止妊娠,并且可以在任何公立医院免费接受人工流产手术。堕胎合法化运动作为一场女性争取自主选择权和健康权的斗争,能够在阿根廷这样一个宗教传统浓厚的国家取得阶段性胜利,无疑具有历史性意义,也必将对其他拉美国家实现堕胎合法化产生积极影响。

(四)人口与文化

1. 民族与语言

阿根廷是一个移民国家,也是一个民族大熔炉。阿根廷白人和印欧混血种人占 95%,多属意大利人和西班牙人后裔。印第安人口 60.03 万,其中人口最多的少数民族为马普切人。[2] 在 18 世纪和 19 世纪,阿根廷迎来了世界第二大入境移民潮,国家人口每 20 年即翻一番。正如谚语所言,"阿根廷人的祖先来自船上",大部分阿根廷人都是 1850 年至 1955 年的移民后裔。这些移民中的绝大多数来自欧洲各国,而欧洲移民主要来自意大利(36.7%)、西班牙(25.7%)和德国(20.2%)。也有相当数量的阿拉伯人在此定居,主要来自叙利亚和黎巴嫩,亚裔阿根廷人主要为华裔、日裔和

---

[1] 2006 年,阿根廷性别差距指数为 0.6829。
[2] 《阿根廷国家概况》,https://www.fmprc.gov.cn/web/gjhdq_676201/gj_676203/nmz_680924/1206_680926/1206x0_680928/。

韩裔。

西班牙语是阿根廷的官方语言，几乎为所有阿根廷人使用。由于阿根廷土地辽阔，西班牙语存在明显的地域差异。影响最大的拉普拉塔河方言带有近似于那不勒斯语的口音。在大量欧洲移民的影响下，一些阿根廷俚语也成为意大利语、英语、法语等语言的常用词汇。

2. 宗教信仰

阿根廷宪法保障宗教自由，但不包括官方认定的邪教。阿根廷宪法规定，联邦政府信奉罗马天主教，并给予天主教会特殊待遇。阿根廷国家科研委员会收集的教徒类别数据体现了阿根廷宗教信仰领域的多元性和多样性，以及对基督教文化的保存。数据显示，76.5%的阿根廷人为天主教徒，11.3%为不可知论者和无神论者，9%为福音派基督徒，1.2%为耶和华见证人，0.9%为耶稣基督后期圣徒教会成员，1.2%信仰其他宗教，包括伊斯兰教、犹太教和佛教。

阿根廷兼有拉丁美洲最大的穆斯林团体和犹太人团体，是全球犹太人口规模排名第7的国家，因此也是国际纪念大屠杀联盟成员国。阿根廷人的宗教信仰高度个性化和非制度化，23.8%的人表示经常参加宗教活动，49.1%很少参加，从不参加的人则占26.8%。[1]

二、人口与发展的主要特征

阿根廷是拉丁美洲国土面积第二大国，其人口发展与经济社会发展的联系日益紧密，二者相互影响、共同造就了阿根廷独特的人口与发展历程。本部分概括阿根廷人口发展过程中的主要特征，并对与这些特征相关的经济后

---

〔1〕 "Primera Encuesta Sobre Creencias y Actitudes Religiosas en Argentin", http://www.ceil-conicet.gov.ar/wp-content/uploads/2013/02/encuesta1.pdf.

果进行分析。

(一) 人口增长速度减缓，生育率持续走低

阿根廷早期人口基础薄弱，其人口规模的增长主要得益于大规模的移民。1869年第一次人口普查时，阿根廷总人口仅为187.8万人，1914年第三次人口普查时，总人口已达788.5万人，55年间，人口增长了约600万人，成为世界近代史上移民最多的国家之一。

历史上，阿根廷的生育率较低，在世界范围内死亡率下降较早，该国长期以来是拉丁美洲人口自然增长率最低的国家之一，因此较早处于第一次人口转变的后期阶段。除了受到早期的城镇化、工业化及社会和文化变革的影响，阿根廷生育率下降更多是由于大规模的欧洲移民向当地传播了他们的文化规范，影响了当地人口的生育行为。[1] 如图12所示，从1950年到2020年，由于平均人口自然增长率低于20‰，阿根廷总人口仅增长了1.6倍。这一时期的人口发展主要受人口出生率的影响，死亡率则始终保持在较低水平。目前，阿根廷的人口出生率已达到历史最低，约为13.8‰。根据联合国的预测，阿根廷出生率将进一步走低。

从总和生育率和人均预期寿命也可以看出阿根廷的人口变化趋势。如图13所示，1950年，阿根廷的总和生育率为3.16，其后以较慢的速度下降并有所波动，1980年又回升至3.3，是近70年的最高峰，之后一路走低，2010年为2.35，接近2.1的人口更替水平，2020年则下降到1.91。阿根廷人均预期寿命从1950年的61.2岁平稳增长至2020年的75.9岁，高出南美洲地区平均水平2.8岁，显示了阿根廷较好的国民健康状况。

---

[1] CELADE,"Argentina:Caracterizacion Demografica y Su Impacto Sobre los Servicios Sociales",*Informe Bid*,Sede de la CEPAL en Santiago (Estudios e Investigaciones),1994.

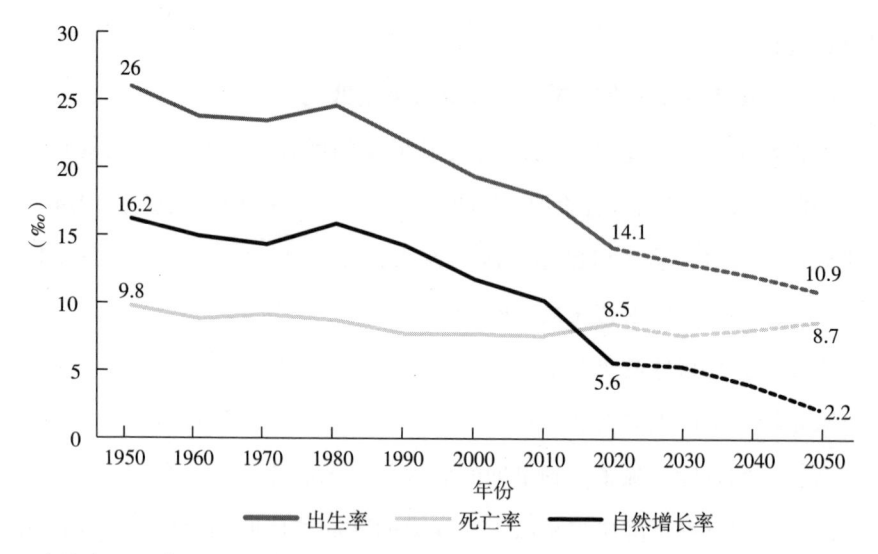

资料来源：联合国《世界人口展望2022》。

注：2022年后为预测数据。

图12 1950—2050年阿根廷人口出生率、死亡率和自然增长率变化趋势

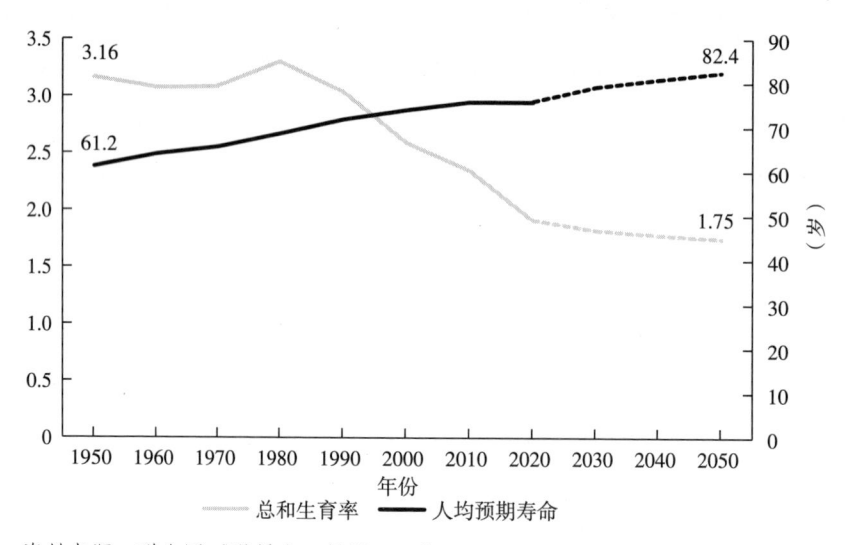

资料来源：联合国《世界人口展望2022》。

注：2022年后为预测数据。

图13 1950—2050年阿根廷总和生育率和人均预期寿命变化趋势

（二）劳动年龄人口规模较大，总抚养比处于近70年最低点

随着人口年龄结构的持续性转变，阿根廷劳动力的规模和比例也在发生变化。2020 年，阿根廷 15—64 岁劳动年龄人口规模为 3076.5 万人，处于历史最高点，如图 14 所示，总抚养比也从 1990 年 64.2% 的高点逐步下降到 2020 年的 54.8%，处于近 70 年来的低点。据联合国预测，2030 年，阿根廷的总抚养比将达到历史最低点 50.3%，接近人口红利期标准，预计 2040 年前将保持在较低的水平，可以说，未来 20 年，从人口结构上来看，阿根廷正在经历人口红利机会窗口期，在这个时期，更高比例的劳动年龄人口意味着更多的劳动力来分担社会抚养负担；在同等条件下，只要劳动年龄人口更大比例地参与到经济活动中并为创造国家财富作出贡献，就意味着阿根廷有希望实现更高的经济增长率、财政储蓄和公共收入。

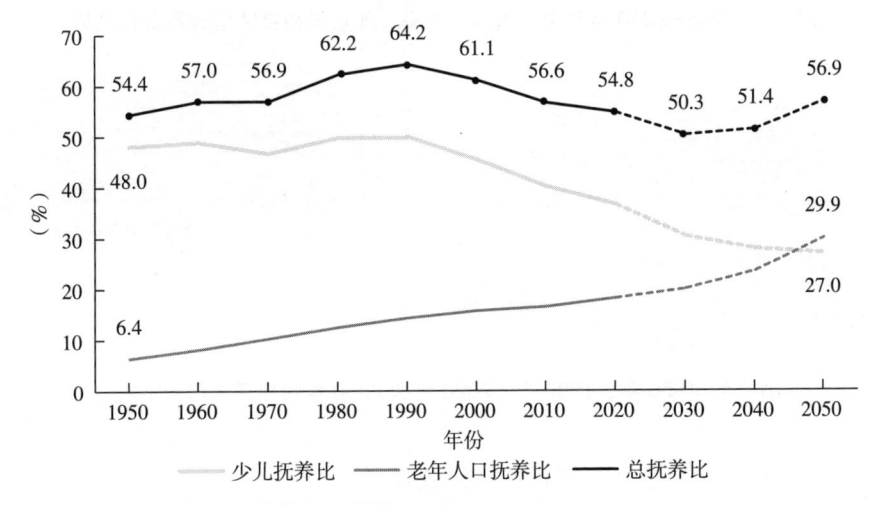

资料来源：联合国《世界人口展望 2022》。
注：2022 年后为预测数据。

图 14　阿根廷 1950—2050 年抚养比变化趋势

通过图 15 展示的 1950—2050 年间阿根廷人口金字塔的变化可以看出，1950 年至 2000 年间，其人口金字塔扩大了约 1 倍，且为年轻型人口年龄结

构；至 2022 年，人口金字塔底部已经显现出收缩趋势；至 2050 年，预计金字塔底部将出现明显收缩，其后趋于稳定。阿根廷目前的人口年龄结构较为有利，劳动年龄人口比例较高，总抚养比处于下降阶段，这一优势预计将持续到 2040 年左右。

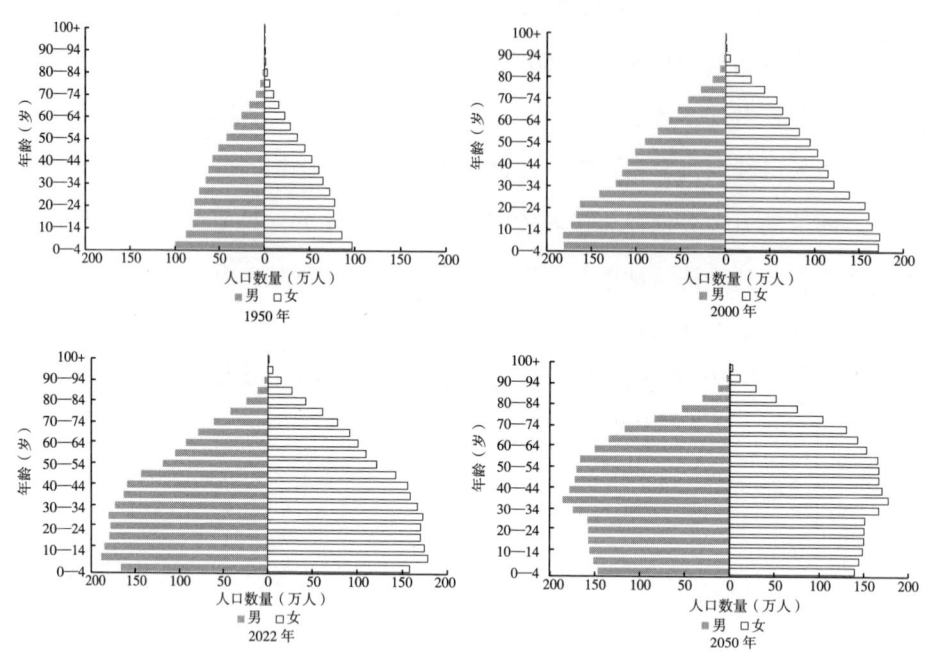

资料来源：联合国《世界人口展望 2022》。

注：2050 年为预测数据。

图 15　1950 年、1990 年、2020 年和 2050 年阿根廷人口金字塔

（三）移民传统悠久，多民族文化融合

阿根廷是一个多民族的移民国家，其得天独厚的自然资源和条件吸引了大批欧洲移民。19 世纪 50 年代，阿根廷政治稳定，旨在吸引外国移民的新宪法政策出台，同时外国人被给予比本国人更大的优待（如免除兵役），以及宗教自由、保障私有制权利和尊重公民权利等多项政策，一大批移民开始涌入阿根廷，他们主要来自欧洲。因此，大多数阿根廷人是欧洲人后裔或殖

民时代定居者的后代。同时，由于早期阿根廷人口稀少，在1869年的第一次人口普查中，阿根廷的总人口还不到200万，相对充裕的资源吸引了大批移徙者越洋迁移至此。

从20世纪上半叶开始，进入阿根廷的移民规模开始缩减，移民构成也开始发生变化，边境移民逐渐增多，欧洲移民减少。今天的阿根廷仍然是拉丁美洲和加勒比海地区移民最多的国家，仍然是南美洲移民的中心。废除奴隶制后的阿根廷是南美洲外籍劳工的主要目的地之一。在阿根廷的人口构成中，国际移民是重要的组成部分。在大规模的移民阶段过后，流入阿根廷的移民人数减少，且移民的主要来源国逐渐转变为邻国，区域性的移民正在增加，阿根廷成为邻国（智利、玻利维亚、巴拉圭和乌拉圭）及秘鲁移民的接受国。

在阿根廷2010年全国人口普查中，外国人口数量接近180.6万人，占全国总人口的4.5%。其中，美洲移民占比超8成，为81.5%；欧洲移民占比为16.6%。相比2001年，外国人口增加了27.4万人，其中，美洲移民占比增加了13.5个百分点，欧洲移民减少了11.5个百分点。[1]可见，欧洲移民在迁入人口中所占的比重已经下降。迁往阿根廷的欧洲移民中，意大利和西班牙人口最多，但在过去几十年里，这两个国家迁入阿根廷的人口比例都相对下降。这一趋势的部分原因是这两国国内海外移民整体减少，以及老年人口的死亡。根据《世界移民报告2022》，2020年，阿根廷是接收外国出生人口最多的国家（有200万以上的移民），主要来自巴拉圭、玻利维亚和智利等邻国。

中国人迁移至阿根廷的官方记录最早可追溯到19世纪末期。近些年来，阿根廷成为中国人移居海外的重要去向之一，阿根廷华人华侨数量逐渐增

---

[1] "Censo Nacional de Población, Hogares y Viviendas 2010. Tomo 1", https://www.indec.gob.ar/ftp/cuadros/poblacion/censo2010_tomo1.pdf.

多，旅居阿根廷的华人规模约为20万人。[1] 阿根廷侨胞规模的扩大，不仅有利于推进中阿两国和平友好的外交关系，而且有利于加强两国间的经济合作与文化互鉴。

（四）人均受教育水平高，科学技术水平居拉美国家前列

阿根廷工人群体是拉丁美洲受教育程度最高、技能最熟练的工人群体之一。阿根廷与其他南美洲国家不同，其早期移民主要来自欧洲，人口素质相对较高。据世界银行数据，得益于政教分离的免费义务教育，阿根廷15岁以上人口识字率在99%以上，居民受教育水平居拉美国家前列。1884年通过的《普通教育法》是阿根廷全国教育体系的基石。2006年颁布的《国家教育法》将义务教育年限从10年增加到13年，建立了全国统一的教育结构，同时为教育空间的改造提供了资金，修建了一批新的学校。其他主要教育法规还包括：1995年颁布的《高等教育法》、2005年颁布的《职业技术教育法》、2006年颁布的《教育融资法》等。

据联合国教科文组织统计，阿根廷每100万人中有713名科学家或工程师，每1000名经济活动人口中有1.9名研究人员，居拉美国家前列。2021年，政府科技经费预算为953亿比索（约合35.49亿人民币），全国科研人员为4.7万人。[2]

阿根廷教育水平的优越性还表现在中等职业技术教育上，职业技术教育在阿根廷的中等教育体系中占据重要地位，而在教育结构中，中等职业教育的扩大与阿根廷经济结构的变化以及由此导致的就业结构变化是密不可分的。这主要表现为服务业人口占就业人口的比重不断增加，技术性劳动的比例逐步上升。教育结构与劳动力人口结构相互促进，使教育体制在符合经济

---

[1]《阿根廷阿中福清会馆：弘扬中国文化，促进阿中友好》，http://www.chinaqw.com/hqhr/2018/11-23/209081.shtml。

[2]《对外投资合作国别（地区）指南：阿根廷（2022年版）》，http://www.mofcom.gov.cn/dl/gb-dqzn/upload/agenting.pdf。

增长需要的同时，促进社会经济及文化的发展。

三、人口与发展面临的问题与挑战

尽管目前阿根廷人口发展状况良好，但由于人口问题的特殊性、复杂性和长期性，阿根廷的人口发展仍面临着一系列挑战。

（一）人口聚集程度不均衡，自然资源优势未得到充分利用

受自然地理以及发展历史等因素的影响，阿根廷共划分为6个主要自然区域，分别是大布宜诺斯艾利斯省区、潘帕斯地区、东北地区、西北地区、库约地区和巴塔哥尼亚地区。由于阿根廷处于南半球较寒冷地区，接近南极圈，南部近百万平方公里的巴塔哥尼亚高原区域不适合居住，真正宜居区域主要集中于首都布宜诺斯艾利斯周围和潘帕斯地区。

阿根廷人口规模相对于其地理面积来讲较小，2022年，其人口密度仅为16.6人每平方千米。除了人口密度小，其地域分布也极为不平衡。在20世纪上半叶工业化的推动下，首都布宜诺斯艾利斯成为农村和其他城市内部移民的主要目的地，这不仅使该区域的经济主导地位得到强化，同时也促进了人口聚集。1947年，在大布宜诺斯艾利斯省区居住着全国46%的人口，1970年时达到全国人口的一半，2010年人口普查数据显示，这一比例为46.2%，在2022年人口普查时，这一比例继续下降至44.9%。如表3所示，可以说，长期以来，阿根廷有接近一半人口居住在大布宜诺斯艾利斯省区。2020年，大布宜诺斯艾利斯省区人口密度为67.2人每平方千米，其中，联邦首都区人口密度约1.6万人每平方千米。在其他6区中，潘帕斯地区的人口密度为17.9人每平方千米，排名第2。

表3 阿根廷各地区和省份2010年和2022年人口密度及变化值

地区/省份	占地面积（平方千米）	人口密度（人每平方千米）2010年	人口密度（人每平方千米）2020年	变化值
大布宜诺斯艾利斯省区	307 771	60.2	67.2	7.1
联邦首都区	200	14 450.8	15 603.1	1152.3
布宜诺斯艾利斯省	307 571	50.8	57.1	6.3
潘帕斯地区	520 549	15.5	17.9	2.4
科尔多瓦省	165 321	20.0	24.1	4.1
恩特雷里奥斯省	78 781	15.7	18.1	2.4
拉潘帕省	143 440	2.2	2.6	0.3
圣非省	133 007	24.0	26.7	2.7
东北地区	289 699	12.7	14.6	1.9
查科省	99 633	10.6	11.5	0.9
科连特斯省	88 199	11.3	13.6	2.3
福莫萨省	72 066	7.4	8.4	1.1
米西奥内斯省	29 801	37.0	43.0	6.0
西北地区	559 864	8.8	10.4	1.6
卡塔马卡省	102 602	3.6	4.2	0.6
胡胡伊省	53 219	12.7	15.0	2.3
拉里奥哈省	89 680	3.7	4.3	0.6
萨尔塔省	155 488	7.8	9.3	1.5
圣地亚哥-德尔埃斯特罗省	136 351	6.4	7.7	1.3
图库曼省	22 524	64.3	75.6	11.3
库约地区	315 226	9.0	10.7	1.7
门多萨省	148 827	11.7	13.5	1.9
圣胡安省	89 651	7.6	9.1	1.5

续表

地区/省份	占地面积（平方千米）	人口密度（人每平方千米） 2010 年	人口密度（人每平方千米） 2020 年	变化值
圣路易斯省	76 748	5.6	7.0	1.4
巴塔哥尼亚地区	787 291	2.7	3.3	0.7
丘布斯特省	224 686	2.3	2.7	0.4
内乌肯省	94 078	5.9	7.7	1.9
里奥内格罗省	203 013	3.1	3.7	0.6
圣克鲁斯省	243 943	1.1	1.4	0.2
火地岛省	21 571	5.9	8.8	2.9
合计	2 780 400	11.0	16.6	5.6

资料来源：阿根廷国家统计与人口普查局。

从阿根廷的人口空间分布来看，接近70%的人口集中在大布宜诺斯艾利斯省区和潘帕斯地区。虽然在过去30年中，两个区域的合计占比相对下降，内陆地区人口增多，且自2003年以来，阿根廷提出了一种以区域一体化为轴心的社会包容发展的新模式，以期缩小区域差异、改善传统落后地区的经济状况，但人口分布不平衡的局面在短时期内仍然难以改变。

（二）老龄化进程加速，社会抚养压力增大

阿根廷人口老龄化趋势正在加速。早在20世纪70年代前中期，阿根廷65岁及以上人口占比就超过了7%。从1974年到2004年，阿根廷65岁及以上人口占比翻了一番。2022年，15—64岁劳动年龄人口与65岁及以上老年人口的比例已经不及6∶1，预计到2050年将降至接近3∶1，2100年时将降至不到2∶1，由此可见，阿根廷老年抚养负担将不断加重。联合国《世界人口展望2022》的数据显示，阿根廷65岁及以上老年人口规模将在2047年首次超过0—14岁少儿人口规模；预计到2056年，阿根廷65岁及以上人口占比将超过21%,进入超老龄社会。

在20世纪50年代,当其他拉丁美洲国家正在面临人口转变时,阿根廷的人口抚养比在拉丁美洲和加勒比地区中是最低的。如表4所示,从1950—2050年阿根廷人口抚养比的变化情况来看,少儿抚养比呈现"先平稳上升,后急速下降"的态势,先由1950年的48.0%上升到1990年的49.9%,之后随总和生育率降低,少儿抚养比开始持续下降,2020年为36.6%,与1990年相比下降超过10个百分点。与此同时,老年人口抚养比持续上升,从1950年的6.4%上升至2020年的18.1%,预计在2020年之后上升速度将逐渐加快,这与人口老龄化的快速发展密不可分。1950年至2030年,阿根廷少儿抚养比在人口总抚养比中占主导地位,总抚养比从1950年的54.4%上升至1990年的64.2%,然后逐步下降至2030年的50.3%;2030年之后,老年人口抚养比的急速上升将使总抚养比加速上升。根据联合国的人口预测,到2047年,阿根廷的老年人口抚养比将超过少儿抚养比,分别为28.1%和27.3%,到2050年,阿根廷少儿抚养比、老年人口抚养比和总抚养比将分别达到27.0%、29.9%和56.9%。

表4　阿根廷1950—2050年少儿抚养比、老年人口抚养比和总抚养比　　（单位:%）

年份	少儿抚养比	老年人口抚养比	总抚养比
1950	48.0	6.4	54.4
1960	48.8	8.1	57.0
1970	46.6	10.3	56.9
1980	49.7	12.5	62.2
1990	49.9	14.3	64.2
2000	45.4	15.7	61.1
2010	40.2	16.5	56.6
2020	36.6	18.1	54.8

续表

年份	少儿抚养比	老年人口抚养比	总抚养比
2030	30.3	19.9	50.3
2040	27.9	23.5	51.4
2050	27.0	29.9	56.9

资料来源：联合国《世界人口展望 2022》。

注：2020 年后为预测数据。

一个社会的人口年龄结构老化主要是由两个原因引起的，一是死亡率的下降，二是生育率下降。前者得益于社会条件和物质生活条件的改善，人均预期寿命普遍延长；后者则为家庭及个体采取生育控制的结果。从这个意义上讲，人口老龄化是人口发展的必然趋势，也是社会经济发展的必然结果。由于阿根廷较早地出现人口老龄化，且成为社会保障制度面临的巨大压力之一，阿根廷政府曾采取应对措施使其对社会保障制度的影响自 20 世纪 90 年代开始减弱，但未来随着人口老龄化进程的进一步加深，老年人口抚养压力仍然较大。

（三）劳动力市场不稳定，社会贫困和社会不平等程度仍处于较高水平

拉丁美洲和加勒比地区面临的一大挑战是社会不平等和贫困，作为拉丁美洲第二大国，阿根廷也不例外。贫困人口生育、生存和生活条件的不平等，限制了他们充分融合进社会的权利，使他们无法利用自身能力寻找可能存在的发展机会，并面临更多的风险和困难，从而掠夺他们摆脱贫困的机会。阿根廷的基尼系数常年高于 0.4，处于警戒值之上。自 21 世纪以来，其数值表现为在较高水平上缓慢波动下降。

20 世纪初，阿根廷经济总量曾位居世界前 10。20 世纪 80 年代，阿根廷因债务危机，经济大幅衰退。图 16 显示了 1991—2021 年阿根廷失业率变化趋势，这一趋势与阿根廷自身经济发展状况紧密相关。1991 年起，阿根廷实施以私有化为核心的新自由主义经济政策，经济重新步入增长轨道，1991 年至 1998 年，国内生产总值年均增长率达 6%。受东南亚金融危机和巴西金融动荡冲击，阿根廷经济自 1998 年下半年开始滑坡，国家风险指数飙升，失业率高企，外债压力加剧，财政与金融崩溃，最终于 2001 年年底爆发严重经济危机，失业率曾高达 20%。2001 年经济危机以来，阿根廷历届政府强化干预，形成"阿根廷模式"，一度取得较好成效。2003 年至 2011 年，阿根廷经济实现较快增长，2011 年，其失业率降至 7.2%。但自 2012 年以来，受国际经济金融形势等影响，阿根廷经济增速明显放缓，经济复苏速度低于预期，劳动力市场发展势头低迷。2020 年以来，新冠疫情对阿根廷的经济发展产生了巨大影响，2020 年的失业率达 11.5%，之后政府采取措施，失业率有所下降，2021 年，失业率为 10.9%。

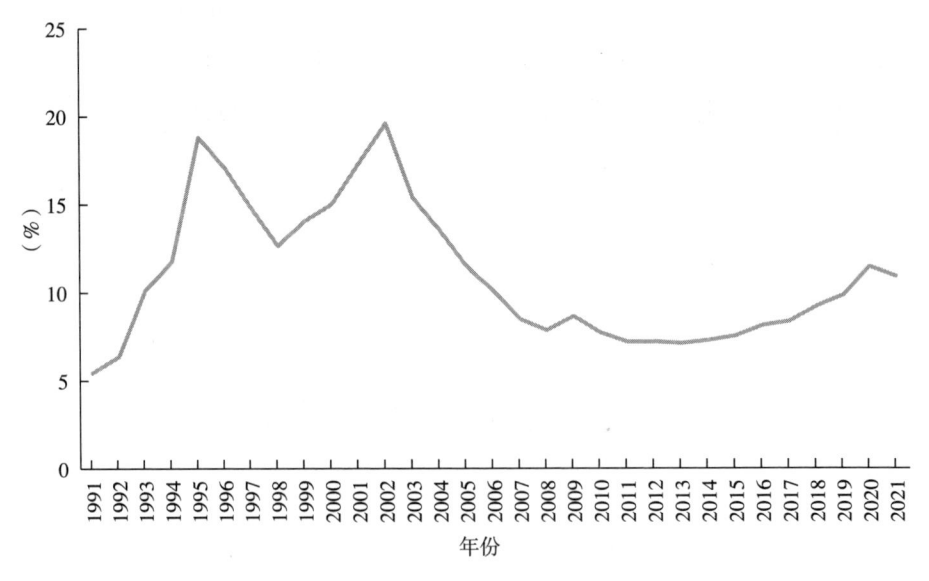

资料来源：阿根廷国家统计与人口普查局。

图 16　1991—2021 年阿根廷失业率变化趋势

作为新兴市场国家代表的阿根廷曾经是南美洲外籍劳务的中心市场，自 20 世纪 70 年代以来，阿根廷引进了大量周边国家的劳动力，主要从事建筑、物流、家政等行业。近年来，由于经济不景气，阿根廷面临金融动荡、外债累累、通胀高企和消费低迷等一系列问题和挑战，而且，阿根廷当前劳务市场容量萎缩，难以完全消化本国高素质劳动力，因此，阿根廷对外籍劳工需求大幅下降。

四、思考与启示

作为21世纪海上丝绸之路的自然延伸，拉美是共建"一带一路"不可或缺的重要合作区域。作为地区大国，阿根廷在共建"一带一路"中扮演着重要角色。自1972年2月19日中阿建交以来，双边关系发展顺利，各领域互利合作日益深化，在国际事务中保持着良好合作。2014年7月，习近平主席对阿根廷进行国事访问，中阿宣布建立全面战略伙伴关系。2017年5月，马克里总统来华出席"一带一路"国际合作高峰论坛并进行国事访问。2022年2月6日，双方共同签署了《中华人民共和国政府与阿根廷共和国政府关于共同推进丝绸之路经济带和21世纪海上丝绸之路建设的谅解备忘录》，阿根廷正式加入共建"一带一路"倡议。未来，中国和阿根廷两国还将继续在绿色发展、数字经济、科技创新等一些新领域合作发力。本部分基于阿根廷人口与发展的现状与特征，提出以下几点思考与建议。

（一）充分利用阿根廷的自然资源优势，加强双边能源合作和绿色发展

阿根廷是一个人口密度小、自然资源丰富、基础设施较为完善、社会比较稳定的国家，但矿产资源开发水平较低。阿根廷有天然的资源优势，是世界第四大锂生产国、第二大硼生产国、第三大锂金属储量国，页岩气储量占全球总储蓄量的10%以上，居全球第二。费尔南德斯自2019年就任总统以来，积极推动能源发展，希望通过能源领域立法，进一步吸引外资进入阿根廷石油、天然气等领域。同时，为改善能源结构，阿根廷政府提出"到2025年可再生能源发电占比达20%"的目标。近10年来，拥有丰富技术和生产

经验的中国能源企业与阿方积极开展合作，取得突破。如今，中阿两国对绿色发展合作达成共识，合作重点从传统能源转向低碳能源领域。氢能、储能、智能电网等新一代清洁低碳能源技术领域，将成为未来双方合作的新亮点。

（二）拓宽共建"一带一路"领域，加强数字经济合作

近年来，随着中阿各领域合作不断做深做实，两国在科技、数字经济领域合作也取得新突破。阿根廷人均受教育水平、科研水平居拉美前列，中阿可在科技领域加强优势互补并形成合力扩展务实合作。阿根廷超9成的人口集中在城市，互联网普及率较高，这为中阿数字经济合作提供了坚实基础。同时，阿根廷拥有现代化的通信设施和条件，网络接入率居拉美国家前列，是拉美非常重要的软件开发国和出口国。2020年，阿根廷政府出台2020—2023年"全国联通计划"，拟到2023年政府累计投入379亿比索（约合14.2亿元人民币）推动阿根廷卫星系统建设、开发，优化国家光纤网络，促进数字电视发展，更新及扩建阿根廷国家数据中心建设，以提供更加优质的服务，进一步推动阿根廷信息和通信技术行业发展。[1] 阿根廷基础设施建设水平较高，中阿合作通过数字技术与实体经济深度融合，推动阿根廷数字经济发展，促进知识服务业发展，提高其数字化、智能化水平，并以此为契机推动南南科技合作，实现互利共赢。

另外，阿根廷拥有丰富的文化遗产和旅游资源，还是中国游客远赴南极旅游的中转站，中国企业可以通过数字经济加强与阿根廷的旅游业合作，中阿两国在数字经济领域的合作有着广阔的前景。

（三）深化中阿企业间交流合作，进一步释放双边贸易潜力

中阿两国经济高度互补，在贸易、投资、能源、基础设施建设等方面都有着广泛而深入的合作，双方企业贸易和投资合作意愿强烈。2022年，中阿

---

[1] Argentina.gob.ar, https://www.argentina.gob.ar/jefatura/innovaction-publica/ssetic/conectar.

双边贸易额同比增长 20.1%，达到 213.7 亿美元，首次突破 200 亿美元大关。为促进双边贸易投资便利化，减少汇率风险，中阿多次签署本币互换协议，且在 2022 年年底就扩大使用人民币达成一致，两国金融机构正在努力为双边贸易合作创造良好政策环境。阿根廷与中国签署共建"一带一路"谅解备忘录，为两国更好实现发展战略对接奠定了基础。中国有世界规模最大的中等收入群体，人均国内生产总值已超过 1.2 万美元，居民消费优化升级同现代生产方式相结合，是全球最具成长性的消费市场，消费潜力巨大。

中阿产业链、供应链、价值链正在加速融合。中方企业可与阿方进一步加强基础设施、农业和矿业生产、科技创新、油气等领域合作，助力阿方出口更多优质、高附加值产品，打造地区交通和能源枢纽，增加外汇储备，促进经济金融稳定发展。

（四）关注移民侨胞群体，发挥其在中阿双边合作中的桥梁作用

阿根廷是一个开放包容和文化多元的多民族国家，华人有规模地移居阿根廷至今已有上百年历史。中方可以鼓励在阿华人华侨整合现有人脉资源，链接当地社会资源，积极适应市场和时代变化，发挥好阿根廷华人社团的桥梁作用。立足共建"一带一路"，谋求行业发展新机遇，以多元化经营与转型升级为手段，开创一条发展新路，是阿根廷华商未来较长时期的发展之道。加强中阿合作，推动阿根廷华人华侨中文教育，以中阿建交 50 周年为契机，推动在阿根廷建立中文学校；通过举办文化活动、文艺活动等方式来促进中阿两国之间的文化交流；积极参与当地社会经济文化建设和公益事业，树立华人华侨良好形象；用好新移民群体的人力、物力资源，加强华人社团之间的联系，实现互帮互助。

参考文献：

[1] 李善龙,曾少聪.阿根廷移民政策的演变——兼论阿根廷中国移民的历史与特征[J].华侨华人历史研究,2019(2).

[2]洪桂治,胡建刚,罗燕玲.2020年阿根廷中国新移民调查研究[G]//贾益民,庄国土,陈文寿,游国龙.华侨华人研究报告(2021).北京:社会科学文献出版社,2021.

[3]李建平,李闽榕,赵新力,等.2017~2018年阿根廷国家创新竞争力评价分析报告[G]//李建平,李闽榕,赵新力,李向军,苏宏文,李建建,黄茂兴.G20国家创新竞争力黄皮书:二十国集团(G20)国家创新竞争力发展报告(2019~2020).北京:社会科学文献出版社,2021.

[4]李仁方.2018~2019年阿根廷经济发展分析与展望[G]//陈朝先,刘学东.拉丁美洲和加勒比经济发展分析与展望(2019).北京:社会科学文献出版社,2020.

[5]林华.阿根廷:经济衰退加剧政治不确定性[G]//袁东振,刘维广.拉丁美洲和加勒比发展报告(2018~2019).北京:社会科学文献出版社,2019.

[6]林华.2019~2020年阿根廷发展报告[G]//袁东振,刘维广.拉丁美洲和加勒比发展报告(2019~2020).北京:社会科学文献出版社,2020.

[7]林华.阿根廷:疫情加剧执政困难(2020~2021)[G]//柴瑜,刘维广,王鹏.拉丁美洲和加勒比发展报告(2020~2021).北京:社会科学文献出版社,2021.

[8]刘建,雷致丰.阿根廷传播环境研究[G]//孙有中,章晓英,刘滢.G20国家传播环境研究.北京:社会科学文献出版社,2019.

[9]帕布洛·阿尔伯托·白索提."一带一路"倡议在拉丁美洲的前景和可能性——以阿根廷为例[G]//陶一桃,钟若,恽文捷."一带一路"研究(2018年第1期总第1期).北京:社会科学文献出版社,2018.

[10]世界创新力竞争力黄皮书编委会.阿根廷国家创新竞争力评价分析报告[G]//李建平,李闽榕,赵新力,李建建,苏宏文,黄茂兴,世界创新力竞争力黄皮书编委会.世界创新竞争力发展报告(2011~2017).北京:社会科学文献出版社,2018.

新西兰人口与发展状况报告

晏月平　庄须高　徐　阳[*]

摘要：新西兰是南太平洋地区的核心国家之一，也是共建"一带一路"的重要合作伙伴之一。本报告对新西兰人口、经济、社会和文化等进行研究发现，该国人口呈现增长放缓、老龄化不断加深、迁移频繁、受教育程度高等典型特征。2023年是《中国-新西兰自由贸易协定》签署和生效15周年，两国合作潜力巨大，可以在应对老龄化、推进职业化教育改革、创建良好营商环境等方面持续加强交流合作，实现两国共同发展目标，推进与太平洋地区国家更大范围的务实合作。

关键词：新西兰；人口与发展；合作共赢

新西兰位于太平洋西南部，西隔塔斯曼海与澳大利亚相望，由南岛、北岛两个大岛和斯图尔特岛及附近一些小岛组成，南北岛之间是库克海峡；属温带海洋性气候；全境多山，平原狭小。国土面积约27万平方千米，海岸

---

[*] 晏月平，女，云南大学民族学与社会学学院教授、博士生导师，主要从事人口社会学研究；庄须高，男，云南大学民族学与社会学学院人口学专业硕士生；徐阳，女，云南大学民族学与社会学学院人口学专业硕士生。

线长约 15 000 千米，领海面积约为 400 万平方千米，首都惠灵顿。1350 年起，毛利人在新西兰定居。1642 年，荷兰航海者在新西兰登陆。1840 年，英国迫使毛利人族长签订《威坦哲条约》，新西兰成为英国殖民地。1907 年，新西兰独立，成为英国自治领，政治、经济、外交受英国控制。1947 年，新西兰成为主权国家，但仍属于英联邦成员。[1]

2021 年，新西兰国内生产总值为 3500 亿新元（约合 2499 亿美元），人均国内生产总值约 7 万新元（约合 48 802 美元）。农牧业十分发达，农牧产品出口约占出口总量的 50%。羊肉和奶制品出口量居世界第 1 位，羊毛出口量居世界第 3 位。国际货币基金组织将新西兰列为世界上最适宜营商的国家之一。同时，新西兰还是联合国、世界贸易组织、世界银行、国际货币基金组织、经济合作与发展组织、亚太经济合作组织等国际组织，以及太平洋岛国组织、东南亚联盟等区域组织成员。[2]

中国与新西兰自 1972 年 12 月 22 日建交后，双边关系发展顺利，两国领导人保持频繁互访与接触。中国是新西兰第一大贸易伙伴、出口市场和进口来源地，中国对新西兰出口商品主要为机电产品、机械产品和纺织品等，对其进口商品主要为乳制品、原木及木制品、肉类等。[3] 新西兰在发展与中国的经贸关系中实现了多个"第一"[4]，在共建"一带一路"的历史机遇中，新西兰有望成为亚洲和拉丁美洲间的一个重要交通和贸易枢纽。

---

[1] 《新西兰国家概况》, https://www.fmprc.gov.cn/web/gjhdq_676201/gj_676203/dyz_681240/1206_681940/1206x0_681942/。

[2] 《对外投资合作国别（地区）指南：新西兰（2021 年版）》, http://www.mofcom.gov.cn/dl/gbdqzn/upload/xinxilan.pdf。

[3] 赵善江、王忆等：《新西兰奶业发展模式及经验启示》, 载《中国乳业》, 2021 年第 12 期, 第 30—40 页。

[4] 新西兰是第一个完成就加入世界贸易组织与中国谈判的发达国家、第一个承认中国完全市场经济地位的发达国家、第一个与中国开展双边自由贸易协定谈判的发达国家、第一个与中国签订自由贸易协定的发达国家、第一个与中国香港签订自由贸易协定的发达国家、第一个申请加入亚投行的发达国家、第一个与中国签署共建"一带一路"合作文件的西方国家、第一个与中国开展自由贸易协定升级谈判的发达国家等。

一、人口经济社会发展基本状况

（一）人口发展状况

1. 人口数量和人口增量变动

从联合国《世界人口展望2022》数据中可看出，如图1所示，1990年，新西兰人口总量为339.7万人，2021年为513.0万人，其间以每年8.3万人速度增长。男性人口从1990年的167.3万人增长到2021年的254.2万人，年均增长4.14万人。女性人口从172.5万人增长到258.7万人，年均增长4.1万人。

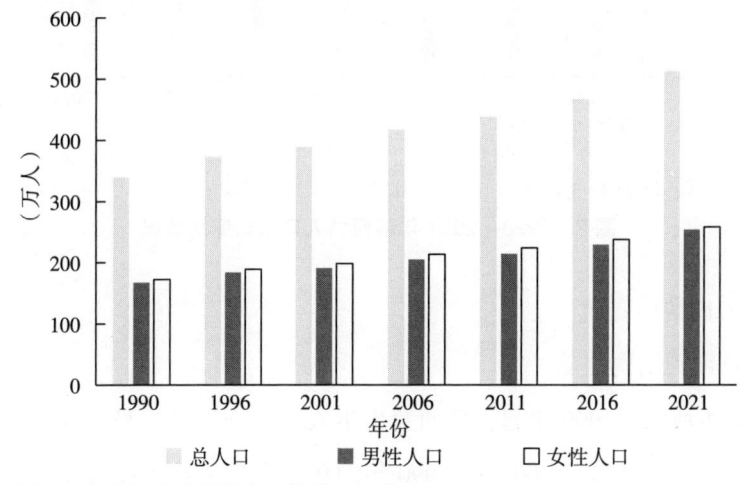

资料来源：联合国《世界人口展望2022》。

图1　1990—2021年新西兰分性别人口规模

如图2所示，1990—2011年，新西兰人口增量持续下降，2011—2016年呈上升趋势，人口增量由2011年的28 722人上升至2016年的77 884人，之后持续下降，2021年人口增量降至67 913人；从人口自然增长量看，1990—2021年基本保持稳定，每年增量稳定在30 000人左右；在人口机械增长量方面，1990—2011年持续减少，从1990年净流入71 491人下降至

2011年净流出2405人，2011—2016年呈上升趋势，2016年净流入50 012人，2021年又下降至38 220人。可见，新西兰人口自然增长相对稳定，机械增长波动起伏。

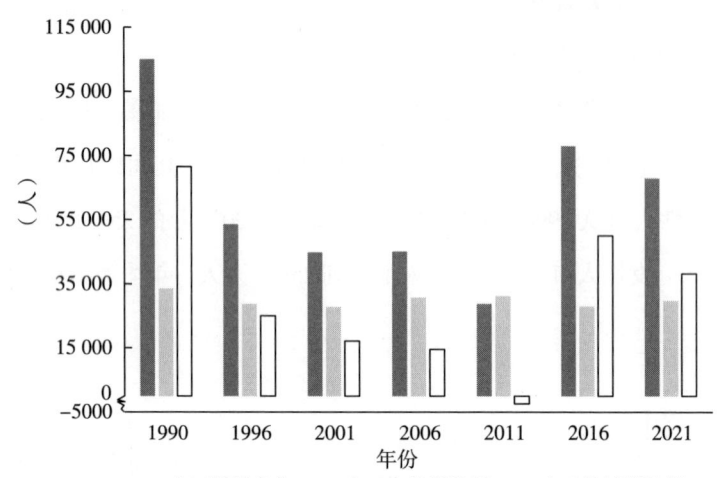

资料来源：联合国《世界人口展望2022》。

图2　1990—2021年新西兰人口增长变动情况

2. 人口结构变动

（1）性别结构变动

如表1所示，1990年起，新西兰出生人口性别比基本稳定在105—106，总人口性别比始终低于100，从1990年的97.01下降至2013年的95.78，近年缓慢上升，从2013年的95.78上升至2021年的98.26。

表1　1990—2021年新西兰人口性别比变动

	1990年	1996年	2001年	2006年	2011年	2016年	2021年
总人口性别比	97.01	97.27	96.29	95.90	95.68	96.50	98.26
出生人口性别比	105.40	105.90	104.80	105.10	105.40	105.50	105.30

资料来源：联合国《世界人口展望2022》。

(2) 年龄结构变动

如图3所示，1990年，新西兰人口金字塔为扩张型结构，低年龄组占比较大，0—14岁比重为34.80%，65岁及以上比重为11.05%，塔型下宽上窄。2000年为稳定型结构，0—14岁比重为33.04%，65岁及以上人口为11.70%，塔型较直。2021年，底部收缩，0—14岁比重为19.53%，40岁及以上年龄组比重持续增大，上部变宽，但仍为稳定型人口结构。预计2050年，底部将进一步收缩，0—14岁比重为22.06%，40岁及以上年龄组比重持续攀升，比重最高的是55—59岁年龄组，占比将达6.71%，同时，65岁及以上人口比重将达24.28%，塔型为下窄上宽，属典型的收缩型人口结构，标志其老龄化进程将持续加速。

资料来源：联合国《世界人口展望2022》。

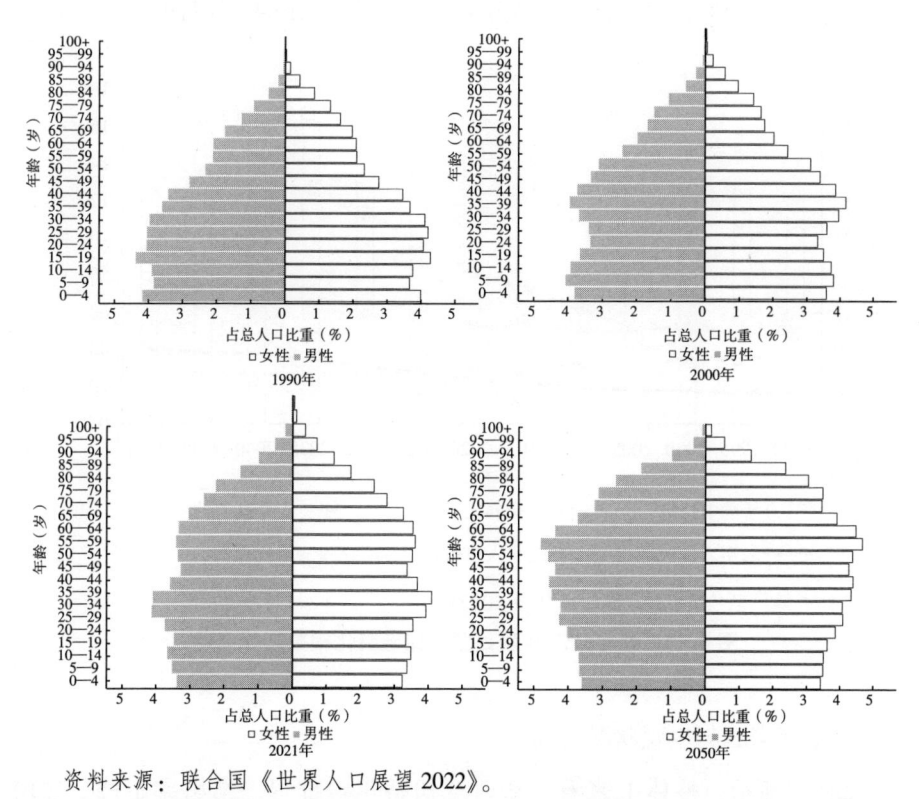

图3　1990年、2000年、2021年、2050年新西兰人口金字塔

图 4 为新西兰 1990 年到 2050 年主要人口指标变动情况，其中，人口年龄中位数不断升高，自 1990 年的 30.06 岁攀升至 2021 年的 36.50 岁，上升了 6.44 岁，预计 2050 年将升至 43 岁左右；老化指数在 1990 年至 2005 年呈缓慢上升状态，2005 年起进入快速上升期，预计 2040 年后增速将有一定放缓；1990 年，老年人口系数为 11.1%，2015 年为 14.5%，2050 年将达 24.3%，劳动力抚养负担将持续加重。1990—2020 年，总抚养比基本稳定在 52% 左右，预计 2050 年升至 65.0%，主要原因是新西兰生育率持续走低、医疗卫生条件不断改善，使人均预期寿命提高、老年人口比重增加；1990—2020 年，少儿抚养比从 35.4% 下降到 29.2%，因生育率持续下降，预计 2050 年少儿抚养比将降至 25.0%。老年人口抚养比将继续上升，从 2020 年的 23.8% 升至 2050 年的 40.1%，届时，每百名劳动年龄人口需负担 40 名老年人口。

资料来源：联合国《世界人口展望 2022》。

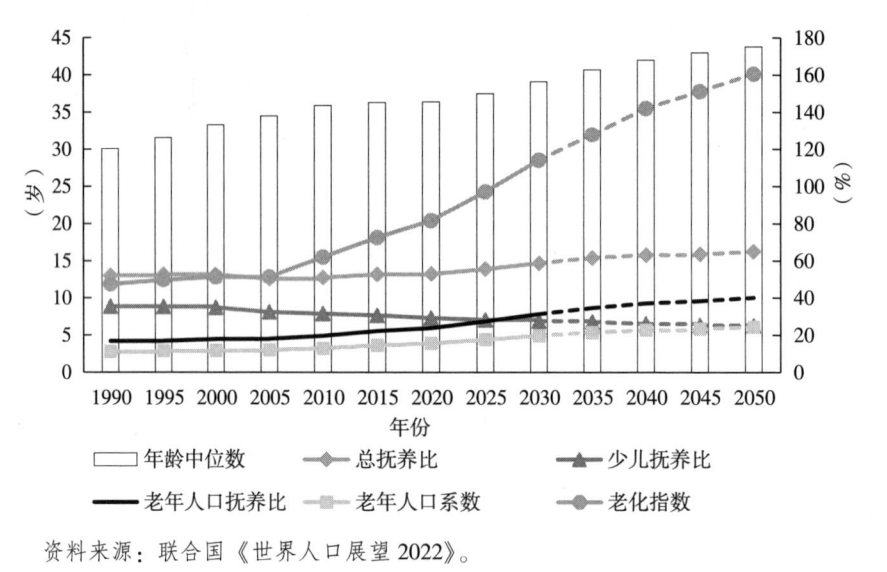

图 4　1990—2050 年新西兰人口老龄化相关指标变动

3. 婚姻家庭与生育状况变动

如图 5 所示，整体上来看，新西兰初婚年龄推迟、结婚率下降。2010

年，男女初婚年龄分别为29.9岁、28.2岁，2020年分别为30.6岁、29.5岁，男女分别推迟了0.7岁、1.3岁。结婚率从2010年的13.04‰降至2020年的8.3‰。从离婚率看，除了2012年、2019年出现0.2‰、0.8‰的增长外，其余年份均下降，2010—2020年下降了1.8个千分点。

如表2所示，从新西兰近三次人口普查家庭居住状况可知，2006—2018年，一户一家庭的比例整体在下降，由2006年的69.1%下降至2018年的68.6%，一户两家庭的比例持续上升，由2006年的2.6%上升至2018年的3.3%。其他多人家庭与一人家庭居住状况变动不大。

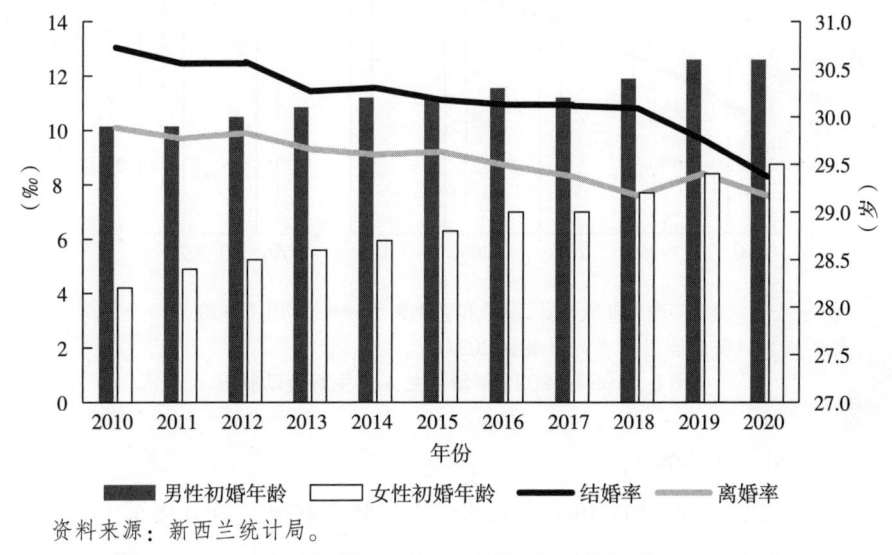

图5 2010—2020年新西兰人口初婚年龄、结婚率与离婚率变动

资料来源：新西兰统计局。

表2 新西兰家庭居住状况 （单位:%）

年份	一户一家庭	一户两家庭	一户三个及以上家庭	其他多人家庭	一人家庭
2006	69.1	2.6	0.2	5.1	23.0
2013	68.3	3.1	0.2	4.8	23.5
2018	68.6	3.3	0.2	5.1	22.7

资料来源：新西兰统计局。

如图6所示，1990—2012年，新西兰总和生育率基本保持稳定，维持在2.10左右。2012年以来，总和生育率持续下降，从2.09下降至2021年的1.77，低于人口更替水平。1990—2012年，该国净生育率[1]基本保持在1.0左右，在1995年至2005年略低于1.0，2012年后持续下跌，从2012年的1.01下降到2021年的0.86。平均生育年龄则持续上升，从1990年的27.7岁上升至2021年的30.6岁，提高了2.9岁。

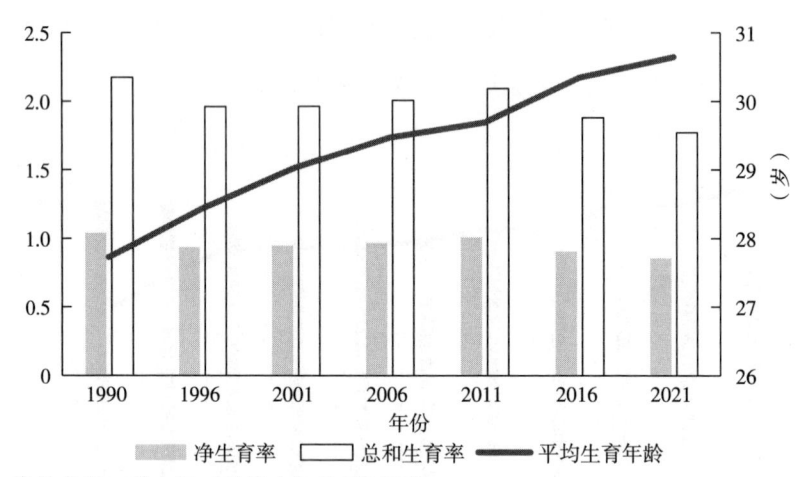

资料来源：联合国《世界人口展望2022》。

图6 1990—2021年新西兰人口生育变动状况

4. 人口转变状况

图7反映了新西兰自1960年以来的人口转变状况，1960年至1980年左右为中期扩张阶段，出生率、死亡率和人口自然增长率由1960年的25.72‰、9.46‰和16.26‰转变为1980年的22.06‰、8.80‰和13.26‰。2000年，上述三项指标分别为17.83‰、7.86‰和9.97‰。2000年之后进入低位静止阶段，至2020年，三项指标分别为14.59‰、6.55‰和8.03‰。

---

[1] 净生育率是指每名妇女存活孩子数。

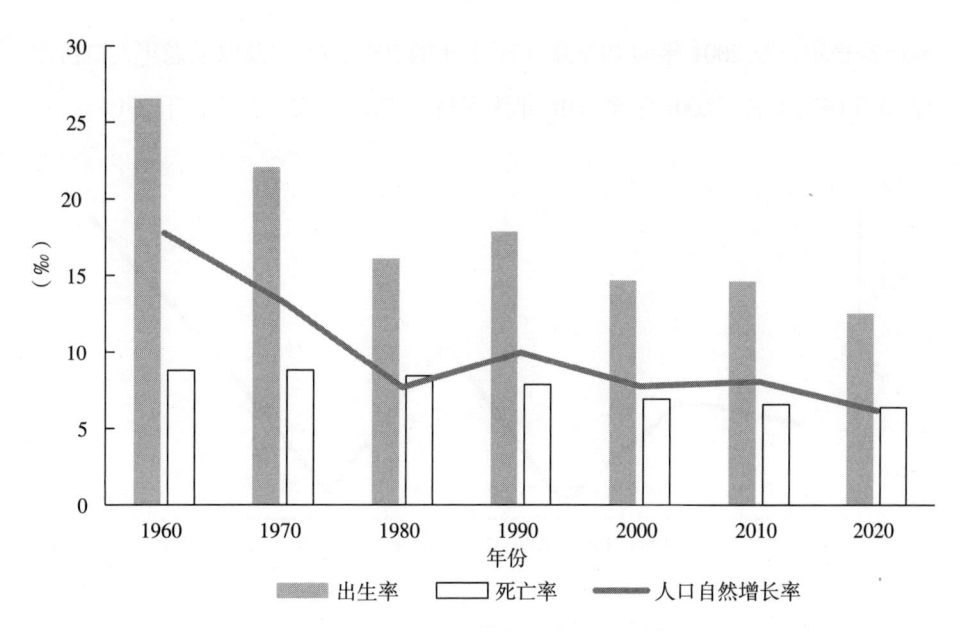

资料来源：联合国《世界人口展望2022》。

图7　1960—2020年新西兰人口转变状况

5. 人口迁移与分布变动

（1）国际人口迁移变动

新西兰一直以来都是国际移民关注的热点国家，人口迁移十分频繁。如图8所示，1987—2021年，人口净迁移率表现为"三升两降"。"三升"分别为：由1987—1991年的约0.40‰上升至1992—1996年的约0.50‰，由1997—2001年的约0.06‰上升至2002—2006年的约0.74‰，由2007—2011年的约0.11‰上升至2007—2021年的约1.26‰。"两降"分别是：由1992—1996年的约0.50‰降至1997—2001年的约0.06‰，由2002—2006年的约0.74‰下降至2007—2011年的约0.11‰。

从新西兰迁入人口分年龄组变动状况看，如表3所示，15—64岁劳动年龄人口占移民总量从2001年的78%下降至2006年的77%，2011年升至81%，随后又持续下降，2021年为76%；0—14岁少儿人口占比近20年基本保持稳定,从 2001 年的 19% 升至 2021 年的 20%;65 岁及以上老年人口占比近 20 年略有增长,2001 年至 2016 年为保持稳定态势,2021 年上升至 4%。

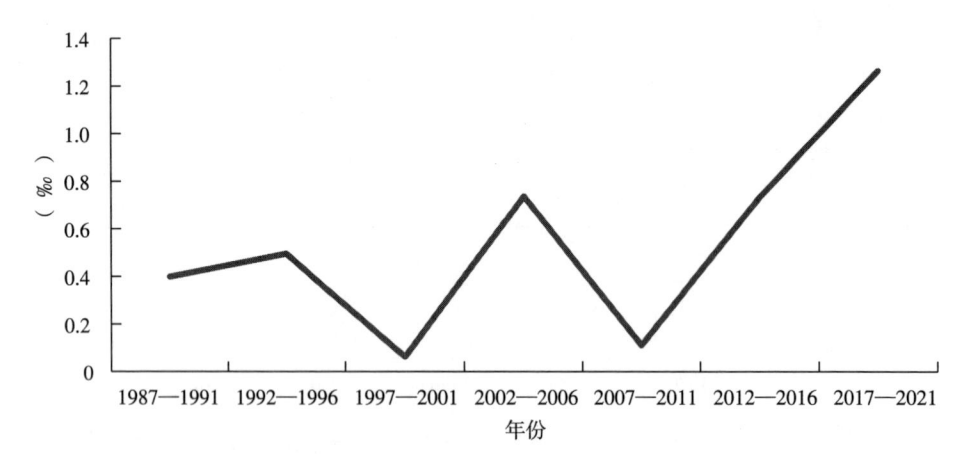

资料来源:联合国《世界人口展望 2022》。

图 8　1987—2021 年新西兰人口净迁移率变动状况

表 3　2001—2021 年新西兰分年龄组迁入人口比重变动情况　　　(单位:%)

	2001 年	2006 年	2011 年	2016 年	2021 年
0—14 岁	19	20	16	17	20
15—64 岁	78	77	81	80	76
65 岁及以上	3	3	3	3	4

资料来源:新西兰统计局。

(2) 城镇化率与人口密度变动

新西兰城镇化率高,2020 年为 86.7%,城镇人口总量为 440.8 万人,较 2019 年增长了 14.9 万人,相比 2010 年增长了 65.9 万人。2020 年,农村人口为 67.6 万人,占总人口的比重为 13.3%。

如表 4 所示,从新西兰各地区人口分布看,人口最多的地区为奥克兰,人口总量为 110.5 万人,占全国总人口的 23.51%。此外,怀卡托(32.8 万人)、普伦蒂湾（21.3万人）和惠灵顿（38.2万人）也是全国范围内人口规模较大的地区。人口最少的地区西岸只有2.6万人，仅占全国总人口的2.12%。从人口密度看，超过全国均值的地区有奥克兰（197.4人每平方千米）、惠灵顿（47.0人每平方千米）和尼尔逊（86.3人每平方千米），还有人口密度极低的地区，如吉斯伯恩（4.1人每平方千米）、南部（2.3人每平方千米）、塔斯曼（4.0人每平方千米）、莫尔伯勒（2.9人每平方千米）和西岸（1.1人每平方千米），上述地区均低于5.0人每平方千米。

表4 2018年新西兰各地区的人口分布

地区	面积（平方千米）	人口规模（万人）	人口密度（人每平方千米）
全国	275 447	470.0	17.1
北部	13 941	11.8	8.5
奥克兰	5600	110.5	197.4
怀卡托	25 598	32.8	12.8
普伦蒂湾	12 447	21.3	17.1
吉斯伯恩	8351	3.4	4.1
霍克湾	14 164	12.2	8.7
塔拉纳基	7273	9.1	12.5
马纳瓦图-旺阿努伊	22 215	18.2	8.2
惠灵顿	8124	38.2	47.0
纳尔逊	445	3.8	86.3
塔斯曼	9786	4.0	4.0
莫尔伯勒	12 484	3.6	2.9
西岸	23 336	2.6	1.1
坎特伯雷	45 346	4.5	9.8
奥塔戈	31 990	16.4	5.1
南部	34 347	7.9	2.3

资料来源：新西兰统计局。

（二）经济发展状况

1. 宏观经济状况

整体上来看，新西兰宏观经济指数表现良好。如表5所示，自1990年以来，国内生产总值持续增长，由455亿美元增长到2020年的2117亿美元，增幅高达365.34%，年均增长55.4亿美元。人均国内生产总值同样持续增长，由1990年的13 663美元增长到2020年的41 596.5美元，世界均值从1990年的4314.3美元增长至2020的10 936.1美元。新西兰人均国内生产总值超世界同期均值3倍以上，被认定为全世界最发达的国家之一。

值得一提的是，2008年，受世界金融市场不稳定及欧债危机等影响，新西兰国内生产总值与人均国内生产总值均出现了一定程度下降，国内生产总值从2007年的1371.9亿美元下降至2009年的1213.7亿美元，年均下降79.1亿美元。其间，人均国内生产总值从32 480美元下降至28 209.4亿美元，年均下降2135.3美元。新西兰统计局数据显示，2010年，国内生产总值增长率为2.5%，呈快速复苏态势。2019—2020年，受新冠疫情的影响，国内生产总值总量、人均国内生产总值均小幅下降。2021年，经济上行明显，国内生产总值增至2500亿美元，人均国内生产总值上升至48801.7美元。

表5　1990—2021年新西兰宏观经济指标变动状况　　（单位：现价美元）

年份	国内生产总值（亿）	人均国内生产总值	世界人均国内生产总值
1990	455	13 663.0	4314.3
1995	639	17 400.4	5439.8
2000	526	13 641.1	5533.1
2005	1147	27 751.1	7337.5
2010	1465	33 676.8	9621.1
2015	1781	38 630.7	10 231.7

续表

年份	国内生产总值（亿）	人均国内生产总值	世界人均国内生产总值
2020	2117	41 596.5	10 936.1
2021	2500	48 801.7	12 262.9

资料来源：世界银行数据库。

2. 劳动力市场变动状况

(1) 劳动力参与率变动

如图9所示，1990年，新西兰劳动力参与率为73.08%，其中，男性为83.23%，女性为63.02%。1990—2005年，劳动力参与率呈持续平稳增长态势。2010年较2005年有所下降，但随后再次持续上升，2019年为80.89%，高于世界平均水平，比1990年上升了7.81个百分点，男女两性分别为85.17%、76.75%，较1995年分别上升了1.94个、13.73个百分点。可见，女性是新西兰劳动力参与率上升的主要贡献者。1990年，新西兰劳动力参与率比世界均值高2.76个百分点，2019年扩大至14.36个百分点，劳动力参与率远高于世界平均水平。

资料来源：世界银行数据库。

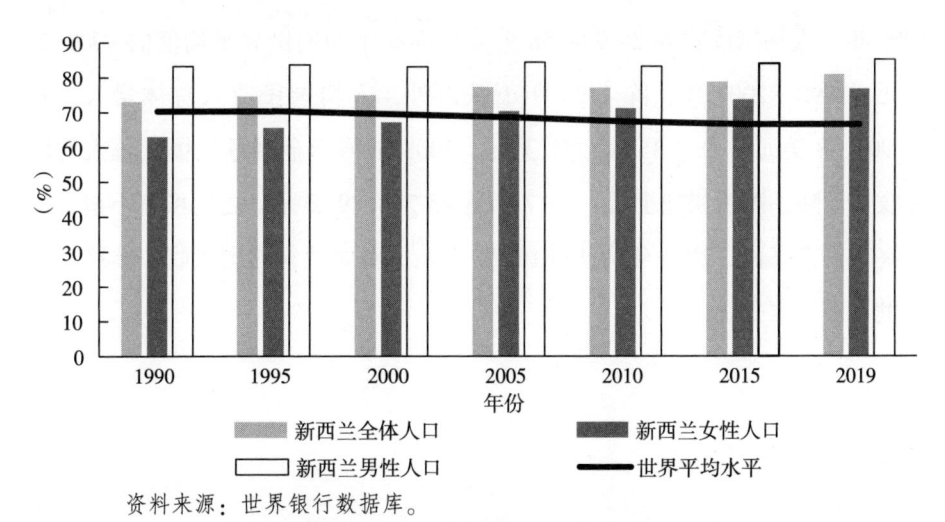

图9 1990—2019年新西兰劳动力参与率变动情况

(2) 就业率与失业率变动

如表6所示，1990—2021年，新西兰就业率持续上升，由58.8%上升至68.1%，男女就业率均明显上升，男性由68.1%上升到72.8%，女性由50.0%上升到63.6%。失业率持续下降，从1990年的8.0%降至2021年的3.8%，说明就业环境得到了较大改善，其中，男性失业率从8.4%下降至2021年的3.7%，女性失业率从7.5%下降至3.9%。

表6 1990—2021年新西兰就业率与失业率状况　　　　（单位:%）

	就业率				失业率			
	1990年	2001年	2011年	2021年	1990年	2001年	2011年	2021年
总人口	58.8	62.2	63.8	68.1	8.0	5.4	6.5	3.8
男性	68.1	69.8	69.8	72.8	8.4	5.5	6.3	3.7
女性	50.0	55.1	58.2	63.6	7.5	5.4	6.8	3.9

资料来源：世界银行数据库。

(3) 收入状况变动

如图10所示，1990年以来，新西兰人均国民收入整体呈增长态势，1990年，人均国民收入25 904.58美元，远高于同期世界平均值的9009.22美元。1990—2007年，除1998年下跌以外，人均国民收入总体增长，从25 904.58美元增长至35 663.31美元。2008年国际金融危机爆发致人均国民收入下降，随后快速上升，2017年达43 268.79美元。之后虽有下滑，但始终维持在高位，2021年为41 016.29美元。新西兰人均国民收入始终远高于世界平均水平。

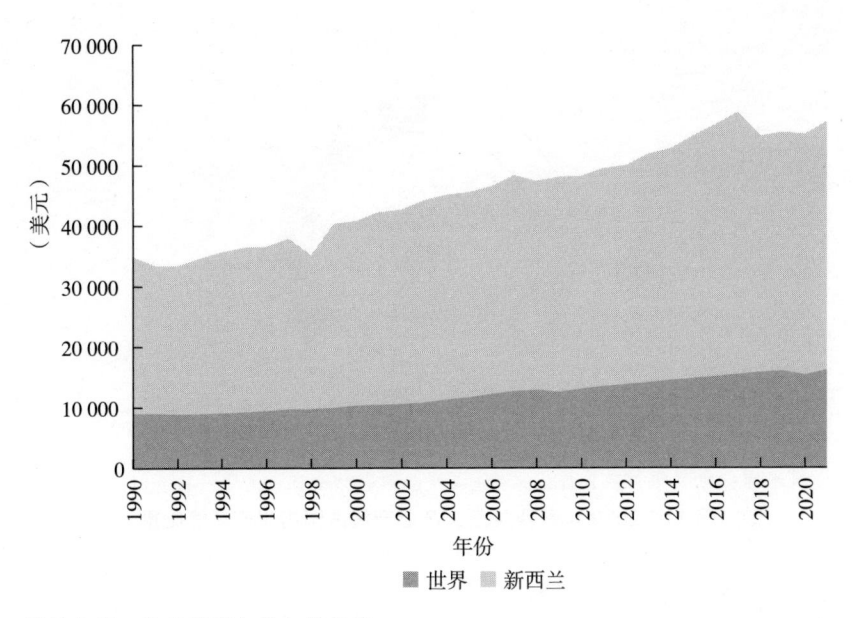

资料来源：世界财富与收入数据库。

图 10　1990—2021 年新西兰人均国民收入变动

3. 产业结构与营商环境

（1）产业结构

如图 11 所示，新西兰产业结构主要以工业（包括制造业）与服务业为主。2019 年，服务业占比高达 64.6%，工业（包括制造业）占比为 29.8%，农林渔业占比仅为 5.6%。新西兰金融业、旅游业等均在世界占有重要地位，同时，农业高度机械化，乳业、果业等行业也处于世界领先地位。新西兰工业虽以农林牧产品加工为主，但近年来也在陆续发展如炼油、炼钢和航空业等重工业。

5.6%
29.8%
64.6%
新西兰

■ 农林渔业　■ 工业（包括制造业）　□ 服务业

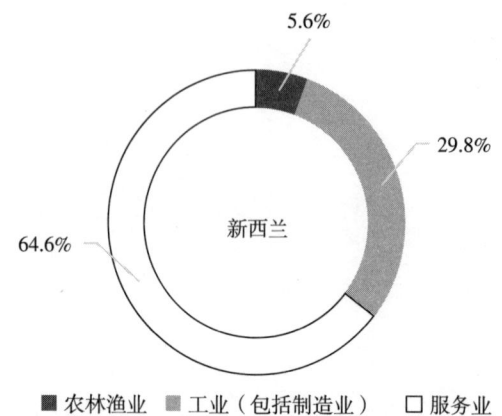

资料来源：世界银行数据库。

图11　2019年新西兰三大产业产值占国内生产总值比重

（2）营商环境与双边贸易

透明健康的营商环境是一个国家经济发展与社会进步的重要标志。自2003年起，世界银行每年发布《全球营商环境报告》，对各国经济营商环境进行指标化定量分析和解读评测，新西兰作为一个社会经济条件优良健康的经济体，其营商环境便利度在《全球营商环境报告》中常年位居前列，2020排名第1。[1]

新西兰与中国双边关系良好稳健，自1972年建交以来，双方经贸关系持续升温。如图12所示，2005年，新西兰对华进出口额分别为12.86亿新元、40.36亿新元，2021年分别增至166.48亿新元、200.40亿新元，2000—2021年，进口总额同比增长864.88%，出口总额同比增长2151.74%。

---

[1]《营商环境》，https://archive.doingbusiness.org/zh/reports/global-reports/doing-business-2020。

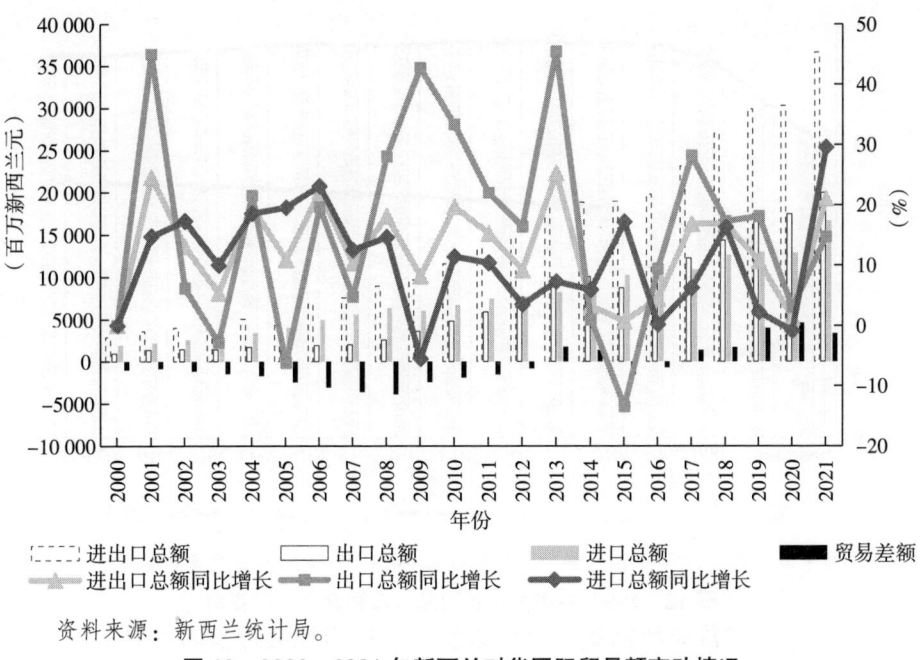

图 12　2000—2021 年新西兰对华国际贸易额变动情况

资料来源：新西兰统计局。

（三）社会发展状况

1. 人口受教育状况

如图 13 所示，新西兰人均受教育年限自 1990 年以来始终高于世界平均水平。1990—2005 年快速增长，2011—2021 年有小幅下滑，从 13.39 年降至 12.94 年。1990—2005 年其与世界同期平均值间的差距不断拉大。2005 年，新西兰人均受教育年限比世界平均水平高 5.85 年，为 1990—2021 年间差值最大年份。之后，随着世界平均水平上升，二者差值不断缩小，2020 年差值仅为 4.31 年，为 1990—2021 年间最小值。

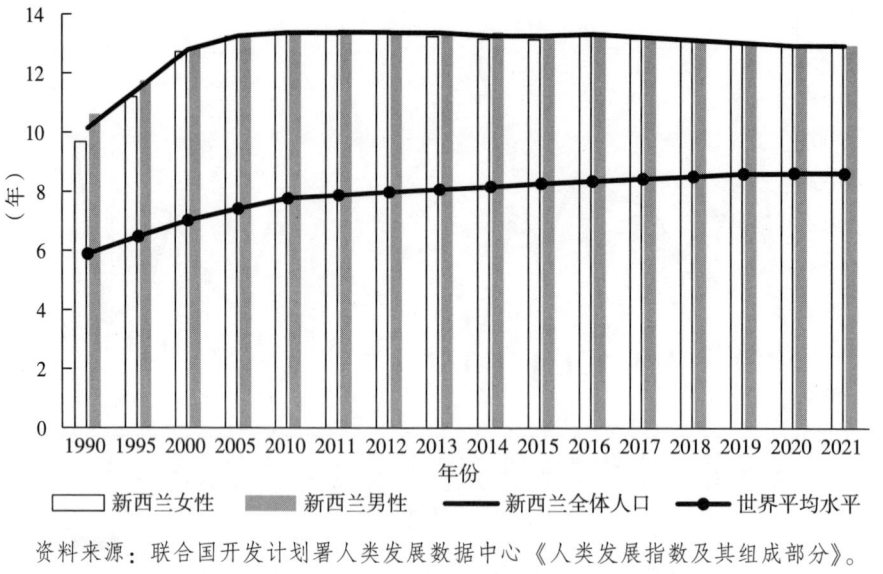

图 13 1990—2021 年新西兰人口受教育年限变动

资料来源：联合国开发计划署人类发展数据中心《人类发展指数及其组成部分》。

此外，新西兰教育平等问题也值得关注。1990年，男性平均受教育年限比女性高0.94年，但随着政府对女性受教育权利的关注以及社会对男女教育平等理念的宣传，2020年，两性平均受教育年限差距缩小到0.02年。

如表7所示，从近三次人口普查中新西兰人口最高学历状况看，与2006年相比，2018年，在没有学历和1—4级证书指标上均出现了一定程度下降，没有学历的比例由2006年的22.4%降至2018年的17.0%，仅获1—4级证书的人口占比由39.1%下降至38.6%。同时，具有较高学历资格的人口占比呈上升态势，2006年，本科学历人口占比为10.0%，2018年增长至13.7%；硕士生和博士生比例显著上升，其中，硕士占比从3.6%增长至8.7%。

总之，由于新西兰对学前教育、中小学教育以及高等教育的不断投资，近年来，新西兰人口素质不断提升，推动了其全国国民素质与国家竞争力的提高。

表7　新西兰人口最高学历占比变动　　　　　　（单位:%）

最高学历	2006年	2013年	2018年
没有学历	22.4	18.6	17.0
1—4级证书	39.1	38.2	38.6
5—6级文凭	8.5	8.2	9.2
本科	10.0	12.1	13.7
硕士生	3.6	5.1	8.7
博士生	0.5	0.7	0.8
海外中学	5.5	6.0	5.5
其他	10.4	11.1	6.5

资料来源：新西兰统计局。

2. 人口健康状况

新西兰人均预期寿命排名全球领先，2021年高出全球均值11.5岁。如图14所示，从趋势上看，该国自1990年以来人均预期寿命呈缓慢增长，从

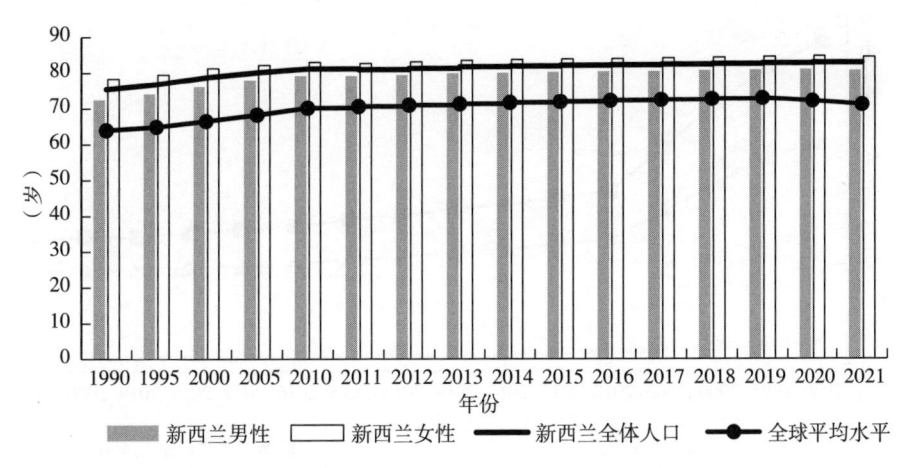

资料来源：联合国《世界人口展望2022》。

图14　1990—2021年新西兰人均预期寿命变动

1990年的75.4岁增长到2021年的82.5岁,增长了7.1岁。分性别看,女性人均预期寿命始终高于男性,男性从1990年的75.2岁增长到2021年的80.6岁,增长了5.4岁,女性从1990年的78.4岁增长到2021年的84.3岁,增长了5.9岁。同时,全球出生时预期寿命由1990年的64.0岁增长到2021年的71.0岁。

如图15所示,1990—2010年,新西兰婴儿死亡率及5岁以下儿童死亡率降幅明显,婴儿死亡率由1990年的8.5‰下降到2010年的5.0‰,5岁以下儿童死亡率由1990年的10.7‰下降到2010年的6.1‰。2010—2016年,两项指标缓慢下降,婴儿死亡率由2010年的5.0‰下降到2016年的3.9‰,5岁以下儿童死亡率由2010年的6.1‰下降到2016年的4.6‰。2016年起,两值均保持在较低水平,婴儿死亡率基本稳定在4.0‰,5岁以下儿童死亡率基本稳定在4.5‰,且始终低于全球平均水平。2021年,新西兰婴儿死亡率低于世界均值23.9个千分点,5岁以下儿童死亡率低于世界均值32.4个千分点。

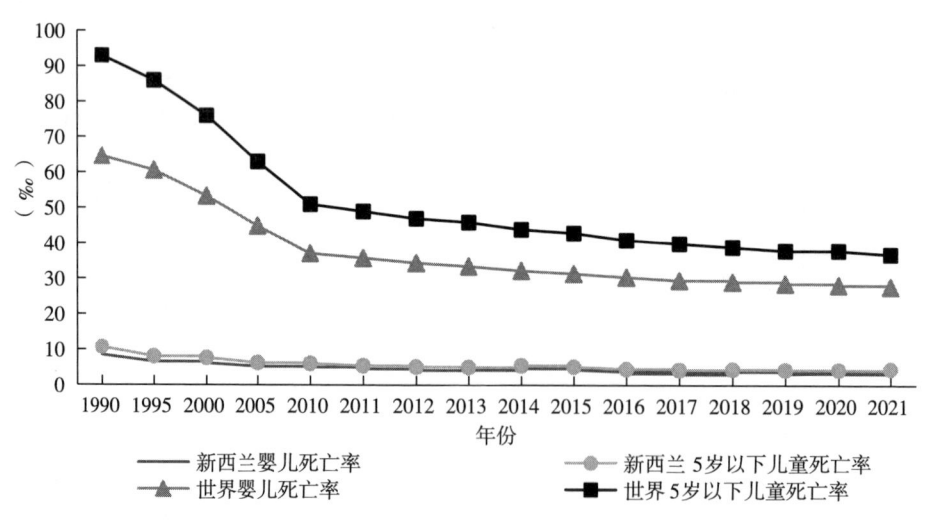

资料来源:联合国《世界人口展望2022》。

图15 1990—2021年新西兰和世界婴儿死亡率及5岁以下儿童死亡率变动

3. 性别平等状况

女性在地方政府、国家议会中所占席位在一定程度上反映了确保女性充分和有效参与政治、经济和公共生活机会的均等情况，以及保障妇女权益、维护性别平等状况。新西兰是议会制国家，如图16所示，1990年，议会女性席位比例为29.17%，此后逐渐下降，2004年降至28.33%。2004年后逐渐上升并保持较稳定水平。2016年起大幅提升，从2016年的31.40%增至2021年的49.17%。世界平均水平虽也持续上升，从2000年的13.46%上升至2021年的25.91%，但新西兰始终高于世界平均水平。得益于新西兰政府与社会对女性权益及性别平等的关注，其议会女性席位所占比例增长快，已接近一半比重，这在很大程度上确保新西兰女性充分有效地参与社会建设和发展。

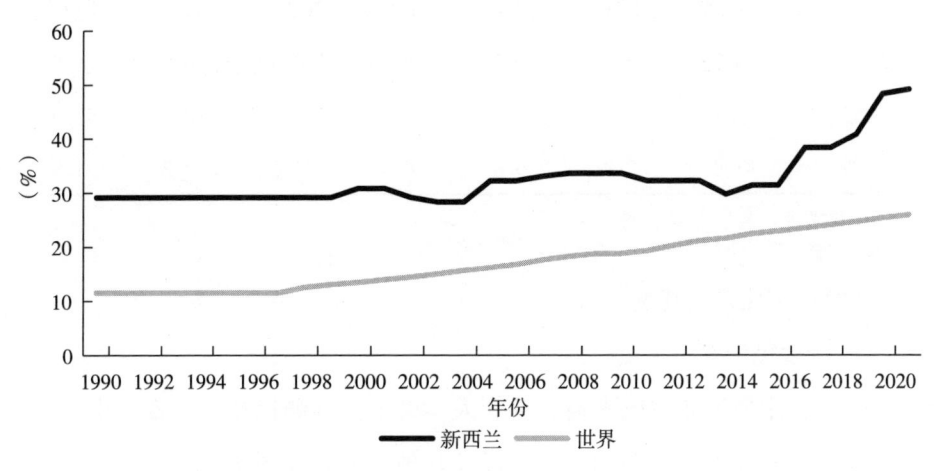

资料来源：联合国开发计划署人类发展数据中心。

图16　1990—2021年国家议会中女性席位比例变动

4. 收入平等状况

个人年收入可用来衡量新西兰社会收入平等状况。如表8所示，2018年，新西兰年收入低于20 001美元的群体占总人口的比重为17.7%，

20 001—70 000 美元群体占比为 57.4%，超过 70 000 美元群体占比为 24.9%，是典型的橄榄型结构。分性别看，男性年收入低于 20 001 美元比重为 13.4%，女性则高达 22.5%，54.7% 的男性和 60.35% 的女性年收入在 20 001—70 000 美元区间。有 31.9% 的男性年收入超过 70 000 美元，而仅有 17.15% 的女性年收入超过 70 000 美元。这说明，新西兰存在一定性别贫富差距，但同时拥有数量庞大的中等收入群体，该群体对于维持社会稳定具有关键作用。此外，该国 1894 年出台并不断完善的最低工资制度对保障低收入群体收入起到了重要作用。

表8 2018年新西兰个人年收入状况　　　　　　　　（单位:%）

	5000 美元或以下	5001—10 000 美元	10 001—20 000 美元	20 001—30 000 美元	30 001—50 000 美元	50 001—70 000 美元	70 001 美元或以上
总人口	4.7	3.7	9.3	10.9	26.1	20.4	24.9
女性	5.7	4.7	12.1	14.1	27.95	18.3	17.15
男性	3.8	2.8	6.8	8.0	24.5	22.2	31.9

资料来源：新西兰统计局。

（四）文化发展状况

1. 少数民族基本情况

新西兰主要种族有欧洲裔、毛利人、太平洋岛屿民族、亚裔、中东裔、拉丁美洲裔和非洲裔、新西兰人，以及其他种族。如图 17 所示，欧洲裔占新西兰人口比重最高，为 61.65%，其中部分为当年欧洲移民后裔，主要由英格兰、苏格兰和爱尔兰移民的后裔结合，并不断吸收了其他欧洲移民成分。

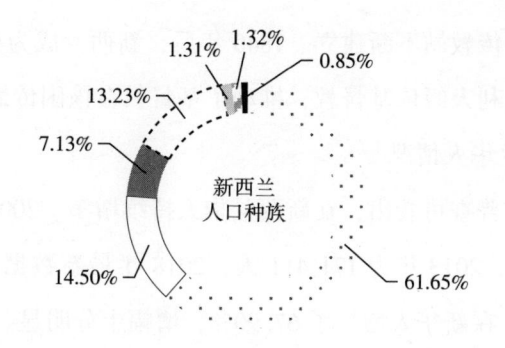

新西兰人口与发展状况报告

```
              1.31% 1.32%
         13.23%       0.85%
      7.13%
                   新西兰
                   人口种族
        14.50%                  61.65%
```

· 欧洲裔　　□ 毛利人　　■ 太平洋岛屿民族
▨ 亚裔　　▨ 中东裔/拉丁美洲裔/非洲裔　▨ 其他种族
■ 新西兰人

资料来源：新西兰统计局。

图17　2018年新西兰人口种族构成

作为新西兰土著民族，毛利人属蒙古人种和澳大利亚人种混合人种，人口比重为14.5%，是新西兰最主要的少数民族，使用毛利语，属南岛语系波利尼西亚语族，其祖先系10世纪后自波利尼西亚中部的社会群岛迁移而来，后与当地土著美拉尼西亚人通婚并混合。毛利人语言、文化受到新西兰政府的保护，不仅在司法部门设有专门处理毛利人事务的法院，[1] 在教育、文化上也有特殊政策用以维持少数民族的民族文化。此外，太平洋岛屿民族、亚裔等也在新西兰社会中享有一定政策优待。

2. 宗教信仰情况

新西兰作为一个欧洲移民与当地少数民族混居的国家，没有法律规定的国教。根据2018年人口普查数据，全国有宗教信仰的人口占62%，无宗教信仰的人口占33%，还有5%没有说明。作为以欧洲移民后裔为主的国家，新教与天主教为新西兰主要宗教。17世纪中叶，基督教通过欧洲移民传入，1814年，由新南威尔士的安立甘宗牧师建立首家基督教传教会，向新西兰毛

---

[1]《新西兰国家概况》，http://www.fmprc.gov.cn/。

利人传教，此后传教站不断建立。1840 年后，新西兰成为英国殖民地，英政府迫使大部分毛利人皈依基督教，推动了基督教在该国传播。

3. 在新西兰华人情况

从三次人口普查可看出，在新西兰华人持续增多。2006 年，常住华人人口为 147 570 人，2013 年为 171 411 人，2018 年最新数据为 247 776 人。[1] 2006—2018 年，在新华人增长了 67.90%，增幅十分明显。

二、人口经济社会发展主要特征

（一）人口增长放缓，老龄化程度不断加深

新西兰近年来总和生育率持续下降，自 2013 年的 2.09 下降至 2021 年的 1.77，人口倍增时间也由 2020 年的 50.6 年上升至 2021 年的 52.4 年。据联合国《世界人口展望 2022》预测，该国人口倍增时间还将不断延长，2034 年将达到 137.5 年，人口增长迅速放缓。与此同时，新西兰人均预期寿命不断延长（由 1990 年的 75.4 岁延长到 2021 年的 82.5 岁），少年儿童数量下降，致使社会愈发老化，年龄中位数也由 1990 年的 30.1 岁提高至 2021 年的 36.5 岁。自进入老龄化社会以后，新西兰老年人口所占比重不断上升，2020 年，65 岁及以上老年人口占总人口比重为 16.5%，人口结构向收缩型发展。

（二）初婚年龄不断上升，结婚率持续下降

随着经济社会发展，新西兰男女初婚年龄呈持续上升态势，男女两性初婚年龄分别由 2010 年的 29.9 岁、28.2 岁推迟到 2020 年的 30.6 岁、29.5 岁。结婚率持续下降，由 2010 年的 13.04‰ 下降到 2020 年的 4.74‰，同时离婚率也呈下降趋势。

---

[1]《2018 年人口普查》，https://www.stats.govt.nz/tools/2018-census-ethnic-group-summaries/asia。

（三）人口迁移频繁，人口增长动能转变

新西兰历来都是人口净流入国，但近年人口迁移愈加频繁。净迁入量在 2019 年达到峰值，创过去 30 年来新高。此外，随着生育率持续降低以及外来移民进一步增多，新西兰人口增长动能已发生转变，2012 年后，人口机械增长已成为新西兰人口增长主要动能。

（四）宏观经济良性发展，国民收入持续攀升

新西兰发达的金融行业，以及政府较为透明、高效的管理体系，使其成为世界上最为发达的市场经济体之一，即使受到 2008 年国际金融危机及欧债危机的冲击，仍能快速恢复经济发展，并在 2020 年被国际货币基金组织《世界经济展望》认定为世界上最发达的国家之一，这反映出新西兰政府对于宏观经济状况的深入观察及有效调整。此外，新西兰国民收入在 2000 年以后也呈现出增长态势，由 2000 年的 30 433.88 美元上升至 2021 年的 41 016.29 美元，始终远高于同期世界平均水平。新西兰经济稳定向上发展，国民收入稳定。

（五）拥有高质量人力资本，健康素质较高

新西兰政府始终关注教育投资，期待通过提升教育素质提升国民人力资本。该国人口素质一直处于世界领先地位，2020 年，人均受教育年限为 12.95 年，比同期世界平均水平 8.64 年高 4.31 年。除了通过投资教育来提升国民人力资本以外，新西兰还通过良好的医疗卫生环境来保障国民健康。过去 30 年，新西兰婴儿死亡率、5 岁以下儿童死亡率均持续下降，近年来，婴儿死亡率稳定在 4.0‰，5 岁以下儿童死亡率稳定在 4.5‰，远低于同期世界平均水平。新西兰的人均预期寿命也始终保持在高位，2021 年，其出生时预期寿命为 82.5 岁，比 1990 年增长了 7.1 岁，高出全球人均预期寿命 11.5 岁。可以看出，新西兰人力资本、医疗卫生和大众健康均已达到世界领先水平。

三、人口与发展面临的主要问题与挑战

（一）人口抚养比上升，养老金压力持续加重

新西兰自全面进入老龄化社会以后，因总和生育率不断走低，以及人均预期寿命不断提高，人口老龄化不断加速发展。2020年，新西兰65岁及以上老年人口占总人口比重为16.5%，已步入中度老龄化社会。因人口金字塔"底部"少儿人口减少与"顶部"人口老龄化的叠加效应，其国内劳动年龄人口减少，国内市场规模缩小、消费不振，劳动年龄人口抚养负担日益加重。同时，巨大的养老保险压力和大幅的社会资源消耗，对其社会经济增长造成了一定阻碍。

一直以来，新西兰发放给所有符合年龄和居住条件的老年人非缴费、统一标准的"国家超级年金"虽运作良好，但仍存在一些问题。首先，单一制度抵御风险能力不足。因超级年金制度与政府税收挂钩，一旦新西兰出现经济波动，税收低迷，随之而来的便是养老金支付不足，无法充分满足老年人口的需求。此外，超级年金通过大量投资赚取利润以供给养老金池，但随着世界范围内的经济低迷，投资收益也会低迷，如2007—2009年，新西兰超级年金基金投资收益率出现负值，尤其2008—2009年度亏损高达22.14%。养老金制度作为覆盖全民、普享性质的国家制度必须具有稳定的收支，而经济波动对于新西兰超级年金投资所带来的影响显而易见，这种投资风险需要政府的持续关注与稳步改善。

为缓解养老金压力，新西兰政府曾于2001年推迟领取养老保险金年龄，并在之后根据社会发展对领取养老金的人群进行了重新界定。但推迟领取养老金年龄，会使低龄老年人口重新进入劳动力市场，社会是否能提供足够适合老年人口的工作机会，老年人口是否能够满足不断发展的职位需求，一旦低龄老年人口失业，如何避免这一部分人群成为贫困群体，都是新西兰在面

临老龄化程度不断加深、社会负担持续加重形势下需要考虑的问题。

(二) 生育率持续下降，劳动力供给不足

自 2013 年以来，新西兰总和生育率跌破人口更替水平并持续下降，2021 年为 1.77。较低的生育率预示未来进入劳动力市场的人口数量将同步下降，新西兰已出现了较为严重的"用工荒"，且随着老龄化程度不断加深，劳动力短缺将进一步制约新西兰经济发展。

首先，新西兰发达行业如畜牧业、林业等产业工人不得不长期离开居住地，致使此类工作对于大多新西兰本地人不具有吸引力。尽管新一代年轻人接受教育具备了较高素质，但更多劳动者的专业素质和个人意愿往往不符合雇主要求，劳动力市场呈现结构性矛盾。新西兰政府通过放宽签证条件，吸引外国熟练工人或太平洋岛国的季节性工人入境来从事此类工作。目前，新西兰苹果产业、猕猴桃产业等均面临劳动力短缺问题。受新冠疫情的影响，酒店业、旅游业等其他行业深受打击，市场萎缩、专业劳动力外流、劳动力短缺严重阻碍了新西兰的经济复苏。

其次，虽然新西兰作为人口迁入大国可以通过外来移民填补劳动力不足，但迁入该国的人口中，65 岁及以上人口逐年增多，在过去 10 年上升了 2 个百分点，与之对应的是劳动年龄人口占比下降了 1.7 个百分点，其后果是新西兰劳动力不足问题将持续加重。

最后，新西兰统计局数据显示，目前约有 100 万新西兰人居住在国外，其中绝大多数为高素质人口，作为一个人口规模不大的国家，这引发了其国内对人才流失的担忧，大规模劳动年龄人口外流，势必会加重劳动力市场结构性矛盾。

四、思考与启示

(一) 新西兰人口经济发展对中国的启示

1. 成功的职业教育改革

作为职业教育的先行者，结合中国具体实际借鉴新西兰职业教育改革经验，对创建中国特色职业教育体系具有十分重要的意义。

在新西兰教育体系中，学校管理由政府和学校共同进行，学校享有极高自主权，而政府角色则为教育系统背后的支持者和领导者，高等教育委员会负责统筹领导全局，教育部则负责制定国家政策框架。在《2020 年教育修正案》中，新西兰将职业教育和以工作为基础的培训融为一体，形成了一个统一的、具有凝聚力的全国性职业教育体系。该法案也被新西兰教育界视为近 25 年来高等教育领域的最大变革。此次教育改革中，最受人瞩目的是高度肯定行业本身对于职业教育的重要性，新西兰国内认为，要想获得有质量的职业教育，就必须确保行业对于教育机构教学内容的发言权。让雇主和行业发挥更大的导向作用，主要体现在：首先，雇主和行业能够规划和定义其现有劳动力和进入该行业的劳动力所需要的知识和能力；其次，行业能够在全国范围内形成统一的资格证书审查、批准和认可；最后，雇主和行业还能与职业教育专家一道建立起有效的合作关系。这样的改革不仅可以让劳动者体验到产学融合的意义，也可以让职业教育在区域经济发展计划中发挥更大的作用。

新西兰的成功经验对中国职业教育发展有着重要启示。一是对"在职"和"在校"进行整合，提升职业教育质量。新西兰职业教育整合职前培养和职后培训，以终生教育为导向，避免校内培训脱离行业雇主的实际需求，或在校外耗时耗力却达不到实际学习目标。中国教育主管部门和学校可探索与企业等第三方机构动态设定职业教育学生在校的学习培养目标，通过修改培养方案，贴合市场的实际需求并及时调整学习内容，还可通过邀请第三方独立质量监督机构加入，以确保各方权责落实，有效提升中国职业教育质量。

二是评价范式应适时调整。长期以来，新西兰政府鼓励职业教育学校制定符合自身特点和需求的内部质量评价标准体系，注重内部评价。在开发质量评价标准时，中国可借鉴新西兰成功经验，从相对静态的"外部评价"向相对动态的"内部评价"转变，通过主管部门牵头联合外部专家或第三方机构，制定内部质量评价指南，职业院校依据自我情况建立内部质量评价标准。

2. 优良的营商环境治理方式

优良的营商环境是一个国家社会经济高度发展的标志，营商环境便利度直接影响一家企业开办、运营、退出的全生命周期。世界银行《营商环境报告2020》显示，新西兰营商环境便利度在全球排名第一，该国在企业开办、中小投资者保护、信贷授予等方面均有着优秀表现，也由此成为全球商业投资目的地，被评为全球营商最便利国家之一。中国在加入世界贸易组织之后，通过一系列改革与调整，营商环境优化已取得较大进展，在《营商环境报告2020》中位列第31位，新西兰营商环境治理方式对中国持续推进优质营商环境建设有着重要借鉴意义。

一是加快建设数字化政府，提高政务服务水平。数字化建设是政府提升综合治理能力和政务服务水平的关键要素之一，可通过数字化手段快速优化国家营商环境。新西兰通过加快数字经济建设，为企业、居民提供数字化服务，提升本国政府服务效率，构建数字化政府适应了世界银行对于营商环境指标体系的评价要求。因此，中国政府可通过统筹资源推动数字化政府建设，构建高度数字化的和谐社会，以数字化推动数字经济的发展。

二是加强营商环境法治建设，提升立法水平，加大执法力度。新西兰制定了严密的法律体系以保障营商环境的健康透明，具体体现在保护消费者合法权益、打击市场垄断及恶性竞争、监督市场管理部门等，由此实现了新西兰营商环境的统一性和有序性。中国从健全各级政府的政务服务信息公开规定开始，已经推动了政务服务数据走向法治化与公开化，应进一步加强法律法规执行力度，确保营商环境的公平正义，保证政府发挥好监督者和裁判员角色。从建设法治国家的高度推动建立法治化营商环境。

三是优化税收制度，提高营商纳税便利性。从世界银行公布的《营商环境报告》具体指标与细则中可看出，纳税指标影响着国家营商环境的便利性，且被国际资本所重视。税收对一国营商环境的影响主要来自税收制度的制定和税务管理层面。中国自改革开放以来持续推动税收制度改革，通过让利于民的举措持续改善营商环境。新西兰在税收制度管理措施上，通过弹性调整方式管控商品税率，对于大宗商品制定特殊关税以提高贸易的便利性。中国在调整税收制度时，应结合自身情况，借鉴新西兰税收制度管理的成功经验，既要兼顾广大企业对于营商纳税便利性的需求，也要针对特殊产品与客户进行个性化定制，同时进一步降低高负担企业税收，提升营商环境活力和便利程度。

3. 积极应对人口老龄化

新西兰总和生育率自 2011 年起低于人口更替水平后基本呈下降趋势，新生儿数量增长缓慢，同时老龄人口护理水平和医疗卫生水平提升，使老年人口比重快速提升。2020 年，新西兰已步入中度老龄化社会，同时，该国自 2001 年开始积极应对老龄化，在政策推进、经费投入等方面对中国应对人口老龄化有着一定的借鉴意义。

一是认真落实应对人口老龄化资金投入。新西兰通过实施积极老龄化战略，已成为一个重视老年人口价值、鼓励老年人口参与社会治理的国家。应对老龄化，资金投入至关重要，新西兰是世界上第一个以国家税收收入为来源保障老年人口养老津贴发放的国家。政府成立了专门的管理和投资基金，用以资助老年机构。老年人口津贴发放只与年龄和居住条件有关，最大限度地应对人口老龄化。

二是适当推迟退休年龄。新西兰积极老龄化战略也包括对退休年龄的弹性调整。调整退休年龄,既可以部分满足社会经济发展对劳动力的需求,也可有效缓解养老金压力。中国在"十四五"规划中提出,按照小步调整、弹性实施、分类推进、统筹兼顾等原则,逐步延迟法定退休年龄。[1] 中国延迟退休改革不仅针对退休年龄的制度安排,还包括对一系列现存制度、政策和项目的整体性改革,以及推动具体措施完善落地。

三是建立全面高效的养老金制度。新西兰的超级年金制度属于普享性质的非缴费型养老金制度,是该国的养老保障支柱,也是该国唯一的公共养老金模式。该制度有着以下优点:第一,能有效减少老年贫困。超级年金作为普惠型制度,能够有效保障基本覆盖老年人口,在预防老年贫困方面有较好的表现。第二,制度简单易懂。超级年金制度覆盖全民且均等,制度内容清晰,对于老年人口较为友好。第三,财政负担相对较轻。新西兰超级年金制度通过投资收益多样化并结合提高退休年龄等举措,相对有效地控制了国家财政压力,具有一定可持续性。对中国来说,部分借鉴新西兰现有养老金制度,建立一个高效、易懂、可持续的养老金制度,保障老年人口权益,维持社会稳定发展。

4. 吸引高端外来人才

如前文所述,2021 年,新西兰以 0.937 的人类发展指数位列全球第 13 名,人口净迁入 38 220 人,净迁移率为 7.5‰,新西兰发达的经济水平、宜人的居住环境和高保障的福利制度吸引着全球移民目光。面对日趋激烈的国际竞争环境,新西兰也越来越认识到人才的重要性,在吸引人才、培训人才和留住人才等方面采取了许多措施,包括设置专门机构负责人才引进工作、建立人才资料可查询的人才数据库、设立中央工作职业网站、充分利用网络

---

[1] 李心萍:《小步调整、弹性实施、分类推进、统筹兼顾——延迟退休如何进行(政策解读)》,载《人民日报》,2021 年 3 月 30 日,第 3 版。

优势扩大就业和招揽人才的渠道、对专业技术人员制定社会通用的资格条件、利用各种新闻媒体和网络广泛招聘国内外的优秀人士、对于急需的稀缺人才打破身份国籍限制等，多策并举留住人才。同时，加强在职人员培训，使其不断更新知识、提高素质，在保证能够留住人才的同时最大程度防止人才流向海外。

中国在制定人才政策时，可借鉴新西兰经验，面向全球吸引高端人才，实行适合中国国情的人才引进措施，发挥中国优势，吸引全球高质量、高技术人才。首先，实施海外人才引进计划。抓住全球化发展机遇，鼓励创新创业，实行激励制度，吸引更多海外人才。其次，抓住人才引进和人才工作重点，重视高层次人才引进工作。把人才工作放到更加突出位置，采取可行方式，培养和引进优秀人才。再次，重视引才政策的国际性和差异性。海外人才来自不同国家，不同文化培养出不同观念，在引进人才时要充分考虑其个人需求和实际情况。最后，把教育培训作为留住人才的重要措施。在吸引人才的同时能够留住人才，满足人才自我提升需求，通过各种形式的培训提高人才队伍质量，让人才能顺应科技发展潮流不断进步，营造创新进步的良好氛围。

（二）中国与新西兰合作展望

新西兰港口城市众多、森林资源丰富、劳动力素质水平较高并且经济发展稳定，是共建"一带一路"的重要合作伙伴之一。2017年，新西兰与中国签署《中华人民共和国政府和新西兰政府关于加强"一带一路"倡议合作的安排备忘录》，该备忘录和经贸、农业、电子商务、教育、知识产权保护、环保等领域8份合作协议的签署，预示着中新合作迎来新前景。[1] 新西兰和中国在贸易领域不断加强合作。2021年，新西兰对华货物出口额突破

---

[1]《中新"一带一路"合作备忘录正式公布开启两国合作新前景》, http://www.scio.gov.cn/gx-zl/ydyl_26587/2xtj_26590/2xtj_26591/202207/t20220728_267733.html。

200 亿新元，自 2008 年以来保持 17% 的年均增长率，远高于同期新西兰对全球货物出口总额 3% 的年均增长率。[1] 2022 年 4 月 7 日，《中华人民共和国政府与新西兰政府关于升级〈中华人民共和国政府与新西兰政府自由贸易协定〉的议定书》正式生效，中新两国贸易关系将进一步深化。在共建"一带一路"背景下，中新两国合作可以朝着更加全方位、深层次的方向发展，发挥彼此合作潜力，加强区域间互联互通，创造双方经济新的增长点。中新双方可通过推动交通、经贸、农业技术、投资、科技创新、旅游及其他领域合作，促进地区间和平与发展。

1. 密切开展人才合作和交流

新西兰人才资源优越、劳动力素质较高。高质量人力资本为新西兰高新技术产业发展提供了有力的人才资源支持。中新双方可利用彼此人力资源优势搭建合作平台，有效促进经济共同发展。

新西兰重视推进教育出口，政府全面开放教育市场，吸引全球各国留学生赴新就读，中国已连续十几年成为新西兰最大的海外留学生来源地。[2] 目前，中国与新西兰合作办学项目和机构总数达到 27 个，包括南京财经大学梅西学院、西南大学与奥克兰大学计算机科学与技术专业本科教育项目、云南农业大学与林肯大学农林经济管理专业本科教育项目等，中国同新西兰已在教育与人才培养方面展开了密切合作。对于新西兰来说，中国拥有庞大的劳动力储备，可以通过外包、灵活用工、劳工派遣等服务，实现双方的人力资源互补。

目前，中新双方已在多个领域开展了全面深入合作，搭建合作交流学习平台，推动政府、企业和学校各个领域之间开展人才交流，以彼此优势产业

---

[1]《新西兰贸易部长：中新自贸协定升级将加速新西兰经济复苏》,https://www.yidaiyilu.gov.cn/xwzx/hwxw/233624.htm。

[2]《中新"一带一路"合作备忘录正式公布开启两国合作新前景》,http://www.scio.gov.cn/gx-zl/ydyl_26587/2xtj_26590/2xtj_26591/202207/t20220728_267733.html。

为基础，推进技术人才相互学习，提高人才技术技能水平，以合作为基础培养双方人才，更好地服务中新双方的长期合作与发展。总之，借助新西兰高质量技术人才，可推动共建"一带一路"倡议下中外人力资源合作，形成共建"一带一路"国家和地区人才培养和人才合作的多层次网络，进行人才交流、教育与培训，建立系统的人力资源管理体系，为共建"一带一路"国家开展合作项目提供优质人才储备。

2. 推动"银发经济"发展，加强养老产业合作

新西兰和中国都是老龄化程度较高的国家，双方都面临推动老年经济发展、利用老年人口红利、打造优质老年社会的课题。为此，在共建"一带一路"倡议下推动两国养老产业合作，共同探索出一条走出老龄化所带来的困境的新道路。

首先，中新两国可加强在养老服务产业的学习互鉴。新西兰进入老龄化社会时间较早，发展程度较深，已经历老龄化带来的种种困境，其养老产业发展较为成熟并且技术领先。中国较晚进入老龄化社会，养老产业发展起步较晚。中新两国在养老产业管理方式和技术上互相借鉴，促进养老产业人才互通。

其次，加强两国老年旅游业合作。作为养老产业中的支柱性产业，老年旅游业具有发展快、效益高、受众广的特点。新西兰是岛屿国家，自然风光秀丽，山脉、火山与绵延不绝的海岸线吸引了世界各地的游客，旅游业是新西兰重要的支柱产业之一。多年来，赴新西兰的游客人数不断增加，2019年，有超过 336 万名游客前往新西兰旅游，促进了新西兰经济发展。同时，新西兰也吸引了很多中国游客，赴新旅游的中国游客人数迅速增长，2019年，有超过 37 万名中国公民前往新西兰旅游。[1] 大力发展老年旅游业，是

---

〔1〕《行业领域》，https://nzdotstat.stats.govt.nz/wbos/Index.aspx?_ga=2.69086803.378820653.1665560662-435017827.1665560662#。

一条推动两国"银发经济"发展的合作道路。随着中国经济增长和中新双边经贸合作不断发展，中国和新西兰已从单一的贸易关系发展为多领域、多层次、多形式的经贸合作。老年旅游业合作可以为两国养老产业发展注入新动能，为两国老年人提供更加优质的多元化服务。

3. 坚持绿色发展合作，应对全球气候变化

新西兰气候宜人、森林资源丰富，森林面积达1010万公顷，占全国土地面积的38%。[1] 环境优美适合居住。实际上，新西兰在其经济发展过程中也曾面临环境污染、生态破坏问题，但从20世纪60年代开始环境保护，通过政府、社会和个人等多方努力，该国实现了经济发展和环境保护共存，人与自然和谐相处。目前，中国大力发展绿色经济、保护自然环境，也可以借鉴新西兰绿色健康经济发展道路的有益经验。

2014年，中新双方声明建立全面战略伙伴关系，将采取有效措施应对全球气候变化问题，并签署了两国政府气候变化合作安排。2017年第一次中新气候变化部长级对话为双方气候变化合作奠定了基础。2019年，双方在新西兰总理阿德恩访华期间发布《中国—新西兰领导人气候变化声明》，重申两国应对气候变化合作的承诺。中新双方将致力于推动关于国际碳市场和非市场方法的谈判，以及其他技术问题的相关谈判，确保环境完整性。[2] 双方应坚持推进在清洁能源、海上生态环境保护和气候变化等领域的合作发展，发掘双方的合作潜力。[3]

4. 强化数字经济合作，搭建数字经济发展平台

新西兰一直重视数字经济发展，通过营造良好的营商环境推动该领域发展，推动经济多元化发展并向低碳经济过渡，同时就数字环境中的消费者保

---

[1]《对外投资合作国别(地区)指南：新西兰(2021年版)》，http://www.mofcom.gov.cn/dl/gbdqzn/upload/xinxilan.pdf。

[2] 同[1]。

[3]《中新"一带一路"合作备忘录正式公布开启两国合作新前景》，http://www.scio.gov.cn/gxzl/ydyl_26587/2xtj_26590/2xtj_26591/202207/t20220728_267733.html。

护和个人信息保护等发布相应措施。2005年，中国华为进入新西兰，向其4G移动网络等提供设备。近年来，支付宝先后与新西兰银行、奥克兰机场等当地企业达成合作，为新西兰商家带去新的支付方式。2020年起，支付宝进一步与新西兰本地生活服务平台GOGO、掌上新西兰及政府下属企业等进行合作。2022年8月18日，《数字经济伙伴关系协定》联合委员会宣布，中国加入《数字经济伙伴关系协定》工作组正式成立，将全面推进中国加入《数字经济伙伴关系协定》的谈判。《数字经济伙伴关系协定》是由新西兰等国发起和签署的全球首份数字经济区域协定，中国加入《数字经济伙伴关系协定》将推动中新双方在高新技术产业方面的合作不断深化。[1]中国数字经济发展态势良好，并在5G领域拥有全球领先技术。借助共建"一带一路"合作基础，可推动中新双方在数字经济技术合作中实现优势互补，实现双方技术进步和经济发展。

5. 促进双方文化交流与合作，为世界文化多样化发展提供动力

新西兰作为南太平洋岛国，文化风俗与中国有着较大差异。37%的新西兰人口信仰基督教，毛利人有独特的传统习俗，大都信奉原始的多神教。2018年，定居在新西兰的华人数量为26万人，是亚裔（71万人）中第二大群体，也是新西兰人口增长最快的族裔之一。[2]华人在新西兰主要分布在奥克兰、惠灵顿和克赖斯特彻奇。目前，新西兰共有3所孔子学院，为热爱中文和中华文化的新西兰人民提供学习帮助和接触中国文化的机会，同时为中华文化走向世界作出贡献。自1972年中国与新西兰建立外交关系以来，双方相互尊重、互利共赢，在各领域的合作都取得了重大成果。2020年9月24日，由中国驻新西兰大使馆和奥克兰总领馆共同主办、奥克兰孔子学院承

---

〔1〕《我国全面推进加入〈数字经济伙伴关系协定〉谈判》，https://m.gmw.cn/baijia/2022-08/23/35970739.html。

〔2〕《对外投资合作国别(地区)指南：新西兰(2021年版)》，http://www.mofcom.gov.cn/dl/gbdqzn/upload/xinxilan.pdf。

办的庆祝中新建交50周年暨"汉语桥"新西兰中学生中文大会举行。2022年9月26日,新西兰中文周开幕招待会在新西兰国会大厦举行,新西兰中文周活动始于2014年,活动期间,新西兰多地会举办中国文化日、中国诗歌朗诵、汉服秀、中国民乐欣赏、中国美食体验等活动,吸引当地民众参与,实现两国文化的交流与互鉴,开创人文交流新局面。

6. 开展卫生医疗领域合作,构建人类卫生健康共同体

医疗卫生合作是共建"一带一路"倡议的领域之一。新西兰是高福利国家,政府承担较高医疗服务费用。2020年,新冠疫情在全球大流行,中国表现出了强大的公共医疗卫生服务能力,与新西兰专家分享中国经验、解答重点问题,帮助新西兰控制新冠疫情,这是两国医疗卫生合作的良好开端。习近平主席在2021年全球健康峰会上的讲话中指出,"坚持同舟共济,倡导团结合作""秉持人类卫生健康共同体理念"。[1] 面对全球化发展趋势,中新双方可在已有合作基础上,共同推进医疗卫生领域更广泛的合作,开展更加全方位、多领域、深层次的医疗卫生服务项目合作,推动智慧医疗、"互联网+医疗"等项目的发展,使中新两国的优质医疗资源在服务两国人民的同时,带动共建"一带一路"国家共同发展,形成医疗卫生领域的合作网络,加快构建人类卫生健康共同体。

参考文献:

[1]白炳贵,姚艳蓉.积极老龄化背景下新西兰老年教育研究[J].终身教育研究,2020,31,2:65-72.

[2]便民利企深入推进"互联网+政务服务"[J].奋斗,2022,17:73-74.

[3]高扬,袁美灵.新西兰职业教育质量评价标准及其对中国的启示[J].中国职业技术教育,2019,9:90-96.

---

〔1〕习近平:《携手共建人类卫生健康共同体——在全球健康峰会上的讲话》,新华社北京2021年5月21日电。

[4]郭涛,李天欣.新西兰2020年职业教育改革及其对中国的启示[J].中国高校科技,2021,3:54-57.

[5]黄冠,吴红宇.新西兰最低工资调整机制及对中国的启示[J].广东农工商职业技术学院学报,2016,32(1):78-82.

[6]禾本.新西兰:苹果行业劳动力短缺仍是问题[J].中国果业信息,2022,39(4):31.

[7]禾本.新西兰:劳动力短缺威胁猕猴桃产业[J].中国果业信息,2018,35(6):36-37.

[8]金晔.新西兰成人教育的特点及其启示[J].河北大学成人教育学院学报,2012,14,3:108-112.

[9]孔超.新西兰航天产业发展现状分析[J].中国航天,2021,7:27-30.

[10]李倩倩.新西兰私人养老储蓄计划评估对中国的启示[J].现代经济探讨,2015,12:91-95.

[11]刘京州.别裁伪体亲风雅 转益多师是吾师——澳大利亚新西兰引进国外人才的主要措施及对我们的启示[J].人才资源开发,2009,9:9-11.

[12]宋林霖,陈志超.中国语境下的营商环境优化:核心议题与治理路径[J].中国行政管理,2021,1:147-149.

[13]庞永红,张冰.新西兰医疗福利伦理实践及其对中国医疗福利伦理建设的启示[J].云梦学刊,2021,42(06):79-87.

[14]肖潇.健全中国养老金体系的思路研究[J].宏观经济研究,2021,6:117-123,175.

[15]孙权,薛琦.新西兰银行业公司治理对中国银行的启示[J].区域金融研究,2020,8:55-60.

[16]于环.新西兰超级年金:"一枝独秀"的养老保障模式[J].中国财政,2016,2:71-73.

[17]DAVID C M. The labor market in New Zealand, 2000-2017[J]. IZA World of Labor,2018.

[18]Key Statistics. Population ageing in New Zealand[DB/OL]. http://www.stats.govt.nz/browse_for_stats/people_and_communities/older_people/pop-ageing-in-nz.aspx.

[19]LAW D. Retirement income policy and national savings[J]. New Zealand Economic Pa-

pers,2016,50(1).

[20]LITTLEWOOD M. Pre-funding a government's future financial obligations-the New Zealand superannuation case study[J]. New Zealand Economic Papers,2010,44(1).

[21]Ministry of Education. Education (Vocational education and training reform) amendment act 2020[EB/OL]. (2020-05-21)[2020-12-20]. https://www.education.govt.nz/our-work/legislation/education-vocational-education-and-training-reform-amendment-act-2020/.

[22]New Zealand Government. Reform of vocational education:summary of change decisions [R]. Wellington:New Zealand Government,2019:4,7,8,9,12-17.

[23]OECD. Education policy outlook snapshot:New Zealand [EB/OL]. http://www.oecd.org/newzealand/highlightsnewzealand.htm.

[24]Office of the Minister of Education. Consulting on proposals for vocational education system reform[R]. New Zealand:Office of the Minister of Education,2019:3,4-5,6.

[25]ST JOHN S. Improving the affordability of New Zealand superannuation[J]. Psychosociological Issues in Human Resource Management,2014,3(1).

[26]STUART M. "Social investment" as political economy of education:recent changes in early childhood education in New Zealand[J]. Global Studies of Childhood,2018,8(1).

[27]The Hub for Education Conversation. About the changes[EB/OL]. [2021-01-11]. https://conversation.education.govt.nz/conversations/reform-of-vocational-education/about-the-changes/.

[28]VATSA P. Comovement amongst the demand for New Zealand tourism[J]. Annals of Tourism Research,2020:83.

葡萄牙人口与发展状况报告

张晓青　黄彩虹[*]

摘要：葡萄牙人口处于"低出生率、低死亡率、低增长率"的后人口转变阶段。近年来，葡萄牙人口增长率主要取决于移民增长率，呈现生育水平极低、平均生育年龄上升、非婚生比例上升、"双重老龄化"的特点。劳动年龄人口活跃指数下降，就业结构与产业结构基本协调发展；高等教育入学率显著提高，健康预期寿命呈现性别差异；天主教婚姻比例显著下降，两性工资差距缩小。

针对低生育率陷阱和严重老龄化带来的社会问题，葡萄牙政府采取了支持生育、协调工作和家庭生活、吸引移民等政策与措施，积极支持健康老龄化福利事业、支持就业与医疗体系等政策措施。

葡萄牙的人口与发展提供了几点思考与启示：一是发挥澳门独特优势，助力中葡关系发展；二是加强健康长寿、数字、绿色、创新等领域合作；三是推动文化、旅游、教育等领域的交流与合作；四是借鉴葡萄牙应对老龄化

---

[*] 张晓青，博士，教授，山东师范大学地理与环境学院博士生导师；黄彩虹，博士，山东师范大学地理与环境学院讲师。

问题的方针策略，推动中国实现第二次人口红利。

关键词：葡萄牙；人口负增长；第二次人口红利；经济社会影响

葡萄牙是欧洲古国之一，位于欧洲伊比利亚半岛的西南部，东、北与唯一的邻国西班牙接壤，西、南濒临大西洋。国土包括伊比利亚半岛上的本土，以及大西洋上的马德拉群岛和亚速尔群岛，领土面积 92 090 平方千米，拥有 1 727 408 平方千米的专属经济区。本土地势北高南低，多为山地和丘陵。北部属海洋性温带阔叶林气候，南部属亚热带地中海气候。行政区划分为行政区/自治区、市政区、民政区 3 个等级，共有 18 个行政区、2 个海外自治区、308 个市政区、3092 个民政区。2003 年，葡萄牙在本土设置 5 个区域协调发展委员会，又称地方大区。

葡萄牙是中等发达国家，2021 年人均国内生产总值为 20 731.95 美元，为欧盟平均水平的 74%，在欧盟成员国中居于中下游，在南欧 4 国中低于意大利和西班牙、高于希腊。在人均消费水平方面，葡萄牙为欧盟平均水平的 83%。工业基础较薄弱，纺织、制鞋、酿酒、旅游等是国民经济的支柱产业。葡萄牙官方语言为葡萄牙语，是天主教国家，接近 9 成人口信奉天主教。

中葡两国的经贸合作发展迅速，在两国各自对外经贸合作中的地位逐渐上升。欧盟统计局数据显示，2019 年，中国对葡萄牙的主要出口商品是机电产品、纺织品及原料、贱金属及制品、化工产品等，进口商品主要有矿产品、纤维素浆和纸张、机电产品、运输设备等。葡萄牙积极参与共建"一带一路"，是率先同中国签署共建"一带一路"合作文件的西欧国家，2021 年，中葡双边贸易额达 88.11 亿美元，同比增长 26.71%。2022 年上半年，中葡双边贸易总额为 46.1 亿美元，同比增长 10.9%。

葡萄牙早在 20 世纪 80 年代就已完成人口转变，当前处于后人口转变时期，低迷的生育率、较高的人口迁移率及日益严峻的老龄化等特征将在一定时期内持续。

一、人口发展现状

人口发展状况包括人口规模、人口结构、人口素质、人口分布等基本状况，劳动力就业和人口红利等经济状况，受教育程度、健康、婚姻、住房等社会状况，以及民族、语言、宗教等文化状况。依照经典人口转变理论，葡萄牙人口发展处在"低出生率、低死亡率、低自然增长率"的后人口转变阶段，极其缓慢的人口增长和不断加速的人口老龄化等深刻影响着经济社会发展。

（一）人口基本状况

1. 常住人口规模变动及人口增长

（1）近10年常住人口规模总体减少

2021年，葡萄牙人口总量为1029.9万人，已连续13年出生人口少于死亡人口。纵观1980年以来人口规模变动，如图1所示，基本分为5个阶段：第一，波动增长阶段（1980—1990年），该阶段前期人口增长主要得益于较高的人口自然增长率，后期人口略有减少则主要是人口迁出所致；第二，较快增长阶段（1991—2002年），这一期间人口增加了49.5万人，年平均增长率为0.4%，虽然该阶段人口自然增长率较低，但较多人口迁入使人口总量保持较快增长；第三，缓慢增长阶段（2003—2010年），由于人口迁入减少，该阶段人口增长缓慢，7年间仅增加12.8万人；第四，缓慢减少阶段（2011—2018年），这一期间人口总量减少27.4万人，主要是人口迁出所致；第五，缓慢回升阶段（2019—2021年），人口总量有所回升，3年间增加2.84万人。

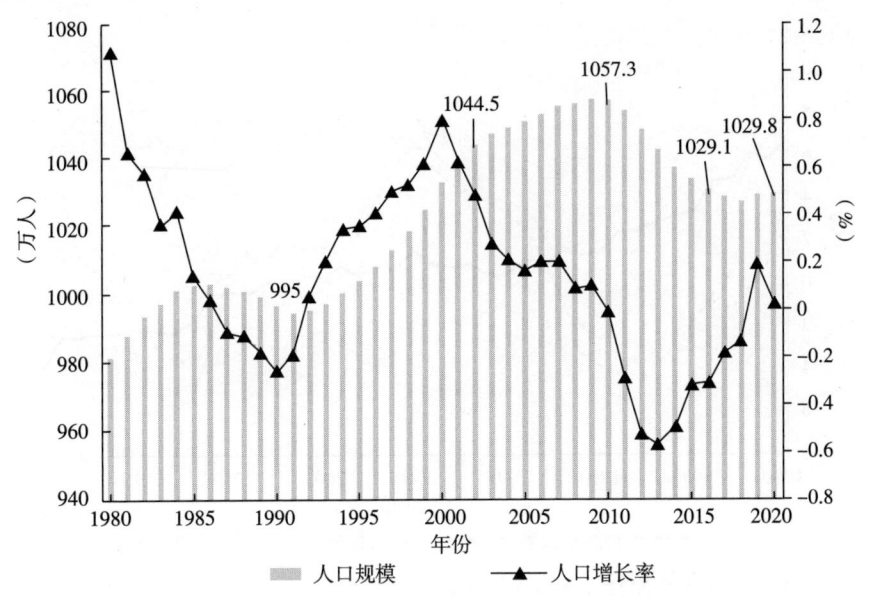

图 1　1980—2020 年葡萄牙人口总量变动趋势

资料来源：世界银行数据库。

对比最近两次人口普查，2011—2021 年间，人口减少 21.74 万人，下降 2.1%，这主要是这 10 年中人口自然减少 25 万人造成的，虽然净移民数量为正，但不足以扭转人口下降趋势；其间，5 个大区人口数量减少，仅阿尔加维和里斯本 2 个大区人口总量分别增长 3.7%、1.7%，全国 3092 个民政区中仅 482 个民政区人口出现增长，占民政区总数的 16%，且多数民政区人口增长量在 1000 人以下。

（2）近期人口增长率的变化主要取决于移民增长率

如图 2 所示，自 1980 年以来，葡萄牙人口自然增长率基本呈现持续下降态势，其中，1980—1995 年间降幅较大，1995 年降至 0.4‰，比 1980 年下降了 6.1 个千分点；1995—2006 年间基本保持在 0‰—1‰ 之间；2007 年开始呈现负增长，2011—2013 年间下降 1.7 个千分点，2020 年降至 -3.8‰。与人口自然增长率持续下降不同，1980—2020 年间，葡萄牙人口增长率与移民增长率的变化幅度较大，并且两者变动趋势基本一致，即人口增长主要取

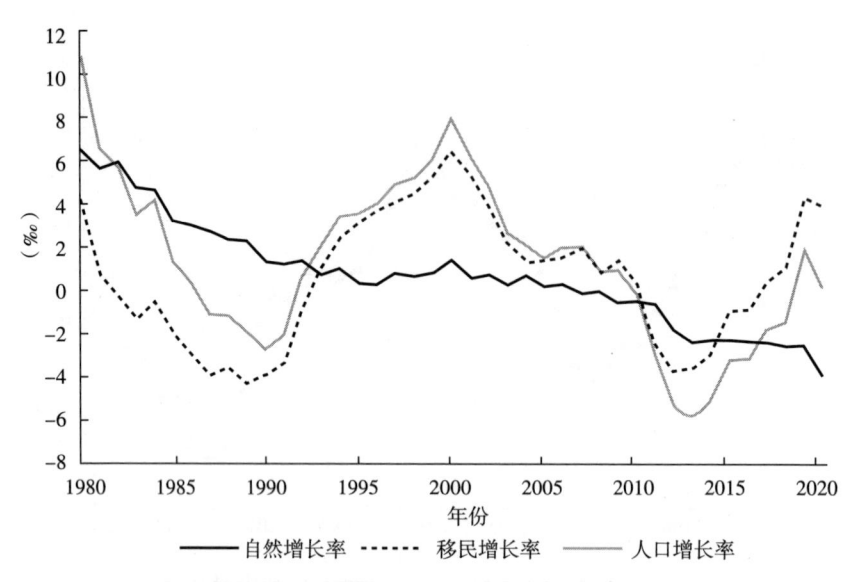

图 2　1980—2020 年葡萄牙人口自然增长率、移民增长率和人口增长率变动趋势

资料来源：葡萄牙 2021 年人口普查资料。

决于移民增长的变化。具体来看，20 世纪 90 年代，人口增长率与移民增长率保持同步增长，均在 2000 年分别达到峰值 7.90‰、6.50‰。进入 21 世纪，2000—2013 年间，两者保持同步下降，并于 2010 年同时转入负增长。2014—2019 年间，两者同步上升，移民迁入缓解了人口自然增长率下降造成的人口负增长，并于 2019 年再次实现人口正增长。2020 年，移民增长率和人口增长率分别为 4‰ 和 0.2‰。

2. 生育及出生状况

（1）生育水平极低和平均生育年龄上升

如图 3 所示，葡萄牙总和生育率在 1982 年降至更替水平以下，成为低生育率国家；1994 年总和生育率首次降至 1.5 以下，跌入低生育率陷阱；此后绝大多数年份总和生育率低于 1.5。与欧盟平均水平相比，葡萄牙总和生

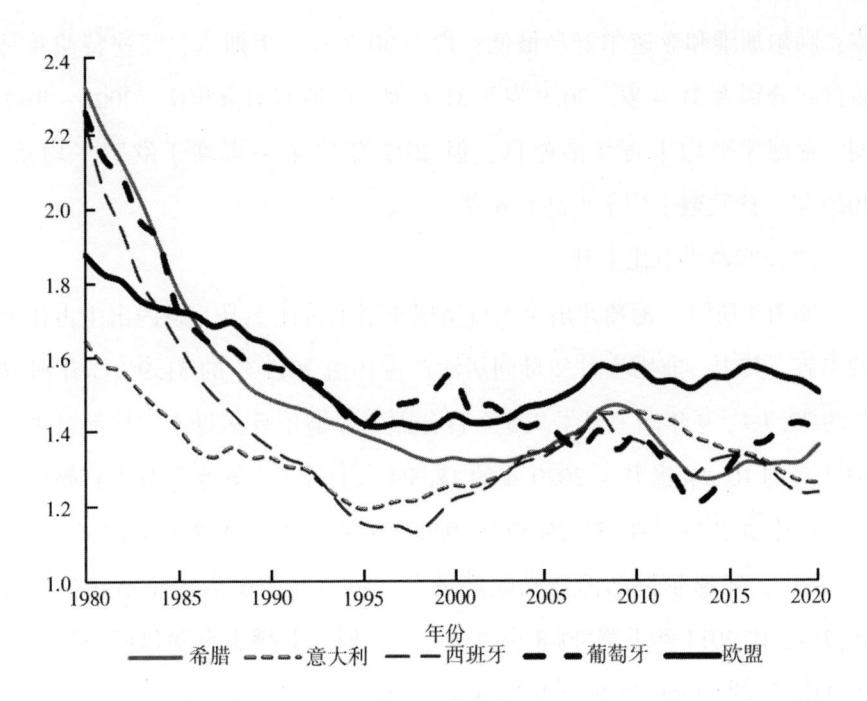

图3 1980—2020年葡萄牙与欧盟国家、其他南欧国家总和生育率变动趋势

资料来源：欧盟统计局。

育率降至更替水平以下的时间略晚，1986—2003年间基本持平，2003年以来始终低于欧盟平均总和生育率。与其他南欧国家相比，葡萄牙总和生育率在2013年触底1.21后逐渐回升，2020年为1.4，比西班牙、意大利、希腊分别高出0.16、0.14、0.04。从地方大区看，里斯本地区总和生育率在2011—2019年连续8年位列首位，且持续上升，2019年升至1.74，不过2020年略有下降，为1.68；阿尔加维地区总和生育率在2013—2020年间快速提升，2020年为1.75，位居首位；阿连特茹和亚速尔群岛与全国基本保持一致；中部地区、北部地区和马德拉群岛的总和生育率明显低于全国水平，且马德拉群岛总和生育率在2011—2020年间仅在1.1—1.2之间。

近年来，葡萄牙女性平均生育年龄持续上升，2020年为30.2岁，比1990年提高5.3岁。7大区中，北部和中部的平均生育年龄最高，均为31.9

岁；阿尔加维和亚速尔群岛最低，均为 30.8 岁；里斯本、阿连特茹和马德拉群岛分别为 31.4 岁、30.9 岁和 31.6 岁。与欧盟国家相比，2001—2012 年间，葡萄牙平均生育年龄略低，但 2012 年以来一直高于欧盟平均水平，2020 年，比欧盟平均水平高 0.6 岁。

（2）非婚生占比上升

如图 4 所示，葡萄牙出生人口呈现非婚生占比上升、婚内出生占比下降的态势。其中，非婚生且父母同居活产占比由 2011 年的 31.9% 提升到 2020 年的 39.4%，9 年间上升了 7.5 个百分点；非婚生且父母不同居活产占比由 2011 年的 10.9% 提升至 2020 年的 18.5%，上升了 7.6 个百分点；婚内出生活产占比由 2011 年的 57.2% 降至 2020 年的 42.1%，下降了 15.1 个百分点。7 大区中，亚速尔群岛的变动幅度最大，2020 年，婚内出生活产占比降至 48.2%，比 2011 年下降 20.8 个百分点，同时，非婚生且父母同居活产占比由 2011 年的 24.6% 提高到 2020 年的 39.5%。

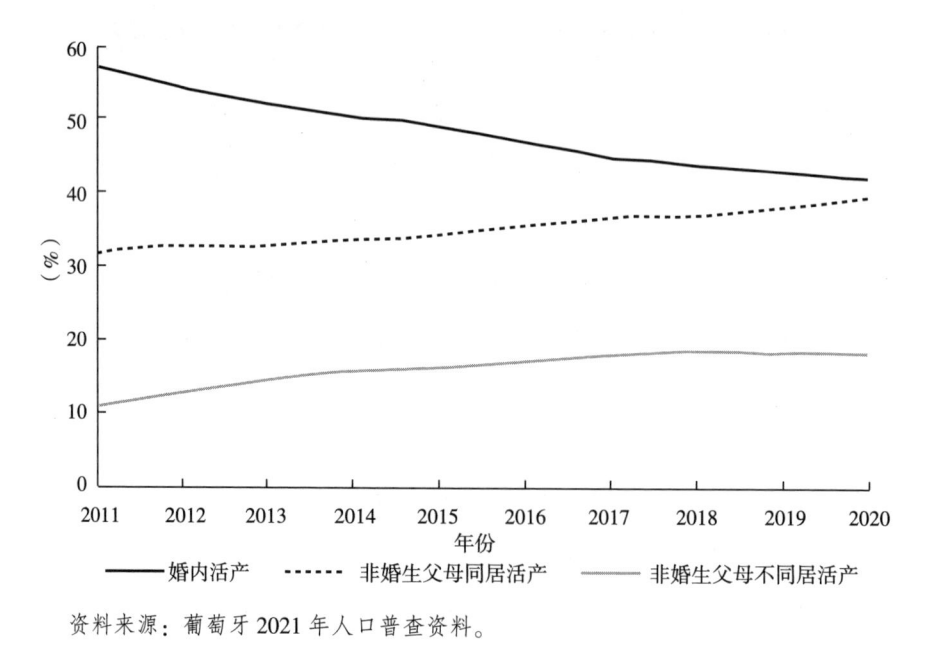

资料来源：葡萄牙 2021 年人口普查资料。

图 4　2011—2020 年按父母关系划分的新生儿活产占比变动

（3）出生婴儿情况

根据葡萄牙每年公布的出生人口登记状况，按出生月份看，2011—2020年间，9月份是一年中活产占比最高的月份，2020年为9.05%；2月份在2012—2019年连续7年是一年中活产占比最低的月份，2020年12月份活产占比最小，为7.42%；其余月份活产占比分布平均，基本保持在8%左右。2020年，全国活产双胞胎占比为2.8%，比2011年仅下降0.2个百分点，2011—2020年间，活产双胞胎占比基本稳定。全国低体重儿活产占比由2011年的8.4%略微增加到2018年的9.0%，2020年略微降至7.9%。全国早产儿活产占比由2011年的7.4%提升至2017年的8.1%，2020年降至6.8%，其中，19岁以下和40岁以上的育龄妇女生育低体重儿和早产儿的比例显著高于其他年龄。

（4）影响生育率因素

葡萄牙是欧盟中生育水平最低的国家之一，2018年位居倒数第8位。2019年葡萄牙开展了生育调查[1]，通过调查指标分析其极低生育率出现的原因如下：

第一，无孩率上升、妇女总和生育率下降。2019年，42.2%的18—49岁女性和53.9%的18—54岁男性没有生育孩子，分别比2013年提高6.9个百分点、12.4个百分点，女性和男性平均生育孩子数从2013年的1.03个降至2019年的0.86个。

第二，生育意愿下降。2019年，55.1%的女性和47.3%的男性表示不打算生育或再生育孩子，接近10%的育龄夫妇没有或不打算生育孩子，其主要

---

[1] 葡萄牙2019年生育调查对象为居住在葡萄牙的18至49岁育龄妇女和18至54岁可能生育子女的男性。主要调查育龄人群的人口和社会经济特征（包括年龄、教育水平、移民背景、婚姻状况或劳动状况）、实际生育率和期望生育率、生育计划和生育意愿、理想子女数或影响生育行为的观念和制约因素。与2013年相比，2019年生育调查包含了一些新的维度。例如，女性和男性的移民/非移民血统、受访者母亲的第一次生育、不住在家庭中的配偶或伴侣、组建家庭或同居的短期意愿、女性和男性在每个孩子出生时的社会人口状况（直到第三个孩子）、避孕方法的使用和生殖健康问题、一孩期望的年龄/一孩生育年龄/理想的初育年龄、幼儿的看护者等。

原因是自我意志，认为为人父母并不是其生活计划的一部分。

第三，结婚及生育时间比预期要晚。45.1%的有孩女性和58.5%的有孩男性表示，他们拥有第一个孩子的年龄比预期要晚，36.0%的女性和47.7%的男性表示推迟了至少5年，其中，收入、就业和住房等是推迟生育的最主要原因。而是否渴望做母亲是影响女性决定是否生育、何时生育的最直接原因。

第四，家务分工的满意度高，但女性略低于男性。大多数女性表示通常负责家务，比如洗衣、打扫房间和做饭等，有孩女性表示要负责照顾孩子，男性则主要负责小型房屋维修和其他房屋修缮等。

第五，9成育龄夫妇认为应该采取措施提高生育率。在工作条件方面，普遍认为"让有年幼子女的母亲和父亲的工作时间更加灵活（弹性工作时间）"是最重要的激励措施；在儿童获得照护服务方面，普遍认为"扩大网络并进入日托中心、幼儿园和课外活动"是最重要的措施；在家庭收入方面，女性认为最重要的措施是"增加对有子女家庭的教育、保健、交通、住房和食品补贴"，男性则认为最重要的措施是"减少有孩子家庭的税收，包括增加对有孩子的家庭的税收减免"；在其他措施中，多数男性和女性都强调"对那些采取措施以资助雇员养育孩子的雇主提供税收激励"是最重要的。

3. 死亡状况

2020年，葡萄牙死亡人口总量为12.34万人，比2019年增长10.3%；死亡率为12‰，其中，男性、女性分别为12.6‰和11.4‰，分别比2015年提高1.6个千分点和1.4个千分点；死亡人口中，86.2%为65岁以上老年人口，比2019年高出0.6个百分点。

2020年死亡人口中，6.9%由新冠疫情导致。2020年7月、11月、12月死亡率均比2015—2019年平均水平高出四分之一以上，其中，15—29岁年龄组和55岁以上年龄组死亡率明显高于2015—2019年平均水平。

2020年，5—19岁男性和女性死亡率在0‰—0.3‰，20岁之后，各年龄段男性死亡率均显著高于女性，其中，55—59岁男性死亡率比女性高5个千分点。与2015年相比，2020年，60—64岁和65—69岁男性死亡率明显提高，分别提高1.3个千分点和1.1个千分点，同年龄段女性死亡率在2015—2020年间微弱变动；85岁及以上男性和女性死亡率明显提升，分别提升4.1个千分点和3.1个千分点。

4. 人口性别年龄结构

(1) 性别比长期低于100，低年龄组男性人口数量多于女性

长期以来，葡萄牙总人口性别比低于100，2020年为89.8，即女性、男性占总人口比重分别为52.7%、47.3%，2021年，总人口性别比略微提高至90.7。分年龄组看，0—14岁和15—24岁男性多于女性，其中，2021年，0—14岁男性为68万人，比同年龄组女性多3万人；15—24岁男性为55.6万人，比同年龄组女性多1.6万人；25—64岁女性比男性多21万人；65岁及以上女性老年人口占比为58.2%，比男性多35万人，其原因在于男性死亡率较高。

(2) 老龄化加重，人口年龄结构的地区差异和城乡差异显著

最近10年来，葡萄牙少子老龄化问题更加严重，年轻人和劳动年龄人口进一步减少，老年人口进一步增多。2011—2021年间，仅65岁及以上人口数量增长了20.6%，其他年龄组人口数量均减少，特别是15—24岁和25—64岁人口数量分别减少5.1%和5.7%。"双重老龄化"[1]特征更加明显，2021年，0—14岁人口、65岁及以上人口占总人口的比重分别为12.9%、23.4%，分别比2011年下降了2个百分点、提高了4.4个百分点。分地区看，中部和北部集中了全国老龄化程度最高的地区，阿连特茹、中部大区的老龄化程度最高，2020年均为27%；亚速尔群岛最低，为16.5%。

---

[1] 在葡萄牙相关统计中，将少子化和老龄化同时出现称作"双重老龄化"。

从城乡看，2020年，城市地区、中等城市地区、农村为主地区的老龄化程度分别为20.8%、22.2%、29.9%，农村地区人口老龄化程度比城市高出近10个百分点。可见，葡萄牙人口老龄化总体上表现为内陆明显高于沿海、农村明显高于城市。

（3）老少比持续提高，高龄化趋势明显

2021年，葡萄牙老少比持续升至182%，分别比2011年、2001年提高54个、81个百分点。沿海与内陆地区在老少比上的差异更加显著，其中，中部和阿连特茹两个大区的老少比分别高达229%、219%，亚速尔群岛、里斯本大区老少比相对较低，分别为113%、151%。葡萄牙老少比比欧盟平均水平高出43个百分点，与意大利一致。并且，葡萄牙人口高龄化趋势明显，75岁及以上人口占65岁及以上人口的比例从1990年的39.55%攀升至2013年的49%，2020年稍稍降至48.7%，也就是说，老年人口中接近一半是75岁及以上老人。

5. 移民状况

（1）近10年外国公民增加了40%，南北分异显著

对于人口长期负增长的国家来说，国际移民对国内人口增长极其重要。2021年，居住在葡萄牙的外国居民达到55.53万人，比2011年增长40%，占总人口的比例达到5.4%，比2011年提高1.7个百分点。外国移民中的81.4%来自欧盟以外的国家。外籍人口的地域分布呈现南北差异，外国人口比例最高的城市位于阿尔加维和里斯本大都会区，奥德米拉、阿尔泽尤尔、维拉多比斯波、拉各斯和阿尔布费拉是外国人口最具代表性的城市，外国人口占当地总人口的比例依次为28.6%、26.3%、26.1%、23.4%、20.4%，另外还有13个城市外国人口占当地总人口的比例不足1%。

（2）永久性移民数量受到经济发展的深刻影响

从历史变动看，如图5所示，葡萄牙移民数量对经济周期极为敏感，受2008年国际金融危机的影响，2009—2012年间，迁入人口明显减少，迁出

人口增加，净迁出 3.7 万人，净迁移量在 2012 年降到最低点。2012 年 10 月，葡萄牙推出投资购房移民即"黄金签证"政策，经济回暖，迁入人口持续增加，直到 2017 年，净移民量转负为正，2019 年，净迁入人口增加到 4.45 万人，迁入率[1]升至 0.71%。受到新冠疫情的影响，2020 年，迁入率比 2019 年下降 0.06 个百分点。2020 年，永久性迁入人口（居留 1 年或 1 年以上）为 6.72 万人，比永久性迁出人口（2.59 万人）多 4.13 万人，接近 2019 年净迁入 4.45 万人的水平。2020 年，打算居留在国外不足 1 年的暂时性迁出人口为 4.23 万人，比 2019 年略微减少了 0.65 万人。

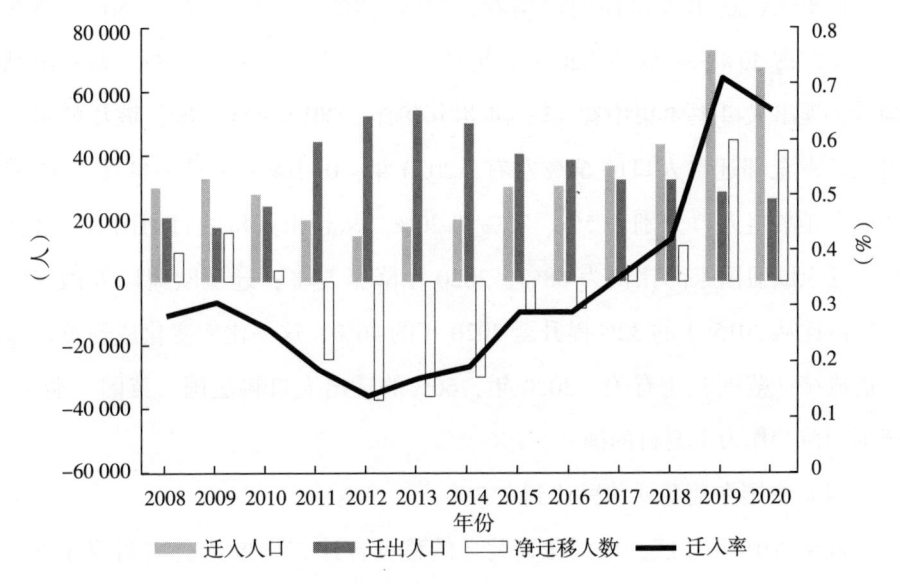

资料来源：葡萄牙 2021 年人口普查资料。

图 5　2008—2020 年葡萄牙迁入人口、迁出人口、净迁移人数及迁入率

（3）迁入、迁出人口集中在 15—44 岁，来自欧盟以外国家的永久性迁移人口占比提高

永久性迁移人口是维持葡萄牙国内人口和劳动力增长的重要源泉。从迁

---

[1] 迁入率通常指某一时期内移居到国内的移民数量占该地区或国家总人口的比例。

入人口的性别结构看,性别基本平衡,2015年、2016年和2020年,男性略多于女性,2017—2019年,女性略多于男性。从年龄结构看,主要集中在15—44岁青壮年年龄组,2015—2020年,该年龄组占全部永久移民总量的比例在62%—65%,2020年,0—14岁、15—44岁、45岁及以上移民分别占13%、65%、22%。从出生国看,2020年,20.6%出生于葡萄牙,11.0%出生于其他欧盟国家,出生于欧盟之外国家的为68.4%。从前居住国看,欧盟以外国家的比例逐步提升,从2015年的44.6%提升至2020年的76.6%,巴西、英国、法国、安哥拉和印度是迁入移民前居住国的前5名。

从永久性迁出人口性别结构看,2015—2020年间,男性占60%—70%成,女性占30%—40%,2020年,男性、女性分别占69%、31%。从年龄结构看,迁出人口主要集中在15—44岁年龄组,2015—2020年,该年龄组迁出人口占全部迁出人口的60%左右,2020年,0—14岁、15—44岁、45岁及以上年龄组人口分别占5%、75%和20%。从迁出人口的目的国看,2015年,迁至欧盟国家的比例为68%,2020年降至54%;迁至欧盟以外国家的人口占比从2015年的32%提升至2020年的46%,这一比例变化或与英国脱欧造成统计范围变化有关。2020年,66%的迁出人口将法国、英国、瑞士、德国和荷兰作为主要目的国。

(4)中国在葡萄牙移民达到2.7万人

截至2019年年底,中国在葡萄牙的移民合计27 839人,占葡萄牙外国合法移民总量66.5万人[1]的4.2%。华人华侨主要分布在里斯本和波尔图地区,其中,57.4%分布在里斯本大区,16%、12%分布在北部大区和中部大区。2019年,被授予居留权的中国人为2164人。

---

[1] 《葡萄牙国家概况》,http://pt.china-embassy.gov.cn/ptygk/202209/t20220905_10762524.htm。

6. 人口集聚与分布

（1）人口主要分布在西北沿海地区

葡萄牙人口主要集中在西北沿海地区，约50%的人口集中在31个市镇，大部分位于里斯本都市区和波尔图都市区。如图6所示，2020年，北部、中部和里斯本的人口总量显著高于其他大区，均超过200万人，分别为357万人、223万人和287万人，分别占总人口的35%、22%、28%；阿连特茹、阿尔加维、亚速尔群岛和马德拉群岛的人口数量较少，2020年，人口总量分别为70万人、44万人、24万人和25万人，合计人口占总人口的15%。里斯本、波尔图和布拉加等人口密度明显偏高，均在300人每平方千米以上，其中，里斯本人口密度最高，2021年为952人每平方千米，这与里斯本地区是葡萄牙最富庶的地区及其人均国内生产总值远高于全国平均水平是密不可分的。

资料来源：葡萄牙2020年人口普查资料。

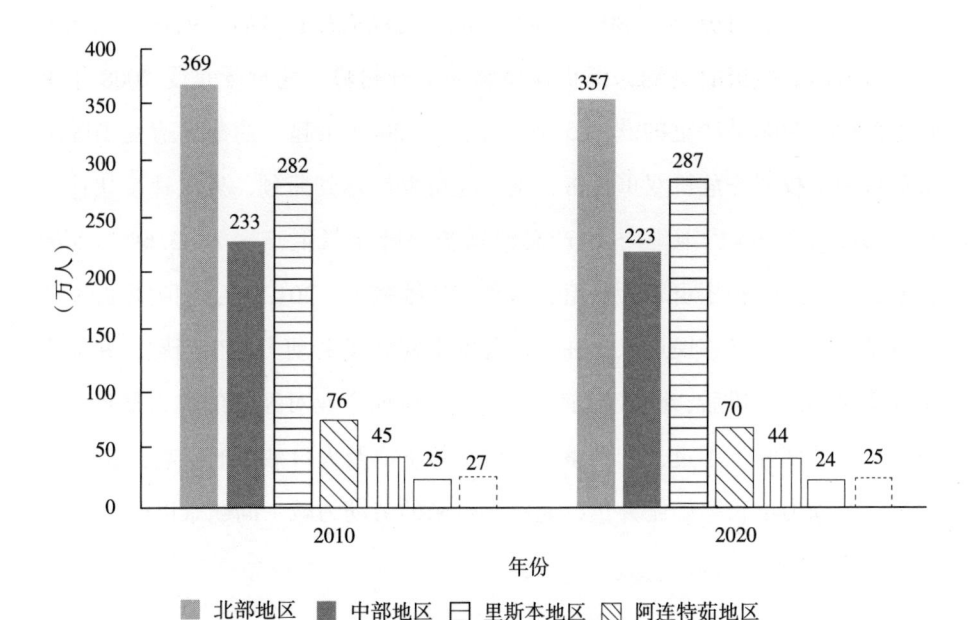

图6　2010年与2020年葡萄牙7大区人口规模

(2) 人口进一步向沿海地区、首都集聚

葡萄牙人口分布的不均衡现象加剧，主要表现为：其一，人口向沿海集聚，内陆人口减少，人口增长的城市主要位于海岸线；其二，人口向首都里斯本和阿尔加维附近集聚，即大都市的外围城市和一些作为吸引移民的"内部"地区的人口增长率最高。2010—2021年来，里斯本、莱里亚和法鲁的人口密度有所增加，其余地区人口密度均呈减少趋势，北部地区减少程度高于南方地区。

（二）经济状况

1. 劳动力增长和经济增长可持续性

如图7所示，进入21世纪以来，葡萄牙劳动力增长率曾一度大幅下降且由正转负，并未表现出与人均实际国内生产总值增长率相一致的显著波动。在2000—2002年间，人均实际国内生产总值上升，劳动力数量持续增加，经济发展较为稳定。2002—2008年间，劳动力增长放缓，人均实际国内生产总值增长率虽有波动，但仍保持整体上升趋势。葡萄牙是受2008年国际金融危机影响最严重的欧洲5国[1]之一。2009年起，葡萄牙遭受国际金融危机和主权债务危机双重打击，国内经济发展达到瓶颈，发展速度快速下降，2012年，人均实际国内生产总值增长率降至最低点，为-3.6%；2009年起，劳动力增长率也转为负值，劳动力持续减少。2012年，葡萄牙放宽移民政策，吸引大量移民迁入，在一定程度上缓解了劳动力减少问题，并促进了经济复苏。危机后，随着旅游业、出口及房地产业对经济的拉力显现，经济态势有所回暖。不过，受到整体经济形势下滑及人口减少的影响，2009年以来，劳动力增长率始终为负，老龄化带来的劳动力减少问题难以避免。

---

[1] 这5个国家分别是：葡萄牙、意大利、爱尔兰、希腊、西班牙。

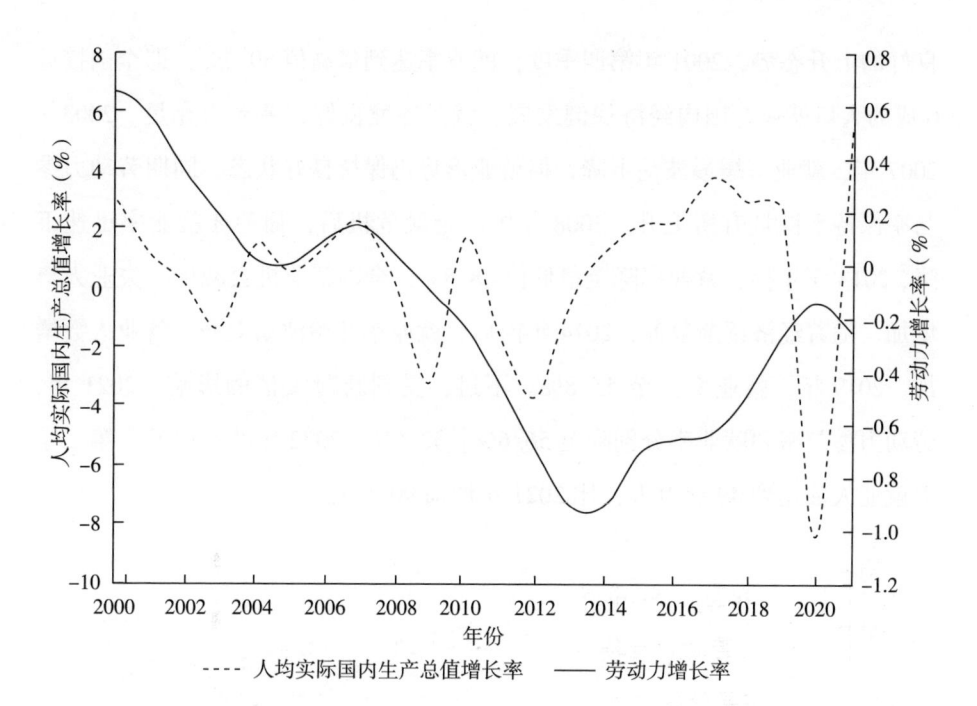

资料来源：葡萄牙2021年统计年鉴。

图7 2000—2021年葡萄牙人均实际国内生产总值增长率及劳动力增长率

受新冠疫情冲击，葡萄牙人均实际国内生产总值连续多年的增长势头被打断，2020年，增长率下降至-8.4%。2021年7月，欧盟批准对葡萄牙拨付166亿欧元复苏基金。2022年第一季度，葡萄牙国内生产总值同比增长11.9%。不过，受乌克兰危机、通货膨胀、能源价格上涨等因素影响，2022年第二季度，经济增速有所放缓，国内生产总值同比增长6.9%。

2. 就业和失业

（1）劳动力参与率和就业率随经济发展呈波动起伏

如图8所示，2000年以来，葡萄牙劳动力参与率和就业率[1]经历了明显波动起伏的趋势。其中，2000—2002年，劳动力参与率和就业率均呈现出

---

[1] 根据葡萄牙统计，劳动力参与率为全部劳动力占劳动年龄人口的比例，通常，劳动年龄人口指15—64岁年龄组人口；就业率为就业人数占15岁及以上人口的比例。

良好的上升态势，2001年第四季度，就业率达到最高值59.2%，即全国接近6成的人口就业，国内经济稳健发展、就业环境良好、劳动力充足。2003—2007年，就业率缓慢波动下降，但就业形势仍保持良好状态，同期劳动力参与率保持平稳且有所上升。2008年国际金融危机后，葡萄牙就业率迅速下降，2013年年初，就业率降至最低值48.8%，全国就业机会减少，失业人口增加。随着经济逐渐复苏，2014年前后，就业率开始波动上升，就业人数增加，2019年，就业率升至55.8%。不过，受到新冠疫情的影响，2021年，劳动力参与率和就业率分别降至56.6%、52.6%，2022年波动回升，第二季度就业人数达到4902万人，比2021年增加90万人。

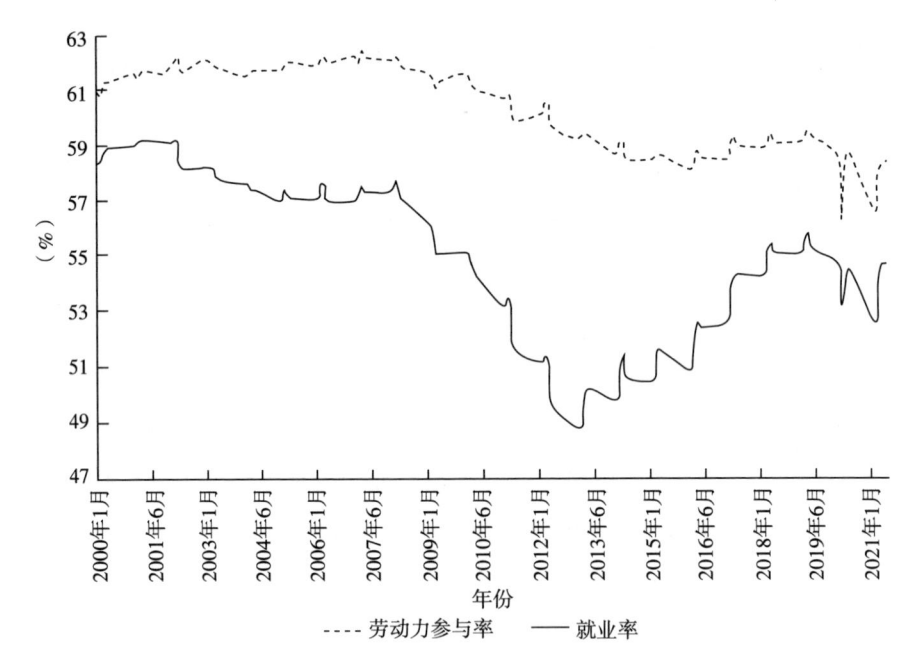

资料来源：国际劳工组织数据库。

图8 2000—2021年葡萄牙劳动力参与率和就业率

(2) 失业率和失业人数在最严重的经济衰退期达到峰值

如图9所示，2000年来，葡萄牙失业率和失业人数整体呈现前期大幅度上升和后期大幅度下降的态势。2000—2002 年，失业率与失业人数处于最低水平，失业率在 2000 年第四季度达到最低值，仅为 3.8%，失业人数在 2000 年第二季度达到最低值，约为 2008 年国际金融危机后失业人数最高值的五分之一。2001 年第二季度，失业率开始缓慢升高，2008 年后快速升高，在 2013 年第一季度达到峰值，约为 17.8%。此后，在旅游业、贸易出口和房地产市场的强劲表现带来的经济逐渐复苏下，就业机会增多，失业率逐年下降，2019 年第二季度降至 6.3%。在新冠疫情的影响下失业率又略微回升，2020 年第三季度升至 7.2%，2022 年年初降至 5.8%，失业人口为 30.8 万人。

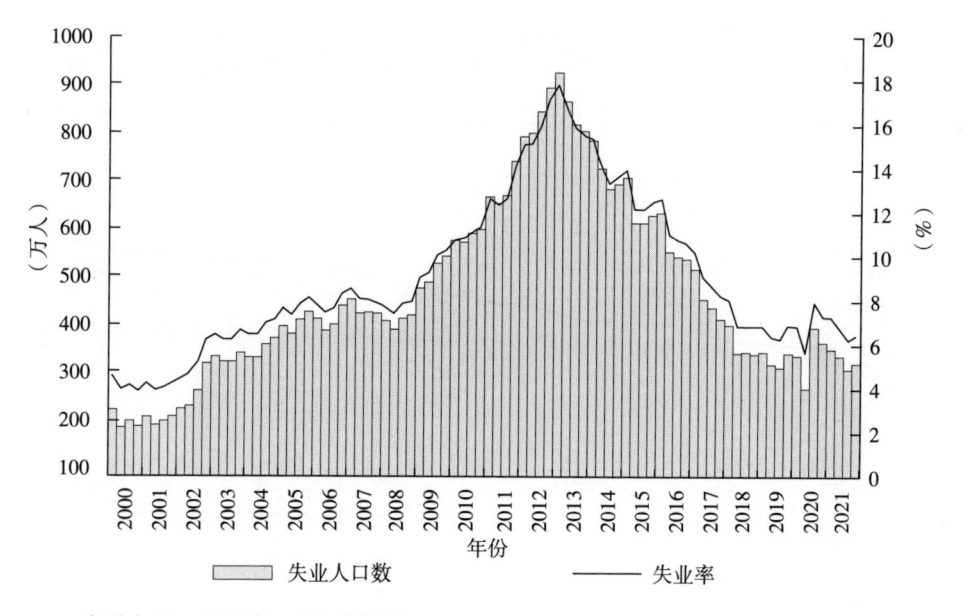

资料来源：国际劳工组织数据库。

图 9　2000—2021 年分季度葡萄牙失业人口数及失业率

如表 1 所示，劳动力利用不足率与失业率的变化趋势基本一致。2008 年国际金融危机前，2006—2008 年，劳动力利用不足率保持在 11% 上下；危机过后，由于失业人口增加，劳动力利用不足率快速上升，2011 年较 2010 年上升接近9个百分点，在2013年达到最高值28.08%，此后，每年以2个百分点回落，2021年降至16.08%。

表1 2006—2021年葡萄牙劳动力利用不足率　　　（单位:%）

年份	2006	2007	2008	2009	2010	2011	2012	2013
劳动力利用不足率	10.72	11.03	10.68	12.53	14.03	22.76	27.2	28.08
年份	2014	2015	2016	2017	2018	2019	2020	2021
劳动力利用不足率	26.08	23.85	22.4	19.32	16.18	14.97	17.05	16.08

资料来源：国际劳工组织数据库。

（3）就业结构变化

如图10所示，葡萄牙就业结构在2000—2021年日益变化，第三产业就业人口占比持续上升，第一、第二产业就业人口占比持续下降。第三产业就

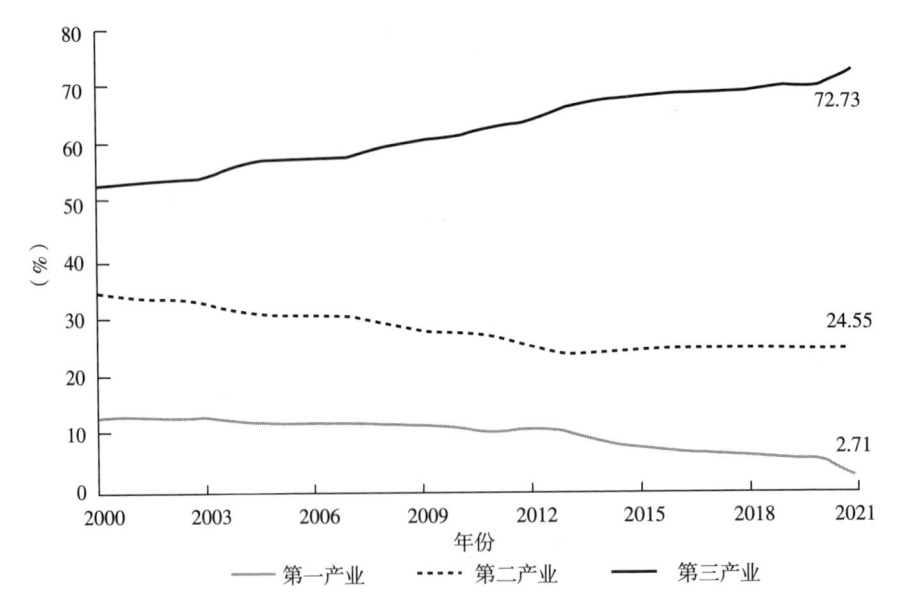

资料来源：《葡萄牙统计年鉴2021》。

图10 2000—2021年葡萄牙三大产业就业人口占比变动情况

业人口占比从 2000 年的 52.9% 逐渐增长到 2021 年的 72.73%，以旅游业为主的第三产业成为居民主要就业方向。第一产业就业人员占比快速下降，从 2000 年的 12.66% 降至 2021 年的 2.71%。同期，第二产业就业人员占比下降了接近 10 个百分点，2021 年为 24.55%。2020 年，第一、第二、第三产业增加值分别占总增加值的 2.3%、22.0%、75.7%，服务业在经济中居主导地位。总体上，葡萄牙就业结构与产业结构基本协调发展。

3. 人口抚养比和劳动年龄人口活跃指数

（1）人口抚养比显著上升

如图 11 所示，葡萄牙总抚养比呈现持续上升的趋势，2021 年，总抚养比升至 56%。少儿抚养比和老年人口抚养比呈现相反的变化趋势，其中，少儿抚养比从 2000 年的 24.2% 持续下降到 2021 年的 20.8%，老年人口抚养比则逐年上升，2021 年升至 35.2%，反映出老龄化趋势愈加明显、养老负担不断加重。

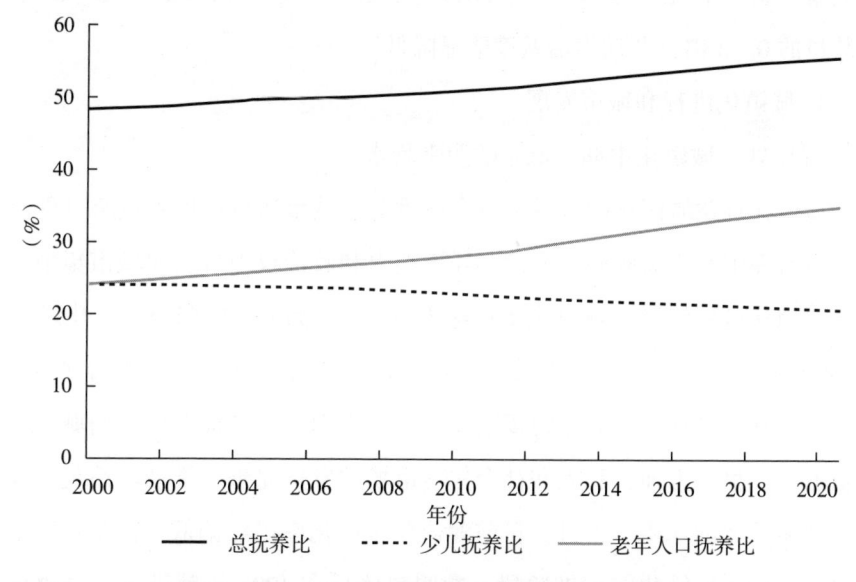

图 11 2000—2020 年葡萄牙人口抚养比变动趋势

从 7 大区人口抚养比变动看，亚速尔群岛、马德拉群岛和北部地区在 2011 年仍处于人口红利期，随后，亚速尔群岛和马德拉群岛少儿抚养比的下降幅度大于老年人口抚养比的上升幅度，导致总抚养比出现下降趋势，2020 年分别为 43.4%、43.1%；2020 年，北部地区总抚养比超过了 50%，人口红利消失，其主要原因是老年人口抚养比在 10 年间上升了接近 8 个百分点。其他 4 个大区在 2011 年和 2020 年总抚养比均大于 50% 且有所上升，社会抚养负担加重逐渐成为常态。

(2) 劳动年龄人口活跃指数下降

伴随着老少比的持续上升，葡萄牙劳动年龄人口也趋于老龄化，2004 年以来，劳动年龄人口活跃指数明显下降。劳动年龄人口活跃指数是 20—29 岁人口数量与 55—64 岁人口数量的比值，葡萄牙这一指标在 2000—2004 年期间保持在 130%—145% 的范围，2005 年以来迅速下降，2010 年降至 100% 以下，2016 年降至不足 80%。也就是说，从 2010 年起，葡萄牙 55—64 岁人口数量开始多于 20—29 岁人口，2021 年，20—29 岁人口数量为 55—64 岁人口数量的 0.78 倍，劳动力活跃度明显降低。

4. 城镇化进程和城市发展

(1) 处于城镇化中期，低于欧盟平均水平

城市在日益城镇化的世界中越来越重要。城市通过扩展和重组过程而改变，具有多中心主义倾向，人口、经济能力和政治权力日益向城市集中。葡萄牙城镇化进程较快，城镇化率快速上升，从 2000 年的 54.4% 上升到 2021 年 66.8%，上升了 12.4 个百分点，同期欧盟国家仅上升了 6.2 个百分点，葡萄牙与欧盟平均水平的差距逐渐缩小。一方面，这与葡萄牙基期城镇化率较低有关，另一方面，私人和社会住房市场的发育完善对推动城镇化进程发挥了非常重要的作用。不过，目前葡萄牙城镇化率仍然偏低，低于欧盟平均水平，仍处于城镇化的中期阶段，欧盟整体早在 1995 年就进入了城镇化的后期阶段。

(2) 城市首位度提高,波尔图和里斯本两大城市核心区人口减少

葡萄牙城市首位度[1]缓慢提高,2004—2010年间均为2.15,2011—2018年间均为2.33。2021年人口最多的5个城市分别为:里斯本(54.59万人)、辛特拉(38.57万人)、盖亚新村(30.38万人)、波尔图(23.18万人)、卡斯卡伊斯(21.42万人)。行政上的"里斯本市"只局限在历史城区,其周边卫星城属于里斯本地区的一部分。里斯本是葡萄牙的政治、经济、金融、文化和科技中心,是欧洲著名的旅游城市,工业发达。波尔图市是北部面向大西洋的港口城市,也是最重要的工业城市。2011—2021年间,波尔图市、里斯本市人口分别减少0.57万人、0.68万人,分别减少2.4%、1.2%;辛特拉市、盖亚新村、卡斯卡伊斯市分别增长2.1%、0.55%、3.7%。

(三) 社会状况

1. 受教育状况

(1) 高等教育入学率显著提高

近10年来,葡萄牙人口受教育水平显著提高,主要表现在接受高等教育、中等及后中等教育的人口数量不断增加,2021年高等教育(包括大学教育和技术教育)入学人数达到43.3万人,比2010年增长了9.3%。根据世界银行估计,葡萄牙2020年高等学校毛入学率达到70%,比2010年提高6个百分点。

(2) 接受过高等教育的人口占比明显提高,女性占比高于男性

2021年,葡萄牙接受过高等教育的人口为180万人,具有高等教育程度的人口占比为17.4%,比2011年提高5.6个百分点。接受过高等教育的人口中,女性多于男性,并且女性占比仍在缓慢上升,从2010年的53.4%略

---

[1] 首位度在一定程度上代表了城镇体系中的城市发展要素在最大城市的集中程度。为了计算简化和易于理解,杰斐逊提出了"两城市指数",即首位城市与第二位城市的人口规模之比:S=P1/P2。城市首位度是用来衡量一个地区城市规模结构的指标,通常认为城市首位度小于2,表明结构正常、集中适当;而城市首位度大于2,则存在结构失衡、过度集中的趋势。

微升至 2021 年的 53.8%；高等教育毕业生同样是女性多于男性，不过男性比例从 2010 年的 40.1% 缓慢升至 2021 年的 41.5%。此外，受过中等教育和中专技能教育的人口也显著增加，占比从 2011 年的 14.2% 增至 2021 年的 21.3%。

2. 健康

(1) 人均预期寿命女性高于男性，健康预期寿命男性高于女性

葡萄牙出生时和 65 岁时人均预期寿命高于欧盟平均水平。2020 年，出生时预期寿命达到 81 岁，受新冠疫情的影响，2021 年有所下降，为 80.7 岁。2020 年，女性人均预期寿命达到 83.7 岁，比男性高 5.6 岁；65 岁时人均预期寿命为 19.4 岁，其中，女性为 21.1 岁，比男性高 3.3 岁。

健康预期寿命是指人们维持良好日常生活功能的年限，以丧失日常生活能力为重点，不同于以死亡为重点的预期寿命。2019 年，葡萄牙男性出生时健康预期寿命达到 60.6 岁，比女性高 2.8 年；男性 65 岁时健康预期寿命为 7.9 年，比女性高出 1 年。

(2) 孕产妇死亡率略高，婴儿死亡率低

葡萄牙孕产妇死亡率波动较大，2018 年和 2020 年分别为 17.2 人每 10 万例活产和 20 人每 10 万例活产，一般年份在 10 人每 10 万例活产以下；2017 年，欧盟平均水平为 4.5 人每 10 万例活产，葡萄牙孕产妇死亡水平略高。葡萄牙 2020 年婴儿死亡率为 2.4‰，比 2015 年下降 0.5 个千分点；新生儿死亡率为 1.7‰，比 2015 年下降 0.5 个千分点；围产期死亡率为 3.3‰，比 2015 年下降 0.6 个千分点；2020 年，婴儿死亡率比欧盟国家平均水平低 0.9 个千分点。从 7 大区来看，2015—2020 年间，阿尔加维和亚速尔群岛的婴儿死亡率、新生儿死亡率、围产期死亡率均明显升高，其他大区均有所下降。

(3) 艾滋病感染率较高

葡萄牙每 1000 名居民艾滋病感染率呈下降趋势，从 2010 年的 0.18‰ 降

至 2018 年的 0.10‰，其中，男性从 0.26‰降至 0.14‰，女性从 0.12‰降至 0.05‰，总体上，男性艾滋病感染率明显高于女性。尽管指标数值有所降低，但葡萄牙艾滋病感染率在西欧国家中仍是最高。

3. 婚姻

（1）已婚人口占比、结婚对数等指标均下降，初婚年龄推迟

2021 年，各种婚姻状况的人口中单身占 43.4%，在婚占 41.1%，离婚、丧偶的比例分别为 8.0%、7.5%；相比于 2011 年，在婚人口占比下降了 2.1 个百分点；离婚人口占比首次高于丧偶人口。男女两性婚姻状况存在一些差异，男性在单身婚姻状况中更具代表性，女性在丧偶婚姻状况中更具代表性，男性单身的比例为 46.8%，而女性单身为 40.2%，女性丧偶占比为 11.7%，男性丧偶占比为 3.0%。

2019 年之前，葡萄牙结婚对数每年在 3 万对以上，其中，2011—2014 年间结婚对数有所下降，2014—2018 年间有所上升，2019 年以来再度下降，2020 年降至 18 902 对，比 2019 年减少 44%。其中，公证结婚占异性结婚总数的比例有较大幅度提高，2020 年为 87.2%，比 2011 年提高了 27 个百分点。结婚率和离婚率均出现逐年降低趋势，其中，结婚率从 2011 年的 3.8‰降至 2020 年的 1.8‰，离婚率从 2011 年的 2.5‰降至 2020 年的 1.7‰。初婚比例不断降低，2020 年降至 58.8%，比 2011 年降低了 13.7 个百分点。初婚年龄推迟，其中，男性从 2011 年的 31.1 岁推迟到 2020 年的 34.9 岁，女性从 2011 年的 29.5 岁推迟到 2020 年的 33.4 岁。

（2）新冠疫情影响结婚状况

2020 年，无论是结婚对数、结婚率还是初婚比例，均比 2019 年有下降，初婚年龄比 2019 年推迟 1 岁，可以看出新冠疫情对葡萄牙育龄人口结婚行为具有一定影响。

（3）天主教婚姻比例显著下降

近些年来，葡萄牙非婚生育现象增加主要源于社会对未婚母亲和同居夫

妇非婚生育的认可。粗结婚率从2000年的6.2‰快速降至2020年的1.8‰，这一趋势表明天主教婚姻的优势地位逐渐丧失。2010年开始，葡萄牙允许同性婚姻。天主教婚姻比例从1990年的72.5%大幅度降至2020年的28.4%。[1]

4. 家庭与住房

2021年，葡萄牙私人住宅[2]为414.9万户、机构住宅为0.55万户，家庭总户数比2011年增加2.6%；7大区中，阿尔加维地区总户数增长最多，仅阿连特茹地区总户数减少，其他地区都有所上升。从家庭结构看，2人户占比最多，2021年为33.3%，比2011年提高了1.7个百分点；其次是1人户和3人户，2021年占比分别为24.7%、21.5%，与2011年相比，1人户占比上升了3.3个百分点，3人户占比下降了2.4个百分点；4人户和5人及以上家庭户占比分别为14.7%和5.6%，均比2011年有所下降。从平均家庭规模（子女数）看，2021年为2.43人，比2011年减少0.11人，其中，亚速尔群岛和马德拉群岛的家庭规模在2011—2021年间减少得最多，为0.21人。上述家庭结构和规模的变化是由生育、结婚、离婚等模式的变化造成的。

5. 贫困

根据欧盟统计，葡萄牙人口相对贫困发生率较高，2021年为18.4%，比欧盟27国平均贫困率16.9%高出1.5个百分点，比欧元区平均贫困率17%高出1.4个百分点。根据葡萄牙人口普查数据，7大区中，阿尔加维和亚速尔群岛的人口相对贫困率较高，2020年超过21%，里斯本最低，不足13%。分年龄段看，2020年，17岁及以下人口相对贫困发生率较高，即青少年更

---

[1] 数据源自2020年葡萄牙人口普查数据。葡萄牙的异性婚姻按庆祝方式可分为天主教婚姻和民事婚姻。从形式上看，只有经洗礼成为天主教徒后的男女双方才能在教堂内进行天主教婚礼并且要接受天主教教条规定的一系列的结婚形式，即新人其中一方未经洗礼或者同性者不能进行天主教婚礼。而民事婚礼则只需要在法律规定的登记官经过民事登记即可结婚。

[2] 私有住宅又称为私产住宅、私房，是由个人或家庭购买、建造的住宅。机构住宅指属于公司财产的房产。

容易面临贫困风险；18—64 岁人口相对贫困发生率较低，该年龄段生活相对稳定且拥有一定的财富积累，故面临的贫困风险较低；2020 年，女性相对贫困发生率为 19.2%，比男性高出 1.7 个百分点。另外，葡萄牙家庭贫困风险率（社会救济后）高于个人相对贫困发生率，2020 年家庭贫困风险率为 24.2%，其中，女性家庭贫困风险率达到 28.7%，比男性高出 12.5 个百分点。

6. 性别平等

（1）女性参政议政比例略有提升，两性工资差距缩小

女性发展是社会发展的重要方面，保护女性的发展权益、尊重女性的社会地位是构建现代文明社会的基础。2022 年，世界经济论坛发布了《全球性别差距报告 2022》，公布了 2022 年度的全球性别平等指数，葡萄牙为 0.766，全球排名第 29 位，与芬兰、瑞典、挪威等欧洲国家的性别平等状况仍有一定差距。近些年来，葡萄牙高等院校中女性教师的比例以及女性在中高级管理人员中的就业比例出现一定程度的提高。如表 2 所示，2020 年，女性在中高级管理人员中的就业比例为 35.7%，高于意大利和希腊，但略低于西班牙；议会中女性席位的比例由 2011 年的 26.5% 上升到 2021 年的 37%；2020 年，女性每月平均工资比男性低 8.6%，且低于 2021 年欧盟国家平均水平。上述指标表明，女性在职场中一定程度上能够获得葡萄牙社会的尊重和认可，社会对于女性地位的重视程度有所提高。

表 2　2010—2020 年葡萄牙妇女发展指标情况　　　　（单位:%）

年份	共和国会议议员中女占比	高等教育教师中女性人口占比	女性担任高级和中级管理职位的比例	女性担任管理职务的女性所占比例	低收入者中女性所占比例	男女工资差距
2010	—	43.74	34.6	32.3	56.52	1.05
2011	26.5	43.80	24.5	33.4	54.49	0.48

续表

年份	共和国会议议员中女性占比	高等教育教师中女性人口占比	女性担任高级和中级管理职位的比例	女性担任管理职务的比例	低收入者中女性所占比例	男女工资差距
2012	—	44.04	26.0	35.2	56.23	0.44
2013	—	43.98	25.7	33.8	56.04	0.52
2014	—	44.40	31.8	35.1	56.20	1.20
2015	33.0	44.45	28.0	32.6	56.10	0.44
2016	—	44.28	29.6	35.9	55.19	0.43
2017	—	44.76	28.0	34.3	50.21	1.00
2018	—	45.11	32.2	34.0	36.07	—
2019	38.7	45.80	37.0	37.2	—	—
2020	—	45.80	35.7	35.7	40.86	—
2021	37.0	—	—	—	—	—

资料来源：葡萄牙统计局、国际劳工组织数据库。

(2) 女性劳动力人口受教育程度相对偏低

虽然葡萄牙女性劳动力人口中受过高等教育的比例不断提升，由2010年20.48%提升到2020年36.77%，但2020年，葡萄牙劳动力人口中受高等教育的男性占比为63.23%，仍显著高于女性劳动力人口，葡萄牙女性劳动力人口受教育程度相对较低。不过，葡萄牙一直在努力降低青年女性未接受教育的比重，2020年，青年女性中未接受教育、就业或培训的比例降至8.8%。

(3) 女性就业率和劳动力参与率低于男性

2020年，男性就业率为59%，比女性高出接近10个百分点。其中，15—24岁人口中，女性就业率为25.5%，比男性高出2.1个百分点；25—34

岁男性、女性就业率均达到最高值，均为81%；35—44岁女性就业率为84.7%，比男性低1.9个百分点；45岁及以上女性就业率为40.2%，比男性低12.9个百分点。可见，女性就业率低于男性主要集中在45岁及以上年龄组。2020年，女性劳动力参与率为46.9%，比男性低7个百分点，同样主要集中在45岁及以上年龄组，该年龄组女性劳动力参与率为42.3%，比男性低13.4个百分点。

（四）文化状况

葡萄牙不论在文字、艺术和建筑方面皆有着浓重的拉丁风格，并受天主教文化影响极深。

1. 民族

葡萄牙是单一民族国家，葡萄牙人约占总人口的95.4%，合法移民占4.6%。根据中国驻葡萄牙大使馆经济商务处的统计数据，2018年葡萄牙移民总数为47.75万人，主要来自巴西（占移民总数的21.9%）、佛得角（7.2%）、罗马尼亚（6.5%）、乌克兰（6.1%）、英国（5.5%）、中国（5.2%）、法国（4.1%）和意大利（3.9%）。

2. 语言和宗教

葡萄牙是语言和宗教高度同质的国家，主要语言是葡萄牙语，属于罗曼语族，米兰德斯语也得到认可。此外，葡萄牙语与西班牙语亦拥有许多共同点，相似词汇达到89%，受教育者能够轻易地互相交流。

葡萄牙约88.7%的居民信奉天主教。除此之外，还有基督新教、东正教、伊斯兰教、犹太教等宗教信仰。绝大多数葡萄牙人把圣诞节列为最重要的节日。宗教少数派包括30多万新教徒和摩门教徒，还有约5万名穆斯林和1万名印度教徒。

二、人口与发展主要特征

(一) 人口典型特征和前景

1. 长期面临低生育率陷阱、人口负增长和严重老龄化

葡萄牙人口发展的最突出特点是长期处在低生育率陷阱之中、长期人口负增长以及老龄化加剧。自 1995 年以来的绝大多数年份,葡萄牙都处在低生育陷阱之中,2013 年总和生育率降至 1.21 的最低水平。此外,葡萄牙 2007 年开始人口负增长,当年人口自然增长率为-4‰,略高于希腊。与此同时,葡萄牙人口老龄化程度达到 22.4%,比欧盟平均水平高 1.93 个百分点,并且,人均预期寿命在南欧四国中最低。老龄化程度深、养老负担重、低生育陷阱难以摆脱,葡萄牙人口和劳动力增长长期依赖较大规模的外来移民。

2. 未来人口和劳动力持续减少,老年人口抚养比持续上升

根据联合国《世界人口展望 2022》,2021 年葡萄牙总和生育率为 1.36。根据 2020 年葡萄牙统计局的人口预测,2080 年葡萄牙总人口将减少到 805 万人,其中,0—14 岁人口降至 94 万人,15—64 岁劳动年龄人口降至 418 万人左右,65 岁及以上老年人口增加到 293 万人,人口抚养比进一步提升,其中老年人口抚养比达到 70.1%,比 2020 年提高 35.2 个百分点。根据联合国《世界人口展望 2022》预测,中方案情景下,2100 年葡萄牙人口将降至 688 万人,0—14 岁、15—64 岁和 65 岁及以上人口数量分别为 81 万人、357 万人和 250 万人,65 岁及以上人口占比达到 36%,老年人口抚养比达到 69.9%,比 2020 年提高 35 个百分点。可见,葡萄牙未来人口负增长形势严峻。

3. 政策应对

(1) 支持生育政策

长期的低生育水平直接导致人口负增长,进而对经济、社会、文化、政

治和技术发展等方面产生联动影响，突出表现在出生人口减少、人口老龄化加重，劳动力短缺、依靠移民补充劳动力资源、消费动力不足、经济发展迟滞，阻碍社会进步和威胁国家安全等方面。为此，葡萄牙政府实施一系列鼓励生育政策。具体表现为各种优渥的生育福利：在生产和医疗保健方面，女性怀孕期间至生产后60天内的所有医疗、检查、住院费用全免；在生育补贴方面，葡萄牙政府为孕妇提供孕妇津贴，为生育妇女提供生活补助及生育补贴，并为产后家庭提供长期家庭补助；在产假方面，孕妇享受4个月产假，父亲有15天的带薪产假；在育儿方面，葡萄牙政府向育有孩子的家庭设定免税额，并为孩子提供从幼托到中学免费等教育环境，全面保障儿童的教育、健康和发展。然而，这些家庭政策未能对走出低生育率陷阱起到有效作用。

（2）平衡工作和家庭生活的政策措施

相比于希腊、意大利等南欧国家，葡萄牙女性劳动力参与率较高，大多数女性从事全职、有偿的工作，女性劳动力参与率几乎与北欧国家相当。由于大多数人并不认可兼职工作，因此，如果一个家庭的收入需要由女性特别是母亲来补充，那么，她们的就业就极有可能是全职的，为此，葡萄牙政府制定了一系列平衡工作与家庭的政策措施。20世纪80年代，葡萄牙政府开始关注家庭政策，包括在社会和家庭事务部内临时建立一个专门的部门，负责政策的实施。政府主要从扩大幼托设施和产假立法两个方面促进工作与家庭协调。尤为重要的是，葡萄牙关注陪产假，要求实施男性陪产假，这种假期不可在男女之间转移，且育儿假是带薪的，这为民众协调工作与家庭关系提供了大力支持。有研究指出，在平衡工作和生活的家庭政策支持下，高女性就业率和高出生率之间存在正相关关系。[1]

---

[1] 德国艾伯特基金会：《家庭政策和生育率：欧洲国家的现象和挑战》，https://library.fes.de/pdf-files/bueros/china/11419.pdf。

(3) 吸引移民政策

对于老龄化程度较严重、本土劳动力较缺乏的发达国家（地区）而言，引进移民是维持人口规模和结构稳定最重要的途径。[1] 由于低生育困境难以逆转，葡萄牙政府重视移民，着力加快认证葡萄牙国籍、发放居留签证和提供税收优惠，以吸引高技能的专业人才到葡萄牙。1995年，在劳动力市场供应短缺情况下，葡萄牙政府推出了较为开放的移民政策，大批劳务移民涌入葡萄牙，其中包括大量非法移民，故1996年葡萄牙政府通过非法移民的非常规正当化程序实施了移民合法计划。葡萄牙是目前欧洲少数依然推行"黄金签证"投资移民政策的国家之一，巨大的经济利益使得葡萄牙政府已坚持实施该政策多年。2011年，葡萄牙政府主权债务危机导致经济社会矛盾加深，催化了"黄金签证"政策的出台。2012年8月，葡萄牙政府正式推出"黄金签证"，以居留权吸引非欧盟地区投资人资金进入主权债券、房地产等行业，这一举措加快了经济复苏，增加了政府收入，缓和了债务危机。[2] 此外，为了满足现实的需要，至2021年，葡萄牙政府已经出台了9部《国籍法》修订案和2部配套更新的《国籍法实施条例》，不断放宽国籍授予要求。未来，葡萄牙将吸引技术移民和投资移民，将劳动力需求和人才层次结合起来，鼓励接收年轻、双语、高技能的移民，以便补充人力资源；从职业移民政策角度，优先接收技术劳工、受过高等教育的特殊专业人士、专业研究人员、特殊移民和投资移民等群体。

（二）人口对经济社会发展的影响：挑战和机遇共存

1. 双重老龄化的影响

与发达国家老龄化进程相似，葡萄牙人口老龄化呈现"进入早，发展

---

[1] 吕利丹、王涵、段成荣：《国际移民最新趋势和政策应对》，载《人口学刊》，2021年第6期，第68—84页。

[2] 王豪、杨茁：《葡萄牙"黄金签证"移民政策的历史演进与经验借鉴》，载《安徽工业大学学报（社会科学版）》，2022年第2期，第28—31、35页。

慢"的特点。1950年,葡萄牙老龄化率达到了7%,至2021年达23.4%。人口年龄结构变动对社会经济发展具有极为重要的影响。首先,严重老龄化和人均预期寿命延长直接影响福利政策的最佳设计,主要表现在影响养老金、健康、社会服务和长期护理等方面。随着老龄化程度的不断加深,养老金和公共医疗等社会服务成本上升。有研究认为,老年人口的医疗保险费用是青年人口或中年人口的4倍,[1] 随着少子老龄化的发展,收缴的保险金变少而支出给老年人的医疗保险费用变多,长此以往,会出现保险金经费紧张,运转面临困境。除了财政压力之外,少子老龄化还会导致需要医疗照护的老年人增多,但医护人员数量相对不足,这也是愈发严峻的社会问题。

其次,严重老龄化造成的劳动力人口萎缩和劳动力老化等问题,将减少劳动力市场供给,降低储蓄和投资,并对生产率尤其是劳动生产率产生消极影响,从而影响葡萄牙经济增长。老龄化是导致21世纪葡萄牙经济增长缓慢的原因之一。

最后,人口老龄化催生"银发经济"发展。老龄化的积极影响表现在长寿红利,以及提高人力资本水平。目前,葡萄牙男女退休年龄都是66岁7个月,退休年龄与人均预期寿命挂钩,未来随着人均预期寿命的提升,退休年龄有可能进一步延迟,这意味着老龄人口收入增加,生产效益增加,老龄化或可转变为长寿红利,为发展"银发经济"提供机遇,同时,由于老龄人口积累了丰富的工作经验,可以在一定程度上促使人力资本水平提升。2002年,世界卫生组织正式提出积极老龄化理论框架,[2] 全球积极老龄化的促进措施值得借鉴,具体包括同辈支持、代际支持、时间银行、社区志愿工作等形式的互助养老,以及老年大学、"互联网+养老"等新模式。随着预期寿命的不断延长,鼓励、支持老年人再就业,开发利用老年人力资源,不仅

---

[1] 石甜甜:《日本少子老龄化的社会影响、政策演进及启示》,载《江西社会科学》,2020年第8期,第221—230页;安藤润:《少子老龄化和日本经济》,东京:文真堂,2014年版。

[2] WHO,"Active Ageing: A Policy Framework", *Aging Male*, Vol. 5, No. 1, 2003, pp. 1-37.

有助于缓解人口老龄化压力,还可以弥补劳动力市场结构性不足。

2. 人口负增长的影响

葡萄牙主要受极低生育率和特定阶段人口迁出的影响,在 1964—1969 年、1986—1992 年及 2010—2019 年出现人口负增长。由于人口负增长存在年龄组传导性,劳动力作为社会生产的主体,总人口的负增长直接影响劳动力供给,进而影响劳动力参与率,人口负增长时期,葡萄牙劳动力参与率的年平均增幅小于-0.1%。整体看来,人口负增长背景下,劳动年龄人口减少和劳动力参与率下降等问题使劳动力成本提升,劳动生产率有所下降。

3. 劳动力老化的影响

劳动年龄人口活跃指数低也是葡萄牙人口发展的一个突出特点。劳动力老化在一定程度上有利于资本深化,引发技术进步,即存在其他要素增加以代替劳动力投入的机制,主要表现为人力资本积累、刺激创新、推动技术进步,进而对经济产出带来正向影响,推动经济发展。目前看来,葡萄牙经济增长动力更多来源于技术进步和资本积累等,这在一定程度上可以缓解劳动力供给减少的不利影响。从积极老龄化的角度,有研究指出,人口老龄化对创新产生一定的积极影响,主要表现在人力资本积累方面,老年劳动力通过发挥"教师乘数"[1]作用来有效延缓技术衰退的速度,对创新产生积极影响。[2] 从技术进步的角度,人均预期寿命的延长会提高青年人和中年人的创新动力,进而促进产业结构升级。另外,劳动力老化促使要素禀赋结构转变,进而带来劳动生产率提升,老龄化通过"资本-劳动"要素结构改善和人力资本要素质量提升两条途径推动了技术创新。[3] 但也有相关研究指出,

---

[1] 教师乘数是指人口老龄化与教师效应加乘的影响程度,用以表示通过代际知识传递发生作用的大小。

[2] Berk J and Weil D N,"Old Teachers, Old Ideas, and the Effect of Population Aging on Economic Growth", *Research in Economics*, Vol. 69, No. 4, 2015, pp. 661-670.

[3] Lancia F and Prarolo G, "A Politico-Economic Model of Aging, Technology Adoption and Growth", *Journal of Population Economics*, Vol. 25, No. 3, 2012, pp. 989-1018.

老龄化会降低个体研发效率、削弱基础研究,以及抑制消费和市场,从而阻碍创新。[1] 因此,人口老龄化发展的不同程度可能会对科技创新产生不同影响。

4. 政策应对和积极实践

(1) 健康老龄化的政策支持与良好实践

健康老龄化的观念日益受到国际社会的关注,葡萄牙积极支持健康老龄化福利事业。首先,葡萄牙规定 65 岁及以上老年人口可以领取养老金和退休金,为了保障老年人的健康生活,80 岁及以上高龄老人还享有补充养老金,患病老年人可以申请长期护理津贴,丧偶的老年人还可以申请丧偶津贴。其次,葡萄牙具有相对完善的社会保障体系,主要包括社会行动体系、共济体系和家庭保护体系,为不能自理的老年人提供社会保障。

(2) 欧债危机后的养老金制度改革

受债务危机影响,葡萄牙对养老金制度进行了一系列相关改革。主要包括:第一,提高退休年龄。从 2009 年开始,65 岁及以上的劳动者也需要按照较低费率进行参保缴费,实际上相当于变相提高退休年龄。第二,削减养老金指数。葡萄牙对高收入人群的养老金给付进行了削减,从 2013 年开始,银行账户超过 10 万欧元的人员将被取消享受收入支持补贴,同时,对增加养老金给付的资格条件进行严格控制。第三,调整并控制费率。从 2013 年开始,私人部门雇员的缴费率从 11% 提高至 18%,而雇主缴费率相应下降。第四,改革养老金计发公式。从 2012 年开始,规定参加公共养老金计划人员必须按照法定退休年龄退休,禁止提前退休并领取养老金。为激励劳动者延长工作时间,制定了降低提前退休者养老金待遇和提高延迟退休者养老金待遇的政策。

---

[1] 豆建春:《老龄化对创新的影响——效应、机制及其对中国的启示》,载《人口与经济》,2019 年第 5 期,第 78—93 页。

(3) 健全老有所医的发达医疗体系

葡萄牙具有世界先进的医疗体系，主要包括国民健康保健服务、社会医疗保险计划、自愿私人医疗保险等三部分。国民健康保健服务覆盖了全民，社会医疗保险计划服务了约25%的国民，私人医疗保险计划服务了10%的国民，另有7%的国民通过共同基金享受医疗服务。相对健全的医疗体系保障了葡萄牙老年人口老有所医。

(4) 面对可能的就业障碍采取激活和就业支持政策

国际劳工组织2013年在日内瓦发布《应对葡萄牙就业危机》（Tackling the jobs crisis in Portugal）报告，建议葡萄牙政府采取一系列新的有效措施以应对就业危机、创造就业机会，例如为有生存能力的小企业改善信贷条件，帮助小企业成长为大中型企业，并能够在新的出口市场中有竞争力。葡萄牙政府出台了相关扶持计划，其中包括鼓励欧洲投资银行参与；建立一个经过精心设计的劳动力市场机构，为求职者、工人和企业提供所需支持；向年轻人和失业家庭等弱势群体推出就业辅助专项计划；鼓励学徒、实习等获得工作经验的活动，并为此在教育机构、企业和年轻人之间建立新的合作伙伴关系。[1]

三、思考与启示

（一）发挥澳门独特优势，助力中葡关系发展

葡萄牙是连接陆上丝绸之路和海上丝绸之路的重要枢纽，中葡共建"一带一路"具有天然优势。葡萄牙与中国有着长期友好关系，并受益于与中国更紧密的经济关系所带来的经济机遇。

---

[1]《国际劳工组织呼吁采取额外措施应对葡萄牙就业危机》，https://news.un.org/zh/story/2013/11/203982。

扩展中国与葡萄牙及其他葡语国家多边合作，推动中葡互利合作再上新台阶。一是拓展经贸合作。以高质量共建"一带一路"和推动落实全球发展倡议为契机，深化产业链供应链合作，建设一批"小而美"民生项目。充分发挥中葡合作发展基金作用，以绿色低碳、服务贸易、数字经济等为突破口，培育经贸新增长点。二是用好澳门平台。中国与葡语国家经贸合作论坛常设秘书处辅助办公室已在澳门设立，也形成了高校合作机制。未来可发挥粤港澳大湾区协同效应，支持澳门建设综合性服务平台，举办中国-葡语国家经贸博览会（澳门），支持澳门和广东在横琴共同建设中葡国际贸易中心。鼓励内地企业与澳门企业通过联合投融资、技术合作等方式，共同参与葡语国家基础设施建设，助力当地经济社会发展，增进人民福祉。

（二）加强健康、数字、绿色、创新等领域合作

中葡两国经济互补性强，合作潜力巨大。中国政府在"十四五"规划中提出，坚持创新驱动发展、加快数字化发展、推动绿色发展等目标，葡萄牙政府在《复苏和弹性计划》中将应对气候变化、数字化转型列为重点投资领域，中葡两国在推动经济复苏、实现经济高质量发展、增进人民福祉等方面的理念不谋而合，为中葡深入开展经贸合作、共同探索发展新机遇提供了有利条件。中葡双方在医疗健康、绿色经济、数字转型、新能源等新兴产业领域有巨大的合作空间，在通信、电子商务、电动汽车等领域有广阔的合作前景。

（三）推动文化、旅游、教育等领域的交流与合作

葡萄牙旅游资源丰富，中葡旅游领域的合作对两国关系具有重要意义。考虑到旅游业是加深相互理解、表达良好意愿、巩固两国关系的一个重要途径，中国和葡萄牙于2010年签订旅游合作协议。同时，中国高校也可加强与葡萄牙高校的合作，搭建教育交流平台，扩展中国和葡萄牙教育合作的发展空间；此外，文化交流是推动人类文明和世界和平的重要动力，中葡两国可加强在文化遗产、考古、艺术等方面的合作交流，让两国民众交流更为密

切，有利于两国长久合作共赢。

（四）推动中国实现第二次人口红利

在人口老龄化条件下产生有利于经济增长的因素即实现第二次人口红利。老龄化是世界性趋势，中国与葡萄牙同样都面临少子老龄化问题，中国可以从实际出发，借鉴葡萄牙应对老龄化问题的策略，基于人口老龄化这一现实，认识老年人口作为劳动力、人力资本和创新主体的作用，利用老年人口规模庞大且日益扩大的人力资源优势，对经济发展作出特有的贡献。

土耳其人口与发展状况报告

金牛 原新 张颖*

摘要: 土耳其是西亚人口大国,具有人口年龄结构年轻、人口红利机会窗口期长、劳动力资源丰富等人口优势。土耳其位于亚非欧十字路口,作为伊斯兰世界的大国之一,也面临着难民潮、世俗主义倒退、就业性别差异和收入差距等问题。中土两国可以依托共建"一带一路"倡议,加强基建、经贸、文化等领域的交流合作,实现人口与经济社会的协调和高质量发展。

关键词: 土耳其;人口红利;移民;"一带一路"

土耳其共和国,简称土耳其,成立于1923年10月29日,长期实行议会共和制政体,2018年改为总统共和制政体。土耳其位于西亚,属于中东[1]国家。土耳其横跨亚欧大陆,国土面积为78.36万平方千米,其中,97%位

---

* 金牛,经济学博士,天津财经大学财税与公共管理学院讲师、硕士生导师;原新,经济学博士,南开大学经济学院教授、博士生导师,南开大学老龄发展战略研究中心主任;张颖,经济学硕士,国家卫生健康委干部培训中心(国家卫生健康委党校)科员。

[1] "中东"是欧洲人使用的笼统地理用语,指从地中海东部和南部到波斯湾沿岸的部分地区,不同组织对中东采用不同的划定标准。国际关系领域所指的中东一般包括:沙特、伊朗、伊拉克、科威特、阿联酋、阿曼、卡塔尔、巴林、土耳其、以色列、巴勒斯坦、叙利亚、黎巴嫩、约旦、也门、埃及等国家和地区。

于亚洲的小亚细亚半岛，3%位于欧洲的巴尔干半岛。行政区划等级为省、县、乡、村，全国共分为81个省。根据世界银行数据库数据（按2015年不变价美元统计），2021年，其国内生产总值为1.13万亿美元，人均国内生产总值为1.33万美元，属于中高收入国家。土耳其族人占总人口的80%以上，库尔德人约占15%。全国近99%的人口信仰伊斯兰教，其中，85%属逊尼派，其余为什叶派；少数人口信仰基督教和犹太教。官方语言为土耳其语。

一、人口与发展的现状和特征

（一）人口基本状况

1. 人口增速放缓，预计从2056年开始负增长

如图1所示，土耳其人口总量从20世纪50年代初的约2000万人，增长到2021年的8500万人左右，略少于伊朗，是西亚第二人口大国，人口总量的世界排名为第18位。结合联合国《世界人口展望2022》中方案人口预测，2055年，土耳其人口总量将增长到9629.94万人的峰值，随后，从2056年开始步入负增长时代，2100年下降到8254.90万人，大致与2018年持平。土耳其人口年增长率总体呈现下降态势，从1950年2.50%下降到2021年0.75%，2056年将步入负值阶段，2100年继续下降到-0.55%。土耳其人口年增长率在2010—2020年间异常变动，主要由于接收周边国家的大量难民所产生的短期影响。2022—2100年土耳其部分人口指标如表1所示。

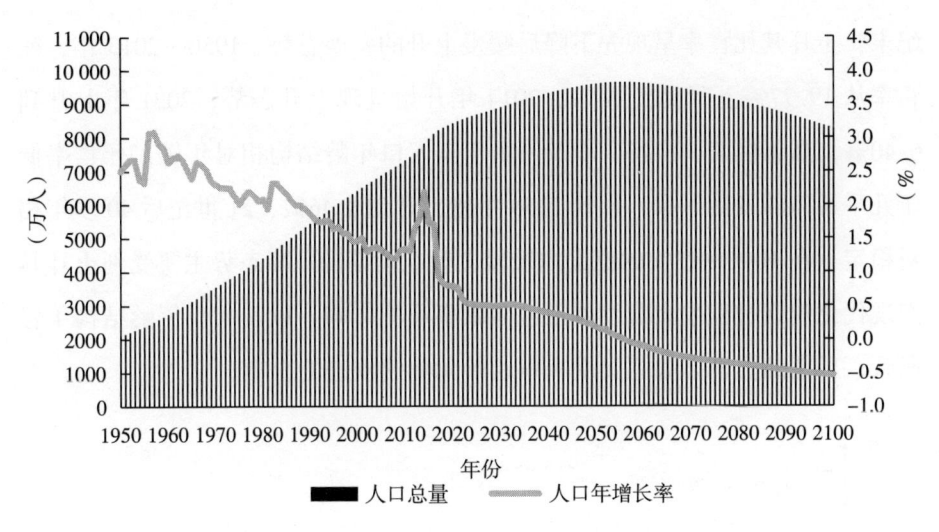

图 1　1950—2100 年土耳其人口总量和人口年增长率

资料来源：联合国《世界人口展望 2022》。

表 1　2022—2100 年土耳其部分人口指标

主要年份	总和生育率	人均预期寿命（岁）	净流出人口（万人）
2022	1.88	78.48	30.16
2030	1.81	80.09	13.13
2040	1.76	82.01	6.00
2050	1.74	83.68	6.00
2060	1.71	85.11	6.00
2070	1.69	86.42	6.00
2080	1.67	87.68	6.00
2090	1.69	88.89	6.00
2100	1.68	90.08	6.00

资料来源：联合国《世界人口展望 2022》。

2. 死亡率相对稳定，自然增长率随出生率同步下降

土耳其人口死亡率相对稳定。如图 2 所示，从 20 世纪 50 年代初到 21 世

纪末，土耳其死亡率呈现先下降后缓慢上升的发展态势。1950—2013 年，死亡率从 19.77‰ 下降到 5.04‰，2014 年开始呈现上升态势，2021 年上升到 6.40‰，高于伊朗、沙特、埃及。由于其人口年龄结构相对年轻，死亡率低于几乎所有的发达国家，预计 2050 年将上升到 8.46‰，21 世纪后 40 多年相对稳定，在 10‰—13‰ 的范围内缓慢上升。前期的下降态势主要受到土耳其在现代化建设过程中大力发展卫生健康事业的影响，以其人口年龄结构年轻所致，后期的上升态势主要受人口老龄化加速演进的影响。

资料来源：联合国《世界人口展望 2022》。

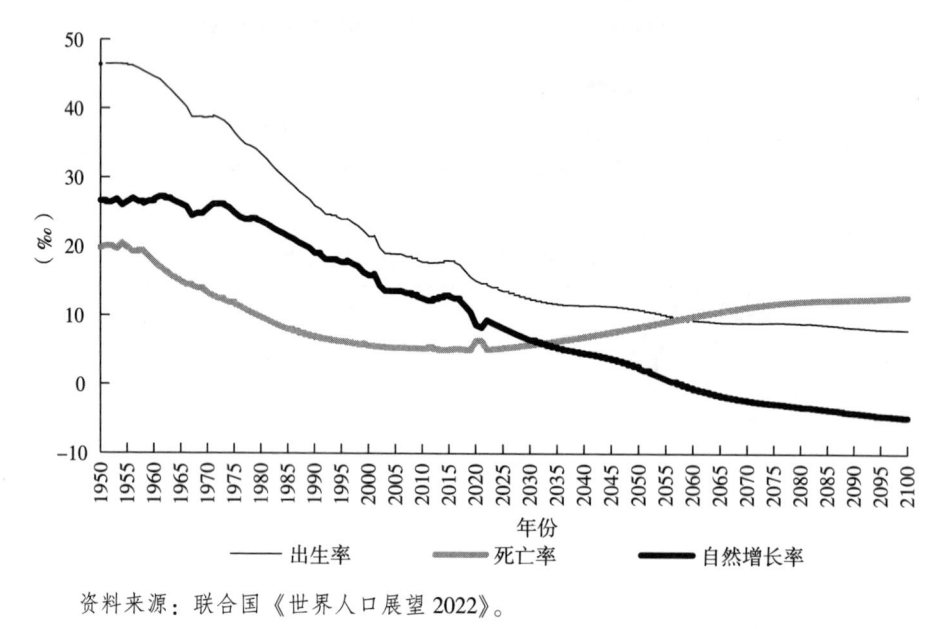

图 2　1950—2100 年土耳其人口出生率、死亡率和自然增长率

土耳其人口出生率呈现持续下降的发展态势。如图 2 所示，1950—2021 年，出生率从 46.39‰ 快速下降到 14.68‰，低于沙特和埃及，但高于伊朗。2050 年，出生率将继续下降到 10.85‰，2058 年，出生率首次低于死亡率。21 世纪后半叶，出生率降幅放缓，从 10‰ 附近下降到 8‰ 左右。

在低死亡率和低出生率的合力影响下，土耳其人口自然增长率整体呈现下降态势。如图 2 所示，1950—2021 年，自然增长率从 26.62‰ 下降到 8.28‰。由于出生率的主导影响，自然增长率也同步低于沙特和埃及，高于伊朗。2050 年，自然增长率将下降到 2.40‰，2058 年，自然增长率步入负值阶段，2100 年，自然增长率下降到 -4.74‰。

3. 总和生育率持续下降，2010 年降至更替水平

土耳其人口总和生育率整体呈现下降态势，具体可分为 3 个阶段。如图 3 所示，第一阶段为 1950—2010 年，总和生育率从 6.47 快速下降到 2.14，达到人口更替水平（2.10）；第二阶段为 2011—2018 年，总和生育率保持在 2.1—2.2 的范围内波动；第三阶段为 2019 年至 21 世纪末，总和生育率在更替水平以下持续下降，预计到 21 世纪末下降到 1.68 左右。

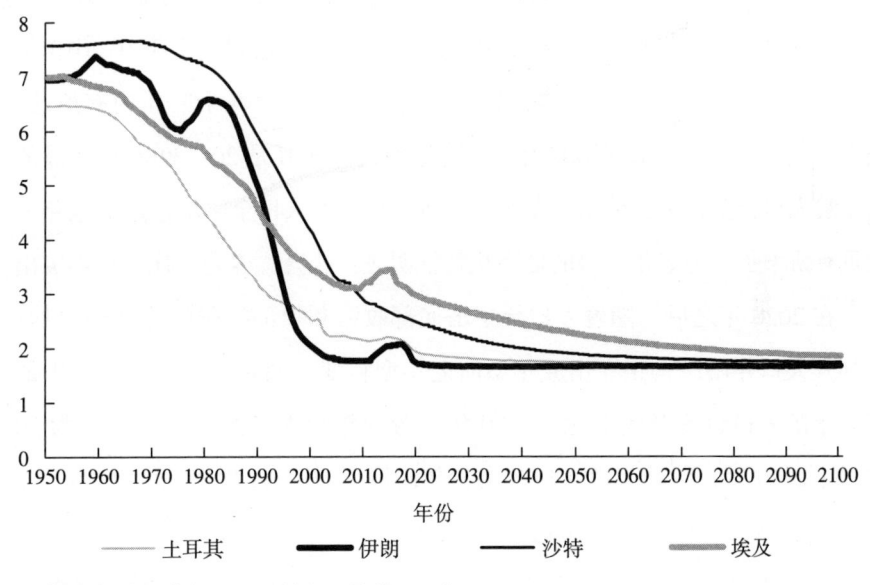

资料来源：联合国《世界人口展望 2022》。

图 3　1950—2100 年土耳其、伊朗、沙特、埃及总和生育率变动

与中东、北非地区的主要人口大国相比，如图 3 所示，土耳其总和生育率达到更替水平比伊朗晚 11 年，但分别领先沙特和埃及 21 年和 48 年。3 国

虽然同属于伊斯兰国家,但不同的人口政策导致了总和生育率变化的差异性。伊朗在1988—2012年实施的计划生育政策率先加速了总和生育率的下降,沙特和埃及则保留了更为传统的鼓励生育的伊斯兰文化,土耳其介于两种模式之间,在现代化和宗教传统的渐进磨合中将总和生育率降至更替水平。

4. 人口年龄结构由成年型向老年型转变,性别结构均衡

在2010年之前,土耳其的人口年龄结构分布呈现典型的底部宽大的金字塔形状,年轻型特征明显。如图4所示,人口金字塔顶部的老年人口比重较小,社会养老压力较轻;中部的劳动年龄人口比重不突出,劳动力蓄水池尚不充沛;底部的少儿人口比重较大,社会养小压力较重。

2010—2020年,土耳其人口年龄结构的成年型特征明显。首先,从2010年开始,人口金字塔底部开始收缩,这是由于总和生育率在2010年下降到更替水平,并在此后总体保持下降态势,社会"养小"压力有所缓解。其次,人口金字塔中部开始突出,劳动年龄人口尤其是20—39岁年龄段的劳动年龄人口比重较大,劳动力蓄水池充盈。最后,人口金字塔顶部的老年人口比重有所增加,但老年人口的低龄化特征明显,社会"养老"压力尚不突出。

在2020年之后,随着人口金字塔底部收缩和顶部扩张的速度合力加快,土耳其人口年龄结构正在由成年型向老年型转变。同时,人口金字塔中部的劳动年龄人口也逐渐大龄化。2020年,劳动年龄人口的突出年龄段为20—34岁;2040年,劳动年龄人口的突出年龄段为40—54岁和20—29岁,分别从2065年和2085年开始全部进入老年期。

土耳其的人口性别结构较为均衡。一方面,2000年至今,总人口性别比基本稳定在100.4—101.2,主要受到人口老龄化的影响,预计在2034年下降到100.0以下,到21世纪末保持在99.3以上。另一方面,20世纪60年代至今,土耳其的出生人口性别比始终保持在105.0左右,介于102.0—107.0的正常区间内。

土耳其人口与发展状况报告

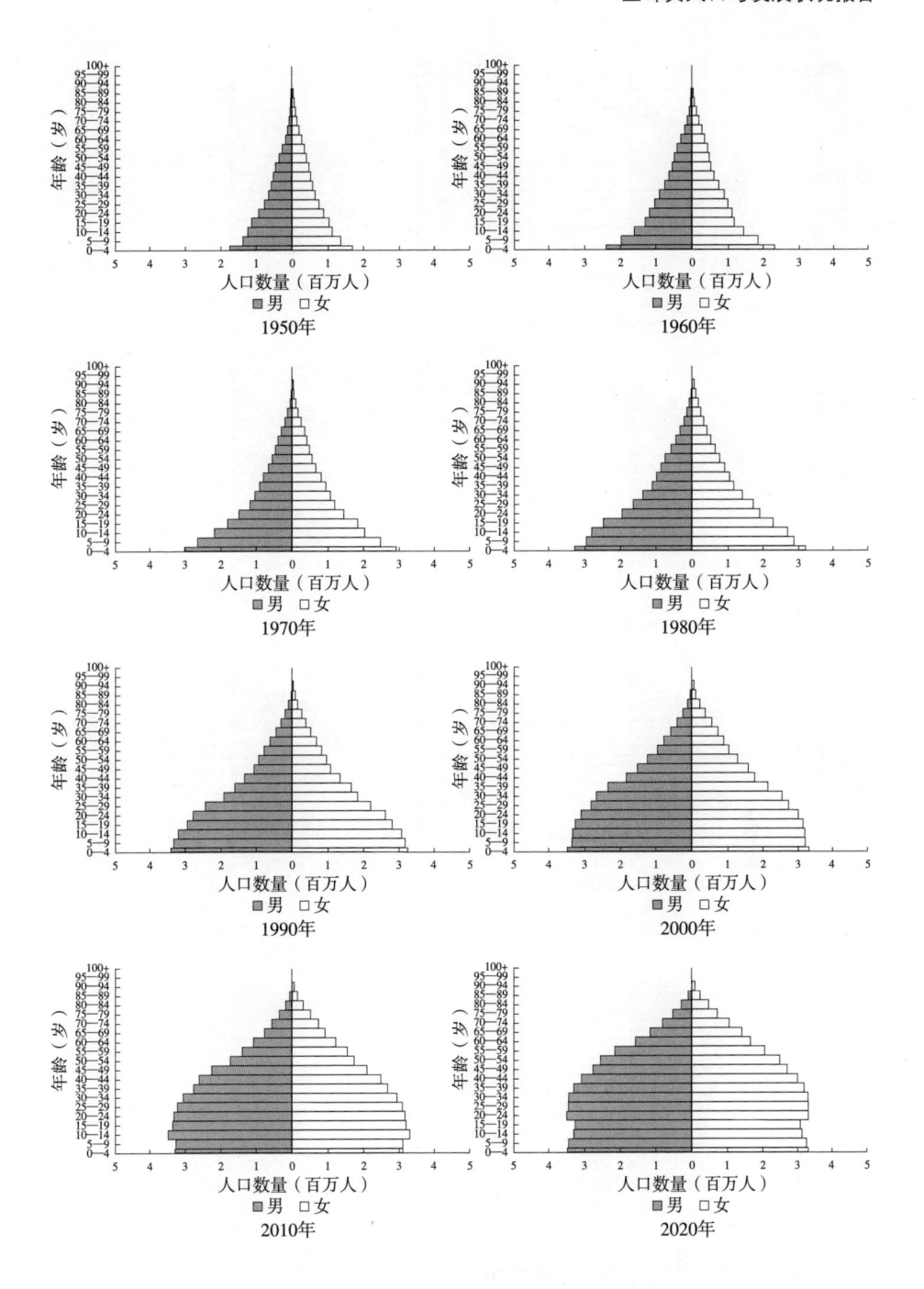

1950年

1960年

1970年

1980年

1990年

2000年

2010年

2020年

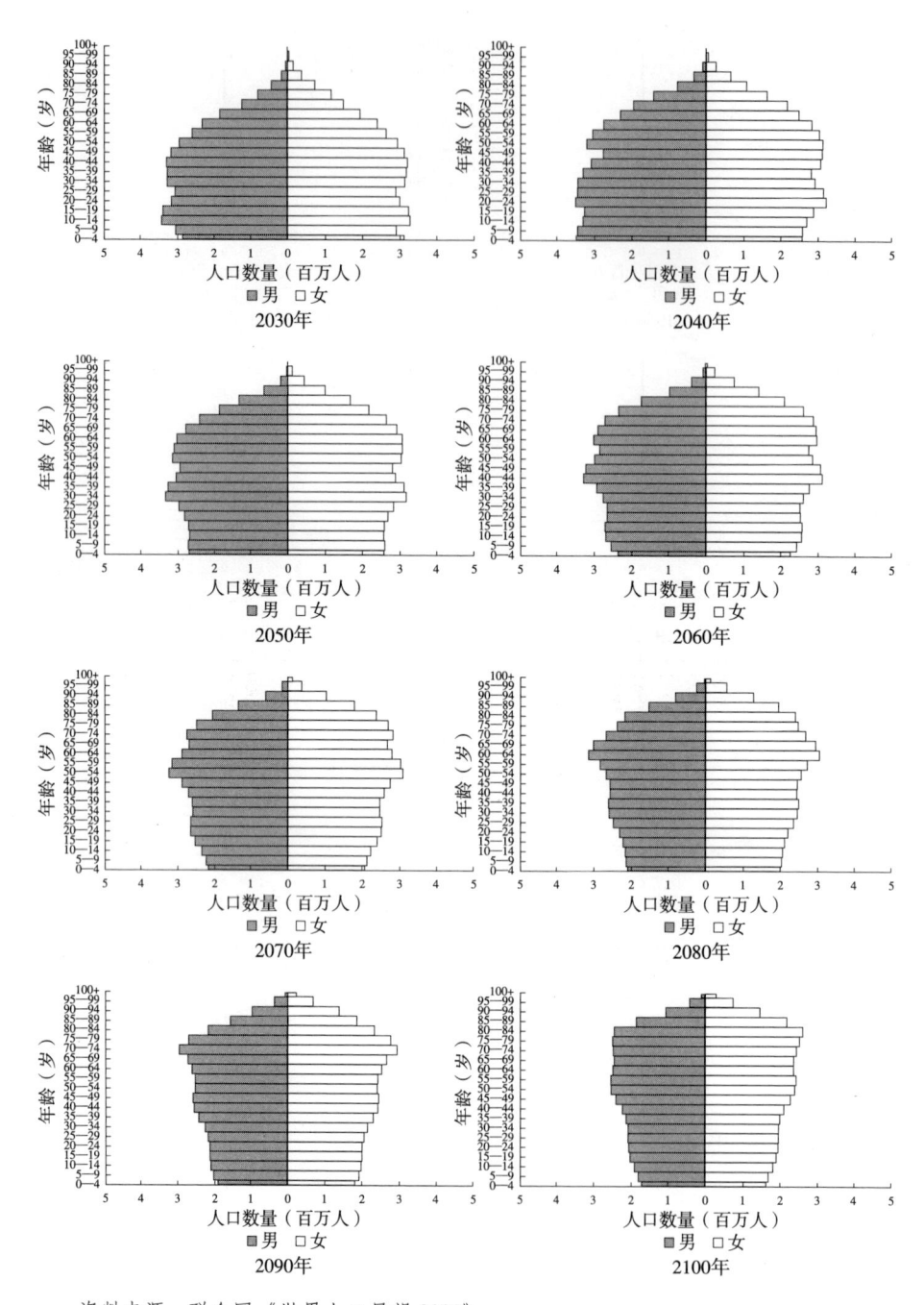

资料来源：联合国《世界人口展望2022》。

图4 1950—2100年土耳其人口金字塔

5. 劳动年龄人口规模预计从 2040 年开始负增长

土耳其 0—14 岁少儿人口比重呈现先平缓上升后大幅下降的态势。如图 5 所示，1950—1968 年，少儿人口比重从 40.58% 上升到 43.26%，但从 1969 年起呈现整体下降态势，2021 年下降到 23.48%，2050 年为 16.56%，2100 年为 12.81%，即仅为总人口的八分之一。

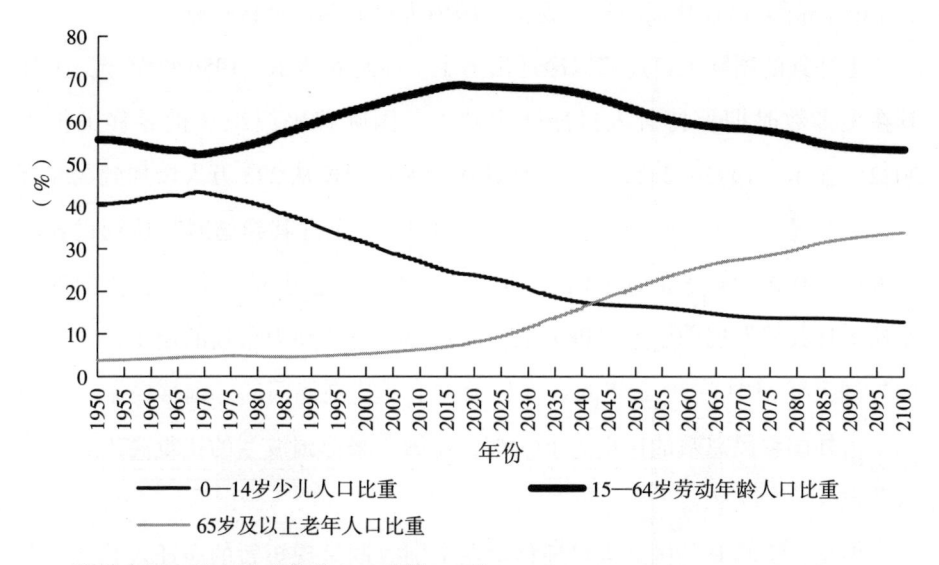

资料来源：联合国《世界人口展望 2022》。

图 5　1950—2100 年土耳其人口年龄结构

土耳其 15—64 岁劳动年龄人口比重在波动中呈现先上升后下降的态势，变化范围介于 50%—70% 之间。1950—2017 年，劳动年龄人口比重从 55.65% 上升到 68.51%，达到峰值；2018 年开始转升为降，2021 年下降到 68.14%，2050 年下降到 62.31%，21 世纪，劳动年龄人口比重始终超过半数。尽管土耳其的劳动年龄人口比重从 2018 年就开始下降，但其劳动年龄人口规模要到 2039 年达到峰值（6167.09 万人）后才转入负增长阶段，比人口总量负增长（2056 年）早 16 年。

土耳其 65 岁及以上老年人口比重呈现整体上升态势。1950—2015 年，

65岁及以上老年人口比重从3.78%上升到7.09%，2015年首次超过7%，进入老龄化社会。该比重在2035年将达到14.06%，进入老龄社会；在2042年达到17.33%，首次超过少儿人口比重；在2050年达到21.14%，即占全国总人口的五分之一，进入超老龄社会。土耳其的人口老龄化程度及其发展速度均处于中东与北非地区的领跑水平。

6. 国际人口迁移以净迁出为主，国内人口向西部地区迁移

土耳其的国际人口迁移以净迁出为主。如图6所示，1950年至今，土耳其在大多数时期保持着人口净迁出状态。国际移民组织《世界移民报告2022》显示，1995—2020年，土耳其迁出人口规模从273万人增加到328万人，主要迁向德国等欧洲发达国家，2020年，"土耳其到德国"位列世界国际人口迁移走廊排名的前20位。实际上，自20世纪50年代起，德国就开始从土耳其等发展中国家引进劳工，以弥补自身劳动力市场的用工需求。德国外国人登记中心2018年的数据显示，土耳其是德国的外国移民第一来源国，占外国移民总数的比重为13.4%，比第二来源国波兰的比重高出5.6个百分点。[1]

但是，土耳其的国际人口迁移也在个别时期呈现短暂的净迁入状态。尤其是2009—2016年净迁入量较大，这主要受突发性大规模国际难民潮的影响。特别是2011年叙利亚内战爆发以来，大量叙利亚难民迁向土耳其，"叙利亚到土耳其"已经成为仅次于"墨西哥到美国"的世界第二大国际人口迁移走廊。2020年，土耳其连续5年成为世界最大的难民收容国。联合国难民署的数据显示，截至2022年6月17日，土耳其共接纳约370万叙利亚难民入境，占其接收的全部难民人数的92%。[2]

---

[1] 宋全成、甘月童：《德国移民截面数据的社会学分析》，载《世界民族》，2022年第1期，第80页。

[2] "Global Trends: Forced Displacement in 2020", https://www.unhcr.org/60b638e37/unhcr-global-trends-2020.

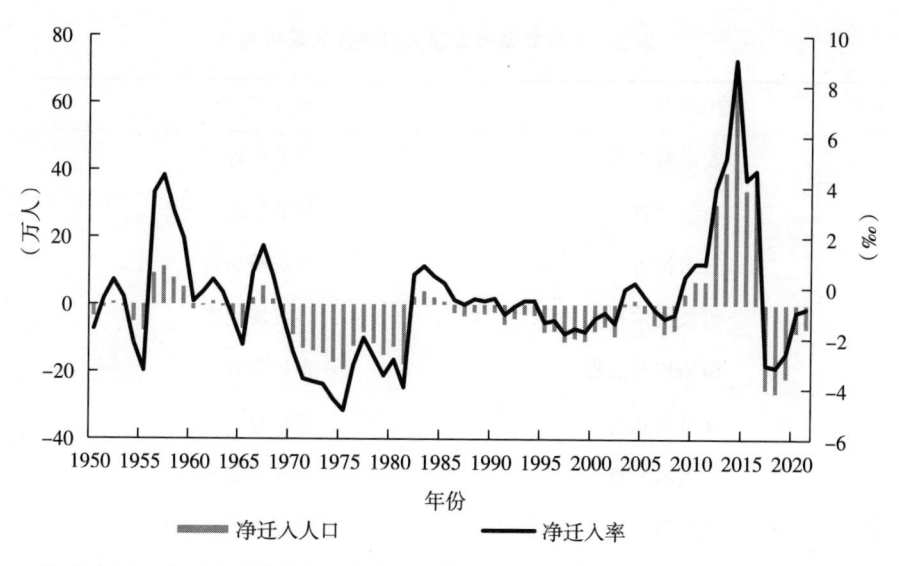

资料来源：联合国《世界人口展望 2022》。

图 6 1950—2020 年土耳其国际人口迁移

土耳其国内人口主要向西部地区迁移。如表 2 所示，2008 年，在省际人口净迁入量排名前 10 位的省份中，安塔利亚省、伊兹密尔省、穆拉省位于西南地区，安卡拉省为首都所在省，布尔萨省、伊斯坦布尔省、泰基尔达省、科贾埃利省、亚洛瓦省、埃斯基谢希尔省位于西北地区，这些省份大多数地处沿海，距离欧洲大陆较近，经济产业相对完善，属于国内经济相对繁荣的地区。到 2021 年，受新冠疫情影响，国内省际人口净迁入量排序发生变化，伊斯坦布尔省人口净迁入量转负，以旅游业为主的安塔利亚省和亚洛瓦省退至第 11 位和第 12 位，聚集多所高校的埃斯基谢希尔省退至第 14 位。恰纳卡莱省、巴勒克埃西尔省、萨卡里亚省、艾登省等其他西部省份进入前 10 位。

表2 土耳其国内省际人口净迁入量排名

排序	2008年	2021年
1	安塔利亚省	安卡拉省
2	布尔萨省	泰基尔达省
3	安卡拉省	伊兹密尔省
4	伊兹密尔省	科贾埃利省
5	伊斯坦布尔省	布尔萨省
6	泰基尔达省	穆拉省
7	科贾埃利省	恰纳卡莱省
8	穆拉省	巴勒克埃西尔省
9	亚洛瓦省	萨卡里亚省
10	埃斯基谢希尔省	艾登省

资料来源：土耳其国家统计局。

(二) 经济状况

1. 处于人口红利期，劳动力资源丰富

根据总抚养比不超过50%的判断标准，土耳其的人口红利期为2010—2038年。如图7所示，劳动年龄人口规模持续壮大，从2010年的4897.80万人增加到2038年的6166.51万人，劳动力资源蓄水池充盈。如前所述，虽然劳动年龄人口比重在2017年达到峰值68.51%后开始下行，但劳动年龄人口规模预计要在2039年达到峰值6167.09万人后才会开启下行态势，可见即便在传统型的人口红利期之后，土耳其依然拥有丰富的劳动力资源。

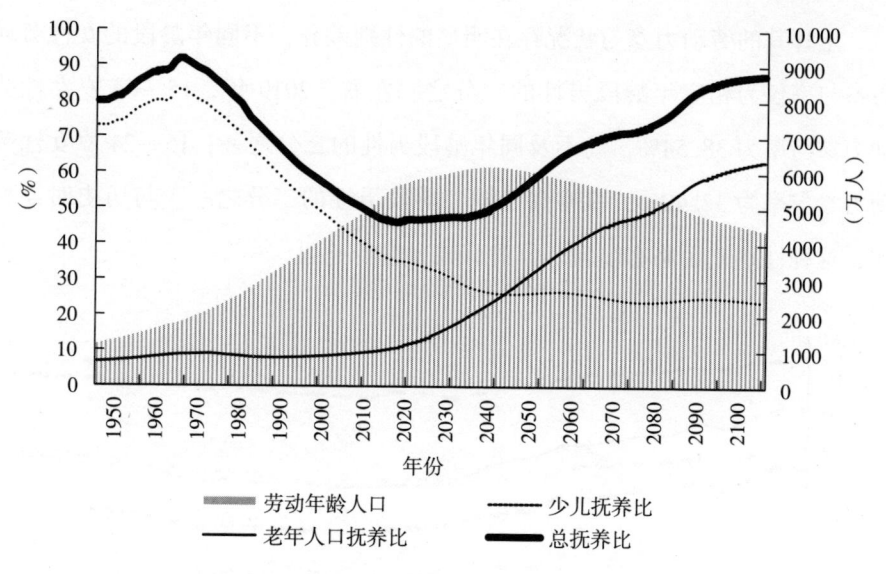

资料来源：联合国《世界人口展望 2022》。

图 7　土耳其劳动年龄人口数量和人口抚养比

预计从 2042 年开始，土耳其的老年人口抚养比超过少儿抚养比，届时，老年人口抚养比为 26.43%，少儿抚养比为 26.09%，社会抚养负担将由养小为主转向养老为主，人口负增长和深度老龄化时代的养老压力不断增大。

2. 劳动力参与率和就业率波动变化，存在性别差异

土耳其的劳动力参与率呈现先下降后上升的态势。如图 8 所示，15—64 岁劳动年龄人口的劳动力参与率在 1990—2006 年从 59.79% 下降到 48.49%，然后在 2006—2019 年又从 48.49% 上升到 58.09%。分性别来看，这种先降后升的态势同样存在。与此同时，受到高等教育入学率提升的影响，15—24 岁青年人口的劳动力参与率整体低于 15—64 岁人口，但同样呈现先降后升的态势。国际比较来看，土耳其不同人口的劳动力参与率均领先于周边国家，不仅高于中东与北非国家平均水平，也高于伊朗、沙特、埃及等周边人口大国，但与世界平均水平、中等收入国家平均水平及欧盟国家平均水平之间尚存较大差距。

土耳其的劳动力参与状况存在明显的性别差异，不同年龄段的女性劳动力参与率仅为相应年龄段男性的二分之一左右。2019 年，15—64 岁女性劳动力参与率为 38.54%，尚不及同年龄段男性的二分之一；15—24 岁女性劳动力参与率为 32.40%，仅略高于同年龄段男性的二分之一。与历史时期相比，这种性别差距略有改善，但尚有较大进步空间。

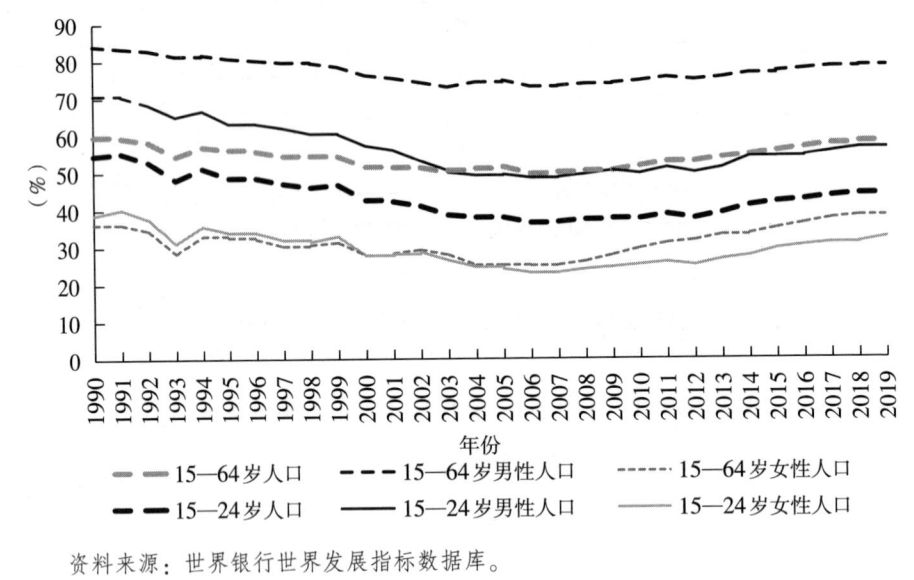

资料来源：世界银行世界发展指标数据库。

图 8　1990—2019 年土耳其不同年龄段的劳动力参与率

2000—2010 年和近几年，土耳其的就业率处于低谷期。如图 9 所示，在 2000—2010 年间，土耳其 15 岁及以上总人口、男性人口、女性人口的就业率最低值分别为 41.15%、61.04%、20.77%。2010—2019 年，土耳其的就业率有所回升，15 岁及以上总人口、男性人口、女性人口的就业率分别从 42.99%、63.01%、24.15% 波动提升到 45.68%、63.38%、28.82%。近几年，受新冠疫情影响，土耳其的就业率陷入新的低谷期。2021 年，15 岁及以上总人口、男性人口、女性人口的就业率分别降至 43.47%、60.86%、26.87%。国际比较来看，土耳其 15 岁及以上人口的就业率和中东与北非地区的整体走势大体一致，但始终低于世界平均水平 10 个百分点以上。土耳其 15—24 岁青年人口与 15 岁及以上人口的就业率变化态势类似，但国际比较相对乐观。当前，土耳其就业率已超出中东与北非地区平均水平 10 个百分点，并逐渐接近世界平均水平。

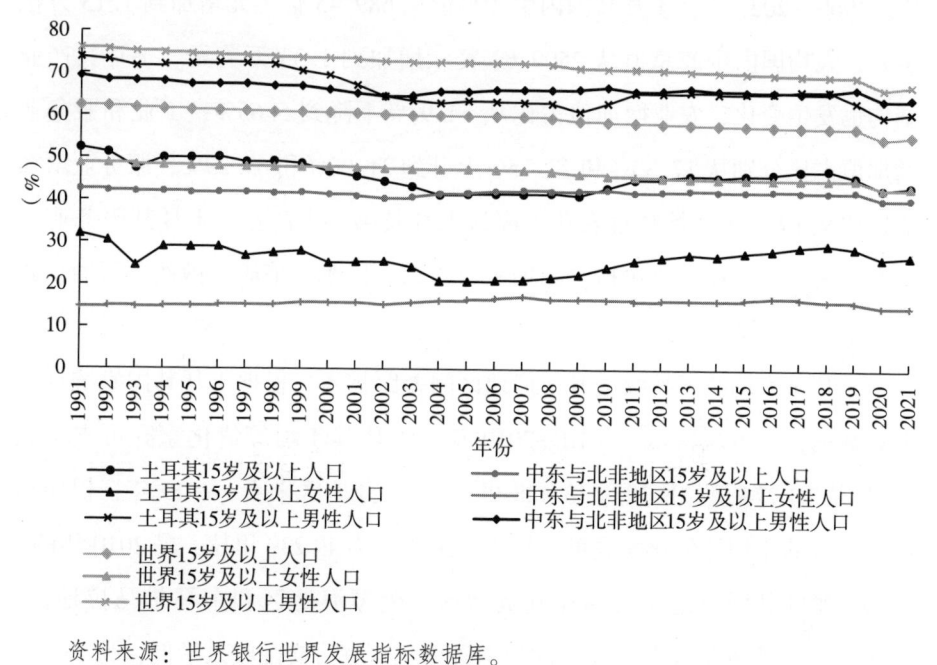

图9 1991—2021 年土耳其及其所在地区、世界的就业率变化比较

资料来源：世界银行世界发展指标数据库。

土耳其的就业状况存在明显的性别差异。国际比较来看，土耳其 15 岁及以上男性人口的就业率始终低于世界平均水平，从 2002 年开始甚至低于中东与北非地区平均水平；但 15—24 岁男性青年人口的就业率从 2014 年开始反超世界平均水平，始终高于中东与北非地区平均水平。土耳其 15 岁及以上女性人口和 15—24 岁女性青年人口的就业率则始终低于世界平均水平，但持续高于中东与北非地区平均水平。这表明，土耳其的女性就业率领跑于周边国家，但与世界平均水平尚存差距。国内比较来看，2021 年，土耳其

15岁及以上女性人口和15—24岁女性青年人口的就业率均不到相应年龄段男性人口的二分之一，就业的性别平等状况还存在较大改善空间。

3. 属于中高收入国家，但地区间收入差距扩大

土耳其已经步入中高收入国家行列，其经济水平在西亚地区处于领先地位。1960—2021年，土耳其国内生产总值从689.45亿美元增加到1.13万亿美元，人均国内生产总值从2509.62美元增加到1.33万美元。土耳其产业结构也发生变化，农业增加值占比从54.92%下降到5.65%；工业和服务业增加值占比分别从17.33%和27.75%上升到31.06%和63.29%；服务业增加值占比从1971年开始超过农业，成为土耳其第一大产业。土耳其服务业以旅游业为主，工业主要包括食品加工、纺织、汽车、采矿、钢铁、石油、建筑、木材和造纸等。

土耳其人均收入持续上升，但地区间差距扩大。根据土耳其国家统计局调查数据，如表3所示，2010—2019年，土耳其年均等值化家庭可支配收入[1]从10 774里拉增加到33 428里拉[2]。分地区来看，2019年，伊斯坦布尔地区的年均等值化家庭可支配收入最高，为49 239里拉，是2010年的3倍多；紧随其后的是西安纳托利亚地区、爱琴海地区和东马尔马拉地区。2019年，东南安纳托利亚地区的年均等值化家庭可支配收入最低，为18 927里拉，与伊斯坦布尔地区相差2.6倍，差距较2015年有所扩大。

---

[1] 等值化家庭可支配收入等于家庭总可支配收入除以等值化处理后的家庭成员数。

[2] 根据世界银行世界发展指标数据库，2010年、2015年和2019年土耳其里拉的汇率（1美元对应的本币值）分别为1.5028、2.7200和5.6738。

表3 土耳其年均等值化家庭可支配收入 （单位：土耳其里拉）

地区	2010 年	2015 年	2019 年
全国	10 774	16 515	33 428
伊斯坦布尔地区	14 873	22 067	49 239
西马尔马拉地区	10 723	16 245	33 141
东马尔马拉地区	10 772	18 243	33 579
爱琴海地区	12 924	17 532	35 785
地中海地区	10 276	14 871	29 520
西黑海地区	9264	14 464	28 369
东黑海地区	9374	15 172	31 064
西安纳托利亚地区	12 455	20 510	38 022
中安纳托利亚地区	9406	14 398	27 564
东北安纳托利亚地区	7109	11 602	20 925
东安纳托利亚地区	6492	10 412	19 185
东南安纳托利亚地区	5418	9089	18 927

资料来源：土耳其国家统计局。

4. 城镇化水平快速提升

土耳其城镇化水平快速提升。如图10所示，20世纪60年代中前期，土耳其人口城镇化率还低于世界平均水平，到1968年提升至36.58%，首次超过世界平均水平36.17%。20世纪80年代是土耳其城镇化水平提升的加速期，年平均增长率超过5%。1984年，人口城镇化率提升到50.63%，首次超过50%。2021年，土耳其人口城镇化率为76.57%，城镇人口规模达到6511.64万人。

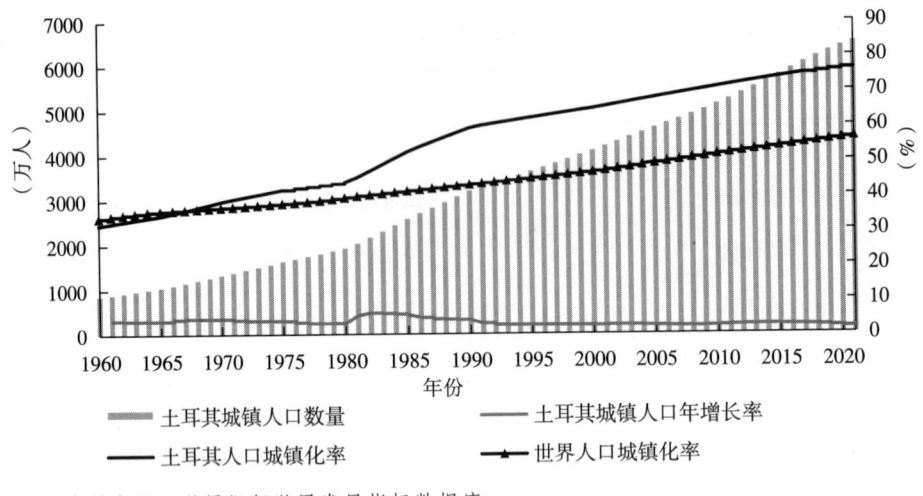

资料来源：世界银行世界发展指标数据库。

图10　1960—2021年土耳其人口城镇化水平

（三）社会和文化状况

1. 居民健康水平总体超过中高收入国家平均水平

土耳其人均预期寿命快速提高。1960—2020年，土耳其人均预期寿命从45.37岁快速提高到77.93岁，从低于世界平均水平的国家行列跃升至超过中高收入国家平均水平的国家行列。

土耳其主要死亡率大幅下降，均低于中高收入国家平均水平。如图11所示，1960—2020年，新生儿死亡率从63.1‰下降到5.0‰，婴幼儿死亡率从171.4‰下降到8.1‰，5岁以下儿童死亡率从257.0‰下降到9.5‰；2000—2017年，孕产妇死亡率从42人每10万例活产下降到17人每10万例活产。人口死因构成也发生变化，但慢性病仍是土耳其人口健康的主要威胁。土耳其国家统计局调查数据显示，2009—2018年，心血管疾病和肿瘤是土耳其人口的前两大死因，但占比均出现微弱下降，分别从39.8%和21.1%下降到38.4%和19.7%；呼吸系统疾病持续作为第三大死因，占比从8.9%上升到12.5%，新冠病毒感染累计确诊人数处于世界前15位；神经系统和感觉器官疾病超过内分泌、营养和代谢疾病，成为第四大死因，占比从2.9%上升到4.9%。

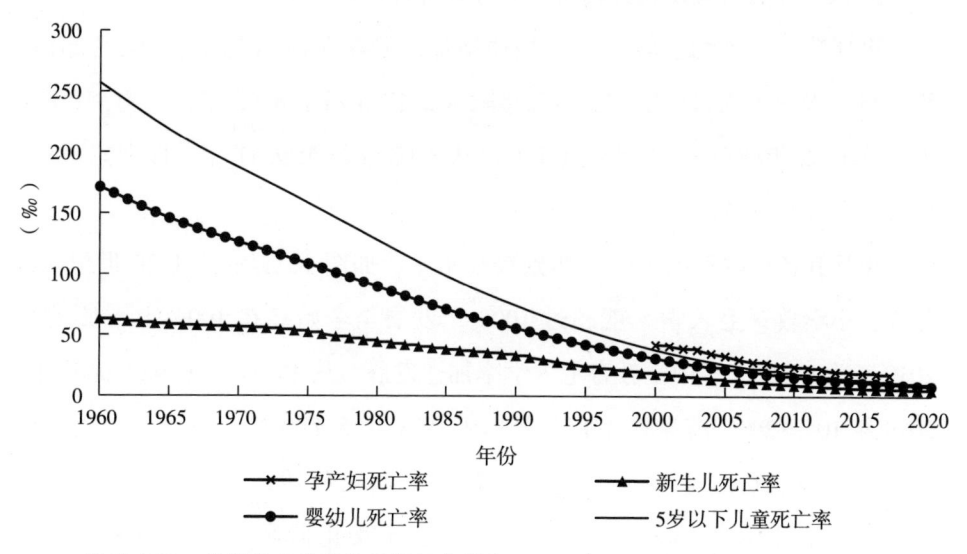

图 11　1960—2020 年土耳其主要死亡率变化情况

资料来源：世界银行世界发展指标数据库。

土耳其生殖健康服务逐渐完善。《柳叶刀》调查数据显示，土耳其 15—49 岁育龄妇女的避孕普及率从 20 世纪 60 年代约 20%大幅提升到 2019 年 60%以上，15—49 岁已婚妇女的避孕需求得到充分满足，2019 年，未满足避孕服务需求的比例已降至 6%左右；从避孕方法构成来看，2019 年，70.50%采用现代避孕方法，29.50%采用传统避孕方法，从更具体的分类来看，土耳其常用的避孕方法依次为体外排精（28.4%）、避孕套（26.2%）、宫内节育器（20.4%）、输卵管结扎（13.4%）、避孕药（6.9%）等。[1] 采用现代避孕方法可以有效降低意外怀孕概率和人工流产率，维护妇幼健康。

---

[1] Haakenstad A, Angelino O, Irvine CMS, et al. "Measuring Contraceptive Method Mix, Prevalence, and Demand Satisfied by Age and Marital Status in 204 Countries and Territories, 1970–2019: A Systematic Analysis for the Global Burden of Disease Study 2019", *Lancet*, Vol. 400, No. 10348, 2022, pp. 295–327.

2. 人口受教育程度快速提升，高等教育普及程度高

土耳其人口平均受教育年限快速增加，但存在性别差异。1975—2019年，25岁及以上人口的平均受教育年限从2.17年增至8.63年，其中，女性人口从1.32年增至7.87年，男性人口从3.03年增至9.41年，性别差距从1.71年缩小至1.54年。

土耳其各级教育毛入学率达到较高水平。如图12所示，在20世纪70年代，小学教育毛入学率就超过100%，发展至今始终在100%上下波动，2019年为97.06%。中学教育毛入学率加速发展，从1971年26.92%提升到2019年104.12%。高等教育毛入学率从1971年5.13%快速提升到1993年16.56%，首次超过15%，进入高等教育大众化阶段；2009年又提升到53.43%，首次超过50%，进入高等教育普及化阶段；2016年提升到102.01%，开始超过100%，2020年为117.80%。分性别来看，2020年，土耳其女性人口高等教育毛入学率为119.30%，男性人口高等教育毛入学率为

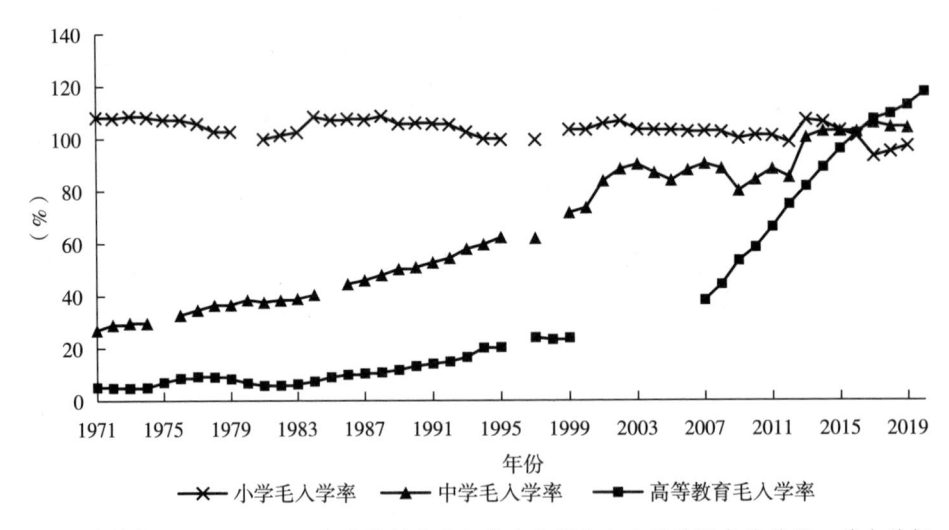

资料来源：2007—2019年高等教育毛入学率数据来自土耳其国家统计局；其余数据来自世界银行世界发展指标数据库。

图12 1971—2019年土耳其各级教育毛入学率

116.30%，均处于较高水平。国际比较来看，土耳其高等教育毛入学率不仅处于地区领先水平，也处于世界先进水平。

3. 贫困人口比重和规模反弹，收入差距扩大

土耳其贫困人口比重和规模反弹。按照世界银行每人每天1.9美元的国际贫困线标准，土耳其贫困人口占比从1994年3.0%下降到2011年0.1%，2019年又反弹到0.4%；贫困人口规模从1994年89.48万人减少到2011年4.41万人，2019年又反弹到20.91万人，存在脱贫人口再返贫风险。贫困人口主要集中于农民、工人和老年人等群体。

土耳其的基尼系数和收入不良指数[1]回升，收入差距扩大。基尼系数从1987年0.44下降到2010年0.39，之后开始回升，2019年回升到0.42，超过0.40的警戒线，这表明土耳其收入差距扩大。同时，收入不良指数也在回升，如表4所示，2019年，该指数为8.0，已回升到2010年水平。分地区来看，伊斯坦布尔地区的收入不良指数持续扩大，从2010年的6.2持续升高到2019年的8.6，超过土耳其平均水平；东马尔马拉地区的收入不良指数持续缩小，2019年降至4.6，处于全国最低水平；爱琴海地区的收入不良指数在波动中缩小，2019年为6.4；安纳托利亚地区的收入不良指数也有所缩小，尤其是东安纳托利亚地区从2010年的8.3持续缩小到2019年的6.4；其他地区的收入不良指数均有所回升。

表4 土耳其收入不良指数

地区	2010年	2015年	2019年
全国	8.0	7.7	8.0
伊斯坦布尔地区	6.2	7.4	8.6
西马尔马拉地区	6.3	6.3	6.7

[1] 收入不良指数是指最高收入的20%人口的收入份额与最低收入20%人口的收入份额之比，该指数的最低值为1，指数越高，表示收入差距越大。

续表

地区	2010 年	2015 年	2019 年
东马尔马拉地区	5.0	5.1	4.6
爱琴海地区	7.1	6.0	6.4
地中海地区	7.2	7.5	7.2
西黑海地区	5.7	5.5	6.0
东黑海地区	5.1	5.5	5.8
西安纳托利亚地区	6.7	7.0	6.8
中安纳托利亚地区	6.3	6.0	5.8
东北安纳托利亚地区	7.0	6.0	6.7
东安纳托利亚地区	8.3	6.9	6.4
东南安纳托利亚地区	7.5	6.3	6.5

资料来源：土耳其国家统计局。

4. 性别平等不断进步，但尚存改善空间

土耳其女性议员占比提高，但性别差距依然较大。1997—2021 年，土耳其国家议会中，女性席位占比从 2.36% 提高到 17.33%，进步较大。国际比较来看，土耳其国家议会中的女性席位占比在 20 世纪 90 年代末还低于中东与北非地区平均水平，如今已略超出该地区平均水平，但仍低于世界平均水平近 9 个百分点，说明土耳其的性别平等状况尚存较大提升空间。

土耳其平均受教育年限、劳动力参与率、就业率等指标的性别差距有所缩小，但女性仍低于男性。2019 年，25 岁及以上女性平均受教育年限低于男性 1.54 年，15—64 岁男性劳动年龄人口的劳动力参与率是同年龄段女性劳动力参与率的 2.02 倍；2021 年，15—24 岁男性青年人口的劳动力参与率是同年龄段女性劳动力参与率的 1.82 倍，15 岁及以上男性人口的就业率是同年龄段女性就业率的 2.26 倍。

5. 土耳其族是主体民族，逊尼派伊斯兰教是主流宗教

土耳其族是现代土耳其共和国的主体民族，其人口占总人口的80%以上，语言为土耳其语。土耳其族原为塞尔柱突厥人的一个分支，从11世纪开始从中亚地区迁入小亚细亚地区，大多数人信仰逊尼派伊斯兰教，少数人信仰什叶派伊斯兰教（主要为阿拉维派）。

库尔德人是土耳其人口最多的少数民族，占总人口的15%，语言为库尔德语。库尔德人也是中东地区人口最多的跨境民族，主要横跨土耳其、伊朗、伊拉克和叙利亚，在土耳其的人口规模最大，主要生活在土耳其东部和东南部的广袤地区，大多数人信仰逊尼派伊斯兰教。

现代土耳其共和国成立时，强调土耳其民族主义的单一民族性，致力于构建不分族群的公民国家，根据1923年《洛桑条约》，将希腊人、亚美尼亚人和犹太人等非穆斯林群体视为少数民族。[1] 库尔德人、拉兹人、含姆辛人、亚述人等群体的族裔和语言文化虽有差异，仍被视为广义上的土耳其族。其中，拉兹人主要居住在土耳其东北部黑海沿岸的特拉布宗省和里泽省等地区，含姆辛人主要居住在土耳其东部地区，亚述人主要居住在土耳其东南部地区。

二、人口与发展的问题和挑战

（一）人口转变后的人口变局

土耳其在21世纪初完成现代人口转变，实现出生率、死亡率和自然增长率从高位均衡到低位均衡的转变，总和生育率在2010年降至更替水平，65岁及以上老年人口比重在2015年首次超过7%，进入老龄化社会，这是完成人口转变后的人口现状基本面。根据联合国预测数据，土耳其将在2035

---

[1] 李艳枝:《土耳其库尔德问题的历史变迁》,载《国际资料信息》,2008年第1期,第7—10页。

年和2050年分别步入老龄社会和超老龄社会，预计在2056年进入人口负增长，重度人口老龄化和人口负增长将在21世纪后半叶交织并行，这是土耳其实现现代人口转变后将要面临的人口格局。

在人口现状基本面和未来大变局之间，当前的土耳其正处于谋划应对方案的重要窗口期。在少子化和老龄化的合力推动下，成年型人口年龄结构不断向老年型转变，劳动力比重下行态势愈发明显，劳动力成本上涨和社会保障压力逐渐显现，对土耳其原有高速增长型的经济社会发展模式和"向西走"的政治外交方略产生冲击，相应地对持续推进性别平等以开发性别红利、重新定义退休年龄以开发长寿红利等提出新要求。

（二）人口健康和教育

以生殖健康服务和疫情防控为主的政府公共卫生职责有待强化。1965年，土耳其制定《人口计划法》，提倡"对一个家庭希望拥有的孩子数进行自愿计划"，保障公民拥有理想孩子数量的权利，同时实施引进和免费发放避孕药具等举措，保障女性免受意外怀孕的权利，但禁止非医学需要的终止妊娠手术和绝育手术。这种自上而下的改革迈出了人口政策从紧的初始步伐，但由于基层宣传不到位，并未很好地保障公民的生殖健康权益，尤其是未充分保护女性的生育权利。土耳其第二个五年计划（1968—1972年）首次使用"计划生育"替代"人口计划"，通过建立乡村流动小组，加大计划生育教育宣传力度，加强生殖健康的宣教工作。1980年，军人政府执政后，大力宣传推广"两个子女家庭"。1983年，修订1965年出台的《人口计划法》在全国范围内实行人工流产和绝育手术的合法化，土耳其成为世界首个采用手术措施控制人口增长的伊斯兰国家。2003年，以埃尔多安为首的正义与发展党执政后，卫生系统的计划生育功能被弱化和边缘化；在卫生系统引入新自由主义模式，即在公共卫生领域引入市场化机制，虽有效缓解了政府财政压力，但使得国民健康服务制度变得碎片化，不仅生殖健康的公共服务受到冲击，政府防治突发疫情的能力也被削弱，土耳其的新冠病毒感染确诊人数居高不下与此不无关系。

义务教育的延长奠定了高等教育扩招的人群基础。1997年，土耳其修订《基础教育法》，将义务教育年限从5年增加到8年，涵盖小学和初中，强化地方管理机构和教师对学生的跟踪管理要求，并对违规的父母施以罚款乃至监禁惩罚，这不仅提高了义务教育入学率，也对高中入学率的提升产生积极影响；同时，通过实施校车运送计划和建设免费寄宿学校，有效降低农村地区的教育成本，降低低年级女生和农村适龄学生的失学率。研究表明，该政策使得农村女生完成完整义务教育学业的人数增加30%—40%。[1] 2012年，土耳其将义务教育年限从8年增加到12年，并改为4年制小学、4年制初中和4年制职业专科学校的教育结构，义务教育年限的不断延长很好地衔接了高等教育扩招行动。

随着高等教育扩招规模的不断扩大，师资质量问题和适龄人口增长缓慢带来的生源问题也逐渐显现。不断攀升的高等教育入学率清晰呈现了土耳其高等教育快速扩张的事实。20世纪70年代，土耳其的高等教育毛入学率不到10%，1993年为15%，2009年突破50%，当前超过100%。从行动举措来看，土耳其高等教育扩张的步伐开始于20世纪80年代。1981年，高等教育理事会成立，负责监督所有高等教育机构；整合推动建立新的高等教育机构，如将大学在地方的分支机构改建为完全独立的学院甚至是新的大学。2001年，土耳其加入欧洲高等教育改革计划"博洛尼亚进程"，开始融入欧洲高等教育一体化进程；伴随高等教育国际化程度的提高，高等教育入学率进一步提升。从高等教育的构成来看，远程教育的快速发展对高等教育整体扩张起到重要支撑作用。从20世纪80年代中期到2019年，土耳其远程教育的占比不断提高，从11%提高到51%，过去10年平均提高40%左右。2002

---

[1] 姆拉特·吉尔达、梅尔滕·代伊古鲁、伊斯梅特·科克：《延长义务教育是否有助于不同性别和农村/城镇居民受教育程度平等》，载《世界银行经济评论》，2016年第3期，第170—206页。

年，正义与发展党提出要在每个省至少建立1所公立大学的目标，到2009年，全国公立大学总数增加到94所。新建大学多位于欠发达地区，在师资招聘方面遭遇困境。随着"向东看"战略的深化，土耳其如何处理好高等教育师资短缺的问题，也成为一项重要挑战。同时，随着高等教育适龄人口减少，高等教育扩招后高校数量供给增多与生源需求减少之间形成供需矛盾，高等教育在数量维度遭遇发展困境，如何在质量维度谋划高等教育改革、如何在高等教育国际化建设中增强中等教育和高等教育的衔接度、如何提高高等教育和社会需求的匹配度等问题也不断涌现。

（三）人口地区分布和城市棚户区

土耳其人口地区分布不均衡和城市棚户区贫困问题突出。土耳其人口城镇化水平较高，但人口地区分布不均匀。2007—2021年，伊斯坦布尔地区的人口密度始终为全国最高，从2420人每平方千米增加到3049人每平方千米，属于人口高度密集区。其他地区与伊斯坦布尔地区的差异悬殊，2007—2021年，东马尔马拉地区从132人每平方千米增加到172人每平方千米，地中海地区、东南安纳托利亚地区、爱琴海地区和西安纳托利亚地区分别从101人、95人、104人和92人每平方千米增加到123人、122人、121人和115人每平方千米，这些地区人口密度增至100人每平方千米以上，属于人口密集区。2007—2021年，西马尔马拉地区、东黑海地区、西黑海地区、东安纳托利亚地区、中安纳托利亚地区、东北安纳托利亚地区的人口密度均低于100人每平方千米。其中，东北安纳托利亚地区的人口密度最低，始终保持在31人每平方千米，这些地区属于人口中等区。分省份来看，人口密度低于25人每平方千米的人口稀少省份均位于东北部、东部或北部的边境地区，如阿尔特温省、巴伊布尔特省、居米什哈内省、锡瓦斯省、阿尔达汉省、埃尔津詹省、通杰利省等，而西部地区省份的人口密度较高。

人口地区分布不均衡不利于推动以人口为载体的要素资源最优配置，也使得地区之间贫富差距的马太效应更加严重。分城乡来看，人口主要在伊斯坦布尔、安卡拉等大城市大规模集聚，但住房保障和公共设施不足，尤其是农村进城务工人员，居住在城市边缘地区名为"一夜屋"（未经许可而在夜间偷建的房屋）的棚户区里，虽然在人口统计上被视为迁入城市，却长期被排斥在城市原住民之外，基本福利得不到保障，无法融入城市，成为犯罪活动的高发人群，不利于维护社会和谐稳定，甚至影响到旅游业等国家支柱产业的发展。

（四）过境移民尤其是难民问题

土耳其的过境移民问题突出。根据国际人口迁移的惯例，将移民分为永久定居者、临时合同工、临时专业雇员、非法劳工、寻求庇护者和难民6种类型，过境移民往往兼有以上多种身份，通常是指以首入境国家为"跳板"和"中转站"，最终进入其他国家的移民。土耳其过境移民的目的具有多样性：有些人企图以土耳其为"跳板"进入欧洲；有些人到土耳其购买价格低廉的轻工日化和小家电产品，再倒卖到邻近国家，赚取差价。在目的多样性的背后，多数人有着共同的非法移民特征，这对维护社会秩序、缓和民族文化冲突等均有不利影响。

难民问题长期存在且愈发复杂棘手。1951年，土耳其签署《关于难民地位公约》，附加条款是履行接纳来自欧洲国家的寻求庇护者和难民的义务。在当时的国际背景下，该政策主要用于冷战时期向东欧国家和苏联公民提供合法移民身份，以土耳其为"中转站"安置其前往西欧国家和美国等第三国。在1980年之后，来自中东乃至非洲地区的过境移民增多，但土耳其没有针对非欧洲籍过境移民的专门法规，于是采取了一些灵活措施应对，例如，允许此类过境移民以旅游者身份延长停留。2002年，土耳其成立由外交部牵头、由总理府各部门及军警部队组成的打击非法移民行动办公室，在过去20年取得了积极成效，但仍面临财政支持不足的问题。2013年，土耳其成立移民管理局，逐渐承接处理过境移民问题的任务，移民管理活动迈出程序化和规范化的建设步伐。

近些年，周边局势的不稳定性因素增多，地处亚非欧十字路口的土耳其成为全球最大的难民接收国。在土耳其庇护体系不健全、欧洲国家安置意愿消极、难民安置和社会融入情况复杂的共同影响下，过境移民问题给土耳其的边境管理、国内就业和社会治安等带来诸多挑战。同时，土耳其在从劳工输出主导模式转向移民输入主导模式的人口迁移变动过程中，也面临着多元利益平衡挑战，治理过境移民问题尤其是难民问题将是土耳其在21世纪必须直面的长期任务。

（五）通货膨胀和失业

高通货膨胀下，"埃尔多安经济学"面临信任危机。2002年，正义与发展党赢得大选，2003年，埃尔多安任总理，面对经济危机留下的高通货膨胀局面，埃尔多安政府通过简化税收以扩充纳税人数、缩减公共财政以减少公共部门外债、加大对中央银行管制以实施宽松货币政策等举措，实现了执政头10年的经济腾飞，其间，国内生产总值年均增长率超过6%。埃尔多安政府在该时期的经验做法成为全球转型经济体和发展中国家经济发展的典范之一，被国际社会称为"埃尔多安经济学"。[1] 此后，正义与发展党连续赢得2007年和2011年大选，2014年，埃尔多安当选土耳其首届民选总统，2018年，埃尔多安在实现连任后强化总统制下的经济控制权。但在2014年世界经济进入下行区间之后，土耳其面临外需减弱和内需不足的局面，此时，埃尔多安政府继续推行宽松货币政策和积极财政政策，使经济过热、通货膨胀率飞速上升、实际收入相对减少、需求进一步萎缩。土耳其经济高速增长的模式受到冲击，以新自由主义为核心主张的"埃尔多安经济学"面临挑战，亟待有效举措予以化解。

土耳其失业率居高不下。土耳其失业率攀升具有多重成因：一是劳动力

---

[1] 魏敏：《"埃尔多安经济学"和总统制下土耳其经济政策走向——从中央银行独立性的视角》，载《土耳其研究》，2018年第1期，第21—41页。

供给增加，20世纪五六十年代，土耳其人口处于增长高峰期，年均新增68万人，在20世纪50年代出生的人口到1965年进入劳动年龄，每年大约30—50万人进入劳动力市场；二是劳动力需求减少，工矿业中资本有机构成的提高弱化了其对劳动力的吸纳能力，农业机械化程度的提高也减少了农业的劳动力需求，农村剩余劳动力涌入城市又反向造成城市劳动力供给激增。劳动力严重供过于求导致失业率攀升。为此，土耳其试图通过劳务出口缓解失业问题。起初，劳动力出口主要面向西欧国家。但阿拉伯国家在1973年实施石油禁运，导致西欧爆发严重的经济危机，部分国家开始禁止外籍劳工输入。为寻求替代方案，土耳其将劳动力出口的目标转向中东产油国，但由于进入时间较晚，土耳其劳工的成本比较优势不如巴基斯坦等国明显，故其当前在中东产油国的劳工占比依然不高。从根本上来说，土耳其失业问题的内源性原因是本国产业吸纳能力有限，其经济产业结构具有明显的外向型特征，而且资本账户完全开放，抵抗国际市场和外资风险的能力较弱。如何增强本国产业的风险抵抗力和就业吸纳能力，成为摆在土耳其面前的时代课题。

（六）政教调和与人口安全

世俗主义和伊斯兰主义的冲突问题突出。土耳其成立后实行了一系列的世俗化政策，严格控制宗教活动。但土耳其并非一个绝对世俗化的国家，从凯末尔时代以来，社会的宗教色彩和国家的世俗体制之间充满矛盾，例如，土耳其对土耳其人的界定是说土耳其语和信仰伊斯兰教。[1] 而伊斯兰主义一直在世俗化的国家体制下暗流涌动，例如，历史上的民族秩序党、民族救赎党、繁荣党、美德党等均是伊斯兰主义的坚定捍卫者，与坚持世俗化的军方和政党存在激烈争论，即便是2002年开始执政的正义与发展党也具有伊斯兰主义背景，土耳其民粹主义倾向的政治发展脉络和逻辑暗含着世俗主义

---

[1] 哈全安：《中东史》(中)，上海：上海社会科学院出版社，2019年版，第650页。

与伊斯兰主义的磨合乃至潜在摩擦。

与合法且温和的伊斯兰主义政党不同，土耳其还存在一些伊斯兰极端主义组织，这些极端组织通常采用暴力手段表达诉求，对国家社会稳定、地区和国际安全都产生了负面冲击，是土耳其维护人口安全、实现人口与经济社会和谐可持续发展，以及开展地区和国际交流都难以回避的问题和挑战。

三、思考与启示

土耳其位于亚非欧的十字路口，地跨亚欧两大洲，是西亚和中东地区的关键性战略国家，也是伊斯兰世界的大国之一，同时还是北约、经济合作与发展组织、二十国集团的成员国。古丝绸之路曾经由安纳托利亚和地中海通向欧洲地区，串联起中土两个文明古国。自中国提出共建"一带一路"倡议以来，中土两国在经济、社会和文化等领域合作更加丰富，关系愈发紧密。2015年，中土两国签署共建"一带一路"的谅解备忘录，以及基础设施、进出口检验检疫等领域的合作协议；2017年，两国签署互设文化中心的协定；2020年，新冠疫情暴发以来，两国团结互助、携手应对；2023年，土耳其发生7.8级地震，中国救援团队和物资驰援土耳其，协助抗震救灾。目前，中国是土耳其的第二大进口国，土耳其是中国在中东地区重要的工程承包市场。

人口是经济社会发展的基础性、全局性、长期性和战略性支撑要素。中土两国依托共建"一带一路"倡议深化合作关系，在推动共建"一带一路"高质量发展的过程中，土耳其可以重点把握以下三个方面内容，以提升人口红利，促进人口与经济社会协调发展。

第一，强基建，拓宽人口红利开发和配置的地理空间。加强以基础设施为核心的基建合作，依托完善的基础设施，盘活劳动力资源和市场活力。长期以来，铁路等基础设施的不足严重制约土耳其与高加索和中亚地区的贸易往来。依托共建"一带一路"倡议，尤其是基础设施领域的互联互通，引进中国先进的高铁技术、利用中国外汇储备丰富的投资渠道，大力发展和完善交通运输方面的基础设施，将有利于土耳其进入中亚乃至南亚地区的国际市场。作为西亚地区的第二人口大国，土耳其的劳动力资源较为丰富，人口红利期将从2010年持续到2038年，具有周期较长、结构稳定的人口红利机会窗口期。借助完善的基础设施、坚持深化互利合作的改革开放政策，将有利于推动土耳其的人口机会向人口红利转化，延续经济增长动力；同时，土耳其的人口规模和年龄结构优势也蕴藏着较大的消费市场潜力，可以依托完善的基础设施予以盘活，从供需两侧出发，不断拓宽人口红利的开发和配置空间。

第二，促经贸，重塑人口红利开发和配置的产业格局。加强经济贸易合作，把握比较优势，增强差异化的贸易竞争力，促进劳动力参与和就业的协调发展。共建"一带一路"倡议尤其是贸易畅通扩展了中土两国经贸合作的渠道，深受土耳其工商界欢迎。但需要认识到，中土两国在国际贸易中也存在同质化竞争严重的问题。两国应把握各自产业的比较优势，通过差异互补，实现贸易双赢。中国经济已经从高速增长阶段转向高质量发展阶段，将早于土耳其迎来深度和重度老龄化及人口负增长时代，中国人口要素的变化将带来人口所承载的资源和环境等其他要素的供需变局，对此，土耳其可以发挥矿产资源丰富的比较优势，积极向中国出口。在高质量发展阶段，中国更加注重制造强国和科技创新建设，可在土耳其进口份额较大的机电产品方面积极向土耳其出口。此外，高质量发展阶段的消费也在转型升级，作为世界最大的旅游出境国，中国的高质量旅游需求日益旺盛，而旅游业是土耳其国民经济的支柱产业，土耳其可以加强与中国在旅游领域的合作交流，拓宽广义旅游的合作空间，发掘庞大的市场潜力。对于双方均具备比较优势的纺织品及原料等产品，可以加强技术合作，共建国际标准。产业是吸纳就业之源，中土两国根据产业比较优势，加强重点领域的技能培训，共同致力于促进性别和年龄平等的建设事业,将有助于提高劳动力参与率和生产率,改善就业质量,在产业中提升人口红利,实现人口与经济社会的协调和高质量发展。

第三,融文化,优化人口红利共享和保障的合作机制。加强文化和社会领域的交流合作,增强互信了解。从古丝绸之路到"一带一路",中土两国的合作源远流长,但由于近代史的隔阂,当前仍需加强官方和民间的交流合作,在平等合作的基础上客观认识和理解彼此的文化习俗和社会风貌,相互学习和借鉴适合本国国情的先进经验。例如,土耳其在移民归化入籍制度管理方面的探索起步较早,中国在脱贫攻坚和实现共同富裕方面已取得巨大成就,可以依托共建"一带一路"倡议,加强两国在人口迁移和出入境管理、贫困治理和减贫事业建设等方面的国际交流与合作,不断优化政策环境,为共享人口红利成果提供机制保障。在加强交流合作的同时,两国也要警惕恐怖主义、泛突厥主义和泛伊斯兰主义的渗透问题,维护好国家人口安全。

参考文献:

[1]阿赫梅特·伊斯杜伊古,张大川.从土耳其的过境移民看国际移民体制的政治学[J].国际社会科学杂志(中文版),2001,3:101-111.

[2]艾文迪·宇纳勒."一带一路"倡议下中国与土耳其的人文交流[J].新丝路学刊,2020,1:86-108.

[3]安翠丽.欧盟-土耳其在难民领域的国际合作:途径与困境[J].外国问题研究,2020,3:85-91.

[4]安翠丽.土耳其移民归化入籍法律制度研究[J].政法学刊,2020,6:5-11.

[5]奥乌兹·埃森.土耳其高等教育的规模问题[J].国际高等教育,2020,5:190-191.

[6]高有祯.从土耳其与中东主要伊斯兰大国关系看其地区作用[J].土耳其研究,2019,1:1-9.

[7]郭长刚,刘义.土耳其蓝皮书:土耳其发展报告(2014)[M].北京:社会科学文献出

版社,2014.

[8]郭长刚,刘义,王三义,杨晨.土耳其蓝皮书:土耳其发展报告(2015)[M].北京:社会科学文献出版社,2015.

[9]郭长刚,刘义,李鑫均,王三义.土耳其蓝皮书:土耳其发展报告(2016)[M].北京:社会科学文献出版社,2016.

[10]哈全安.中东史(上、中、下)[M].上海:上海社会科学院出版社,2019.

[11]何景熙.土耳其的人口状况和人口经济问题[J].人口研究,1982,6:44-47.

[12]蒋先欢.政党民粹化与土耳其政治转向[D/OL].湖北:武汉大学,2019.

[13]李艳枝.土耳其库尔德问题的历史变迁[J].国际资料信息,2008,1:7-10.

[14]刘进,徐丽."一带一路"沿线国家的高等教育现状与发展趋势研究(十九)——以土耳其为例[J].世界教育信息,2019,1:34-38.

[15]姆拉特·吉尔达,梅尔滕·代伊古鲁,伊斯梅特·科克.延长义务教育是否有助于不同性别和农村/城镇居民受教育程度平等[J].世界银行经济评论,2016,3:170-206.

[16]宋全成,甘月童.德国移民截面数据的社会学分析[J].世界民族,2022,1:74-88.

[17]苏闻宇.土耳其周边外交的特征与演进逻辑[D/OL].上海:华东师范大学,2019.

[18]唐志超.土耳其主要民族、宗教极端势力[J].国际资料信息,2000,11:29-32.

[19]魏敏."埃尔多安经济学"和总统制下土耳其经济政策走向——从中央银行独立性的视角[J].土耳其研究,2018,1:21-41.

[20]魏敏.土耳其对"一带一路"倡议的认知及对策建议[J].国际经济合作,2016,5:18-22.

[21]周少青.土耳其民族问题析论[J].学术界,2019,8:163-177.

[22]邹志强,邢新宇.全球难民危机与难民外交的兴起:土耳其的角色[J].当代世界与社会主义,2022,4:159-167.

[23]FIŞEK,NUSRET H. Population planning in Turkey:national and foreign priorities[J]. International Journal of Health Services,1973,3:791-796.

[24]HAAKENSTAD A,ANGELINO O,IRVINE CMS,et al. Measuring contraceptive method mix,prevalence,and demand satisfied by age and marital status in 204 countries and territories,1970-2019:a systematic analysis for the global burden of disease study 2019[J]. Lancet,2022,

400(10348):295-327.

[25] KAMP K,KAYA A,KEYMAN E F,BESGUL O O. Contemporary Turkey at a glance[R]. Berlin:Springer Group,2014.

[26] The UN Refugee Agency. Global trends:forced displacement in 2020[EB/OL]. (2022-06-17)[2023-05-26]. https://www.unhcr.org/60b638e37/unhcr-global-trends-2020.

[27] Turkish Statistical Institute. Turkish statistical institute's open data[EB/OL]. https://data.tuik.gov.tr/.

[28] UNESCO. Institute for statistics open data[EB/OL]. http://data.uis.unesco.org/.

[29] United Nations,Department of Economic and Social Affairs. World population prospects 2022[EB/OL]. https://population.un.org/wpp/.

[30] World Bank. World bank open data[EB/OL]. https://data.worldbank.org/.

[31] World Health Organization. Health workforce-data and statistics[EB/OL]. https://www.who.int/hrh/statistics/.

卢旺达人口与发展状况报告

王晶　温勇　舒星宇　宗占红[*]

摘要： 卢旺达地处东非高原，是非洲大陆人口密度最高的国家。目前，该国正处于人口扩张阶段，经济发展迅速，营商环境良好，劳动力资源丰富且成本较低。近年来，卢旺达在加强国家治理能力、减轻贫困、发展教育等方面取得了重大进展，特别是在促进女性参政上取得瞩目的成就。共建"一带一路"框架下的基建工程合作等有助于推动卢旺达经济加速发展。在后疫情时代，中卢两国可加强现代农业、基础建设、职业教育、医疗健康、数字经济、扶贫减贫、文化交流，以及绿色发展等领域的合作，推动共建"一带一路"高质量发展，实现互利共赢。

关键词： 卢旺达；最不发达国家；人口与发展；"一带一路"；合作共赢

---

[*] 王晶，南京邮电大学理学院在读博士；温勇，南京邮电大学理学院教授，中国人口学会常务理事，江苏省人口学会常务理事；舒星宇，博士，南京邮电大学社会与人口学院副教授；宗占红，社会学博士，南京邮电大学社会与人口学院副教授。

卢旺达共和国,简称卢旺达,地处东非高原,属于撒哈拉以南非洲地区[1],总面积2.63万平方千米,东邻坦桑尼亚,西接刚果(金),南接布隆迪,北连乌干达。因境内多山,素有"千山之国"称号。卢旺达温度适宜,雨量充沛,土壤肥沃且排水性好,是最适宜农业耕种和人类居住的国家之一。但该国自然资源匮乏,主要出口矿产是钨锡矿和钽铌矿,其中大部分钽矿、钨矿原产于刚果(金)东部地区,经由卢旺达转手出口。[2]

卢旺达是非洲大陆人口密度最高的国家。2021年,卢旺达人口总量约为1346万人,人口密度约为556人每平方千米。卢旺达主要由图西族、胡图族和瓦特族构成,官方语言为卢旺达语、英语、法语和斯瓦希里语。

卢旺达曾被联合国确定为世界最不发达国家之一,目前仍属于低收入国家。近年来,卢旺达经济发展迅速,在新冠疫情暴发以前是撒哈拉以南非洲地区经济发展最为迅猛的国家之一。卢旺达政府高度重视科技和教育发展,将科技发展列为卢旺达"2020年远景规划"的重要内容之一,并保证男女平等享有接受义务教育的权利。卢旺达整体医疗水平不高,医疗设施和医疗条件有待提高。在社会治安方面,卢旺达是非洲最安全的国家之一,其首都基加利市被认为是非洲最安全的首都之一,并在2008年成为非洲首个获得"联合国人居奖"的城市。

一、人口与发展现状

卢旺达曾经历长期的战乱,国家内部民族冲突不断。1994年4月爆发的种族屠杀事件更是对该国经济和社会发展造成毁灭性打击,一度使卢旺达经

---

[1] 撒哈拉以南非洲地区,按照地理位置划分为4个部分:西部非洲、中部非洲、东部非洲、南部非洲,卢旺达属于东部非洲国家。

[2] 《2021年卢旺达矿产资源概况、资源开采建议以及合作分析》,http://www.zcqtz.com/news/266724.html。

济崩溃、财政枯竭,死难者人数超过100万人,近300万人逃往国外,200万人流离失所。这是一起规模和恶性程度空前的侵犯人权的罪行,成为20世纪人类最大的悲剧之一。

1994年7月,卢旺达爱国阵线武装逐渐控制了卢旺达全境并组建了全国统一的政府。新政府争取多方外援,并紧急采取诸如发行新币、改革税收制度、鼓励农牧业生产、降低关税、制定宏观经济发展战略等一系列措施恢复经济,至1998年,国家重建已初见成效。在保罗·卡加梅总统的领导下,卢旺达政府励精图治,国内安全形势进一步好转。目前,卢旺达在经济、教育等领域发展迅速,特别是在以女性参政为代表的性别平等领域取得了瞩目的成就。

本报告主要从人口基本现状、人口与经济、人口与社会,以及人口与文化4个维度讨论卢旺达的人口与发展状况。

(一) 人口基本现状

1994年的种族屠杀是卢旺达人口发展进程中的重要拐点。战乱平息后,卢旺达在很长时间内处于国家恢复期,政府积极采取多种措施以恢复人口和经济发展。目前,卢旺达一直保持着较高的生育率,人口稳步增长,人口规模逐渐扩大,人口结构年轻化,国家尚未步入老龄化社会。

1. 人口规模

在1994年之前,卢旺达人口一直保持增长趋势,全国人口总量从1950年的215.42万人增至1993年的790.47万人,增长了267%。受1994年种族屠杀事件的影响,卢旺达人口总量急剧下降。根据联合国《世界人口展望2022》数据,如图1所示,1994年,卢旺达人口总量降为673.27万人,比上年下降117.2万人,人口损失惨重。

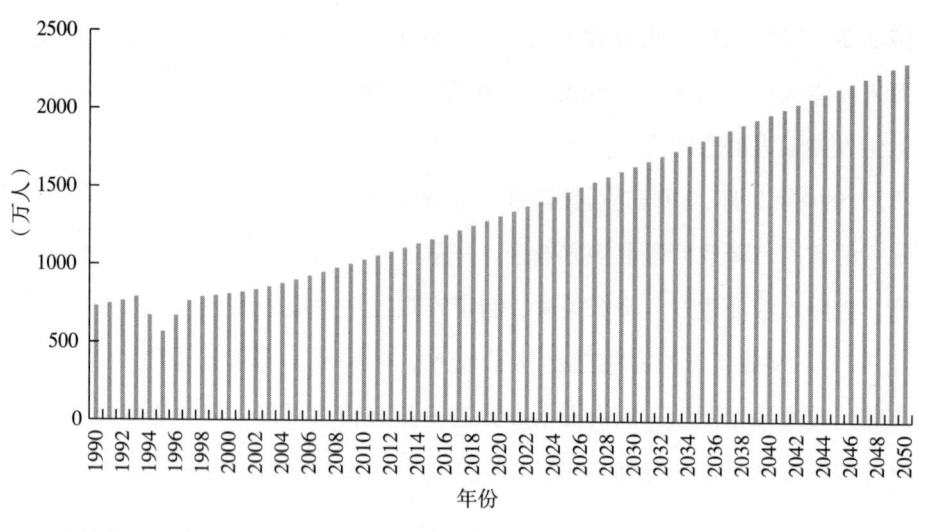

资料来源：联合国《世界人口展望2022》。

图1　1990—2050年卢旺达人口总量

在1994年之后的较长时间里，卢旺达处于国家恢复期，政局逐渐稳定，人口规模不断扩大，截至2021年，卢旺达人口总量增至1346.19万人。根据联合国《世界人口展望2022》预测数据，未来卢旺达人口总量将不断增长，如图1所示，预计在2026年突破1500万人，2041年突破2000万人，2050年达到2303万人。

2. 人口再生产状况

如图2所示，20世纪90年代初，受国内战乱频繁的影响，卢旺达人均预期寿命大幅降低，1994年骤降为14.1岁。随着国内政局逐渐稳定，卢旺达人均预期寿命呈持续增长态势，截至2020年，卢旺达人均预期寿命为66.8岁。受新冠疫情影响，2021年，卢旺达人均预期寿命比前一年略有降低。根据联合国《世界人口展望2022》预测数据，卢旺达人均预期寿命将于2037年突破70岁，至2050年将达到72岁。

图 2　1990—2021 年卢旺达人均预期寿命和人口自然增长率

资料来源：联合国《世界人口展望 2022》。

近年来，卢旺达人口自然增长率基本稳定，人口出生率和死亡率均呈下降趋势。如图 3 所示，2021 年，卢旺达死亡率为 6.3‰，出生率为 30.0‰，高于世界平均水平。预计 2050 年卢旺达出生率、死亡率分别为 20.3‰、6.0‰。

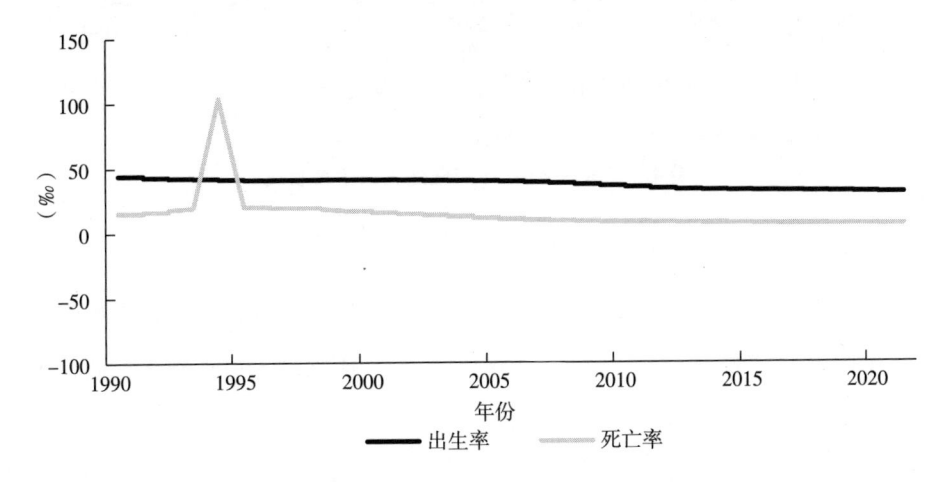

图 3　1990—2021 年卢旺达人口出生率和死亡率

资料来源：联合国《世界人口展望 2022》。

近30年来，卢旺达的总和生育率显著下降，但始终高于2.10的人口更替水平。自1990年起，卢旺达人口生育率持续降低，近年来，其净人口再生产率也呈下降态势。如图4所示，2021年，卢旺达总和生育率为3.82，净人口再生产率为1.77。根据联合国《世界人口展望2022》数据，预计卢旺达总和生育率将持续走低，到2050年降为2.59。生育率下降，将加剧社会抚养比的变动，并进一步推动人口转变。

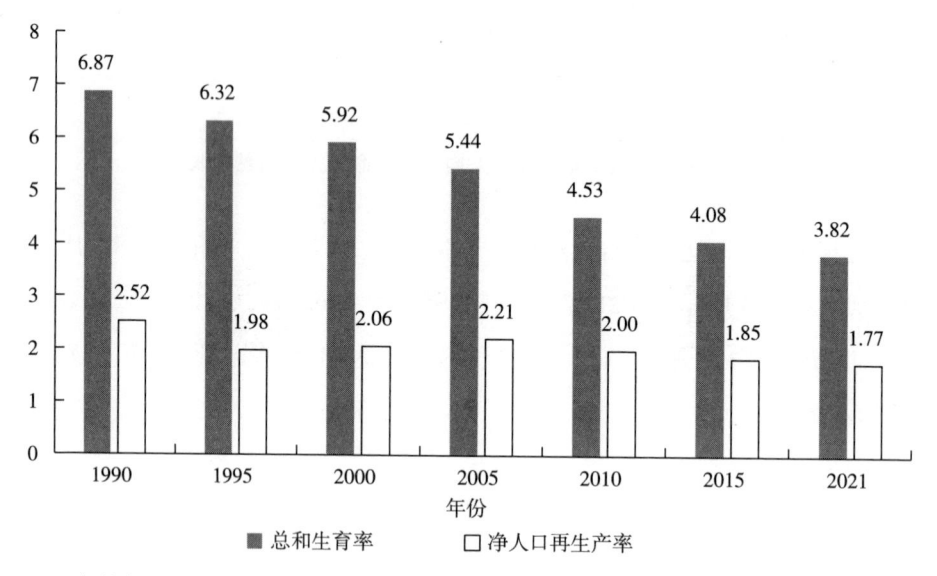

资料来源：联合国《世界人口展望2022》。

图4 1990—2021年卢旺达人口生育状况

3. 人口结构

目前，卢旺达成年人口比例较高，老年人口比例较低，人口处于扩张阶段，尚未进入老龄化社会。此外，因战乱影响，该国总人口性别比长期处于失衡状态。

（1）人口年龄结构

如图5所示，从卢旺达人口金字塔来看，下宽上窄，表明，卢旺达0—14岁少儿人口比重大，65岁及以上老年人口比重小，15—64岁劳动年龄人

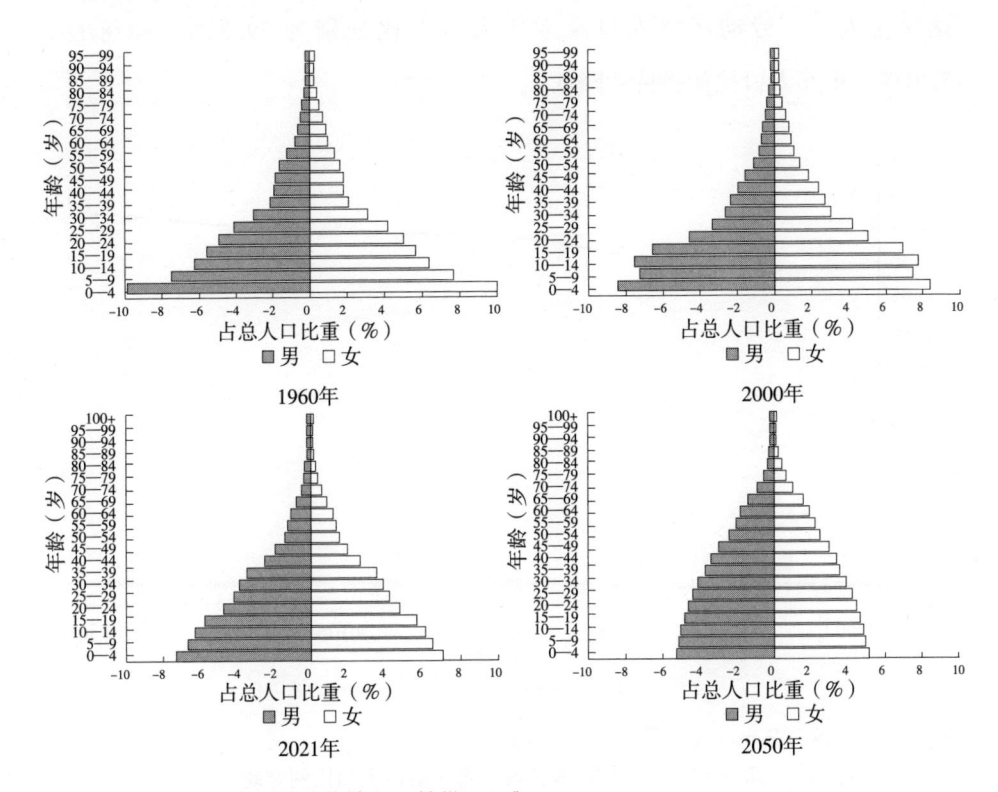

口比重高，该国人口一直处于扩张阶段。

资料来源：联合国《世界人口展望2022》。

图5 1960年、2000年、2021年、2050年卢旺达人口金字塔

从各年龄段人口所占比例看，少儿人口比例和劳动年龄人口比例的变化具有阶段性特征，与特定时期卢旺达国家政治及经济状况紧密相关。在政局动荡时期，卢旺达大量民众或在战争中丧生，或沦为难民逃亡国外，导致成年人口比例逐渐降低；1996年以来，140多万国内回归难民和其他国家的国际难民被接待安置，由此，成年人口比例开始逐渐上升。

近年来，卢旺达老年人口比例稍有上升，但仍处于较低水平。如图6所示，2021年，卢旺达老年人口占比仅为3.14%，远低于老年人口占比7%的老龄化社会标准；劳动年龄人口比例和少儿人口比例分别为57.97%、

38.89%，劳动年龄人口占比超过全国人口的二分之一。预计 2050 年，卢旺达少儿人口、劳动年龄人口及老年人口占比分别为 29.22%、64.87%、5.91%，少儿人口比例将持续降低。

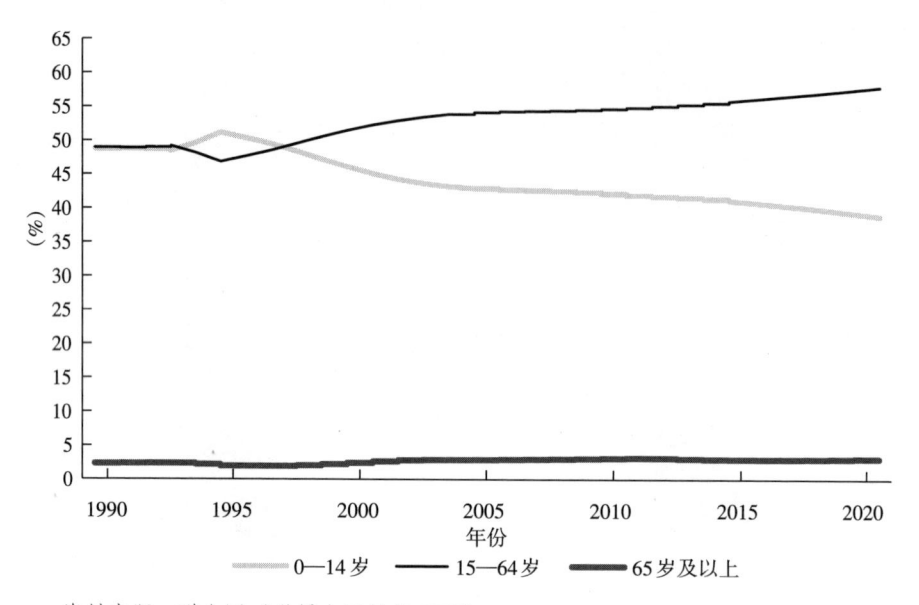

资料来源：联合国《世界人口展望 2022》。

图 6　1990—2021 年卢旺达各年龄段人口比例变动

卢旺达属于年轻型人口年龄结构，与该国的高生育率有关。如图 7 所示，卢旺达人口年龄中位数逐渐升高，从 1995 年的 13.6 岁升至 2021 年的 19 岁，增长了 5.4 岁。总抚养比自 1995 年起总体呈下降趋势。值得注意的是，卢旺达少儿抚养比极高，成年人口负担着很重的少儿抚养压力，2021 年，少儿抚养比为 67.1%，约为世界整体水平的 1.7 倍；老年人口抚养比为 5.4%，远低于世界整体水平 14.8%。

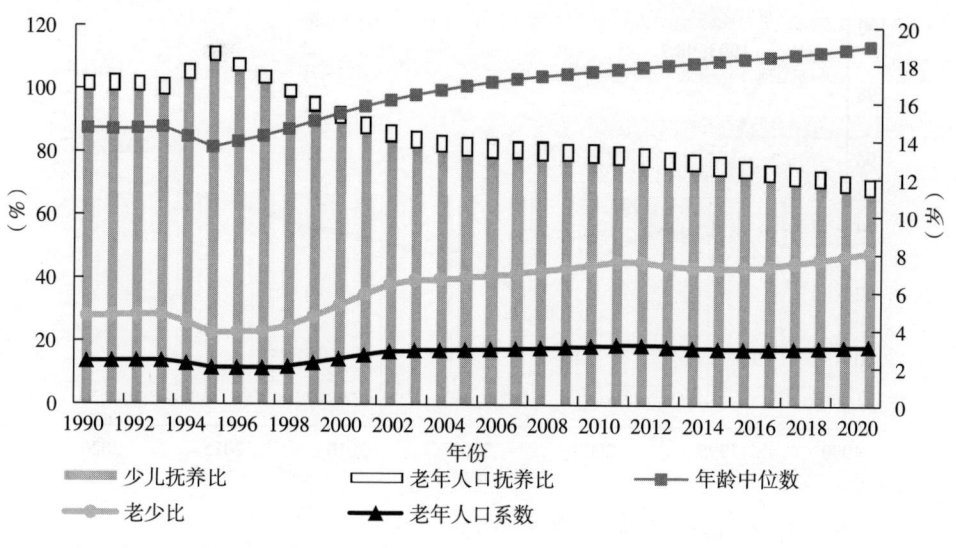

资料来源：联合国《世界人口展望2022》。

图7 1990—2021年卢旺达人口老龄化相关指标

(2) 人口性别结构

自1950年起，卢旺达出生人口性别比常年保持在正常水平，但该国总人口性别比变动较大。1994年的种族屠杀事件造成卢旺达青壮年男性大量死亡或逃亡国外，妇女和儿童成为主要幸存者，导致总人口性别比失衡。如图8所示，卢旺达总人口性别比从1993年的98.7骤降为1995年的93.7。截至2021年，该国总人口性别比逐渐增至95.7，但仍持续处于失衡状态。

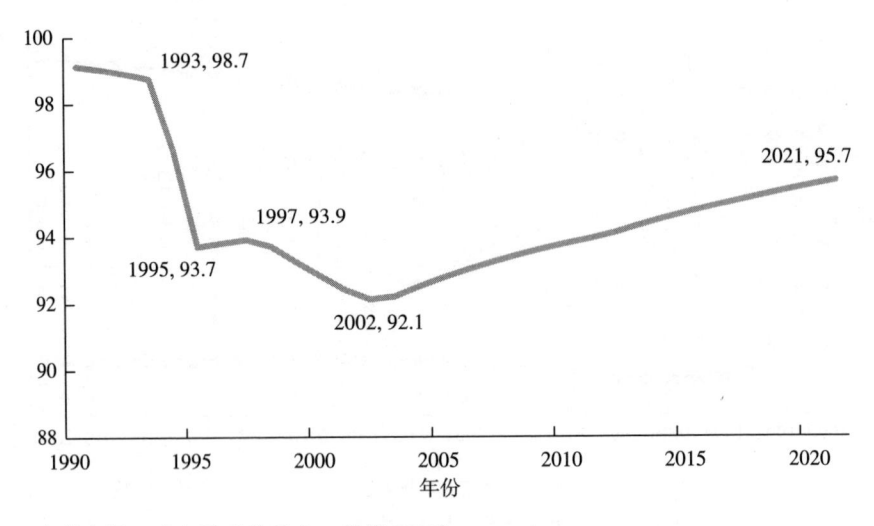

资料来源：联合国《世界人口展望2022》。

图8　1990—2021年卢旺达总人口性别比

4. 人口迁移与人口分布

（1）国际人口迁移

卢旺达人口迁移主要受国内政治环境的影响，政治动荡期间，该国人口大量迁往国外。1994年的种族屠杀事件导致卢旺达大量民众（主要是胡图族人）逃往刚果（金）和坦桑尼亚等国，极大改变了卢旺达的人口构成。根据联合国难民署数据，1994年，卢旺达难民数量为225.76万人，国内流离失所者数量为30万人。

1996年，卢旺达政局逐渐稳定，政府接待并安置了140多万国内回归难民和逃亡国外的难民。如图9所示，1996年，卢旺达人口净迁移率达227.6‰。自1998年以来，卢旺达人口净迁移率缓慢增长，但长期处于负值，2021年为-0.5‰，预计卢旺达人口净迁移率将长期保持负值状态。

卢旺达人口与发展状况报告

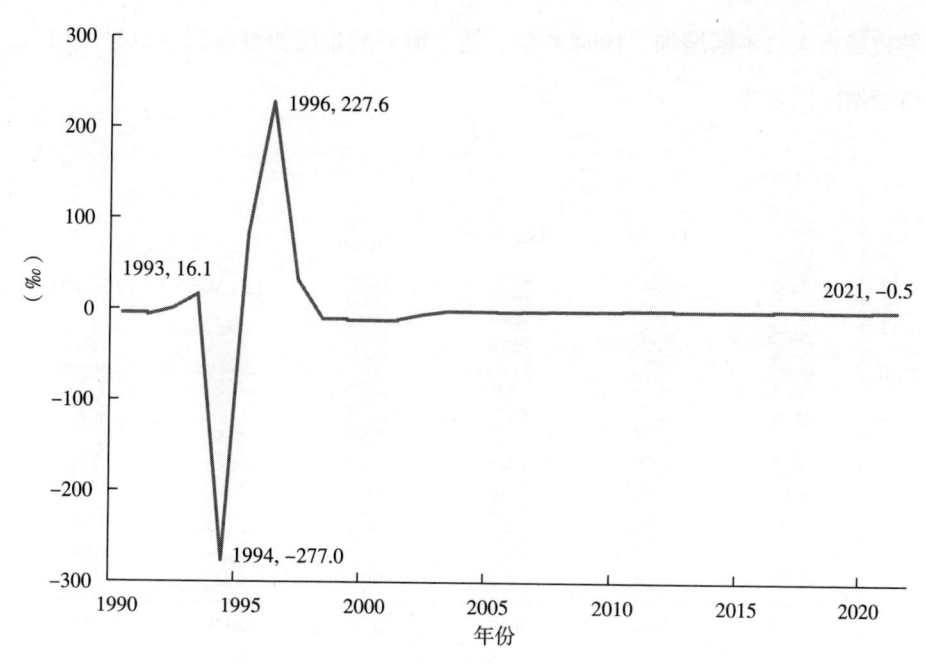

资料来源：联合国《世界人口展望2022》。

图9　1990—2021年卢旺达人口净迁移率变化

除了接收本国难民外，卢旺达一直向动荡不安的国家敞开大门，接收了一大批来自周边国家及非洲其他国家和地区的国际难民。根据国际难民署数据，如图10所示，2021年，卢旺达共设有8165个收容社区，收容了来自刚果（金）、布隆迪、阿富汗和索马里等国近12.19万名难民。

（2）人口分布

卢旺达是非洲人口密度最高的国家，人口密度为556.05人每平方千米。2020年，卢旺达跻身全球人口密度较高的国家行列，位列第21位。

卢旺达人口主要居住在农村地区，人口城镇化水平极低。2002年之前，卢旺达的人口城镇化率快速增长，城镇人口比例在10年间增长2倍多，从1990年的5.42%增至2002年的16.78%。1990年以来，由于分配的土地尤其是用于农业生产的土地有限，移居到城市成为许多民众的替代生存战略，导致城市人口不断增加。1994 年后，流亡海外的难民相继返回，也是城市人口激增的因素之一。

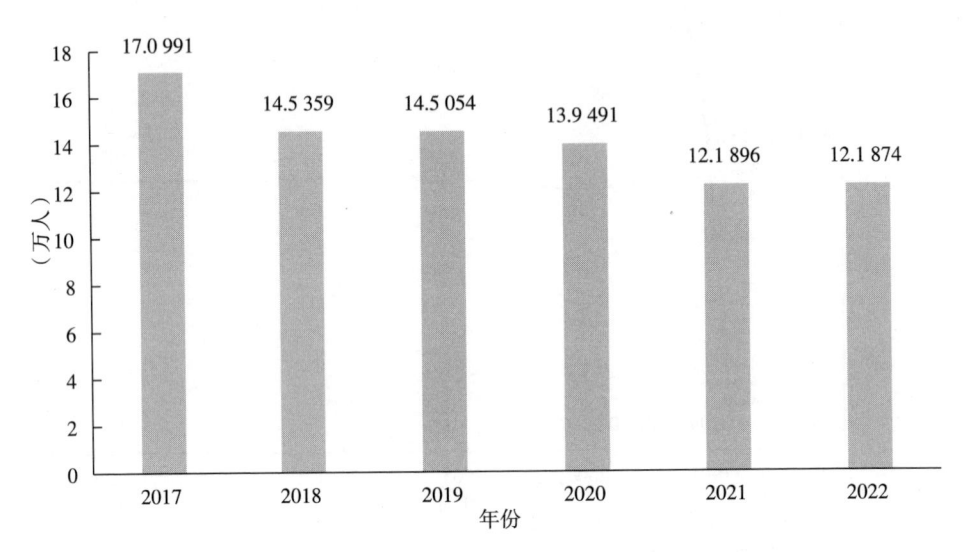

资料来源：联合国难民署。

图 10 2017—2022 年卢旺达收容难民数量

然而，如图 11 所示，2021 年，卢旺达城镇人口比例仅为 17.57%，近 20 年间，该国城镇人口比例仅增加不到 1 个百分点，人口城镇化进程几近停滞。卢旺达城市缺乏第二、第三产业来支撑急速增长的城市人口，城市设施落后、就业率低、住房供给不足等因素限制了城市核心的发展；严格的分区制度也增加了将边缘人口挤出城市核心的风险，使得城市外围发展，城镇化进程受阻。

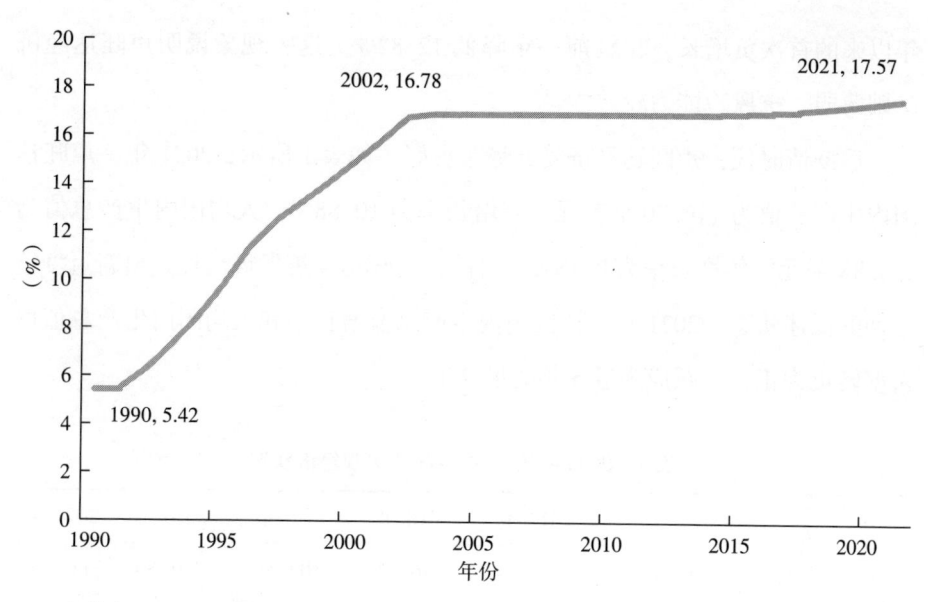

资料来源：世界银行。

图 11　1990—2021 年卢旺达城镇人口比例

（二）人口与经济

卢旺达曾被联合国确定为世界上最不发达国家之一。近年来，卢旺达经济发展迅速，但目前仍属于低收入水平国家。

1994 年，卢旺达经济发展受到战乱的严重冲击。此后 20 多年，该国在多国援助下平稳发展，国内生产总值增速也长期位于非洲前列。2020 年新冠疫情暴发使卢旺达经济受挫，服务业与工业发展萎缩。为应对新冠疫情，卢旺达政府迅速推出有效方案，后疫情时代经济复苏势头良好。站在新起点上，卢旺达将国家发展目标定为"到 2050 年成为以知识型经济为主导的高收入国家"。

1. 宏观经济状况

近年来，卢旺达经济一直保持较快增长速度。从 2017 年开始，卢旺达国内生产总值增长率连续 3 年保持较高水平。新冠疫情对卢旺达的经济造成较大冲击。如表 1 所示，2020 年的国内生产总值增长率为 -3.36%，是 1995

年以来的首次负增长，相较前一年降低12.82%。这一现象说明卢旺达经济基础薄弱、抗风险能力较差。

后疫情时代，卢旺达经济复苏势头良好。如表1所示，2021年，卢旺达国内生产总值为110.70亿美元，年增长率为10.88%；人均国内生产总值为833.83美元，年增长率为8.18%。目前，卢旺达经济发展已经走出新冠疫情时期的低迷状态，2021年，该国国内生产总值增长率和人均国内生产总值增长率转负为正，一跃成为近5年的最高值。

表1　2017—2021年卢旺达宏观经济状况

	2017年	2018年	2019年	2020年	2021年
国内生产总值（亿美元）	92.53	96.42	103.56	101.84	110.70
人均国内生产总值（美元）	772.29	783.81	820.18	786.30	833.83
国内生产总值增长率（%）	3.98	8.58	9.46	−3.36	10.88
人均国内生产总值增长率（%）	1.27	5.75	6.64	−5.79	8.18
撒哈拉以南非洲地区人均国内生产总值（美元）	1622.98	1606.86	1618.92	1501.78	1645.47
世界人均国内生产总值（美元）	10 825.90	11 366.07	11 407.48	10 936.06	12 262.93

资料来源：世界银行。

注：国内生产总值增长率和人均国内生产总值增长率指实际增长率，即扣除通货膨胀因素后，以不变价格计算的增速，代表经济增长的实际水平。

尽管近年来卢旺达经济发展态势良好，但其人均国内生产总值仍远低于撒哈拉以南非洲地区以及世界的整体水平，目前仍属于低收入水平国家。

卢旺达对外国援助的依赖很高，外国援助占财政的比例为30%。外国援助主要来自世界银行、非洲开发银行、欧盟、英国、德国等。截至2021年，卢旺达外债总额为81.9亿美元，外汇总储备为18.99亿美元，占外债总额的 22%。

2. 劳动力市场状况

卢旺达的劳动力充足、劳动成本较低，劳动力市场在东非地区深具竞争力。与东非人口较多的邻国相比，卢旺达人口虽然不多，且多居住在农村，劳动力资源规模不大，但由于该国人均预期寿命相对较高，同时，大量女性选择外出工作，使得该国劳动力供应较为充足。2017—2019年，卢旺达非正规就业[1]率维持在90%左右，就业水平较高。然而，卢旺达劳动力市场依然存在高失业率、劳动技能素质偏低等问题。

首先，高失业率是卢旺达劳动力市场的一大难题。近年来，卢旺达失业率较高，青年群体的就业状况堪忧。2020年暴发的新冠疫情导致大批企业停产或倒闭，就业机会减少，工人被迫失业。根据卢旺达统计年鉴数据，如表2所示，2020年，该国劳动力参与率为56.4%，失业率高达17.9%，青年群体失业率为22.4%。

表2　2017—2020年卢旺达劳动力参与率、就业率、失业率　（单位:%）

	2017年	2018年	2019年	2020年
劳动力参与率	53.4	54.2	53.4	56.4
非正规就业率	90.8	89.8	89.5	—
就业人口比	44.2	46.0	45.3	46.3
失业率	17.3	15.1	15.2	17.9
青年失业率	21.3	18.7	19.4	22.4
高校毕业生失业率	16.8	15.7	14.6	15.7
中学毕业生失业率	26.5	26.5	23.9	24.9
职业学校毕业生失业率	18.7	17.4	15.4	—

资料来源：卢旺达国家统计局。

---

[1] 非正规就业指未签订劳动合同，但已形成事实劳动关系的就业行为。

其次，多数劳动年龄人口缺乏基本的职业技能，因此，企业很难招聘到熟练的、受过良好培训的劳动力，需要考虑引入外国工人以弥补高技术岗位的缺口。虽然卢旺达的基础教育入学率高，但教育质量偏低、多数劳动年龄人口文化水平不高、缺乏基本的从业技能，导致该国技能型劳动力供需缺口大。根据卢旺达统计年鉴数据，2020 年仅有 17.8% 的劳动力完成了中学及以上教育。

在技能型劳动力严重缺乏的背景下，如表 2 所示，近 15.7% 的高校毕业生、24.9% 的中学毕业生陷入"毕业即失业"的窘境。高等教育与市场需求脱节、毕业生的劳动技能与岗位要求不匹配，可能是造成这一现象的原因之一。

3. 产业结构与营商环境

（1）产业结构

后疫情时代，卢旺达服务业与工业发展萎缩，信息通信业实现较快增长，医疗卫生与社会工作、互联网服务、电子商务等行业领域逐渐呈现出较高需求，该国产业结构正在发生改变。

据卢旺达国家统计局数据，卢旺达 2020 年的国内生产总值构成中，农业占比 27%，工业占比 19%，服务业占比 46%，税收补贴调整占比 8%。农业是卢旺达经济的支柱产业，出口的农产品主要包括咖啡、茶叶、除虫菊、辣椒等；工业方面，采矿业增长较快，出口的主要矿产有钨矿、锡矿和钽铌矿，其中钽铌矿、钨矿大部分原产于刚果（金）东部地区，经由卢旺达转手出口；服务业占国内生产总值的比重接近一半；旅游业增长很快，国际游客主要来自欧洲。新冠疫情期间，卢旺达旅游业受到冲击，服务业萎缩。

与非洲很多国家一样，卢旺达也在努力吸引来自更多国家的投资，以解决其面临的高额预算赤字、低储蓄率和投资率、高失业率和就业不足等问题。此外，由于卢旺达出口的主要货物为农产品，经常受到国际市场价格波动的影响。在这种情况下，外商直接投资将发挥显著作用。为吸引外国投资，卢旺达建立了专门的投资管理机构，以期增加外国投资。

（2）营商环境

近年来，卢旺达致力于改善营商环境。卢旺达有较高的经商便利性。根据世界银行数据，2020年，卢旺达经商便利度指数[1]在撒哈拉以南非洲国家位列第2位、全球第38位，甚至高于比利时、匈牙利、意大利等发达国家。

在进出口贸易方面，卢旺达长期出现贸易逆差。国民收入流往国外，可能会弱化国家经济表现。如表3所示，2021年，卢旺达商品出口额为12.51亿美元，同比下降11.15%，进口额同比增长13.85%。

表3 2015—2021年卢旺达进出口贸易额

年份	商品出口额（亿美元）	商品进口额（亿美元）	净出口额（亿美元）	净出口额同比增长（%）
2015	6.82	23.82	-17.00	-2.69
2016	7.31	22.54	-15.23	-10.41
2017	10.37	22.12	-11.75	-22.85
2018	11.22	24.64	-13.42	14.21
2019	12.41	26.59	-14.18	5.66
2020	14.08	25.42	-11.34	-20.03
2021	12.51	28.94	-16.43	44.89

资料来源：世界银行。

4. 后疫情时代的卢旺达经济

新冠疫情暴发以后，卢旺达政府在卡加梅总统的领导下迅速采取了一系列防控措施。由于卢旺达经济体量小、内生动力不足、对外依赖度偏高，在

---

[1] 经商便利度指数是世界银行建立的评价经济政策的一项指标,用来评价各个国家内交易的便利程度、征税水平等,衡量合同的执行、信贷和电力的获得、跨境贸易及缴税的方便程度等。

疫情这种全球性公共卫生危机面前，该国的社会经济发展难以实现自给自足，经济萎缩严重。2020年，卢旺达经济发展一改往年增长之势，国内生产总值相较于2019年暴跌1.67%，人均国内生产总值暴跌4.13%，[1] 旅游业收入下降35%，外商直接投资降低62%。

疫情肆虐导致卢旺达主要经济驱动行业发展完全停滞，工业和以旅游为主的服务业发生萎缩。同时，大批中小企业停产或倒闭，失业率上升，大量民众失去收入来源，贫困状况进一步加剧。

为应对疫情的影响，卢旺达政府推出"社会保护应对和恢复计划"与"财政和准财政支持"两项方案，通过调整财政支出的优先次序等来满足民众对医疗卫生状况和社会保障的需求。到2021年，卢旺达已基本实现经济复苏，国内生产总值和人均国内生产总值均以近5年最高增幅实现正增长。国际货币基金组织在一份报告中指出，在农业、工业、采矿业和建筑业的推动下，后疫情时期卢旺达经济复苏态势良好。

(三) 人口与社会

过去20年间，卢旺达在发展教育、提升健康水平、减轻贫困、加强国家治理能力、促进性别平等等方面取得了重大进展。

1. 教育状况

1994年，卢旺达的教育体系惨遭破坏，教育重建成为该国政府的首要任务。卢旺达政府明确了教育对民族团结、国家政局稳定和经济社会发展的重要性。20多年间，卢旺达教育的重建与发展成果令人瞩目。该国各级教育的完成率不断提高，15岁以上人口识字率不断上升，教育覆盖面不断扩大。

卢旺达政府加大教育经费支出。2021年，教育支出占政府总支出比重为11.32%。同时，15岁以上人口各年龄段人口的识字率也不断提高，如表4所示，2000年，成人识字率为64.89%，2018年增至73.22%。

---

[1] 此处的1.67%、4.13%为名义增长率，表1中的-3.36%、-5.79%为实际增长率。

表4 1978—2018年卢旺达15岁以上人口各年龄层人群识字率 （单位:%）

	1978年	2000年	2010年	2012年	2014年	2018年
15—24岁	52.26	77.62	77.34	82.33	85.07	86.49
25—64岁	31.21	60.11	62.19	64.23	67.11	70.41
64岁及以上	4.07	20.18	32.43	24.3	24.33	28.98
成人	38.24	64.89	65.85	68.33	70.8	73.22

资料来源：联合国教科文组织数据库。

同时，卢旺达各级教育的完成率[1]不断增长。如表5所示，2020年，卢旺达初等教育完成率、初中教育完成率、高中教育完成率分别为62.86%、30.05%和20.70%，和2000年相比增幅很大。

表5 2000—2020年卢旺达各级教育完成率与高等教育毛入学率 （单位:%）

年份	初等教育完成率	初中教育完成率	高中教育完成率	高等教育入学率
2000	27.84	7.48	4.19	1.32
2002	22.17	7.65	3.83	1.99
2005	10.48	5.91	4.32	3.02
2010	39.86	15.44	10.25	5.93
2012	33.11	16.86	9.39	6.79
2015	54.27	27.93	17.54	7.61
2020	62.86	30.05	20.70	—

资料来源：联合国教科文组织数据库。
注：无高等教育完成率数据故采用入学率。

总体而言，卢旺达人民受教育程度不断提高，但仍处于偏低水平。与日

―――――――
〔1〕 完成率指比官方规定的进入各级教育最后一年级的年龄高3—5岁的人群完成该级教育的水平。完成率低表明进入某一级别教育的时间较短或推迟，辍学率高，留级率高，或存在超龄学生等。

渐完善的基础教育相比，卢旺达高中及以上教育缺乏，失学率偏高，平均受教育年限低。根据《联合国开发计划署人类发展报告》，2021年，卢旺达25岁以上人口平均受教育年限仅为4.4年，学龄儿童预期受教育年限为11.2年。

从各级教育的完成率及高等教育入学率来看，卢旺达初中及以上教育完成率低，如表5所示，2020年，该国高中教育完成率仅为20.70%。同时，该国高等教育极为缺乏。国家想要实现合理的经济增长和发展，至少需要10%的高等教育入学率，然而，如表5所示，2015年，卢旺达高等教育入学率仅为7.61%，低于撒哈拉沙漠以南非洲地区的整体水平（9.46%）。

从失学率和25岁以上人口的教育普及率来看，卢旺达高中学龄青年失学率高，各级教育普及率均明显偏低。如表6所示，2019年，卢旺达高中学龄青年失学率达49.80%。2018年，卢旺达25岁以上人口中初等及以上教育的普及率仅为36%，初中及以上教育的普及率为13.4%，高中及以上教育的普及率为9.86%，高等教育的普及率为4.13%。

表6 2017—2019年卢旺达各级教育失学率　　　（单位:%）

年份	小学学龄儿童失学率	初中学龄少年失学率	高中学龄青年失学率
2017	2.32	29.30	24.01
2018	4.32	8.87	43.52
2019	6.34	3.77	49.80

资料来源：联合国教科文组织数据库。

此外，城乡教育差异化、师资短缺、教师质量不高，以及缺少适当的基础设施等问题也亟待解决，该国的教育领域面临较大挑战。

2. 健康状况

人口健康状况通常用人均预期寿命、婴儿死亡率、5岁以下儿童死亡率、孕产妇死亡率、避孕普及率等指标来反映。卢旺达卫生事业发展取得了巨大的成就，健康状况高于撒哈拉沙漠以南非洲地区整体水平，在提高人均预期寿命，降低婴儿、儿童和孕产妇死亡率，以及改善计划生育服务等方面成果显著。

从人均预期寿命来看，卢旺达人均预期寿命迅速提高，如图12所示，从2000年的48.65岁增至2020年的69.33岁，平均每年提高1岁，高于撒哈拉以南非洲地区的人均预期寿命62岁。人均预期寿命的迅速提高反映出卢旺达社会经济条件、医疗服务水平的改善。

卢旺达婴儿死亡率和5岁以下儿童死亡率明显下降。如图12所示，婴儿死亡率从2000年的10.95%降至2020年的3.03%，5岁以下儿童死亡率也从18.52%降至4.05%。

资料来源：世界银行。

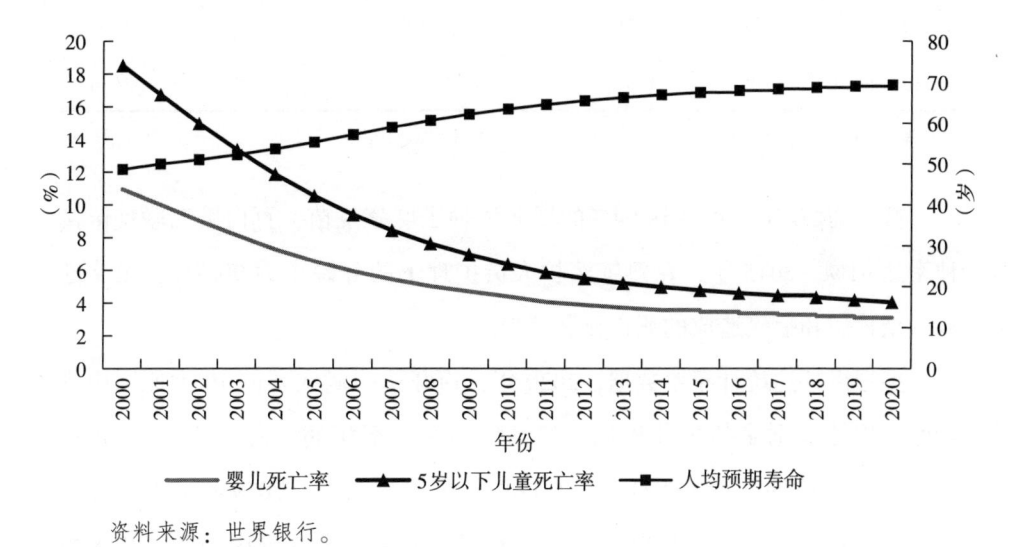

图12　2000—2020年卢旺达婴儿死亡率、5岁以下儿童死亡率及人均预期寿命

在女性健康方面，过去20多年间，卢旺达孕产妇死亡率、青少年生育率都有效降低。如表7所示，孕产妇死亡率从2000年的1160人每10万例活产下降至2015年的275人每10万例活产；青少年生育率从2000年的4.90%

降至2020年的3.83%；避孕普及率的提升更为明显，从2000年的13.2%增至2020年的64.1%，平均每年提高2.55个百分点。

表7 1983—2020年卢旺达避孕普及率、青少年生育率及孕产妇死亡率

年份	避孕普及率（%）	青少年生育率（%）	孕产妇死亡率（人每10万例活产）
1983	11.0	7.47	—
1992	21.2	5.87	—
2000	13.2	4.90	1160
2005	17.4	4.29	643
2008	36.4	4.04	427
2010	51.6	4.05	373
2011	51.6	4.05	349
2015	53.2	3.97	275
2020	64.1	3.83	—

资料来源：世界银行。

截至2020年，卢旺达94%的婴儿接种了麻疹疫苗，百白破三联疫苗接种率达91%。2015年，在熟练医护人员护理下的分娩率为90.7%，由艾滋病、结核病和疟疾造成的死亡显著减少。

根据卢旺达统计年鉴数据，2020年，卢旺达因病致死的10大原因中排名前3位的分别是新生儿疾病、妇科疾病和肺部疾病，占比分别为48%、14%、5%。此外，卢旺达有着较高的医疗保险覆盖率，2019年，医疗保险覆盖率达到87.3%。医疗保险计划将对卫生服务、家庭健康等产生积极影响，公民健康水平得到一定保障。

新冠疫情在卢旺达境内暴发后，卢旺达政府迅速采取措施，有效控制了疫情的传播。据基加利《新时代报》报道，卢旺达在全球应对新冠疫情最好的国家中排名第6位。世界卫生组织称赞卢旺达建立了一个强有力的体系，

使该国能够有效地应对新冠疫情大流行。

不过，卢旺达的医疗系统仍存在资金不足、设备匮乏、医疗机构管理不善、基本医疗服务能力相对低下等问题。根据世界银行数据，2019年，卢旺达平均每千人拥有的内科医生为0.1人、护士和助产士为0.9人；2020年，按公共卫生设施类型划分的床位数总数为20 936张，平均每千人拥有的床位数仅为1.6张，医疗资源严重不足。

3. 性别平等状况

卢旺达在性别平等领域，尤其是女性参政领域取得突出成就。当前，全球范围内平均68.1%的性别差距被消除，而卢旺达则消除了80%以上的性别差距。世界经济论坛发布的《全球性别差距报告2022》指出，卢旺达位列全球性别平等指数第6名，比法国、德国、瑞士等国家性别平等程度更高；《联合国人类发展报告2021—2022》中指出，卢旺达是在人类发展指数方面性别平等程度较高的国家。

卢旺达女性参政比例极高，是世界上女性参政比例最高的国家，近年来，女性在国家议会中的席位占比甚至超过男性。卢旺达女性参政比例高的决定性因素包括女性议员议会席位配额制的实施、持续不断的妇女运动、执政党的明确支持、社会传统意识的改变，以及女性平等意识与参政能力的提高等。

卢旺达在基础教育层面基本实现了性别平等。12年免费基础教育计划的实施、教育基础设施的建设、女童教育政策的制定等都有利于提高女性受教育水平。自1998年起，卢旺达小学中女性占比保持在49%—51%之间，2020年，女性高中及以下教育的完成率均高于男性。

过去30年间，卢旺达选择外出工作的女性不断增多，两性就业率差距逐渐缩小。新冠疫情的暴发阻碍了卢旺达性别平等进程。根据国际劳工组织就业数据，如表8所示，2021年，卢旺达男性的就业情况略优于女性。

表8　2021年卢旺达两性就业情况对比　　　　　　　　（单位:%）

	总人口	男性	女性
劳动力参与率	58.1	64.4	52.6
就业与人口比率	49.0	55.2	43.4
失业率	15.8	14.3	17.4
青年失业率	23.2	22.3	24.3

资料来源：国际劳工组织。

4. 社会治安状况

卢旺达是一个治安良好的国家，犯罪率低。根据美国盖洛普公司发布的《全球法律与秩序报告2019》，卢旺达安全指数（法律与秩序指数）高达84，位居全球第36位，在非洲国家排名第2位，仅次于埃及。卢旺达政局稳定，在"夜间独行是否感到安全"这一指标上，名列非洲第1位，全球第5位。

卢旺达主要城市的犯罪预防在很大程度上依赖社会团体的自愿参与。卢旺达通过实施社区警务战略来加强警察与社区的密切伙伴关系，以便有效消除可能引起公共安全问题的直接诱因。社区警察通过与公众合作来提高警察在社区的知名度，从而更有效地预防和减少犯罪。

5. 贫困状况

卢旺达是世界上最不发达的国家之一。近年来，由于良好的政府管理和包容的经济发展战略，卢旺达减贫工作取得了显著成效，贫困率持续下降，但仍处于较高水平。根据世界银行数据，2016年，卢旺达按国家贫困线衡量的贫困人口比例为38.2%，贫困率位列世界第8位；按国际上每人每天1.9美元的标准衡量（按2011年购买力平价计算），如图13所示，其贫困人口比例达52%，远高于世界平均水平10.5%及撒哈拉以南非洲地区的平均水平37.5%，贫困率位列世界第3位。

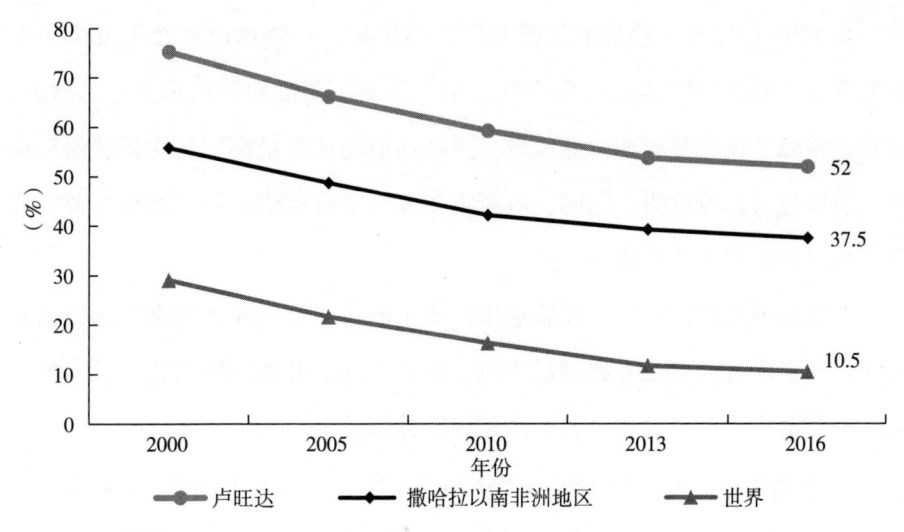

图 13 2000—2016 年卢旺达贫困率变化

资料来源：世界银行。

虽然卢旺达减贫成果显著，但离彻底消灭绝对贫困还有很大差距。如表9所示，卢旺达超过一半的人口仍属于贫困人口；2016 年，卢旺达城市人口中居住在贫民窟的人口比例达 45.5%，基尼系数约为 0.44，居民收入差距仍较大。

表 9 2000—2016 年卢旺达贫困数据 （单位:%）

	2000 年	2005 年	2010 年	2013 年	2016 年
基尼系数	48.5	52.0	47.2	45.1	43.7
贫困人口比例	75.2	66.1	59.2	53.7	52.0
城市人口中居住在贫民窟的人口比例	79.7	71.6	65.1	—	45.5

资料来源：世界银行。

（四）人口与文化

1. 民族构成与语言

卢旺达主要由胡图族、图西族和特佤族组成，各民族占比分别为 85%、14% 和 1%。其中，胡图族主要从事农业，图西族主要从事畜牧业。

自1994年以来，受政治经济等因素的影响，卢旺达语言政策发生了多次变革。卢旺达的官方语言为卢旺达语、法语、英语和斯瓦希里语。目前，在官方领域、正式领域和商业领域，卢旺达语的地位最高，其次是法语和英语，最后是斯瓦希里语。同时，政府正在大力推行英语，各政府机构及官方组织均以英语为主要外语。[1]

卢旺达语是该国唯一全民族通用的本土语言，是卢旺达日常生活用语和低年级教学语言，使用人数超过90%。但卢旺达语并非该国文化、社会等领域的主要语言，民众对该语言的读写程度较低。

法语是卢旺达在比利时殖民统治期间的官方语言和唯一的教学语言。独立后，新政府保留了法语的官方地位，直到1994年，卢旺达都被公认为是一个讲法语的国家。1994年以后，卢旺达与法国对立加剧，法语在卢旺达的影响力逐渐降低。尽管如此，法语仍是卢旺达社会生活的主要语言，使用者占比为3%—5%，在具有读写能力的人群中，法语使用更为广泛。

2008年语言改革后，英语取代法语成为卢旺达最重要的官方语言，使用者占比为2%—5%。1994年，卢旺达爱国阵线取得政权后，大量流亡在乌干达、坦桑尼亚等国家的难民返回卢旺达，返回的难民及其后代因在流亡期间习得英语而逐渐淡忘了法语，法语的使用逐渐减少。1996年，卢旺达政府将英语作为第三官方语言，2008年，卢旺达政府宣布使用英语替代法语作为所有教学阶段唯一的教学语言，卢旺达语和其他一些语言只作为课程来学习。

斯瓦希里语是卢旺达第四官方语言，使用人数不多，但该语言的使用有助于卢旺达更好融入东非共同体一体化进程。

2. 宗教信仰

卢旺达是个宗教信仰多元化的国家，其中，基督教教派（天主教、新

---

[1]《对外投资合作国别（地区）指南：卢旺达（2021年版）》，http://proa22984ez-pic11.ysjianzhan.cn/upload/814v.pdf。

教、耶稣复临派及耶和华见证人）的信徒远远多于非基督教教派（伊斯兰教和原始宗教）。虽然天主教在该国仍占主导地位，但其信徒的比例逐渐下降，新教教徒则显著增加，同时，原始宗教已接近消亡。根据卢旺达政府2012年人口和住房普查数据，卢旺达常住人口中，43.7%信仰罗马天主教，37.7%为新教徒，11.8%是耶稣复临派，2.0%为伊斯兰教徒，2.5%声称无任何宗教信仰，0.7%为耶和华见证人，约0.1%为原始宗教信徒，0.2%信仰其他宗教，剩余1.3%的宗教信仰情况未作说明。

3. 日常习俗

在日常习俗方面，卢旺达人忌讳谈论1994年种族大屠杀事件及民族区分，因此，在与卢旺达人交流过程中，应尽量避免谈及大屠杀事件或民族问题。

卢旺达每月最后一个星期六为义务劳动日，全体成年人都要参与卫生清洁等义务劳动。劳动日期间，商铺全部关闭、车辆禁止通行，若有人被发现无正当理由逃避义务劳动，可能会被捕或受罚。此外，卢旺达是非洲最早实行"禁塑令"的国家，对使用塑料袋行为惩罚力度较大。

二、人口与发展主要特征

（一）人口与发展的特点

1. 人口处于扩张阶段，少儿抚养比较高

卢旺达是非洲人口密度最高的国家，人口仍处于扩张阶段。近年来，卢旺达总和生育率显著降低，但始终高于人口更替水平；人均预期寿命持续增长；人口年龄结构属于年轻型结构，长期以来保持着较低的老年人口比例，尚未进入老龄化社会。卢旺达正朝着劳动年龄人口暴增的高峰进展，预计在未来很长一段时间将持续处于人口扩张阶段。

卢旺达有着较高的少儿人口抚养负担。2021年，卢旺达少儿抚养比为

67.1%，约为世界整体水平的 1.7 倍。少儿人口基数大将导致抚养、教育、就业和住房等一系列问题更加突出。

2021 年，卢旺达总人口性别比为 95.7。政治环境动荡是导致总人口性别比偏低的主要原因，1994 年，卢旺达大量青壮年男性遇难或流亡，此后，该国总人口性别比长期处于偏低水平。

2. 经济快速增长，但仍属于低收入国家

1994 年以后，卢旺达迅速采取措施以恢复经济、改善民生。2000 年，政府制定了《关于卢旺达经济发展和消除贫困的 2020 年愿景规划》，旨在解决生存问题、重拾民族尊严。

卢旺达改革初期，基础设施薄弱、教育体制落后、行政能力不足、金融业不发达、失业率高、艾滋病感染率高等问题对改革进程造成很大障碍。针对这些问题，卢旺达政府大力实施多项改革政策，重点关注医疗保健、教育、基础设施建设、金融等领域的发展，同时，大范围推行民族和解、大幅减少贫困人口等相关政策。21 世纪初，卢旺达的改革已初见成效。

卢旺达加快发展现代农业，大力发展信息产业，重点发展旅游产业，努力缓解能源短缺困难，加大招商引资力度，多管齐下，推动经济增长。从 2000 年开始，卢旺达每年保持较高国内生产总值增长率，2019 年前 3 个季度的国内生产总值增速为 10.9%，位列全球第 1。尽管受新冠疫情影响，卢旺达经济发展严重受挫，但政府迅速采取应对措施，通过调整财政支出的优先次序，满足民众对卫生和社会保障的更高需求。在后疫情时代，卢旺达经济复苏态势良好，2021 年，该国国内生产总值增幅为 10.88%，位列全球第 16 位。

2000 年，卢旺达制定《关于卢旺达经济发展和消除贫困的 2020 年愿景规划》，提出，到 2020 年将卢旺达建设成中等收入国家，同时使贫困率降低至 30%，人均预期寿命达到 55 岁。然而，该愿景规划并未完全实现，卢旺达仍属于低收入国家，贫困率居高不下，贫困人口众多，贫富差距较大。

2020 年，卢旺达政府颁布了《卢旺达愿景 2050》，将国家发展目标设为"到 2035 年成为中高收入国家，到 2050 年成为以知识型经济为主的高收入国家"。卢旺达实施《卢旺达愿景 2050》的落脚点在于改善民生，下一阶段重点是实现国家的经济和社会转型，包括激发企业活力、由私营部门带动增长、转变经济发展模式，从而快马加鞭实现经济自给自足。

3. 基础教育完善，但高等教育相对缺乏

1994 年以后，教育重建成为卢旺达的主要任务之一。卢旺达政府采取多重决策，坚持将教育列为国家优先发展项目，在最短的时间内恢复和重建教育体系，在基础教育与教育平等方面取得了突出成就。

相较于日渐完善的基础教育，卢旺达高中及以上教育十分缺乏。2021 年，25 岁以上人口平均受教育年限仅为 4.4 年。同时，该国初中及高中教育的完成率也极低，2020 年，初中教育完成率、高中教育完成率分别为 30.05%、20.70%。

此外，卢旺达的教育建设进程仍存在不少问题，如城乡资源分配不均、师资缺乏、教学质量不高，以及基础设施不足。

4. 妇女参政比例很高，性别平等领域成果显著

独立以后，非洲国家妇女在政治、经济、社会等诸多方面的状况均有所改善。1994 年后，卢旺达女性人口占总人口比重达到 60%。在国家劳动力严重不足的背景下，妇女成为卢旺达振兴国家的重要力量，鼓励妇女在社会中发挥公共作用有利于释放经济活力。

从 1999 年起，卢旺达政府在教育、政治、经济、家庭等领域采取了一系列政策和法律措施，积极推动两性平等与妇女发展，各行业涌现出一批女性领导者和女性专业技术人员。国家法律明确规定，女性议员在国家议会席位中的占比不得低于 30%。配额制等措施的推进大大提高了卢旺达女性的参政水平，女性在国家议会中的席位占比持续升高，这对该国女性赋能决策有推动作用。

饱受内战困扰、被联合国确定为最不发达国家之一的卢旺达，自2003年大选后一跃成为世界上女性议员最多的国家。2008年，卢旺达女性议员人数超过男性，成为世界上第一个在国家议会中女性席位多于男性的国家。如今，卢旺达不仅在战火废墟中重建了家园，更在性别平等领域，尤其是女性参政领域走在世界前列。如表10所示，2021年，卢旺达国家议会中女性议员席位占比为61.25%，在世界排名第1，远高于排名第2的古巴（53.41%）。

表10 1997—2021年卢旺达国家议会中女性席位的比例 （单位:%）

	1997年	2000年	2007年	2012年	2016年	2021年
国家议会中女性席位比例	17.14	25.71	48.75	56.25	63.75	61.25

资料来源：世界银行。

5. 健康水平显著提升，但基本医疗能力仍然相对低下

近年来，卢旺达人均预期寿命不断提高，婴儿死亡率和5岁以下儿童死亡率长期低于撒哈拉以南非洲地区的平均水平，孕产妇死亡状况、避孕普及状况及青少年生育状况等均得到了显著改善。此外，艾滋病、结核病和疟疾等疾病造成的死亡显著减少，大规模传染病在卢旺达境内已基本销声匿迹。医疗卫生服务水平取得很大进展，居民健康水平显著提升。

然而，作为低收入国家，卢旺达基本医疗服务能力仍相对低下，医疗系统仍然持续面临着一些重大挑战，主要包括资金不足、设备匮乏、长期管理不善等。卢旺达每千人拥有的床位数仅为1.6张，平均每千人拥有的内科医生数也极低，存在严重的医疗资源不足问题。增加医生数量、改善医疗设施、提高医疗预算是目前卢旺达卫生部门亟需解决的主要问题。

（二）人口与发展的现实挑战

近年来，卢旺达在人口与发展进程中依然存在一些现实性的挑战。在联合国《人类发展报告2021—2022》中，卢旺达的人类发展指数排名较低，在参与排名的191个国家中位列第165位。

1. 基础设施落后，电力供应不足

香港贸易发展局于 2019 年发布的《卢旺达制造业指南》[1] 中，采用惠誉智库物流风险指数[2]作为卢旺达交通运输网络[3]、贸易程序及管治[4]，以及公用事业网络[5]的综合评价指标。该指南指出，卢旺达在"交通运输网络"和"贸易程序及管治"两项指标上的得分较高，但在"公用事业网络"指标上得分相对较低。卢旺达整体物流风险指数为 43.7，在所有东非国家中排名第 2 位，在全球 201 个国家中排名第 110 位。

卢旺达的电力供应相对不足。拥有 1346 万人口的卢旺达是世界人均用电量最少的国家之一，通电率在全球处于极低水平。如图 14 所示，2020 年，卢旺达通电率仅为 46.60%。

卢旺达的电力供应主要依赖水力发电，然而该国位于撒哈拉沙漠以南地区，干旱现象严重，因此电力供应受到严重限制。不过，得益于卢旺达电网基建的扩大以及煤炭、天然气等可再生能源发电项目的陆续建成，预计未来几年卢旺达将实现电力供应来源的多样化，电力供应不足问题将得到改善。

与东非其他国家相比，卢旺达的交通运输建设较为完善，截至 2020 年年底，卢旺达道路网总里程约 6674 千米，机场的客运和货运能力较强，城市地区公路质量较高，但农村地区的道路质量较差。同时，该国目前没有铁路线路，公路运输压力较大。再加上境内多山，公路交通相对不太便利。

---

[1]《卢旺达制造业指南》，https://research.hktdc.com/sc/article/MzU3MTYzNjAy。

[2] 物流风险指数：以交通运输网络、贸易程序及管治，以及公用事业网络各分项得分的平均值计算。该指标越接近 100，说明风险越低；越接近 0，说明风险越高。

[3] 交通运输网络：该指标评估一个国家的公路、铁路、航空和水路等交通运输网络的覆盖范围和质量，反映全国各地运输原材料和制成品的容量和能力。

[4] 贸易程序及管治：该指标评估采用货柜进口及出口货物在一个国家所需的时间和成本。此外，该国的空运量以及与航运网络的连接，也用于衡量其作为航运或货运枢纽的潜力。一个理想的市场应拥有强大的货运联系和低程度的贸易官僚架构。

[5] 公用事业网络：该指标评估电力和燃料的质量、供应及其成本，并考虑工业用水的供应，评估电讯网络的质量和覆盖范围，以及互联网普及率。发达的公用事业网络有助于供应链顺利运作。

资料来源：世界银行。

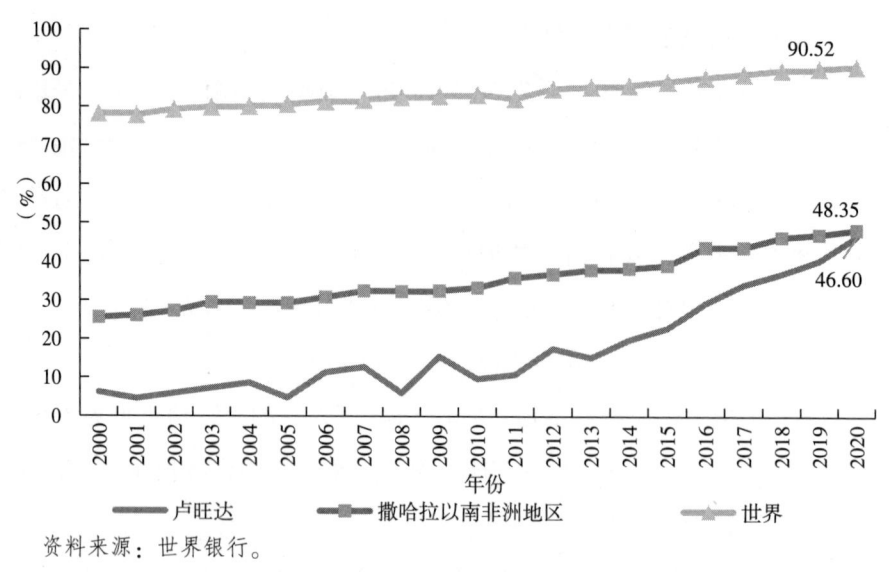

图 14　2000—2020 年卢旺达、撒哈拉以南非洲地区及世界通电率变化

此外，卢旺达的物流供应链较为单一。陆路货运完全依赖道路网格，道路中断风险较高；水运则完全依赖乌干达或布隆迪的港口，运输花费时间长、费用高，同时，运输港口拥堵风险高。

预计未来几年，卢旺达的交通运输网络和物流供应链将持续得到完善。目前，该国有多个公路、铁路[1]以及航空基建项目正在规划或进行中。在共建"一带一路"倡议下，中资公司在卢旺达的交通运输规划中发挥了积极作用。

2. 贫困水平较高，贫富差距较大

卢旺达人口多居住在农村地区，土地贫瘠、人多地少。2020年，总人口营养不良发生率达36%；在参与2021年全球饥饿指数排名的116个国家里，卢旺达排名第98位，饥饿问题严重。

卢旺达社会经济发展引发贫富差距和两极分化等问题。收入差距过大不

---

[1]　卢旺达政府正在与东非共同体成员国合作，探讨修建达累斯萨拉姆—伊萨卡—基加利铁路项目和蒙巴萨—内罗毕—坎帕拉—基加利铁路项目。

仅可能造成社会动荡，而且会削弱经济增长的动力，甚至导致经济危机。卢旺达应通过优化经济结构、实现产业链价值链升级、改革完善分配制度、发展全民教育、健全社会保障和救助等措施，全力推行扶贫减贫政策，增加国民收入，缩小贫富差距。

3. 城镇化水平低，产业结构优化进程缓慢

卢旺达城镇化水平低，对其经济和社会发展造成一定影响。首先，卢旺达是一个农业型国家。城镇化水平低不仅不利于劳动力从农业向增值较高的行业转移，而且不利于创造更多的就业机会，从而大量吸收农村剩余劳动力，导致劳动力资源得不到充分利用。其次，卢旺达政府高度重视科学技术和信息通信产业发展，现代化大城市是全国主要的科学技术创新基地和信息交流中心。但是，城镇化水平低难以提供国家科技发展所需要的条件和资源，不利于国家科技的发展进步和现代信息化的推进。再次，城镇化水平低不利于缩小城乡发展差距，城市文化难以快速向农村地区深入渗透，难以有效促进农村经济发展和产业结构优化升级。

4. 劳动技能素质偏低，青年群体失业率高

卢旺达的劳动力市场虽与世界整体水平有一定差距，但该国的劳动环境在撒哈拉沙漠以南非洲地区具有较强的竞争力。卢旺达人口规模小，且大多居住在农村地区，劳动力规模有限，但由于大量女性外出工作等原因，该国劳动力供应丰富且多样化，劳动力资源相对充足。

从失业率来看，卢旺达整体失业率较高，青年群体失业状况更为显著，高等教育毕业生失业率偏高。从劳动力素质来看，卢旺达大量劳动力人口缺乏基本的从业技能，受教育年限普遍较短，大多数劳动年龄人口识字率不高、专业技能较差、劳动素质偏低，开展成规模的整体培训很有必要。

东非大学校际理事会等机构进行的多项调查显示，根据劳动力市场的反馈，卢旺达50%的大学毕业生综合水平都不达标。许多大学毕业生尽管具备专业技能，但是在沟通交流、批判性思维、解决新问题（突破传统）、创新、

以及跨专业的团队协作能力上仍存在欠缺。

为解决劳动力市场的难题，卢旺达已计划在全国 30 个行政区域分别设置至少 1 所职业技术培训中心，以培养更多技术人才，投放劳动力市场。

根据香港贸易发展局《卢旺达的劳工和土地资源》报告，随着人口增长、经济发展、各项基建推动城镇化进程、劳工向增值较高的行业转移，未来卢旺达的劳工供应将有所改善。

三、思考与启示

从 1971 年中卢建交至今，两国友好关系发展顺利，双边政治互信不断增进，两国人民友谊也越发深厚。长期以来，中国为卢旺达的发展提供了大量帮助，中卢两国在农业、基础建设、职业教育、电子商务等领域开展了多项合作。

在后疫情时代，中卢两国可以根据非盟《2063 年议程》探索新的合作方向，来应对新冠疫情对两国产业结构的冲击，如拓展和深化两国在现代农业、基础建设、职业教育、医疗健康、数字经济、扶贫减贫、文化交流，以及绿色发展领域的交流合作，推动双方务实合作取得更大成效。

（一）深化现代化农业合作，打造农业全产业链

农业是卢旺达国民经济的支柱产业。卢旺达农业委员会主任帕特里克·卡兰古瓦表示，中卢两国开展农业领域的合作为卢旺达提高就业率、增加收入等作出了重要贡献，有效推动了卢旺达的减贫脱贫进程。自 2011 年中国援助的农业技术示范中心在卢旺达正式运营以来，仅菌草项目就培养了近 5000 名农业技术人员，引起了社会各界的普遍关注。

目前，卢旺达主要出口农作物包括咖啡、除虫菊、辣椒等，新增可开发出口的农产品包括鳄梨、菠萝、鲜花等。同时，该国高山红茶品质优良，但尚未得到充分开发。目前，卢旺达农产品加工业存在的主要问题包括：粮食

储存能力偏低、农产品损耗大导致原材料供应不足、农产品加工技术水平低、农业自动化水平不高等。卢旺达政府高度重视修建农田水利、坡地和沼泽地灌溉及水土流失防治等工程项目，积极寻求农田水利建设领域的合作。此外，卢旺达农业现代化水平不高，发展现代化农业、实现农业合作向全产业链延伸，有助于卢旺达增加粮食产量、提高粮食安全，进一步推动共建"一带一路"农业合作迈向更大范围、更高水平、更深层次。

（二）巩固基础设施建设合作，助力经济快速发展

基础设施建设是共建"一带一路"中不可或缺的一环，基础设施联通是共建"一带一路"的关键领域和核心内容。卢旺达经济基础薄弱、财力不足，基础设施建设有着巨大的融资缺口，在此背景下，推动共建"一带一路"基础设施建设将助力卢旺达经济的快速发展。

中卢两国在基础设施建设领域的合作具有传统优势。1974 年，由中国交通部援外办公室援建的基加利至邻国坦桑尼亚的卢苏莫公路全长 160 千米，40 多年过去，虽然交通运输量大，但这条路一直保持良好的路况，拥有"样板路"的美誉；中国企业在卢承建公路总里程已超过 1000 千米，超过卢旺达沥青公路总长的 70%；中国土木工程集团有限公司承建的 92 米高的"城市塔"，作为首都基加利的最高地标建筑，不仅成为卢旺达经济快速发展的标志，还凸显着卢旺达在建筑和房地产领域的巨大发展潜力。

卢旺达交通运输不够便利，农村地区公路质量差，尚未建成铁路线路，水运也需依托邻国，运输时间长、成本高。因此，中卢双方可在以交通运输为主的基础设施建设领域寻求合作。除交通设施外，还可关注卢旺达净水、供电、通信等领域，重视城镇化基础设施建设，推动两国构建更加紧密的经济联系。

（三）加强针对性教育援助，坚持"输血"与"造血"相结合

卢旺达是非洲中东部的农牧业国家，是世界上最不发达的国家之一。为促进民族和解、摆脱贫困、满足知识经济时代的发展需求，卢旺达政府将教育摆在了优先发展的战略地位，并在国际上积极谋求教育领域合作。

卢旺达政府高度重视职业教育领域的投资与合作，职业教育作为经济发展的助推器，有助于解决卢旺达就业不足、人力资源短缺的问题。中卢两国可加强职业教育领域的合作，采取产学研合作模式，注重培养高质量应用型人才，加强两国高校、企业的合作，在卢旺达高校设置奖学金，对优秀学生予以资助，在企业设置实习基地与实践场所，为卢旺达培养大量优秀的技术型人才，同时为中国企业在非洲经营提供人才支撑。

加强对卢旺达教育薄弱环节的针对性援助，是共建"一带一路"背景下中国提高教育援助质量的关键点。近年来，卢旺达教育建设取得了突出成就，但仍存在高等教育缺乏、教学质量不高、教育资源不足等问题。以教学质量不高为例，保障师资水平是提升教学质量的关键，因此，现阶段中国对卢旺达的教育援助应以教师资源的援助为重，积极开展教师培训项目和教育工作者的交流研讨活动，协助卢旺达构建本国教师教育质量评价体系，助力卢旺达教学质量的提升。

优化对卢旺达的教育援助方式是另一个关键点，从提供成套的项目建设、资金支持、派遣专家，拓展到增加奖学金项目和人力资源培训项目，实现教育援助方式从"输血式"向"造血式"、从"授人以鱼"到"授人以渔"的转换，为共建"一带一路"的良性发展提供人才支撑。

（四）推进健康产业合作，助力构建卫生健康共同体

卫生领域合作是共建"一带一路"倡议的重要内容。中国已建立了覆盖95%以上人口的医疗保健体系，强大的医疗保健体系和研发能力可以为世界医疗卫生事业提供助力。

中卢两国长期在医疗领域开展交流合作。1982年，中国与卢旺达签订关于中国向卢旺达派遣医疗队的议定书，中国政府迄今已派出多支医疗队，医疗队成员包括内科、外科、儿科、中医科等专家。此外，中国政府还援建了马萨卡综合医院和基本戈医院。

中卢两国在医疗领域的合作前景广阔。中国可针对卢旺达医疗系统存在的医疗设备不足、医疗水平低下等问题，重点开展在医疗卫生基础设施、医学教育和人才培养等领域的合作。例如，促进医务人员培训与交流，加强重点传染病防控合作，建立医院合作联盟，搭建医学科研合作伙伴关系，从而协助卢旺达构建公共卫生网络，增进卢旺达民众的健康福祉。

中卢两国在医疗领域的合作，不仅有利于提升卢旺达的医疗服务水平、推动健康产业发展，也有益于同卢旺达分享中国医疗健康领域成功经验，为中医药走出国门提供契机，更有助于推动实现"健康中国"和"健康非洲"战略目标，为高质量共建"一带一路"增添动力。

（五）有效拓展数字经济合作，搭建数字化平台

当前，全球数字经济快速发展，各国都在着力推动本国的数字化发展战略，制定相应的数字发展方案。2022年年初，中国发布的《"十四五"数字经济发展规划》指出，应有效拓展数字经济国际合作。搭建数字化平台将推动共建"一带一路"国家数字经济合作日益密切，使各国之间实现内外联动、系统高效、协同融合的发展路径，加快构建"一带一路"数字经济共同体。

随着互联网的快速普及和广泛应用，中卢两国在电子商务领域的联系与合作日渐加深。卢旺达和阿里巴巴集团于2018年10月启动了世界电子贸易平台的建设，卢旺达成为阿里巴巴集团落户非洲的第一站。随着政府加大对数字基础设施的投资力度，卢旺达的众多中小企业完成了电子商务的转型，中卢两国的电子商务贸易蓬勃发展，"丝路电商"战略合作持续深化。目前，中国已与卢旺达建立电子商务合作机制，中国企业积极投资海外仓建设，非洲特色产品通过电子商务直接对接中国市场。疫情期间，卢旺达农产品滞销，卢旺达驻华大使詹姆斯·基莫尼奥在中国网络直播间创造了3000斤（相当于1500千克）咖啡豆瞬间被抢购一空的奇迹。电子商务平台的合作不仅有利于解决卢旺达产品滞销的难题，带动其经济增长，还有利于增强卢旺达种植业从业人员的信心。后疫情时代，电子商务平台将成为中卢双方开展贸易合作的重要平台。

中国在互联网技术和跨国电子商务领域全球领先，数字经济发展迅速且潜力巨大。近年来，各级政府高度重视数字经济发展，积极推动互联网、大数据、人工智能与传统产业的融合，加快建设智慧城市与数字中国，为"一带一路"数字经济合作提供了有力支持。

中卢两国在数字经济合作方面面临很大机遇。第一，可大力推动数字基础设施建设，实现网络技术与通信技术的互联互通，帮助卢旺达建设光纤光缆等现代化数字基础设施；第二，可建立共研、共享数字科技共同体，分享先进的数字技术，实现数字技术一体化；第三，可形成数字技术人才合作常态化，联合开展数字技术人才培训，加强数字人才交流，为进一步开展数字经济合作提供长期的智力支持。

在数字经济领域广泛开展合作、推动数字经济协调发展，将促使两国经贸往来向着更高效、更智能的方向发展。目前，中卢两国可加强在第五代移动通信技术（5G）、智慧城市、大数据、电子商务、航空航天、卫星遥感应用等领域的合作，帮助卢旺达建设新型基础设施、发展数字产业、弥合数字鸿沟，从而推动科技进步、促进经济发展。

（六）开展扶贫经验双向交流，携手推进减贫进程

消除贫困是全世界共同的目标，也是共建"一带一路"中低收入国家发展的重要任务。后疫情时代，世界各国更需要依靠自身力量并借鉴他国发展经验来重振经济、保障民生。

减贫是卢旺达各项发展战略的重要目标之一。卢旺达属于低收入国家，城镇化水平低，贫困人口占比较高，贫富差距较大。此外，近年来，卢旺达一方面遭遇了干旱山洪、新冠疫情等的冲击，另一方面，一些欧美国家停止了对该国的援助，导致卢旺达减贫进程受阻。

中国脱贫攻坚的生动实践为全球减贫贡献了中国方案。"精准扶贫"提出以来，中国对扶贫对象实行精细化管理、精准化扶持，对扶贫资源实行精

准化配置。2020年，中国实现第一个百年奋斗目标，全面消除了绝对贫困。随着共建"一带一路"的推进，中国积累的扶贫经验也将为卢旺达提供有益的借鉴和启示。

值得指出的是，卢旺达与中国在以人民为中心的发展思想和精准扶贫方面存在共性，扩展了中卢两国治国理政经验交流的空间。中卢双方可通过搭建平台、组织培训、智库交流等，持续开展多种形式的就业和扶贫经验交流研讨，帮助卢旺达提高扶贫减贫能力、提高城镇化水平，从而改善民生、实现包容性增长。

（七）加强跨文化交流与互动，增强文化融合互信

与不断加强的经贸合作相比，中卢两国之间的文化交流合作尚有提升空间。一方面，中资企业要明确定位，有序发展，坚持守法经营，承担社会责任，了解卢旺达的种族、宗教等风俗习惯，尊重卢旺达的各种文化特性，求同存异，平等相待，以客观开放的心态面对差异；另一方面由于中卢两国经济发展水平和文化背景不同，沟通不充分则容易引起摩擦，为两国交流带来不利影响。因此，加强中卢两国文化领域沟通交流促进两国民众往来推动两国文化的融通，有利于增进两国政治互信，为两国互利合作奠定良好基础。

（八）践行绿色发展理念，构建绿色发展格局

2022年3月，中国国家发展和改革委员会等部门联合印发《关于推进共建"一带一路"绿色发展的意见》。该意见作为"绿色丝绸之路"建设的顶层设计，对于践行绿色发展理念、推进生态文明建设、积极应对气候变化、维护全球生态安全、推进共建"一带一路"高质量发展、构建人与自然生命共同体具有重要意义。随着社会各界环保意识和社会责任意识的提高，以及可持续发展意识和能力的增强，各级政府、企业和金融部门应强调绿色发展理念，并将其贯彻到共建"一带一路"的实践中。

在与卢旺达的经贸合作中，中国应聚焦重点领域、加强对话交流、强化项目环境风险防控，为卢旺达绿色低碳发展提供中国经验与中国方案。首先，应加强对基础设施建设项目社会环境影响的风险管理，重点支持清洁能源、节能减排、循环经济、生态环保等领域的产业合作，鼓励中国企业在卢旺达投资向绿色产业转型；其次，应加大资源投入，协助卢旺达绿色发展领域的能力建设，并根据联合国环境组织的要求，重视在环保政策方面的对接和交流，制定切实可行的绿色发展管理政策和指标体系；最后，应坚持绿色金融理念，如发行绿色债券、提供绿色贷款等，为共建"一带一路"提供绿色融资保障。

参考文献：

[1] 曹丽萍. 卢旺达职业教育发展现状、挑战与应对[J]. 职业教育研究,2018,7:85-91.

[2] 查尔斯·卡永加,宋雪云鹤. 改革与转变势在必行[J]. 中国投资,2018,10:32-36.

[3] 查尔斯·卡勇加,李丛. 卢旺达稳步推动经济转型[J]. 中国投资,2017,24:68-72.

[4] 常可潆. 中非经贸合作之路越走越宽[N]. 人民日报海外版,2022-3-19.

[5] 陈丽娟,舒展. 卢旺达集体互助脱贫机制的逻辑向度与实践进路[J]. 西亚非洲,2021,6:63-83,158.

[6] 翟东升. 将"一带一路"建设成为"减贫之路"[J]. 红旗文稿,2022,17:13-16,1.

[7] 杜保峰,何玉良,李开文,等. 卢旺达共和国矿产类型及成矿规律[C]//河南省地质学会,河南省国土资源科学研究院. 河南地球科学研究进展(2020)——河南省地质学会2020年学术年会论文集. 徐州:中国矿业大学出版社,2020:22-27.

[8] FIDEL H. 卢旺达国家卫生服务改革[D]. 电子科技大学,2020.

[9] 弗拉德里克·布姆夫霍尔,齐晓彤. "2050愿景"擘画卢旺达未来期许[J]. 中国投资(中英文),2021,Z7:80-83.

[10] 弗莱德里克·布姆夫霍尔,苗佳雨. 电子商务——卢旺达经济发展新动力[J]. 中国投资(中英文),2020,Z9:90-93.

[11] 何启茂. 首脑座机失事内幕[D]. 西南石油大学,1997.

[12] 和建花,丁娟. 非洲妇女参政配额制实施状况的研究与思考[J]. 山东女子学院学报,2015,6:36-44.

[13]胡洁.新形势下推进"一带一路"基础设施合作的对策建议[J].中国发展观察,2020,Z8:53-56.

[14]鞠传国.习近平生态文明思想与绿色"一带一路"建设[J].学习论坛,2022,4:99-105.

[15]李洁,米雷耶·巴塔穆利扎,卡朗瓦·埃瓦里斯特."末日重建"与走下神坛的女英雄卢旺达女性领导者的国家—社会处境与应对[J].社会,2021,41(2):138-166.

[16]李军,田小红."一带一路"背景下中、非大学的国际合作与发展[J].华南师范大学学报(社会科学版),2017,1:73-75.

[17]李雨蒙.卢旺达:国家为私有企业发展奠定基础[J].中国民商,2013,4:102-105.

[18]理查德·鲁希巴纳,李丛.卢旺达教育之路[J].中国投资,2018,2:66-69.

[19]林玲.基于语言规划观的卢旺达语言政策历史演变分析[J].信阳农林学院学报,2015,25(1):64-66.

[20]陆娅楠.推进共建"一带一路"绿色发展[N].人民日报,2022-4-1.

[21]摩西(Moses,Shawa),Joseph.影响五个东非国家外国直接投资的决定因素:面板数据的实证分析[D].上海大学,2015.

[22]任洪生.跨文化交流与人类命运共同体建设:现实、挑战与应对[J].人民论坛·学术前沿,2022,2:74-83.

[23]商务部国际贸易经济合作研究院等.对外投资合作国别(地区)指南:卢旺达(2021年版)[R].2021.

[24]孙浩.卢旺达:开发经济适用房需要新的政府举措来激发市场活力[J].国际城市规划,2017.

[25]孙一力."一带一路"背景下中国对非洲教育援助策略思考[J].青年时代,2019,7:180-181.

[26]万莉茉,李丛.非洲女性的崛起[J].中国投资,2017,6:18-21.

[27]吴杰.卢旺达次级城市总体规划的编制与思考——尼亚加塔莱总体规划的实践[J].2016.

[28]吴忠观.人口科学辞典[M].西南财经大学出版社,1997.

[29]夏吉生.非洲人权事业的新进展[J].西亚非洲,2005,5:19-23.

[30]邢劭思."一带一路"沿线国家数字经济合作研究[J].经济纵横,2022,1:46-51.

[31]杨娟.卢旺达共和国妇女政治参与研究[D].湖南师范大学,2017.

[32]姚桂梅,许蔓.中非合作与"一带一路"建设战略对接:现状与前景[J].国际经济合作,2019,3:4-16.

[33]张栗.教育和社会视角:挪威与卢旺达两性不平等问题比较[J].许昌学院学报,2022,41(1):135-138.

[34]张梅.卢旺达非洲经济发展的"奇迹"[J].中国投资,2017,8:55-57.

[35]张荣建,曾广煜.卢旺达语言政策演变及影响的多视觉分析[C]//外语教育与翻译发展创新研究(第七卷).成都:四川师范大学电子出版社,2018:416-422.

[36]周心培.粮食不仅关乎农业更关乎孩子们的未来[N].中国妇女报,2021-12-8.

[37]邹松."期待非中农业合作取得更大成果"[N].人民日报,2022-1-13.

[38]The World Bank. Reshaping urbanization in Rwanda:urbanization and the evolution of Rwanda's urban landscape[R]. Washington,DC:The World Bank,2017.

[39]BINAGWAHO A,FARMER P,NSANZIMANA S,et al. Rwanda 20 years on:investing in life[J]. Lancet,2014,9940:371-5.

[40]GERHART GAIL-M. Leave none to tell the story:genocide in Rwanda[J]. Foreign Affairs,1999,78:186.

[41]National Institute of Statistics of Rwanda. Fourth population and housing census[R]. 2014:16-18.

[42]SEKABARAGA C,DIPO F,SOUCAT A. Can innovative health financing policies increase access to MDG-related services? evidence from Rwanda[J]. Health policy and planning,2011,26 Suppl 2:ii52-ii62.

刚果（金）人口与发展状况报告

邵岑*

摘要：受长年内战和叛乱的影响，地理位置优越、自然资源丰富的刚果（金）是当前世界经济最不发达的国家之一。相对落后的社会经济对刚果（金）人口发展产生深远影响：人口增长快、年龄结构年轻、生育率维持高位，影响了刚果（金）人口转变进程；公共教育发展相对滞后、国民健康状况低下、贫困人口比例和青年人口失业率较高，不利于刚果（金）在社会经济恢复发展过程中开发本国人力资源。刚果（金）人口发展还面临国内政局不稳、公共卫生医疗资源匮乏和生殖健康服务严重不足等挑战。在共建"一带一路"背景下，中国可以继续推动两国在公共卫生和生殖健康、农业发展和基础设施建设等方面的合作，改善刚果（金）人力资本存量，实现两国互利共赢。

关键词：刚果（金）；人口增长；公共卫生；生殖健康；"一带一路"

---

* 邵岑，法学博士，华侨大学哲学与社会发展学院副教授。

一、基本国情

刚果民主共和国，简称刚果（金），地处非洲中西部，面积234.54万平方千米，其中，领陆面积227万平方千米，领海和领水面积约8万平方千米，是撒哈拉以南非洲地区国土面积最大的国家、非洲第二大国。[1] 刚果（金）是非洲地区说法语人口最多的国家，是非洲第四人口大国。根据世界银行数据，2021年，刚果（金）总人口为9237.8万人，其中，约46%为0—14岁少儿人口，65岁及以上老年人口比例约为3%。

刚果（金）战略地位重要，被誉为"非洲心脏"。东部与乌干达、卢旺达、布隆迪、坦桑尼亚相邻，南部与赞比亚、安哥拉接壤，西部与刚果（布）隔非洲第二长河刚果河相望，北部靠近中非和南苏丹，共计9个邻国。刚果（金）西部通过37千米海岸线连接大西洋，东部高原通过坦噶尼喀湖、基伍湖、姆韦鲁湖等与邻国相接。

刚果（金）拥有丰富的自然资源，有超过8000万公顷的可耕用地和超过1100种矿物和金属，素有"中非宝石""世界原料仓库"之称。刚果（金）钴、铜、钻石等矿产储量处于世界前列。其中，铜、铌、钴已知储量分别占全世界总量的15%、80%和50%。此外，黄金储量估计为600吨，以工业钴为主的钻石储量为2.06亿克拉。刚果（金）蕴含大量的油气资源，沿海盆地已探明海上石油储量3150.66万桶、海上天然气储量200亿立方米。在中部的中央盆地、东部的坦噶尼喀湖、阿尔拜尔湖、埃杜瓦尔湖和基伍湖等区域，已探明陆地石油储量2000万桶、陆地天然气储量100亿立方米。在中孔果省沥青砂的确定储量1453.1万吨，潜在储量8亿吨。[2] 受益

---

[1] 李智彪:《列国志·刚果民主共和国》，北京：社会科学文献出版社，2010年版，第1页。
[2] 《刚果(金)概况》，http://cd.mofcom.gov.cn/article/ddgk/202010/20201003006100.shtml。

于刚果河，刚果（金）水力资源极为丰富，蕴藏发电量约为10万兆瓦，相当于非洲总储量的50%、世界总储量的13%（2003年）。[1]

刚果（金）是非洲大陆历史悠久的国家。自14世纪下半叶开始，刚果（金）境内出现刚果王国、库巴王国、阿赞德苏丹国等早期国家组织。[2] 葡萄牙、荷兰、法国、比利时和德国等欧洲殖民者相继入侵刚果（金），打破了刚果（金）正常社会发展进程。经历了400余年奴隶贸易与殖民掠夺，刚果（金）成为西方殖民者争夺的焦点，最终在19世纪后期，成为比利时国王利奥波德二世私人领地"刚果自由邦"，并遭受其野蛮的征服、血腥的掠夺和残酷的统治。1908年，刚果（金）成为比利时政府直接管辖的殖民地，即"比属刚果"。直至20世纪下半叶，在世界反殖民主义浪潮下，刚果（金）于1960年作为一个主权独立国家登上国际政治舞台。新生刚果（金）政权自成立后，先后经历了与前宗主国比利时的矛盾与危机、蒙博托专制统治、刚果内战。21世纪初，刚果（金）在国际社会斡旋下，初步开始了政治过渡时期。然而，饱受族群、宗教和地区等矛盾影响的刚果（金），如何实现族群和解和国家稳定，仍是全世界共同关注的问题。

虽然自然资源丰富、地理位置优越、经济发展潜力巨大，但由于内战不断、国内政局不稳、族群矛盾突出，刚果（金）是世界上最不发达的国家之一。2011年后，刚果（金）宏观经济整体呈现平稳增长的态势。相比于2011年，2019年，其国内生产总值（等价美元）整体增长92.8%，人均国内生产总值为574美元。经济结构中，采矿业是刚果（金）支柱产业，在近10年获得长足发展。农业生产方面，木薯、大蕉叶、甜菜、玉米和油棕果是刚果（金）最主要的农产品。

刚果（金）首都为金沙萨，是全国政治、经济和文化中心。加丹加省首

---

[1] 李智彪：《列国志·刚果民主共和国》，北京：社会科学文献出版社，2010年版，第12页。
[2] 同[1]。

府、矿业重镇卢本巴希为第二大城市。2006年，刚果（金）行政区划分为25个省和1个直辖市（金沙萨市）。

刚果（金）是非洲重要的人口大国、资源大国，经济发展潜力巨大，是共建"一带一路"重要伙伴国家。研究和分析刚果（金）人口与发展状况，可为共建"一带一路"倡议框架下的合作交流与商贸投资提供参考与建议。

二、人口与发展现状

刚果（金）是当前人口增长最为迅速的国家之一。1982年，刚果（金）政府进行独立后首次人口普查，全国人口总量约为2992万人，其中，男性1454万人，女性1537万人。[1] 根据联合国《世界人口展望2022》相关数据，截至2021年，刚果（金）人口总量为9589.4万人，在世界各国人口中排名第16位，是仅次于尼日利亚、埃塞俄比亚和埃及的非洲第四人口大国。

（一）人口基本状况

根据世界银行相关资料，1960年刚果（金）独立时，人口总量为1524.8万人，其中，女性796.5万人，男性728.3万人，性别比为91.4。此后，人口规模以年增长率超过2.5%的速度快速增加。如图1所示，进入20世纪90年代后，刚果（金）人口年增长率常年维持在3%—4%之间。除20世纪90年代中后期短暂低于3%之外（与卢旺达、乌干达战乱和刚果内战时间大致重合），大部分年份人口年增长率均在3%以上，20世纪90年代初期，其人口年增长率一度接近4%。[2]

---

[1] 李智彪：《列国志·刚果民主共和国》，北京：社会科学文献出版社，2004年版，第13页。
[2] 由于世界银行数据采用估算数据，不能精确估算各个年份人口增长率，故本文引用相关数据仅为粗略回顾刚果（金）人口增长历程。

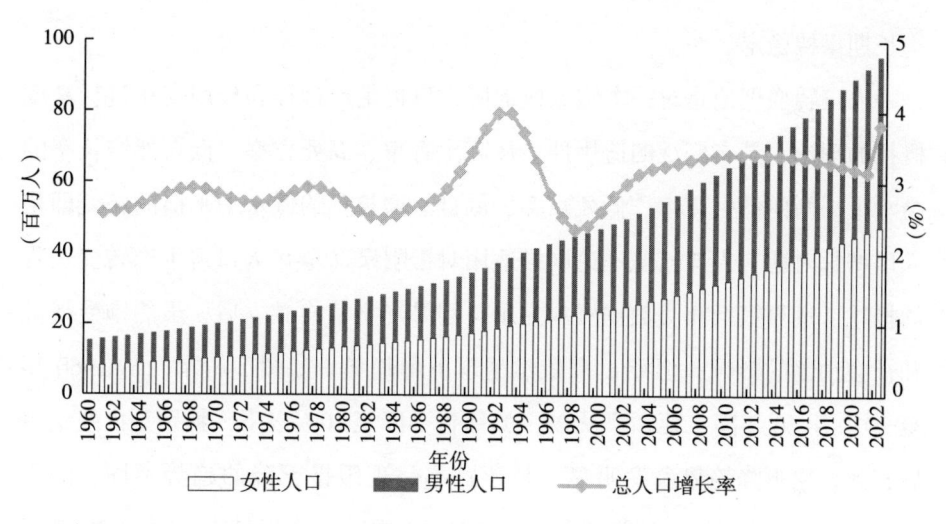

资料来源：世界银行数据库、联合国《世界人口展望2022》。

图1　1960—2022年刚果（金）人口性别构成和总人口增长率

由于刚果（金）常年维持高人口增长率，人口保持强劲增长态势，人口规模迅速扩大。至1986年，刚果（金）人口规模已经是1960年人口规模2倍以上，人口总量突破3000万人。至2009年，刚果（金）人口超过1960年人口规模4倍以上，人口总量超过6000万人。自2009年之后，刚果（金）年新增人口超过200万人，至2021年，人口总量突破9000万人。从人口倍增时间上来看，刚果（金）人口倍增时间呈现逐步缩短后缓慢延长的趋势。在20世纪60年代，刚果（金）人口倍增时间为24—27.1年，20世纪90年代后，人口倍增时间一度降至20年之内，最低值为17.5年。之后，除部分年份（与战乱时间大致重合）人口倍增时间接近30年之外，刚果（金）人口倍增时间均低于22年。由于人口转变历时差异导致年龄结构变动，人口倍增时间对于二战后大部分国家人口增长趋势预测意义不大，但对于刚果（金）来说，则表现出较为稳定的预测意义，其重要原因是，刚果（金）长期处于人口转变"过渡期"，即从高出生率、高死亡率、高自然增长率向高出生率、低死亡率、高自然增长率转变，人口自然增长率和年龄结构长期保持稳定。

人口转变理论是对一个国家或地区人口再生产过程和长期变化进行高度概括的理论,具有广泛的适用性。从高生育率、高死亡率、低自然增长率的高水平平衡向低生育率、低死亡率、低自然增长率的低水平平衡的转变即是人口增长时期。人口转变理论同样适用对于刚果(金)人口再生产转变过程的描述。世界银行相关数据资料显示,刚果(金)自独立后,虽然饱受战乱和社会动荡的影响,但死亡率依然呈现下降趋势。如图2所示,从1960年至2020年60年间,死亡率从22.7‰缓慢下降至10‰以下,特别是内战结束后,死亡率下降趋势愈发明显。与死亡率呈现缓慢下降的趋势不同,刚果(金)出生率常年保持较高水平,在2010年之前一直保持在45‰,20世纪60年代一度接近47‰,近50年间,波动小于2‰。直至2010年,刚果(金)开始出现出生率下降的趋势,从44.85‰下降至目前的40‰。

资料来源:世界银行数据库。

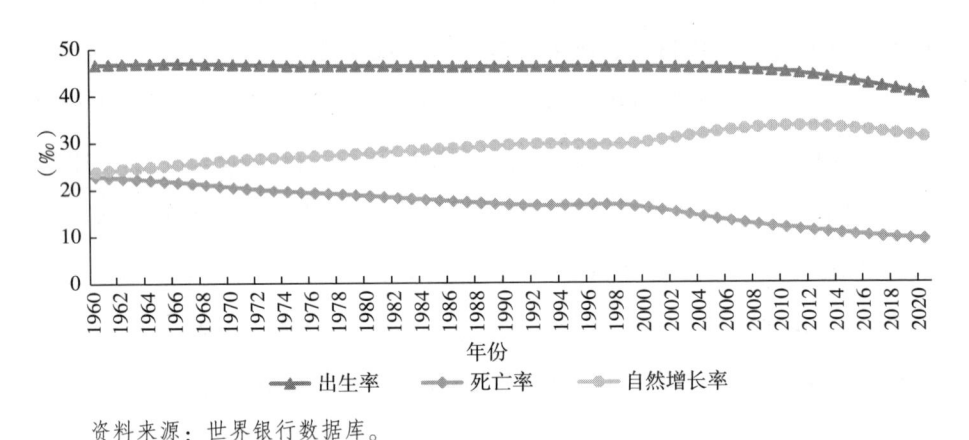

图2 1960—2020年刚果(金)人口出生率、死亡率和自然增长率

刚果(金)总和生育率常年维持在较高水平。1960年至1995年,刚果(金)总和生育率一直保持上升的态势,从独立之初的6.0上升到20世纪90

年代6.8的峰值后缓慢下降至2010年的6.5，到2018年首次低于6.0。[1]刚果（金）生育率长期保持高位的一个重要原因是，女性生育年龄较早。世界银行相关数据显示，如图3所示，1960年刚果（金）独立之初，15—19岁育龄妇女生育率达到18.85%，之后缓慢下降至20世纪90年代12%—13%的水平，并维持至今。

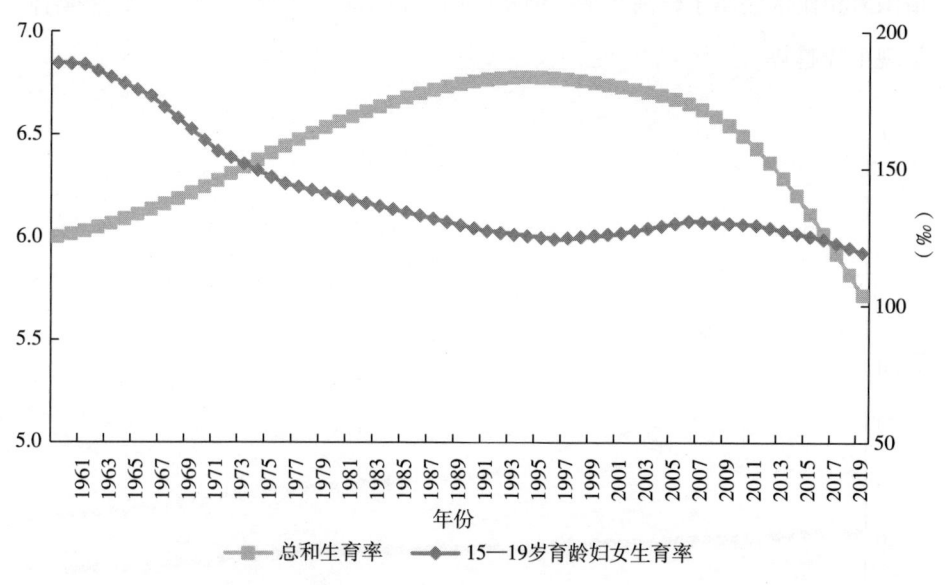

资料来源：世界银行数据库。

图3　1960—2020年刚果（金）总和生育率与15—19岁育龄妇女生育率

在人口转变理论框架内，由于社会经济水平和公共卫生水平提高，相比于出生率，死亡率下降更早。这种人口转变的"时滞"现象会导致人口快速增长。根据世界银行数据，自1960年独立后，刚果（金）死亡率从独立早期接近23‰下降至2015年之后低于10‰。通常情况下，由于人口转变进程中人口年龄结构会逐步老化，死亡率纵向比较一般不适用于人口转变进程中

---

[1]　由于数据来源不一，不同数据库对于刚果（金）人口资料的记载存在部分差异。本报告大部分资料均以世界银行数据为准。

的人口。但如图 5 所示，刚果（金）人口年龄结构在建国后 60 余年中基本稳定，因而，对其死亡率进行纵向比较是合理的。此外，如图 4 所示，排除人口年龄结构影响的 5 岁以下儿童死亡率和婴幼儿死亡率，同样呈现下降趋势，其中，5 岁以下儿童死亡率下降幅度超过 70%。从死亡率相关数据来看，虽然当前刚果（金）死亡率、5 岁以下儿童死亡率等数据绝对数值与其他国家相比依然属于较高水平，但从纵向比较来看，刚果（金）死亡率整体呈现下降趋势。

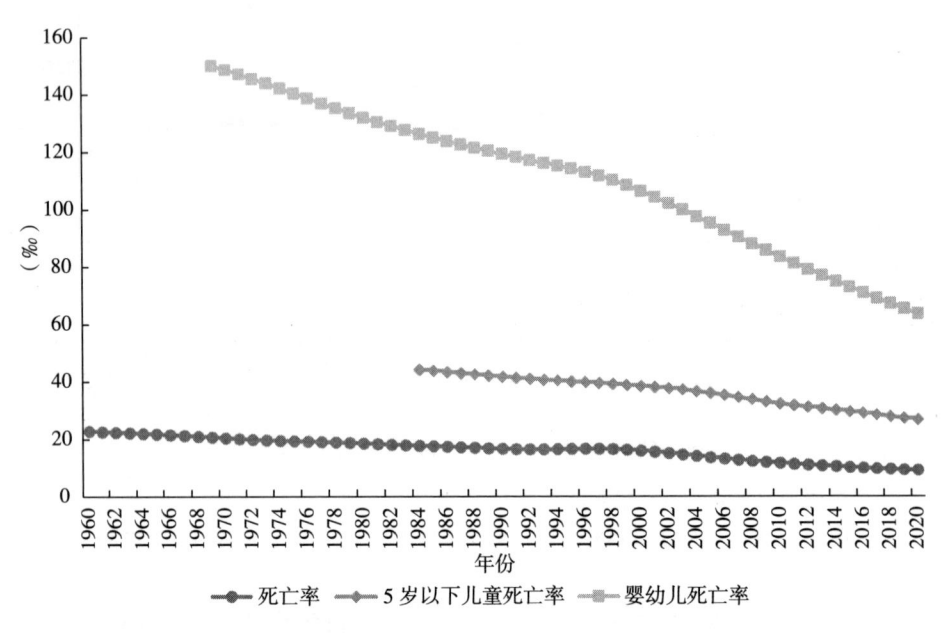

资料来源：世界银行数据库。

图 4　1960—2020 年刚果（金）死亡率、5 岁以下儿童死亡率、1984—2020 年婴幼儿死亡率

刚果（金）人口与发展状况报告

1960年

1990年

2020年

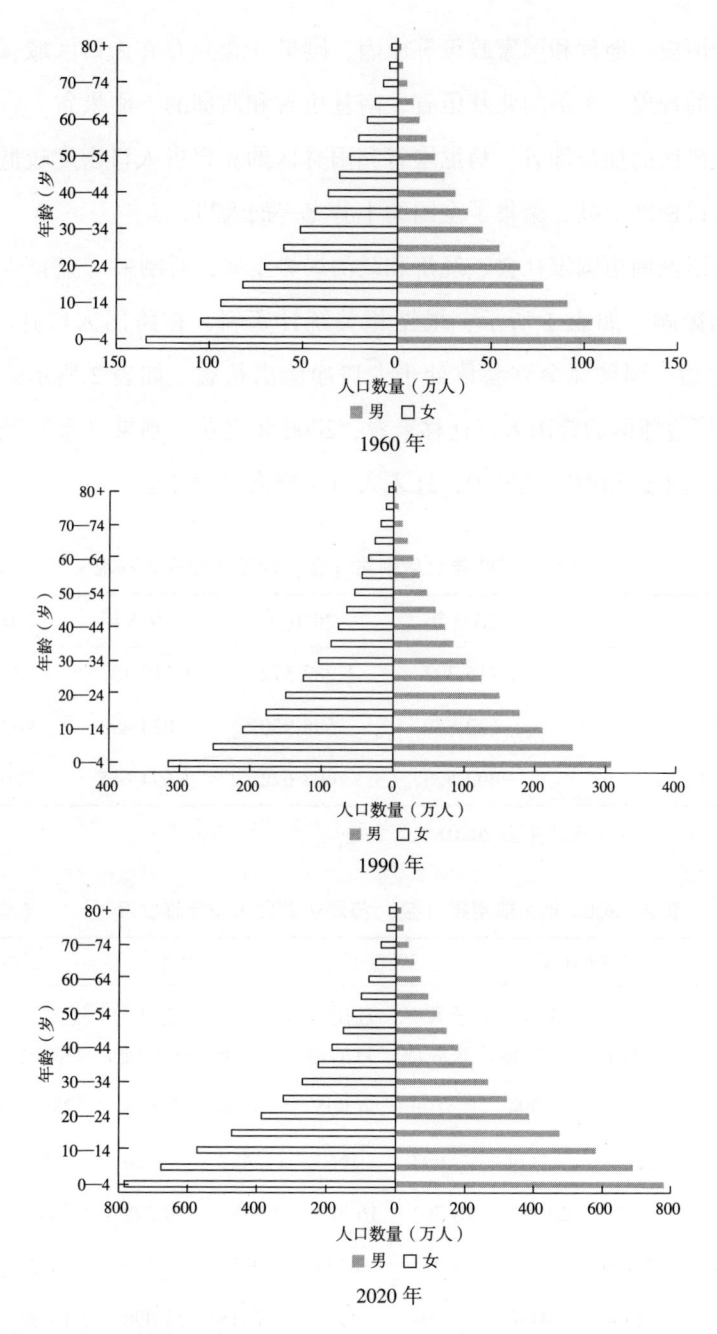

资料来源：世界银行数据库。

图5 1960年、1990年和2020年刚果（金）人口金字塔

由于历史、地理和国家政策等原因，刚果（金）存在人口区域、城乡分布不平衡的现象。东部的北基伍省、南基伍省和西部的下刚果省人口较为稠密，地处矿区的加丹加省、马尼埃省和雨林区的赤道省人口密度较低。首都金沙萨人口密度最高，聚集了全国约十分之一的人口。

国内以及周边国家社会、经济和政治局势发展，对刚果（金）人口迁移产生深刻影响。如表1所示，根据相关统计资料，在跨国人口迁移方面，2000年之后，刚果（金）整体处于人口净流出状态。如表2所示，从刚果（金）与周边邻国的跨国人口迁移来看，2000年之前，刚果（金）迁出人口主要前往乌干达和卢旺达等国，迁入人口主要来自卢旺达。

表1 2000年之后刚果（金）跨国人口迁移状况　　　（单位：人）

	2005年	2010年	2015年	2019年
迁出人数	1 115 397	1 282 572	1 519 137	1 684 615
迁入人数	622 869	588 950	824 492	963 833
净迁移人数	-492 528	-693 622	-694 645	-720 782

资料来源：《非洲统计年鉴2020》。

表2 2000年之前刚果（金）与周边邻国人口迁移状况　　（单位：人）

国家	1970年 迁入来源地	1970年 迁出目的地	1980年 迁入来源地	1980年 迁出目的地	1990年 迁入来源地	1990年 迁出目的地	2000年 迁入来源地	2000年 迁出目的地
刚果（布）	8118	15 994	5108	44 995	3530	74 665	2890	13 781
安哥拉	1108	4174	697	1663	482	1826	394	2876
布隆迪	29 403	20 351	18 501	16 323	12 785	16 298	10 467	13 072
坦桑尼亚	22 139	768	13 931	8525	9627	9137	7882	24 039
中非	5560	4140	3498	8938	2418	15 098	1979	4724

续表

国家	1970年 迁入来源地	1970年 迁出目的地	1980年 迁入来源地	1980年 迁出目的地	1990年 迁入来源地	1990年 迁出目的地	2000年 迁入来源地	2000年 迁出目的地
卢旺达	65 152	5980	40 995	7573	28 330	10 216	23 194	288 278
乌干达	3671	151 390	2310	102 140	1596	62 412	1307	86 624
赞比亚	16	6785	10	23 012	7	18 347	6	16 601

资料来源：世界银行跨国迁移数据库。

（二）经济状况

进入21世纪以来，刚果（金）国内局势趋缓，以采矿业为主的产业得到恢复和发展，社会经济整体呈现平稳增长的发展态势。根据相关资料，如表3所示，2011年以来，刚果（金）经济发展较好，国内生产总值一直保持正向增长，实际增长率保持在5%以上。但由于刚果（金）人口增长速度较快，人均国内生产总值增长并不明显。

表3 2011—2019年刚果（金）国内生产总值、人均国内生产总值和实际增长率

	2011年	2012年	2013年	2014年	2015年	2016年	2017年	2018年	2019年
国内生产总值（亿美元）	258.38	293.19	326.76	359.11	379.15	366.4	376.15	470.99	498.16
人均国内生产总值（美元）	387	425	458	487	497	465	462	560	574
实际增长率（%）	6.9	7.1	8.5	9.5	7.7	6.7	5.4	8.4	7.8

资料来源：《非洲统计年鉴2020》。

根据国际劳工组织数据库数据，如表4所示，2012年，刚果（金）15岁以上、15—64岁、15—24岁人口失业率分别为4.5%、4.6%和8.7%，男

性和女性 15 岁以上、15—64 岁、15—24 岁人口失业率分别为 5.3%、5.5%、11.3% 和 3.6%、3.7%、6.8%。从总人口失业率来看，如图 6 所示，刚果（金）总体就业结构较为稳定。但无论是男性还是女性，青年人口失业率均较高。其主要原因在于，刚果（金）人口增长迅速，新进劳动力人数众多，国内产业结构发展尚不能满足就业需求。

表4 2005年、2012年刚果（金）分性别分年龄失业率 （单位:%）

	2005 年 15 岁以上	2005 年 15—64 岁	2005 年 15—24 岁	2012 年 15 岁以上	2012 年 15—64 岁	2012 年 15—24 岁
总人口	2.85	2.94	4.76	4.49	4.60	8.68
男性	2.34	3.51	3.64	5.32	5.45	11.30
女性	2.20	2.26	3.61	3.62	3.73	6.76

资料来源：国际劳工组织数据库。

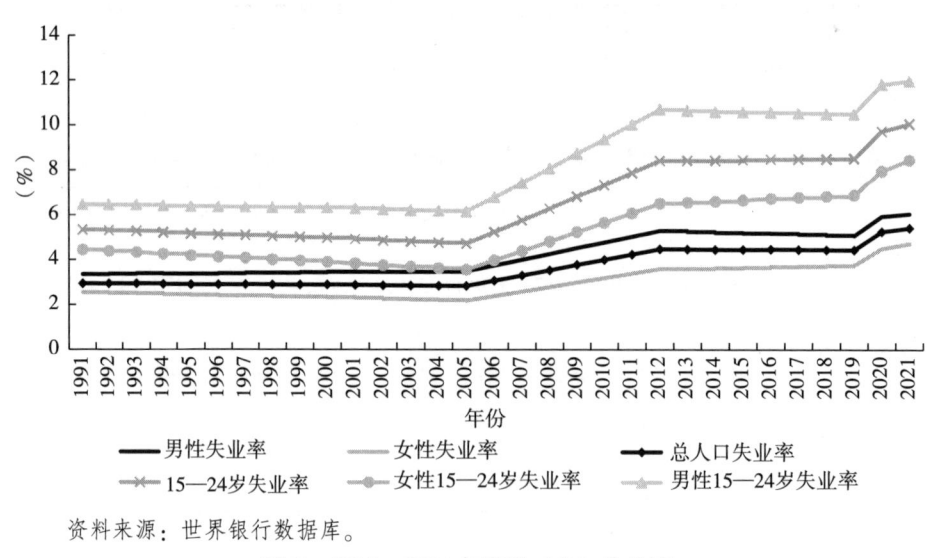

图6 1991—2021 年刚果（金）失业率

资料来源：世界银行数据库。

刚果（金）城镇化进程整体呈现平稳发展态势。根据联合国《非洲统计年鉴2020》，2018年，刚果（金）城镇人口占总人口比例为55.7%。[1]如表5所示，刚果（金）最大城市，同时也是国家政治、经济和文化中心的金沙萨，其人口约为1200万人。东开赛省省会姆布吉马伊和加丹加省首府卢本巴希人口超过200万人。此外，还有基桑加尼、卡南加、科卢韦齐等城市人口超过100万人。[2]与周边邻国相比，如表6和图7所示，刚果（金）城镇化水平低于经济发展水平更高的刚果（布）和安哥拉，但高于其他低收入国家。

表5 刚果（金）主要城市人口分布 （单位：人）

金沙萨	姆布吉马伊	卢本巴希	基桑加尼	卡南加
12 071 463	2 096 991	2 096 961	1 474 189	1 219 413
科卢韦齐	布卡武	奇卡帕	博马	利卡西	戈马
1 078 568	874 460	727 820	527 725	521 341	501 306

资料来源：中华人民共和国商务部《对外投资合作国别（地区）指南：刚果民主共和国（2021年版）》。

表6 刚果（金）与邻国城镇化水平比较 （单位：%）

国家	2005年	2010年	2015年	2019年
刚果（金）	37.5	40.0	42.7	45.6
刚果（布）	61.0	63.3	65.5	67.8
安哥拉	56.0	59.8	63.4	66.8
布隆迪	9.40	10.6	12.1	13.7
坦桑尼亚	24.8	28.1	31.6	35.2
中非	38.1	38.9	40.3	42.2

[1]《非洲统计年鉴2020》关于刚果（金）城市人口所占比重有两个数据，本报告在正文引用的是国别统计报告，在表6引用的是区域分年度分国别数据，后者与世界银行数据较为接近。

[2]《刚果（金）概况》，http://cd.mofcom.gov.cn/article/ddgk/202010/20201003006100.shtml。

续表

国家	2005年	2010年	2015年	2019年
卢旺达	16.9	16.9	17.0	17.4
乌干达	17.0	19.4	22.1	25.0
赞比亚	36.9	39.4	41.9	44.6

资料来源：《非洲统计年鉴2020》。

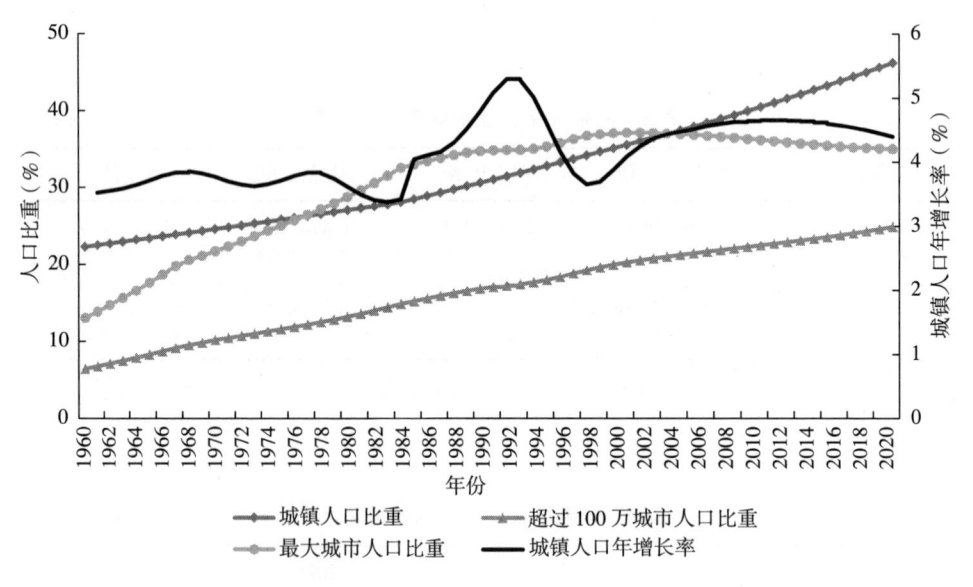

资料来源：世界银行数据库。

图7 1960—2021年刚果（金）城镇人口比重、超过100万城市人口比重、最大城市人口比重和城镇人口年增长率

（三）社会发展状况

1. 教育

在教育方面，2000年之后，刚果（金）成人识字率从2007年的61.2%上升到2016年的77.0%，其中，男性从2007年的76.9%上升到2016年的88.5%，女性从2007年的46.1%上升到2016年的66.5%。根据全球教育合作组织2020年工作报告，从整体发展趋势来看，刚果（金）教育获得了长

足发展和进步。相关资料显示，尽管目前刚果（金）仍面临严重的儿童失学问题，但其小学毕业率已经从2002年的29%增长到2014年的70%以上。根据全球教育合作组织工作报告估计结果，刚果（金）有超过350万适龄儿童失学，约占学龄儿童的26.7%，其中275万在农村地区。未来刚果（金）在普及教育资源、提高教育质量和应对教育发展不均衡等方面仍面临巨大挑战。刚果（金）政府为此制定了《2016—2025年教育规划》，通过扩大教育机会、提高教育质量和增强政府部门管理指导能力等，来应对教育发展中的挑战。

按照上述中长期教育规划，刚果（金）将逐步建立一个有利于经济发展和劳动就业的公平教育体系，包括：面向全体儿童的免费小学教育，并将弱势群体和特殊儿童的教育需求纳入小学教育工作；将基础教育延长至8年；开展帮助年轻人融入社会、适应社会的活动。此外，刚果（金）政府将建立和改善教育监管和教学质量保障机制，为学生提供高质量的学习材料和教学设备等。评估结果显示，尽管国内政局不稳定对项目执行是一个极大的挑战，但刚果（金）政府依然全力推动教育规划的推进执行，并实现了教育规划中部分目标。刚果（金）政府教育投入提高。从教育占公共财政支出比例来看，虽然尚未达到之前所承诺的"2018—2025年间占公共财政支出20%"的目标，但从2015年开始，每年教育支出增长约22%，从2015年的39亿美元增长到2019年的83亿美元，占公共财政支出的比例在2018年达到18%（2016年为19%），是2010年所占比例的2倍。[1]

根据2013年相关统计资料，刚果（金）共有各类学校66 817所，其中，6年制小学有43 218所，中学有22 698所。[2] 根据联合国相关数据，小学

---

[1] "Prospective Evaluation of GPE's Country-Level Support to Education: Democratic Republic of the Congo Second Annual Report", https://assets.globalpartnership.org/s3fs-public/document/file/2020-07-07-Country-level-prospective-evaluation-year-2-democratic-republic-congo.pdf?VersionId=czNioE4lapI_q88GkxqEQ4U6mCGRx1HL.

[2] 朱力轲、李昊哲：《2017—2018年刚果（金）发展报告》，载张永宏、詹世明、邓荣秀、孙利珍主编：《非洲法语地区发展报告（2020）》，北京：社会科学文献出版社，2020版，第139—154页。

在校生人数为 1353.46 万人（2014 年），其中，女生为 639.96 万人（2013年）；中学在校生人数为 438.85 万人，其中，女生为 167.42 万人，约占学生总数的 38%（2014 年）；高等教育在校生人数为 43.75 万人，其中，女生为 13.8 万人。根据联合国教科文组织统计资料，2020 年，刚果（金）学龄前儿童入学率为 6.9%，其中，女生为 7.1%；小学入学率为 123.89%（包括超龄在校生），其中，女生为 120.55%；中学入学率为 46.17%，其中，女生为 35.98%（2015 年）；高等教育入学率为 7%，其中女生为 5.2%（2020年）。从成人识字率来看，进入 21 世纪以来，刚果（金）整体呈现稳步增长趋势，并且整体上处于中非地区上游水平。与一河之隔的刚果（布）相比，虽然刚果（金）人均国内生产总值远远落后，但两国人口成人识字率基本属于同一水平，均属于中非地区成人文盲率最低的国家行列。如表 7 所示，刚果（金）男性成人识字率略高于刚果（布），但女性成人识字率与刚果（布）存在较大差距，甚至低于人均国内生产总值较为接近的邻国乌干达和卢旺达。

表 7 刚果（金）与邻国成人识字率 （单位:%）

国家	2000—2007 年 总人口	男性	女性	2008—2014 年 总人口	男性	女性	2015—2018 年 总人口	男性	女性
刚果（金）	61.2	76.9	46.1	75.0	87.9	62.9	77.0	88.5	66.5
刚果（布）	—	—	79.3	86.4	72.9	80.3	86.1	74.6	—
布隆迪	59.3	67.3	52.2	61.6	69.7	54.7	68.4	76.3	61.2
安哥拉	67.4	82.9	—	66.0	80.0	53.4	—	—	—
中非	50.6	66.8	35.3	36.8	50.7	24.4	37.4	49.5	25.8
乌干达	71.4	81.4	62.1	70.2	79.1	62.0	76.5	82.7	70.8
卢旺达	64.9	71.4	59.8	70.8	76.1	66.1	73.2	77.6	69.4

续表

国家	2000—2007年 总人口	男性	女性	2008—2014年 总人口	男性	女性	2015—2018年 总人口	男性	女性
赞比亚	61.4	71.9	51.8	83.0	88.7	77.7	86.7	90.6	83.1

资料来源：《非洲统计年鉴2020》。

表8对比了刚果（金）与其他邻国15—24岁、25—64岁、65岁及以上人口成人识字率。从数据对比来看，刚果（金）在15—24岁年龄段的成人识字率与大部分邻国大致属于同一水平。近10年以来，刚果（金）虽然整体识字率变动幅度较小，但女性识字率的提高较明显，与邻国的差距也逐渐缩小。25—64岁劳动年龄人口中，男性识字率整体变化较小，女性识字率增长较为明显，但仍处于较低水平，与邻国相比依然存在差距。在65岁及以上老年人口识字率方面，刚果（金）存在整体水平低、性别差距大的特点。刚果（金）老年男性识字率总体高于大部分邻国，并且与其他邻国相似，显著高于老年女性识字率。近10年数据显示，65岁及以上男性识字率在75%—80%之间，女性识字率约为20%—30%。

表8 刚果（金）与部分邻国各年龄段识字率 （单位:%）

国家	15—24岁 2012—2014年 总人口	男性	女性	2015—2018年 总人口	男性	女性	2020—2021年 总人口	男性	女性
刚果（金）	85.98	92.56	76.58	84.99	90.96	79.71	87.90	90.93	84.85
刚果（布）			82.05	85.34	78.74	82.36	85.19	79.50	
坦桑尼亚	85.94	87.17	84.85	85.76	87.01	84.64	88.10	87.50	88.70
安哥拉	77.43	84.86	70.59				82.83	85.91	79.80

续表

| 国家 | 15—24 岁 |||||||||
| | 2012—2014 年 ||| 2015—2018 年 ||| 2020—2021 年 |||
	总人口	男性	女性	总人口	男性	女性	总人口	男性	女性
中非			38.27	47.80	28.71	38.34	47.55	29.11	
卢旺达	85.07	83.81	86.26	86.49	84.33	88.50	86.90	83.40	90.30
乌干达	83.66	85.76	81.65	89.40	88.83	89.95	89.40	89.70	89.95
赞比亚				92.09	92.56	91.63	93.20	93.50	92.80

| 国家 | 25—64 岁 |||||||||
| | 2012—2014 年 ||| 2015—2018 年 ||| 2020—2021 年 |||
	总人口	男性	女性	总人口	男性	女性	总人口	男性	女性
刚果（金）	72.74	87.27	59.08	75.07	88.21	62.72	77.83	89.42	66.47
刚果（布）			79.85	86.34	73.43	80.15	86.21	74.13	
坦桑尼亚	77.69	84.08	71.86	77.48	83.92	71.61	80.50	85.40	75.70
安哥拉	62.47	79.37	47.13				68.27	81.98	55.28
中非			37.21	50.36	24.53	37.29	50.09	24.95	
卢旺达	67.11	73.93	61.28	70.41	73.93	65.46	73.70	77.90	69.80
乌干达	64.03	76.34	52.83	69.95	79.20	61.45	73.20	80.90	66.10
赞比亚				85.03	89.82	80.48	85.50	89.70	81.40

| 国家 | 65 岁及以上 |||||||||
| | 2012—2014 年 ||| 2015—2018 年 ||| 2020—2021 年 |||
	总人口	男性	女性	总人口	男性	女性	总人口	男性	女性
刚果（金）	47.84	75.62	20.82	47.97	75.96	23.32	52.89	79.68	30.56
刚果（布）	—	—	74.19	87.81	64.07	74.82	87.68	65.02	—

续表

| 国家 | 65 岁及以上 |||||||||
| | 2012—2014 年 ||| 2015—2018 年 ||| 2020—2021 年 |||
	总人口	男性	女性	总人口	男性	女性	总人口	男性	女性
坦桑尼亚	43.58	59.00	29.81	43.46	58.86	29.71	51.90	69.80	38.60
安哥拉	27.03	47.48	11.44	—	—	—	36.38	60.68	16.79
中非	—	—	32.80	54.52	18.49	32.84	54.23	18.86	—
卢旺达	24.33	46.14	10.50	28.98	50.68	14.93	34.40	54.50	20.10
乌干达	36.08	57.96	17.88	42.04	65.91	26.31	45.70	68.20	30.70
赞比亚	—	—	—	60.20	80.93	46.86	63.60	82.90	51.30

资料来源：联合国教科文组织统计研究所。

注：由于不同国家数据的时点尚不能统一，为尽量减少数据测量时点不一的影响，本报告划分为不同阶段；对于该国某一阶段具有多组数据的，以最近时间为准。例如 2012 年与 2013 年，以 2013 年数据为准。

除基础教育和学术型教育外，刚果（金）积极发展职业教育。为了适应经济发展战略规划的推进，刚果（金）教育部门和劳工部门推出 2016—2025 年教育与培训战略、2016—2025 年技术教育与职业培训特别战略等。根据相关规划，刚果（金）企业联合会、中小企业联合会等机构代表雇主，向政府劳工部门提出劳动力培训要求，国家就业办公室负责对技术教育与职业培训的毕业生进行考核。根据相关资料，2014—2015 年，技术教育和职业培训占中等教育学生总数的 19%，其中 35% 为女性。至 2019 年，技术培训和职业教育占中等教育学生总数的比例上升到 23.8%，规模达到 127 万余人。[1]

2. 医疗卫生

公共卫生和医疗状况受到国家整体社会经济发展的影响。虽然刚果

---

[1] "State of Skills, the Democratic Republic of the Congo", https://www.ilo.org/skills/projects/skill-up/WCMS_742315/lang--en/index.htm.

（金）当前政局仍然存在不稳定因素，但社会经济发展态势整体趋于平稳，对公共卫生事业产生了积极影响。根据《非洲统计年鉴2020》，2015年，刚果（金）人均预期寿命为59.1岁，死亡率为10.1‰，5岁以下儿童死亡率为98.3‰，婴幼儿死亡率为74.5‰，新生儿死亡率为30.1‰。根据《非洲统计年鉴2010》，2001年，刚果（金）死亡率为18.2‰，人均预期寿命为46.7岁。2001—2015年间，在人口年龄结构基本不变的前提下，刚果（金）死亡率下降接近45%，同时，人均预期寿命增加12.4岁。其他数据库的资料同样证实，刚果（金）人口健康状况得到改善。根据世界银行相关数据，自刚果（金）独立之后，虽然经历战争、独裁统治和政局不稳定，但公共医疗卫生的发展促进了刚果（金）各类死亡率的下降。进入2010年以来，刚果（金）新生儿死亡率、婴幼儿死亡率、5岁以下儿童死亡率均呈现较大幅度的下降趋势。如图8所示，孕产妇死亡率从2000年760人每10万例活产下降至473人每10万例活产。此外，5岁以下男童和女童的营养不良比例也分别从2001年33.3%和27.3%下降至2017年25.8%和20.4%。

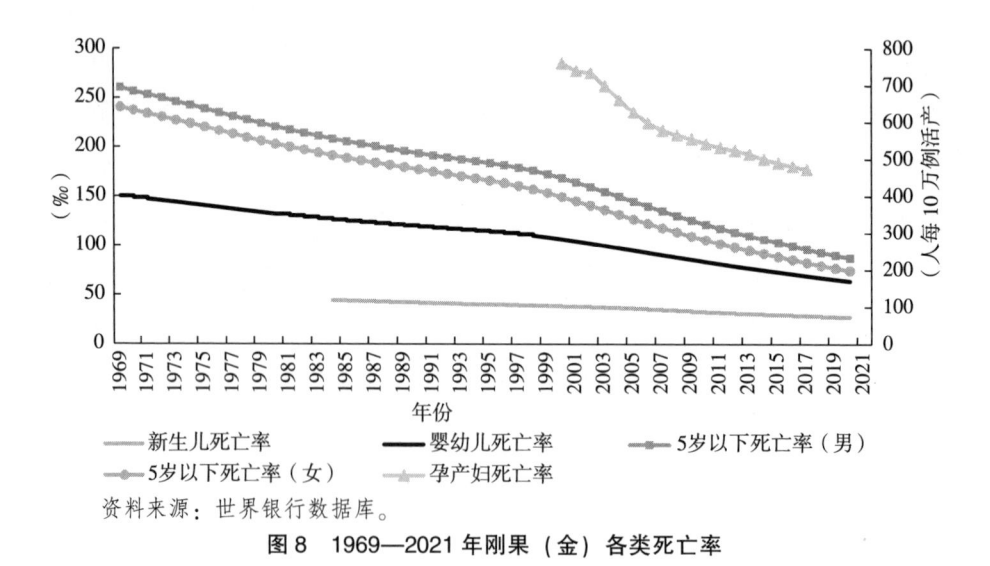

资料来源：世界银行数据库。

图8 1969—2021年刚果（金）各类死亡率

虽然纵向比较来看，刚果（金）公共医疗卫生状况与独立之初相比得到较大改善，但与周边邻国相比仍存在差距。图 9 和图 10 分别比较了 1990—2020 年间刚果（金）与部分周边邻国的婴幼儿死亡率和人均预期寿命，发现，当前，刚果（金）不仅落后于刚果（布），同时落后卢旺达、乌干达、布隆迪、赞比亚等周边邻国。

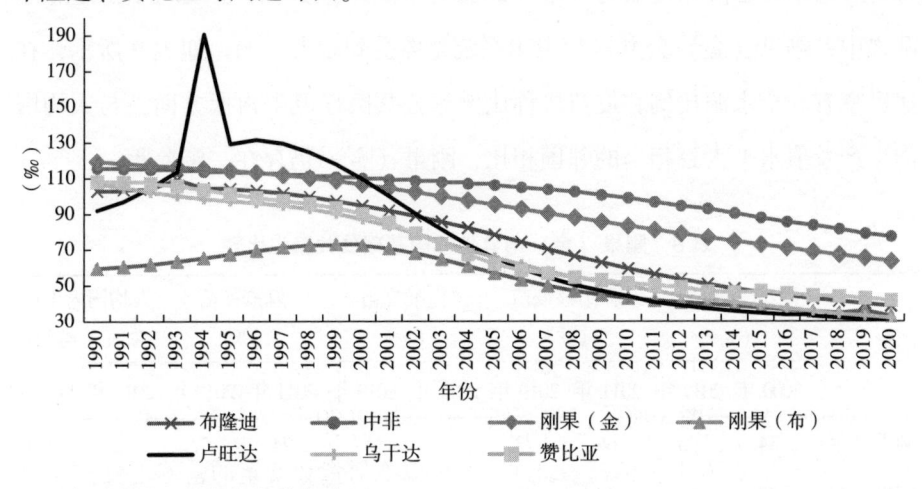

资料来源：世界银行数据库。

图 9　1990—2020 年刚果（金）与部分邻国婴幼儿死亡率

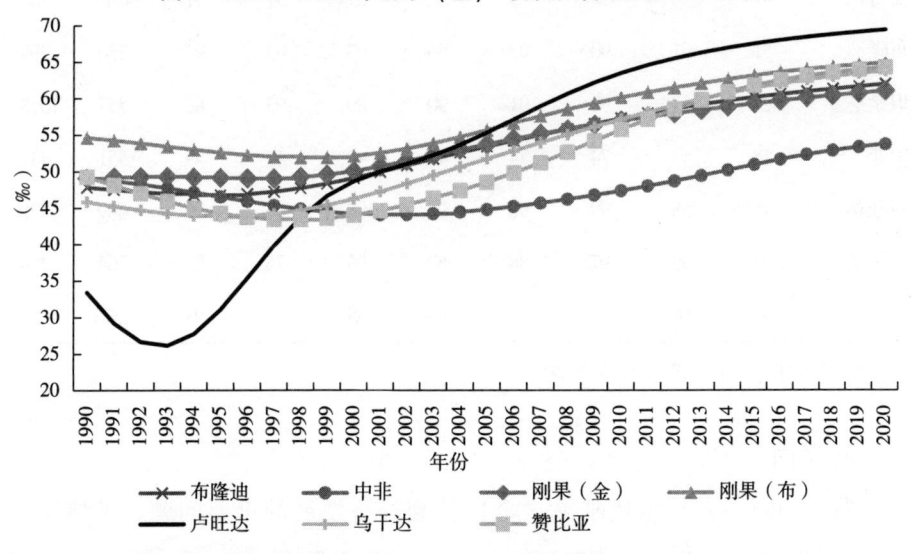

资料来源：世界银行数据库。

图 10　1990—2020 年刚果（金）与部分邻国人均预期寿命

刚果（金）公共医疗卫生系统方面的不足是导致其部分健康指标落后于其他邻国的重要原因。刚果（金）公共医疗卫生资源匮乏，卫生人员严重不足，每1万人拥有的医生和护士人数分别为3.75人和11.1人（2018年），每1万人享有医院床位数为8张（2006年）。由于常年陷于政局不稳定和战乱之中，刚果（金）公共医疗卫生系统整体受到较大影响。如表9所示，在居民享有安全水源比例和疫苗接种比例等公共医疗卫生指标方面，与人均国内生产总值水平大致相当的邻国相比，刚果（金）仍存在一定差距。

表9 刚果（金）与其他邻国基础公共卫生比较

国家	安全水源（%）2000年	安全水源（%）2017年	肺结核疫苗（%）2011年	肺结核疫苗（%）2019年	白喉疫苗（%）2011年	白喉疫苗（%）2019年	麻疹疫苗（%）2011年	麻疹疫苗（%）2019年	人均国内生产总值（美元）2011年	人均国内生产总值（美元）2019年
刚果（金）	34	43	66	73	74	57	74	57	387	574
刚果（布）	57	73	76	93	61	84	49	76	3562	2399
安哥拉	41	56	74	69	52	57	57	51	4615	2706
布隆迪	51	61	90	93	96	93	93	92	250	299
坦桑尼亚	27	57	99	91	90	89	93	88	757	1078
中非	58		74	74	47	47	49	49	551	447
卢旺达	45	58	99	98	97	98	95	96	669	820
乌干达	27	49	97	88	82	93	75	87	764	784
赞比亚	49	60	92	95	81	88	83	93	1673	1305

资料来源：《非洲统计年鉴2020》。

3. 贫困

贫困问题一直是困扰刚果（金）社会经济发展的重要问题。虽然刚果（金）政府努力解决这一问题，但对于一个人口快速增长、地区发展不平衡、国内政局长期不稳定的资源大国而言，刚果（金）依然是全世界贫困问题最为严重的国家之一。世界银行相关资料显示，2004年，刚果（金）每人每天生活费在1.9美元以下的人口比例为91.5%；至2012年，每人每天生活费低于1.9美元的人数下降至69.7%。虽然刚果（金）在解决贫困问题方面取得一定进展，但与非洲其他国家相比，仍有需要继续改进的空间。如表10所示，刚果（金）贫困人口比例高于布隆迪（65.1%，2013年）、莫桑比克（64.6%，2016年）、赞比亚（61.4%，2015年）、乌干达（42.7%，2019年）、卢旺达（52%，2016年）等邻近低收入国家，同时，显著高于邻近的坦桑尼亚（44.9%，2018年）、刚果（布）（35.4%，2011年）和安哥拉（31.1%，2018年）等中低收入国家。刚果（金）整体收入不平等。据世界银行数据，2004年，刚果（金）泰尔指数为32.35[1]、基尼系数为42.16；至2012年，泰尔指数为32.27、基尼系数为42.1。

表10 刚果（金）与周边邻国贫困状况

国家	贫困人口比例（%，按国家贫困线）		贫困人口比例（%，按1.9美元国际贫困线，2011年购买力平价）		人均国民总收入（2015年,美元）
	2011—2015年	2016—2020年	2011—2015年	2016—2020年	
刚果（金）	63.9		69.7		460.71
刚果（布）	40.9		35.4		2434.97
安哥拉		32.3		31.1	2968.86
布隆迪	64.9		65.1		305.55
莫桑比克	46.1		64.6		578.76
卢旺达	39.1	38.2	53.7	52.0	736.83

---

〔1〕 泰尔指数是一种用来衡量不平等的指标,数值越大说明差距越大。相比于基尼系数,泰尔指数对于低收入群体收入变化更为敏感,并可分解为组间和组内。

续表

国家	贫困人口比例 （%，按国家贫困线）		贫困人口比例（%，按1.9美元国际贫困线，2011年购买力平价）		人均国民总收入 （2015年，美元）
	2011—2015年	2016—2020年	2011—2015年	2016—2020年	
坦桑尼亚	28.2	26.4	44.7	44.9	929.92
乌干达	19.7	20.3	37.5	42.2	830.84
赞比亚	54.4		58.0		1312.34

资料来源：世界银行数据库。

注：由于贫困人口比例数据缺失，本报告以5年为阶段选择数据，当同阶段有多个年份数据时，以较晚数据为准。

4. 族群、宗教、文化

刚果（金）全国有254个部族，是全世界部族数量最多的国家之一。其中，较大的部族有60多个，分属班图、苏丹、俾格米3个族群。班图族占全国人口的84%，主要分布在南部、中部和东部，包括刚果、班加拉、卢巴、蒙戈、恩贡贝、伊亚卡等族群；苏丹族多数居住在东北部，人口最多的是阿赞德和孟格贝托两个族群；俾格米族主要集中在赤道森林里。刚果（金）官方语言为法语，但地方语言有250多种。主要地方语言有林加拉语，通用于赤道省、金沙萨市和班顿杜省部分地区；斯瓦希里语，通用于加丹加省、南基伍省、北基伍省和东方省；基孔果语，通用于下刚果省、金沙萨市和班顿杜省部分地区。[1]

刚果（金）宗教包括外来宗教和本土宗教两种。外来宗教主要是天主教、新教和伊斯兰教，本土宗教包括朱亚市基班古教和各种原始宗教。这两种宗教在刚果（金）政治、经济、文化和社会生活中均有相当大的影响。刚

---

[1] 李智彪:《列国志·刚果民主共和国》,北京:社会科学文献出版社,2004年版,第25—28页。

果（金）居民中，40%信奉天主教、20%信奉基督教、10%信奉伊斯兰教、13%信奉基班古教，另有少量居民信仰巴哈伊教、东正教、印度教和犹太教，其余信奉各种本土原始宗教（2002年）。基督教、天主教在刚果（金）的传教可以追溯到15世纪。在刚果自由邦时期，天主教和新教在刚果（金）境内广泛传播。但19世纪末期，新教教会传教受到限制。刚果（金）独立后，天主教和新教开始本土化进程，本国神职人员比例增加。当前，教会力量不仅是刚果（金）政治舞台的重要力量，而且长期关注当地基础教育、医疗卫生和社会服务等事业。[1]

刚果（金）独立后，"萨普"组织开始流行于布拉柴维尔和金沙萨，以穿着奢侈品牌西装、模仿西方仪态举止而闻名。该组织成员往往是普通民众，购买衣服的费用对他们而言是一笔不菲的巨款。虽然社会对于"萨普"文化的评价不一，但在组织成员之间，"萨普哲学"提倡禁止暴力、尊重老者，并抵制部落主义、种族主义等，具有进步意义。在蒙博托时期，西装领带被严格禁止。伴随刚果（金）政局趋稳，"萨普"文化重新在金沙萨流行。虽然人数不多，但引起国际主流媒体甚至国际时装业的广泛关注。

三、人口与发展主要特征

（一）战乱对刚果（金）社会经济发展造成巨大影响

刚果（金）是世界上民族构成最为复杂的国家之一。作为有超过200个族群、宗教复杂但自然资源丰富的国家，刚果（金）自1960年独立以来，历经多次战乱，至今部分地区安全局势仍持续紧张。独立后第一任民选总统卢蒙巴被秘密杀害后，刚果（金）陷入独裁统治与频繁战乱中，严重影响了刚果（金）社会经济发展，落后的社会经济状况反过来阻碍了刚果（金）

---

[1]《刚果概况》，http://cd.mofcom.gov.cn/article/ddgk/202010/20201003006105.shtml。

政治稳定,由此陷入恶性循环。

归纳现有资料可以发现,刚果(金)的叛乱和战争主要发生在其东部地区,特别是与东部邻国交界的部分地区,而这些地区恰恰是刚果(金)自然资源最为丰富的地区。刚果(金)也因此被称为大湖地区"主战场"。同时,丰富的自然资源也导致国外势力的觊觎,许多内战都是外国势力介入的结果。国内秩序紊乱、国家建构脆弱、反对势力林立,都是刚果(金)国内战火连绵不断的主要原因。自1960年独立后,刚果(金)发生十余次大规模的叛乱和内战,其中,加丹加分裂(1960—1963年)、北加丹加叛乱(1960—1961年)、基伍3次民族战争(1993—1996年)、东部叛乱(1964—1966年)、反蒙博托战争[1](第一次刚果战争,1996—1997年)、反卡比拉战争(第二次刚果战争,1998—2004年)、赫马-伦杜战争(1999年—2005年)等内战造成的死亡人数均超过万人。[2]

在刚果(金)独立后的历次内战与叛乱中,对国家社会经济破坏最大、死亡人数最多、对后世影响最大的,是发生在20世纪90年代末期的反卡比拉的战争。在这场旷日持久且残酷血腥的战争中,仅仅使用落后的武器和原始的战法,就造成了第二次世界大战后最为惨烈的战争损失。根据学者估计,其死亡人数为320—420万人。这场战争牵涉超过6个非洲国家,被后人称为"非洲的第一次世界大战"。[3] 这场战争爆发前几年,由于信息闭塞,这场巨大人道主义危机甚至没有受到国际社会的广泛关注。直至战争后期,伴随战争烈度下降,才有学者得以进入战争区域,对这场战争的影响进行系统探析。

---

[1] 反蒙博托战争(第一次刚果战争)死亡人数中包括被卢旺达军队屠杀的233 000名胡图族难民。

[2] "The Economics of Civil War: The Case of the Democratic Republic of Congo", https://schola. works. umass. edu/cgi/viewcontent. cgi? articld = 105/&context = peri_wonkingpapers; E. F. Kisangani, *Civil Wars in the Democratic Republic of Congo, 1960-2010*, Boulder:Lynne Rienner Publishers, 2022, p. 2.

[3] "US Intervenes to Shape Settlement in Congo", http://www. wsws. org/articles/2000/feb2000/cong-f03. shtml.

反卡比拉战争期间，国际救援委员会共开展了4期全国范围的死亡率调查，并对战争死亡率的影响进行了较为全面、科学的评估。研究团队采用多阶段抽样、整群抽样和入户调查问卷的方法开展全国性抽样调查，样本总量最多达到19 500户家庭。[1] 2006年，《柳叶刀》的相关文献研究显示，反卡比拉战争在1998年到2004年期间造成了约390万人死亡。根据调查数据，2003年1月到2004年4月期间，刚果（金）死亡率约为2.1‰每月，与开战之初1998年的1.2‰每月相比，增加了75%，超过撒哈拉以南非洲地区平均值的40%。沙本达、卡莱米等4个东部地区死亡率至少超过战前2倍；在东部地区，发生暴力死亡事件的地区相比于未报告暴力事件的地区，死亡率高1.7倍，仅2003年1月至2004年4月期间，就有超过60万人死亡，而上述数据均是在2003—2004年国际社会开始介入、战争烈度显著下降的背景下统计得出的。

残酷的内战对于刚果（金）的惨痛影响远远超过战争直接导致的人口伤亡。以反卡比拉战争为例，首先，在所有因暴力致死的居民中，超过71%是15岁以上的男性。[2] 大量成年男性的死亡损害了国家劳动力资源优势和未来经济发展潜力。一方面，这极大影响了刚果（金）人口年龄结构，导致劳动年龄人口比例较低。另一方面，这拖累了刚果（金）人口转变进程，使得刚果（金）长期处于高生育率和高自然增长率的"马尔萨斯陷阱"。14岁以下人口比例居高不下、少儿抚养比过高，导致刚果（金）作为人口近亿的大国，迟迟没有进入人口红利期，劳动力资源优势没有显现，难以充分发挥自身人口优势。根据学者依据现有数据的推算，刚果（金）进入人口红利期的

---

[1] 由于安全问题，在全部511个卫生区域中，有49个区域被排除在抽样框外，其余区域采用了系统随机抽样和经典邻近抽样方式。对于被访家庭，研究团队询问了该家庭从2003年1月到2004年4月间的家庭成员死亡情况。而未调查区域的死亡率用邻近地区的数值代替，因此存在低估这些地区死亡率的局限。

[2] Benjamin Coghlan, et al. "Mortality in the Democratic Republic of Congo: A Nationwide Survey", *The Lancet*, Vol. 367, No. 9504, 2006, pp. 44-51.

时间大约在 2060 年。刚果（金）虽然未来将是劳动力资源最为丰富的非洲国家，但从时间上来看，属于较晚进入人口红利期的国家。其次，反卡比拉战争期间，刚果（金）公共医疗卫生系统遭破坏，导致大量人口因易预防、易治疗的疾病而死亡，后者所造成的死亡数量甚至超过了战争直接导致的死亡人数，刚果（金）也因此成为当时世界上死亡率上升最快的国家。无论是战争和暴力事件集中的东部地区，还是相对平稳的西部地区，发烧、疟疾、腹泻、呼吸道感染和营养不良导致的死亡人数占总死亡人数的50%以上，其中，超过45%为5岁以下儿童。营养不良作为首要死因导致的死亡人数分别占东部地区和西部地区死亡人数的 10.9% 和 8.1%。此外，常年战乱导致孕产妇死亡率和婴幼儿死亡率居高不下，在疫苗普及率较低的情况下，大量儿童因脑膜炎和麻疹死亡。即使形势趋于缓和，由于国家公共医疗卫生体系遭破坏，死亡率仍然长期保持高位。至今，刚果（金）人均预期寿命即使与撒哈拉以南非洲地区国家相比，依然处于较低水平。

（二）性暴力频繁，严重影响女性身心健康

性暴力被视为一种在占领区实现制服、惩罚或报复的武器，包括强奸在内的各类性暴力对战争地区产生了极为严重的破坏。在刚果（金）传统观念和日常生活当中，女性社会地位很低。女性的弱势地位嵌入日常生活和政府规则的方方面面。刚果（金）的性暴力无论是在规模还是在残忍程度上，都被认为是全世界最严重的，对女性生理和心理造成极大的伤害。即使战争逐步平息之后，性暴力仍然频繁发生。根据学者利用 2007 年刚果（金）人口与健康调查对该国遭受强奸和亲密伴侣性暴力规模的估计，2007 年 1 年内，被强奸的女性（未包括女童和老年女性）为 40.7—43.4 万人，其中，最高发地区分别为赤道省、东方省和北基伍省，而这些地区正是刚果（金）内战期间主要交战区域。虽然大规模内战已经逐渐平息，但当地女性的境遇并没

有得到有效改善。[1]

(三) 公共医疗卫生事业落后,严重影响国民健康

刚果(金)所在的中非地区,是全世界疾病种类最为繁多的地区之一。近30年来,血吸虫病、流行性脑脊髓炎、肺结核、疟疾、麻疹、霍乱等,都曾在刚果(金)大范围流行。2019年,麻疹疫情导致刚果(金)33万余人被感染、超过6000人死亡,其中,接近90%是儿童。此外,艾滋病、埃博拉病毒的流行严重影响国民生命和健康。其中,埃博拉病毒是全世界已知最致命的病毒之一,自1976年首次发现以来,截至2022年4月,在刚果(金)引发14轮疫情,2018—2020年的第10轮疫情造成超过2000人死亡。

受内战和叛乱的影响,刚果(金)公共医疗卫生事业发展滞后,公共医疗卫生体系建设远远落后于国民健康需求。经过数十年的发展,虽然刚果(金)公共医疗卫生体系整体呈现正向发展趋势,但由于人口增速过快、社会不稳定等因素尚存,其状况依然不尽如人意。部分指标与其他撒哈拉以南非洲国家水平相比,都有较大差距,甚至出现差距扩大的趋势。首先,基础妇幼保健制度较为落后。刚果(金)面临严重妇幼健康问题,婴幼儿死亡率、5岁以下儿童死亡率、孕产妇死亡率等均是全世界最高的国家之一。根据世界卫生组织数据,1969年,刚果(金)婴幼儿死亡率为150‰、5岁以下儿童死亡率超过250‰;2000年,婴幼儿死亡率和5岁以下死亡率为106.5‰和159.3‰,分别位于非洲第10位和第17位;2020年,婴幼儿死亡率和5岁以下儿童死亡率为63.79‰和81.18‰,分别位于非洲第7位和第12位。[2] 导致上述死亡率偏高的重要原因是刚果(金)妇幼保健资源总体不足且增长有限。根据世界卫生组织数据,刚果(金)由熟练卫生人员参与

---

[1] Amber Peterman, Tia Palermo and Caryn Bredenkamp, "Estimates and Determinants of Sexual Violence Against Women in the Democratic Republic of Congo", *American Journal of Public Health*, Vol. 101, No. 6, 2011, pp. 1060-1067.

[2] 在世界卫生组织全球健康观察平台,索马里归类在东地中海地区,本报告所述非洲国家排名包括该国。上述数字均为世界卫生组织估计值。资料来源:https://www.who.int/data/gho。

分娩的比例从2001年低于世界平均水平的60.7%上升到2018年的85.2%，基本达到世界水平。刚果（金）孕妇贫血率和5岁以下儿童贫血率分别从2000年的54.1%和76%下降到2020年的46.5%和64.9%，接受至少4次产检的比例从2002—2007年的46.7%上升到2020年的56%。虽然上述指标都呈现增长趋势，但与其他国家相比仍有较大差距。

其次，流行性疾病大规模流行风险高，疫苗普及率较低。疫苗可预防疾病的发病率较高。2020年，1岁以内百白破和肺炎球菌疫苗接种比例分别为57%和58%，2021年，卡介苗、乙肝疫苗和麻疹（第一针）接种比例约为67%、70%和55%。疫苗接种比例偏低增加了刚果（金）爆发流行性疾病的风险。刚果（金）麻疹病例报告人数常年超过1万人，2005年、2011年和2019年，感染人数均超过10万人。2000年以来，每年疟疾报告病例数均超过2000万人，每年造成超过5万人死亡。[1]

再次，公共医疗卫生基础设施落后。2020年，刚果（金）全国使用最基本饮用水的人口占比仅为45.95%，虽然高于2000年的33.71%，但依然是全世界用水最不安全的国家之一。其中，农村地区享有基本饮用水人口的比例仅为21.98%。严峻的水安全问题对刚果（金）民众健康产生严重影响，但基本医疗服务却十分紧缺，能够享受最基本医疗服务的民众所占比例仅为15.39%。2016年，因用水不安全引发腹泻而死亡的人数为23 945人，其中13 000人是5岁以下儿童，因水、环境和个人卫生导致的死亡人数为42 621人。虽然中国与其他国家及国际组织一起，通过援建医院、提供药品和医疗设备、派遣及培训医疗人员等方式促进了刚果（金）医疗卫生事业建设，但

---

[1] 根据世界卫生组织估计数据，2000—2020年，因疟疾导致的死亡人数（估计值、中位数）分别为：100 494人（2000年）、10 092人（2001年）、101 603人（2002年）、105 469人（2003年）、112 034人（2004年）、112 725人（2005年）、115 483人（2006年）、111 542人（2007年）、106 681人（2008年）、101 421人（2009年）、91 831人（2010年）、79 887人（2011年）、67 528人（2012年）、59 293人（2013年）、56 829人（2014年）、58 167人（2015年）、63 964人（2016年）、67 792人（2017年）、65 555人（2018年）、65 331人（2019年）、82 511人（2020年）。资料来源：https://apps.who.int/gho/data/view.main.MALARIAESTDEATHSvc?lang=en。

总体上刚果（金）公共卫生资源依然严重匮乏，医疗卫生条件和疾病防控水平依然落后，极大影响了民众健康水平和人均预期寿命。

（四）现代避孕措施使用率较低，计划生育推广仍面临困难

刚果（金）是全世界人口增长最为迅速的国家之一，总和生育率居全世界第3位。人口增长过快会导致少儿抚养比过高，进而阻碍国家社会经济发展。当前，应对人口增长过快问题已成为刚果（金）应对未来人口发展挑战的重要议题。事实上，在刚果（金）社会经济整体实现稳步发展的背景下，无论是男性还是女性，均有减少生育数量、有效安排生育间隔的意愿，但一方面由于对现代避孕方法和获得安全有效避孕药具的途径缺乏了解，实际生育子女数超过意愿生育子女数，另一方面，刚果（金）孕产妇死亡率居高不下，是全世界孕产妇死亡率最高的国家之一。[1] 相比于西部地区，曾经作为主要交战区域的东部地区，孕产妇死亡率高达3000人每10万例活产。[2] 刚果（金）高孕产妇死亡率与高生育率、低避孕率和生育间隔短等因素有密切关系。因此，推广现代避孕方法是降低刚果（金）孕产妇死亡率的有效手段之一。经过在全球范围内数十年的实践，计划生育被证实是实现减少出生数量、提高妇幼健康水平的有效手段。发展中国家至今已经有超过一半夫妻选择使用现代避孕手段，不仅减少了非意愿生育，还改善了女性受教育程度和享受公共服务权益的状况。然而，刚果（金）作为全世界最为贫穷的人口大国之一，现代避孕方法的使用率却很低。根据2007年的健康调查数据，刚果（金）现代避孕方法使用率仅为7%。[3] 一项针对东部城市布腾博的调

---

[1] Mathe, Jeff K., Kennedy K. Kasonia and Andre K. Maliro, "Barriers to Adoption of Family Planning Among Women in Eastern Democratic Republic of Congo", *African Journal of Reproductive Health*, Vol. 15, No. 1, 2011. 其中，孕产妇死亡率采用刚果（金）2007年调查报告。

[2] "Assessment of Reproductive Health in the Democratic Republic of Congo", https://www.researchgate.net/publication/259645298_Assessment_of_Rephoductive_Health_in_the_Democratic_Republic_of_Congo.

[3] "Congo Democratic Republic: DHS, 2007-Final Report (French)", http://www.measuredhs.com/pubs/pdf/FR208/FR208.pdf.

查结果显示，虽然刚果（金）现代避孕手段知晓率超过四分之三，但超过一半的受访育龄女性将安全期避孕作为最主要的避孕手段，能准确了解自身排卵期的女性比例仅为35%。虽然受访女性普遍希望通过现代避孕方法合理安排生育间隔和生育数量，但并不知道如何使用这些方法。缺少现代避孕方法相关知识的获得渠道、缺乏对避孕方法副作用的认识等，都是限制女性选择正确、安全现代避孕方法的主要障碍。此外，虽然刚果（金）通过公共卫生机构推广计划生育，但机构内卫生工作者的计划生育相关知识却比较匮乏，相关课程和培训机会较少。此外，社区对年轻女性购买避孕药具的污名化态度、城市地区避孕药具价格高、农村男性对避孕的消极态度等，都是计划生育在刚果（金）推广实践的限制因素。

四、思考与启示

2021年5月7日，习近平主席与齐塞克迪总统通电话。习近平主席指出，刚果（金）是中国在非洲的重要合作伙伴，相互支持、相互信任是两国优良传统。中方始终从战略高度和长远角度看待和发展中刚关系，支持刚方维护国家独立、主权、安全、发展利益，愿同刚方加强政治交往和治国理政交流。刚方加入共建"一带一路"倡议，为中刚合作搭建了新平台、开辟了新前景。中方愿同刚方共同规划下一步合作，加强经贸、基础设施、医疗卫生、农业、文化等领域务实合作，推动中刚关系迈上新台阶。[1] 2021年1月6日，刚果（金）与中国正式签署关于共同推进"一带一路"建设的谅解备忘录，刚果（金）正式成为非洲第45个共建"一带一路"合作伙伴。在已签署的协议和备忘录框架下，中国不仅在刚果（金）援建公共基础设施

---

[1]《习近平同刚果（金）总统齐塞克迪通电话》，http://cpc.people.com.cn/n1/2021/0508/c64094-32097242.html。

如体育场、文化艺术中心等，同时还提供奖学金，鼓励刚果（金）官员和学生来华培训和学习。2021年，中国企业在刚果（金）矿业和基础设施领域的投资总额已超100亿美元，双边贸易额在2021年突破140亿美元。[1]

（一）深化公共医疗卫生合作，完善刚果（金）公共医疗卫生体系

在共建"一带一路"倡议框架下，公共医疗卫生领域是中国与刚果（金）重要的合作领域。在新冠疫情全球肆虐的背景下，中国第一个向刚果（金）政府捐赠防疫物资，并首先派出医疗专家组支援刚果（金），指导和培训当地医疗人员，分享和介绍疫情防控经验和措施，极大缓解了刚果（金）在疫情暴发之初物资短缺、防控经验不足等问题。此外，中国通过捐赠设备及药品、援建医院、开展公共卫生交流和信息合作、培养专业人员、派遣医疗队等医疗援助方式，提高刚果（金）公共医疗卫生水平，为刚果（金）降低疟疾、黄热病等恶性传染病死亡率作出重要贡献。针对刚果（金）饮用水安全问题，中国积极参与饮用水井的建设，解决当地居民无法获得清洁饮用水的问题。在两国公共医疗卫生合作不断深化的背景下，中国在未来援助中应当从医疗物资投入向卫生制度建设转变，从"授人以鱼"向"授人以渔"过渡，以期更好发挥医院和医疗物资等在公共医疗卫生体系中的作用。当前，刚果（金）医疗卫生状况较为落后，面临传染病蔓延问题，疟疾、麻疹、肺结核、血吸虫等传染病严重危害民众健康，还需要时刻警惕埃博拉病毒的不定期暴发。中国分级医疗体系和农村合作医疗的成功经验，可以有力帮助刚果（金）实现保护劳动力资源、提高民众健康水平、提高人均预期寿命、促进国民经济发展的社会目标。

（二）加强生殖健康合作，促进人口健康发展

2010年以来，刚果（金）国内政局整体趋于稳定，经济整体呈现正向

---

[1]《刚果(金)重建离不开中国(大使说)》，http://world.people.com.cn/n1/2022/0725/c1002-32484661.html。

增长。然而，人口增长速度过快，导致经济发展成果大部分被新增人口抚养负担消耗，并形成了大量贫困人口。同时，社会经济的发展、社会现代化的推进，也促进了民众现代生育意愿的普及，如有计划、负责任地安排生育数量和生育间隔等。"降低未满足计划生育需求的比例"是联合国可持续发展目标的内容之一。世界卫生组织相关数据显示，2010年，对现代避孕节育有需求的已婚或同居育龄女性比例为12.9%，到2017—2018年，这一比例上升到33%。虽然与世界平均水平相比仍然偏低，但整体增速明显。与此同时，未满足避孕需求的已婚妇女比例为28.7%（2018年）。但与日益增长的婚内节育意愿不相符的是，刚果（金）避孕普及率仅为18.1%（2010年）和21%（2013年），能够在避孕药具使用和生殖健康方面具有决定权的女性比例为30.7%（2014年）。

此外，刚果（金）早婚早育现象仍然普遍，20—24岁女性中，15岁之前和18岁之前结婚比例分别为10%和37%。

在这一背景下，倡导计划生育、宣传正确避孕知识和普及现代避孕方法，是降低母婴死亡率、促进生育间隔合理化、减轻人口过快增长负面影响的有效途径。虽然刚果（金）很难在短期内实现上述目标，但宣传现代避孕方法和广泛普及避孕药具，依然可以在一定程度上减少非意愿生育、保障女性生育选择权利。未来，中国可以通过资金援助、组织人员培训和生殖健康产品交流、推广安全有效可负担的避孕药具，来降低未满足避孕需求的比例，并且推动计划生育与妇幼保健卫生、预防艾滋病、消除贫困等有机结合，从而实现促进人口结构优化、增进人民福祉的国家发展目标。

（三）深化农业合作，保障粮食安全

刚果（金）是世界上粮食最不安全的国家之一，也是联合国世界粮食计划署重点援助的国家。根据联合国世界粮食计划署的评估，当前，刚果（金）正处于全世界最大的紧急饥荒中，近2700万人（约占全国人口26%）

正面临严重的粮食安全问题，340万儿童正面临严重营养不良问题。[1] 气候变化、虫害、埃博拉病毒和新冠疫情严重影响了刚果（金）的农业生产，加重了贫困和粮食危机。而2022年以来，在俄乌冲突、能源危机的冲击下，刚果（金）粮食安全正面临更大的冲击。

刚果（金）具有超过8000万公顷可用耕地，但目前利用比例仅为10%。赤道横贯其国土中部，水热条件优越，特别是东部地区，具有非常适宜的农牧业发展条件。但由于国家应对自然灾害能力有限，道路、桥梁和河流运输系统等基础设施建设滞后，加之武装冲突和大范围流离失所，刚果（金）农业生产长期无法满足国内需求，不得不大量进口粮食。而产量和商品流转的落后，导致其国内农产品价格长期居高不下，严重限制国民购买能力。此外，农业科技总体水平低下，农业投入长期处于短缺状态，土壤改良、植被保护、灌溉排涝等技术基本空白。未来，刚果（金）无论在耕地资源，还是在农林牧渔业科技和劳动力资源方面，都具有巨大开发潜力。目前，中国和刚果（金）已经在种植业和食品加工业领域开展合作。在推动两国已有合作项目落地的同时，中国企业和农业科研院所可以多层次地推进农业合作项目，在扩大基础设施建设的基础上，推动两国在农业技术示范培训、农业科技投入、农产品深度开发等方面开展更深层次的合作。

（四）强化基建合作，实现共赢互利

刚果（金）是具备巨大发展潜力的国家，但其国内落后的基础设施不仅阻碍其社会经济发展，也严重影响其民生福祉。刚果（金）交通基础设施建设整体落后，全国15.2万千米公路中，沥青路仅为3126千米，国家级公路为5.8万千米，占总里程23%，[2] 公路路况很差，公路客、货运受到极大影响。在铁路方面，路基损毁严重、年久失修，5000千米的铁路交通网大部

---

[1] 资料来源：https://www.wfp.org/countries/democratic-republic-congo。
[2] 资料来源：https://www.yidaiyilu.gov.cn/。

分已经不能通行。在水利方面,作为水力资源最为丰富的国家,刚果(金)水力资源开发不足,国内通电率仅为6%,远远落后于撒哈拉以南非洲地区24.6%的平均水平。电力短缺、供需失衡,严重影响到刚果(金)经济和工业发展。此外,刚果(金)水网基础设施不足,安全饮用水的覆盖面尚不足一半。缺少安全用水,是刚果(金)传染病发病率和死亡率居高不下的重要原因。当前,中国在与刚果(金)的互利合作中,将水利开发、道路建设等基础设施建设作为重点领域。不仅在刚果河上游卢阿拉巴河建成刚果(金)最大基础设施项目之一的布桑加水电站,同时承建金沙萨市政道路桥梁和电网建设,还深入刚果(金)农村地区援建饮用水井。未来,在已有协议框架下,中国与刚果(金)可以在基础设施方面深化合作,实现两国互利共赢,共同增进民生福祉。

参考文献:

[1]李智彪,列国志·刚果民主共和国[M].北京:社会科学文献出版社,2004.

[2]梁益坚,李洪峰.非洲法语地区发展报告(2021)[R].2022.

[3]张永宏,詹世明,邓荣秀,孙利珍.非洲法语地区发展报告(2020)[R].2020.

[4]African Statistical Yearbook 2020[G/OL](2021-8)[2023-10].https://www.un-ilibrary.org/content/books/ 9789210057837/read.

[5]AMBER P,TIA P,CARYN B. Estimates and determinants of sexual violence against women in the democratic republic of Congo[J]. American journal of public health,2011,101(6):1060-1067.

[6]COGHLAN,BENJAMIN,et al. Mortality in the democratic republic of congo:a nationwide survey[J]. The Lancet,2006,367(9504):44-51.

[7]EMIZET K,NDIKUMANA L. The economics of civil war:the case of the democratic republic of Congo[R].2003.

[8]KISANGANI,EMIZET F. Civil wars in the democratic republic of Congo,1960-2010[M]. Boulder,USA:Lynne Rienner Publishers,2012.

［9］MATHE,JEFF K,KENNEDY K,et al. Barriers to adoption of family planning among women in Eastern Democratic Republic of Congo［J］. African journal of reproductive health,2011.

［10］MEGER,SARA. Rape of the Congo:understanding sexual violence in the conflict in the democratic republic of Congo［J］. Journal of contemporary african studies,2010.

［11］Reproductive Health For Refugees Consortium(RHRC). JSI assessment of reproductive health in the DRC［R］. 2002.

乌干达人口与发展状况报告

张远 李可 穆明（Mubarak Mugabo）*

摘要：目前，乌干达是世界上最不发达国家之一，也是中国在非洲的重要合作伙伴。对乌干达人口与发展状况进行相关研究具有重要的战略和实践意义。本报告从人口、经济、社会、文化4个维度分析乌干达人口与发展的历史和现状，通过搜集整理政府公开数据和现有文献资料，结合国际组织相关报告等研究成果，总结提炼该国在人口与发展方面的特点。乌干达具有典型的现代非洲的人口与发展特点，处于向低出生率、低死亡率、低自然增长率过渡的人口转变早期阶段。乌干达作为内陆国家，与邻国之间的人口迁移与非正规贸易活跃；人口与发展整体向好，转型较快；青年失业率较高，国家工业化和农业现代化的人口红利较大。为深化中乌合作，本报告从人口与发展的角度出发，提出针对性建议，助力"全球发展倡议"在乌干达落地生根，为共建"一带一路"倡议的深入可持续发展发挥积极作用。

关键词：乌干达；人口与发展；"一带一路"

---

* 张远，博士，国家卫生健康委科学技术研究所助理研究员；李可，硕士，北京大学国际合作部留学生办公室项目官员；穆明（Mubarak Mugabo），硕士，乌干达新愿景媒体集团知名记者、主持人。

乌干达共和国，简称乌干达，是位于非洲东部的内陆国家，横跨赤道，东邻肯尼亚，南接坦桑尼亚和卢旺达，西接刚果（金），北连南苏丹，无出海口。乌干达有"高原水乡"之称。全境大部分位于东非高原，平均海拔1000—1200米；东非大裂谷的西支纵贯西部国境，河流纵横，湖泊星罗棋布；裂谷带与东部山地之间为宽阔的浅盆地，多沼泽。乌干达总国土面积24.15万平方千米，其中，陆地面积为19.98万平方千米，水面和沼泽地面积为4.17万平方千米。乌干达属于热带草原气候，年平均气温22摄氏度，气候温和，降水量丰富，年平均降水量在1000毫米以上。乌干达土壤肥沃，矿藏丰富，主要矿藏有钨、锡、铜、石灰石、盐、绿玉石、磷灰石、铍、铅、金、铋、银、铂、锌、钽和磷酸盐等。乌干达水产资源丰富，其境内维多利亚湖是世界上最大的淡水鱼产地之一。

19世纪中叶，乌干达（时称"布干达王国"）是东非地区最强盛的国家之一。1850年以后，随着阿拉伯商人、英国殖民主义者和德国殖民主义者相继进入，布干达王国内爆发了基督教新教、天主教和伊斯兰教间的连年战争，导致国家迅速衰落；1890年，布干达王国被划入英国的势力范围；1962年，乌干达宣布独立，成为英联邦成员国；1967年9月，建立乌干达共和国；1971年，伊迪·阿明发动政变后，乌干达军人专政，政治混乱，经济凋敝；1986年，穆塞韦尼领导了全国抵抗运动，建立并长期维持了"无党政治"体制，使乌干达形成了相对和平稳定的政治局面。

一、人口与发展现状

（一）人口基本状况

1. 人口总量

根据乌干达统计局的数据，2021年，乌干达人口总量约4430万人。据联合国《世界人口展望2022》，如图1所示，预计2050年，乌干达人口总量将达 8762 万人。

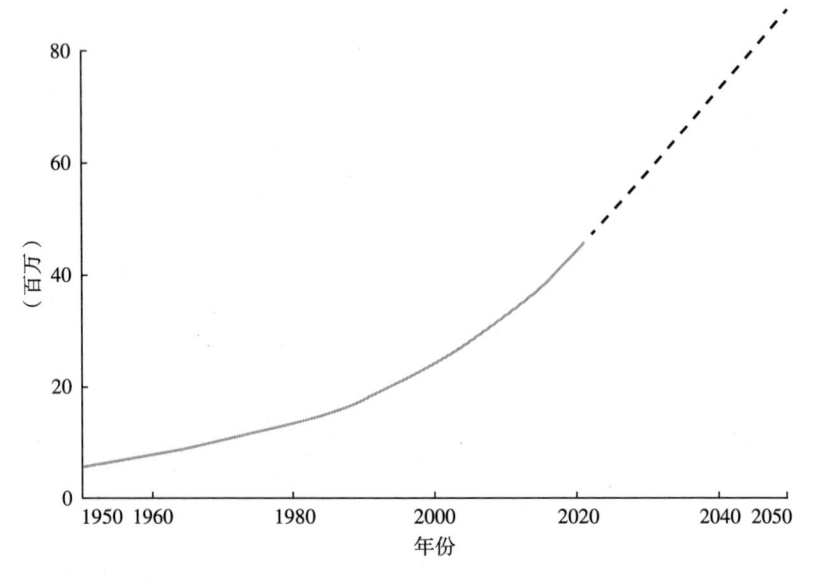

资料来源：联合国《世界人口展望 2022》。
图 1 1950—2050 年乌干达人口总量及预测

2. 人口增长

目前，乌干达是世界上人口增长最快的国家之一。二战结束后，1950—2020 年的 70 年间，乌干达人口几乎增长了 8 倍。乌干达人口发展大体分为 3 个阶段：20 世纪 50 年代和 60 年代为人口增长高峰期，人口年均增长率为 3.9%。这段时期，人们对独立后的乌干达充满憧憬和热望。20 世纪 70 年代和 80 年代，人口增长率下降，人口年均增长率分别为 2.7% 和 2.5%。这段时期，乌干达先后经历了军人总统阿明专制暴政、政变、连年内战和艾滋病流行。20 世纪 90 年代以来，乌干达政局稳定，经济发展较好，艾滋病得到有效控制，人民安居乐业，人口不断增加，人口年均增长率上升到 3.3%，成为乌干达独立以来的第二个人口高峰期。如图 2 所示，乌干达的人口增长率持续高于世界人口增长率，除个别年份外，总体上也高于非洲人口增长率。

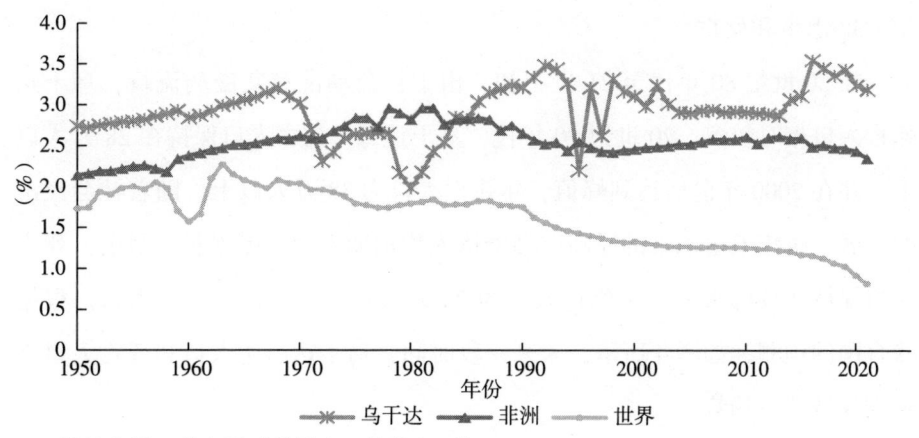

图2 1950—2020年乌干达人口增长率与非洲、世界人口增长率对比

资料来源：联合国《世界人口展望2022》。

根据联合国《世界人口展望2022》数据，2020年，乌干达人口自然增长率约为3.09%[1]，人口增长率约为3.19%[2]。图3（a）显示的是1950—2021年乌干达人口自然增长率数据，虚线为2022—2050年联合国基于中值假设预测数据；图3（b）显示的是1950—2021年乌干达人口增长率数据，虚线为2022—2050年联合国方案预测数据。

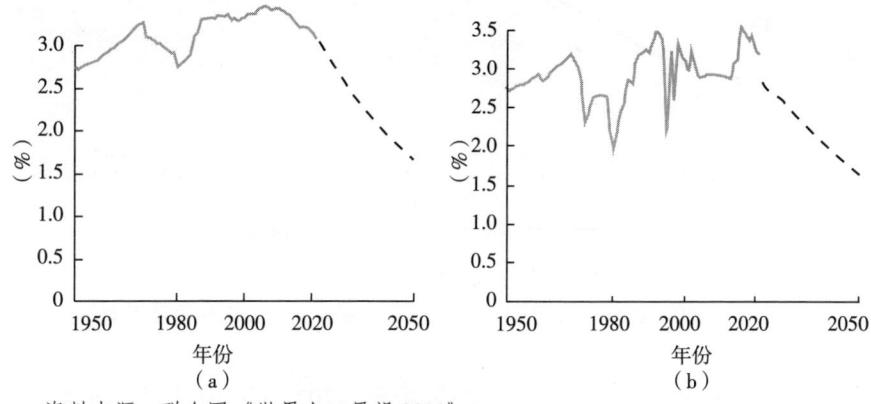

资料来源：联合国《世界人口展望2022》。

图3 1950—2050年乌干达人口自然增长率（a）和人口增长率（b）

---

[1] 人口自然增长率是指仅由出生和死亡决定的人口变化，不考虑移民带来的人口流动。
[2] 人口增长率指由出生、死亡和移民带来的人口总量变化。

3. 出生和死亡

在 20 世纪 80 年代至 21 世纪初，由于社会动乱和艾滋病流行，乌干达死亡人口相对较多。20 世纪 80 年代，乌干达每年死亡人口保持在 28 万人以上，并在 2000 年前后达到峰值，年死亡人口为 38 万人以上。随着社会经济的发展、医疗卫生水平的提高，乌干达人均预期寿命不断增长。目前，死亡人口保持在较低水平，年死亡人口为 24 万人左右，远低于出生人口。根据联合国的预测，如图 4 所示，未来一段时间，乌干达出生人口和死亡人口将长期保持这一趋势。

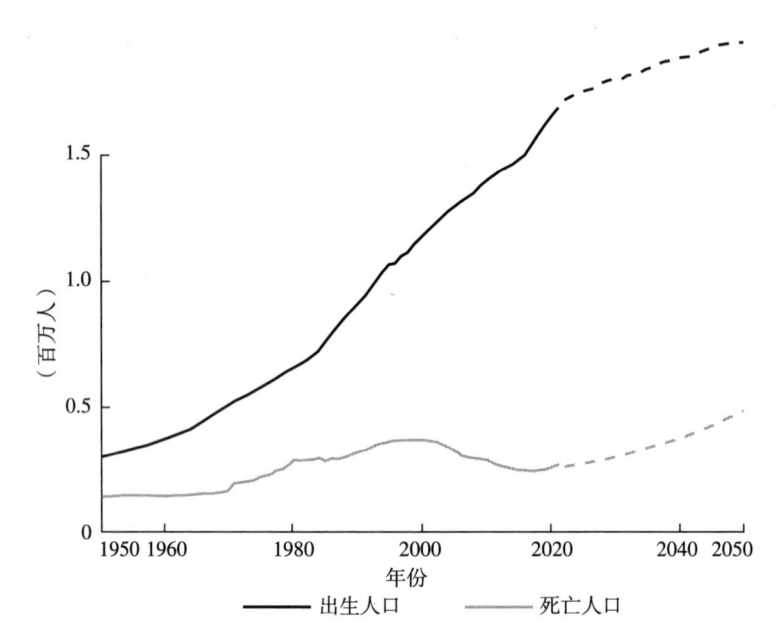

资料来源：联合国《世界人口展望 2022》。

图 4　1950—2050 年乌干达年出生人口数量、死亡人口数量及预测

根据联合国《世界人口展望 2022》数据，2021 年，乌干达年出生人口约为 169 万人，出生率约为 36.79‰；年死亡人口约 26.9 万人，死亡率约为 5.88‰。

与全球其他国家相比，乌干达人口表现出典型的现代非洲人口发展特点，即处于由高出生率、低死亡率、高自然增长率向低出生率、低死亡率、低自然增长率过渡的早期阶段。

4. 总和生育率

2000 年之前，乌干达总和生育率始终保持在较高水平，平均每名妇女生育子女数超过 6 个。2000 年至今，乌干达的总和生育率呈下降趋势，2021 年下降为 4.58，但仍略高于非洲地区总和生育率 4.30。根据联合国的预测，如图 5 所示，乌干达总和生育率将继续缓慢下降。

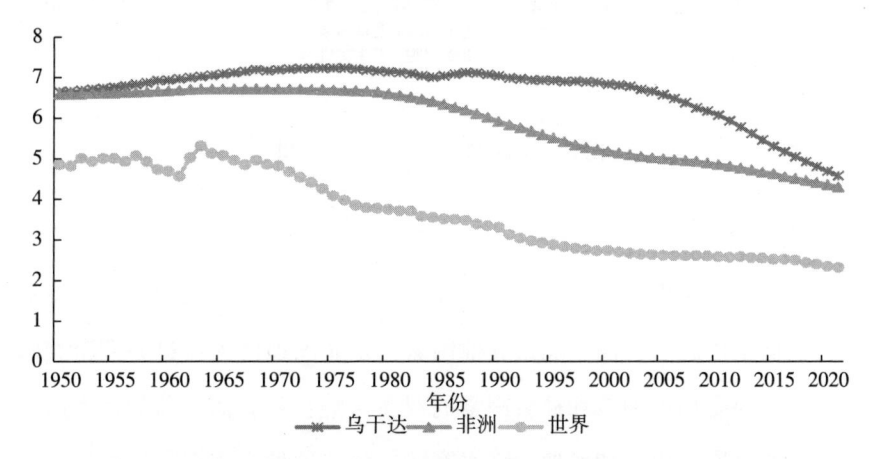

资料来源：联合国《世界人口展望 2022》。

图 5　1950—2021 年乌干达与非洲、世界总和生育率的比较

5. 人口年龄结构

乌干达人口年龄结构高度年轻化，2021 年，其人口年龄中位数为 15.9 岁，远低于世界年龄中位数 30 岁，也低于非洲年龄中位数 18.6 岁，超过半数人口低于 18 岁，约三分之二的人口低于 30 岁。图 6 为乌干达 2019 年人口金字塔，展示了其人口年龄结构。

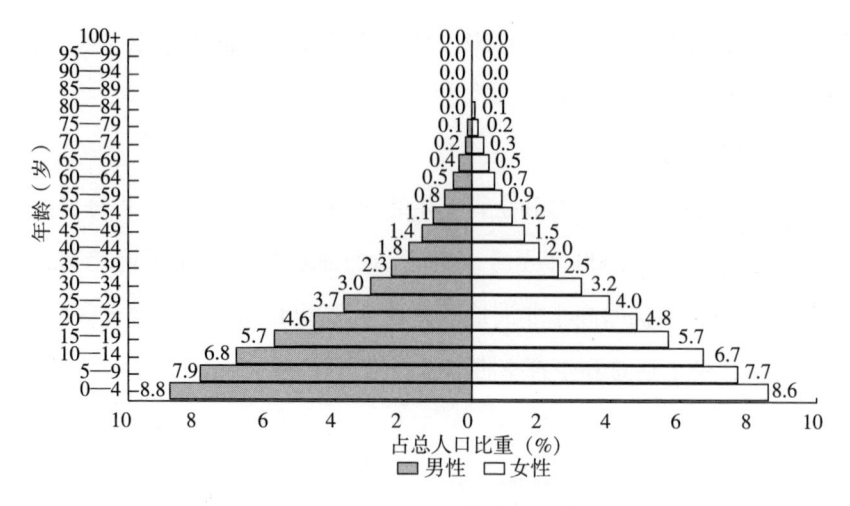

资料来源：人口金字塔网站。

图 6　2019 年乌干达人口金字塔

6. 人口分布

乌干达全国总面积为 24.15 万平方千米，人口密度为 235.63 人每平方千米，仅低于卢旺达，高于周边其他国家，是非洲地区人口最为稠密的国家之一。这主要受地理因素和社会因素的双重影响：一方面，乌干达大部分地区位于中非高原、山峦和谷地，降水充沛，虽然地处赤道但气候温和，全年温差较小，维多利亚湖附近更是如此，环境适宜生存；另一方面，乌干达社会稳定，治安相对良好，经济发展较好，是非洲最宜居的国家之一，有利于人口集聚。表 1 展示了乌干达不同地区人口密度。

表 1　乌干达不同地区人口密度

	年份	中部	东部	北部	西部	合计
面积（平方千米）		39 899	29 962	83 967	50 805	204 633
人口数量（人）	2002	6 575 425	6 204 915	5 148 882	6 298 075	24 227 297
	2014	9 529 227	9 042 422	7 188 139	8 874 862	34 634 650

续表

年份	中部	东部	北部	西部	合计
人口密度（人每平方千米） 2002	165	207	61	124	118
2014	239	302	86	175	169
人口增长率（%）	44.8	45.9	41.0	41.1	43.2

资料来源：http://statoids.com/uug.html。

注：表中各区域面积为根据乌干达公布的2002年和2014年人口普查数据（人口数量和人口密度）倒推计算而来，因为数据四舍五入，故最后合计数值略低于乌干达国土总面积。

7. 行政区划

乌干达行政区划变更频繁，不断新增区级行政区划。截至2022年，乌干达全国划分为4个行政大区，下辖135个区和1个首都市，之下又划分为县和市。在县市之下，又划分为镇、教区及村。根据乌干达统计局的数据，2021年，乌干达全国人口约4430万人，首都坎帕拉周边、东部和西部人口较为密集，北部人口相对分散。整体来看，乌干达全国人口区域分布相对均衡。

8. 人口迁移

乌干达的净迁移率在过去30年中略有波动。1990年，净迁移率为1.97‰。1991—2000年，净迁移率降为负数，并持续下降，2010年达-2.67‰。此后，净迁移率持续回升，新冠疫情暴发后，又有所下降，2021年净迁移率为0.19‰。[1]

根据乌干达性别、劳动与社会发展部数据，每年约有2.4万乌干达人出国务工，主要前往中东国家。首选地点为沙特，其次为阿联酋、卡塔尔、约旦、伊拉克、索马里、阿富汗、巴林和科威特。

乌干达、坦桑尼亚和肯尼亚是东非共同体的创始国。乌干达于2009年

---

［1］资料来源：https://www.macrotrends.net/countries/UGA/uganda/net-migration。

通过了《东非共同体共同市场议定书》，该议定书允许个体在东非共同体内自由流动。2010年，乌干达国际移民数量为49万人（约占乌干达总人口的1.5%）；2015年，乌干达国际移民数量增至85万人（约占乌干达总人口的2.2%）；2019年，乌干达国际移民数量增至173万人（约占乌干达总人口的3.9%）。

乌干达自身并没有难民，但接纳了周边邻国的很多难民。乌干达政府在国内和国际上都坚持对难民友好的态度，是世界上对待难民最为友好的国家之一。其理念基础是帮助需要帮助的"兄弟"和泛非主义，这源于许多乌干达人民（包括政府高级官员）经历过战乱和流离失所，对难民的困境更能感同身受。这一人道主义理念也得到了包括乌干达媒体在内的广泛响应。

根据联合国难民署的数据，截至2018年11月，乌干达境内有110多万难民，大多数难民来自非洲大湖区的邻国，特别是南苏丹（68.0%）和刚果（金）（24.6%）。同时，大量的难民也为乌干达带来了一定的资源压力。乌干达政府和联合国难民署一致呼吁国际社会向乌干达提供更多的资源和支持，以便能够继续为难民提供友好帮助。

此外，据中国（云南）第20批援乌干达医疗队表示，目前在乌干达的华人华侨约3万人。

（二）经济状况

乌干达是联合国公布的世界最不发达国家之一，其落后现状与该国被殖民的历史和政治动荡有着密切的关系。殖民者对乌干达实行分而治之的政策，导致其南北地区发展悬殊，部族之间积怨甚多。殖民主义遗留下的种种隐患，给独立后的乌干达带来了连绵的内战，人民饱尝战争的蹂躏和苦难，国家经济基础薄弱、结构单一。

目前，农牧业仍在乌干达国民经济中占有重要地位，粮食自给有余，农产品占出口收入的95%。工业相对落后，企业数量少、设备差、开工率低。乌干达政府希望通过社会经济改革，在2040年实现将乌干达从一个低收入农业国发展为一个中等收入繁荣国家的目标。

1. 宏观经济

截至 2021 年 6 月，乌干达经济规模为 400 亿美元。如表 2 所示，受新冠疫情影响，2020 年，乌干达人均国内生产总值为 894 美元，经济增长率降至 2.9%，远低于 2019 年的 6.5%。按世界银行 2018 年的分类标准，人均收入低于 995 美元，属低收入国家。

表 2　2016—2020 年乌干达经济状况

年份	国内生产总值（亿美元）	国内生产总值增长率（%）	人均国内生产总值（美元）
2016	245.3	4.6	682
2017	258.8	4.0	774
2018	279.0	5.8	797
2019	347.5	6.5	891
2020	373.7	2.9	894

资料来源：乌干达统计局。

农业是乌干达吸纳就业人数最多的行业，80% 的劳动力从事农业生产。但乌干达农业生产力落后，大多数劳动力处于自给自足的小农产业中，亟需引进先进农业生产技术和设备，以提高产量和生产效率。乌干达工业处于起步发展阶段，以制造业和建筑业为主。如表 3 所示，乌干达服务业占国内生产总值比重较大，以贸易、旅游、教育为主。

表3 2016—2020年乌干达第一、二、三产业占国内生产总值的比重　　（单位:%）

年份	农林渔业	工业	服务业	产品税收
2016	22.8	26.3	44.2	6.8
2017	23.5	26.0	43.5	7.0
2018	23.2	26.1	43.5	7.2
2019	23.1	26.3	43.2	7.5
2020	24.0	26.2	43.0	6.8

资料来源：乌干达统计局和财政、计划和经济发展部。

受历史上殖民地式经济模式影响，乌干达当地主要出口产品有咖啡、棉花、茶、烟草、鱼和鱼制品、石油产品、水泥、动物和植物油、食用糖、啤酒、芝麻等，其中，咖啡占出口收入的大部分。

乌干达经济严重依赖外国直接投资和外部贷款。2022年11月18日，因乌干达财政实力下降和外汇储备减少，全球评级机构穆迪公司下调乌干达的主权信用等级，从"B2稳定"调至"B2负面"。穆迪公司还表示，未来几年，由于乌干达需向中国进出口银行、国际货币基金组织和其他非优惠债权方偿还债务，因此，预计乌干达在外债偿还方面将面临更多挑战。

2. 就业状况

(1) 劳动力状况

根据香港贸易发展局数据，乌干达劳动年龄人口规模庞大，约有2230万人，在东非11个国家中排第5位。因乌干达以农村人口为主，劳动力供应分散全国，绝大多数乌干达劳动力人口从事自给自足的农业。此外，由于教育水平和医疗条件限制，劳动力素质相对较低，劳动力人口人均预期寿命较短。

(2) 就业率

根据乌干达统计局数据，2021年，乌干达全国人口总量约4430万人，劳动力人口占总人口比重约为 43%（2017 年）。虽然乌干达劳动力资源较丰富，但中、高级技术人才匮乏。同时，乌干达工业不发达，就业机会相对较少，失业率较高。

根据乌干达统计局数据，2018—2019 财年，乌干达失业率为 9.2%。由于统计口径不同，世界银行根据国际劳工组织的预测调整后的失业率数据较为乐观，2013 年以来，失业率在 2%左右徘徊，新冠疫情以来有所攀升，达到 3%左右。

（3）女性就业率和劳动力参与率

由于乌干达产业不发达，正规部门创造的就业机会有限，根据国际劳工组织的估算，女性在工业领域的就业率仅为 5.27%。但是，乌干达女性劳动力参与率一直保持在 60%左右。乌干达农村地区的人民以农业为主要收入来源。除了农业工作外，农村妇女还负责照顾家庭。乌干达妇女平均每天花 9 个小时做家务，例如准备食物、衣服、饮用水和柴火，照顾老人、病人和孤儿。因此，女性平均工作时间比男性长，每天工作 12—18 小时，平均 15 小时，而男性每天工作 8—10 小时。

（4）青年就业

作为非洲人口增长速度最快、人口结构最年轻的国家之一，乌干达每年都有大量青年人口进入劳动力市场，其中约三分之二的人口低于 30 岁。据非洲发展银行的数据，乌干达青年失业率高达 83%。据 Enterprise Uganda 组织的报告，乌干达每年约有 40 万学生从高校毕业，但市场提供的就业机会仅为 9000 个左右。由于正规部门创造的就业机会有限，大多数青年最终都是非正规就业或无法就业。

（5）收入

乌干达劳动力的月平均工资为 19 万乌干达先令（约合 51 美元），男性雇员月平均工资为 24 万乌干达先令（约合 65 美元），女性雇员月平均工资为 12 万乌干达先令（约合 32 美元）。乌干达各类雇工工资参见表 4。

表4　乌干达各类雇工参考工资一览表　　　（单位：美元每月）

工种	参考工资标准
经理	201
专业人员	143
技术员	143
服务及零售人员	80
技工	83
设备操作员	100
小工	55

资料来源：乌干达中国商会。

注：按1美元折合3570先令算。

乌干达目前仍是世界上工资水平最低的国家之一。自2017年7月1日起，乌干达的最低工资为每月1.3万乌干达先令。乌干达内阁已批准成立最低工资顾问委员会，该委员会由来自不同部门的代表组成，包括雇主、工人，以及财政部、劳工部、国家规划局等政府专门机构的代表。2019年2月，乌干达议会通过最低工资法案，旨在根据不同的行业领域制定相应的最低工资标准。

(6) 劳动保障

根据乌干达2006年《就业法》的规定：工人工作时间为每周6天，每周工作时长为48小时，每周至少有1天的休息时间（连续24小时）。

与东非邻国相比，乌干达社会保障相对缺乏。根据国际劳工组织的定义，社会保障计划包括为私营企业的正式员工提供社会保险，即国家社会保障基金，以及针对所有公务员的公共服务养老金计划。总体而言，乌干达社会保障计划覆盖的人口不到10%。社保缴纳比率为员工月工资的15%，其中，员工负担5%、雇主负担10%。

3. 人口城镇化

如图 7 和图 8 所示，不同于非洲和世界其他国家，二战后，乌干达的城镇人口并未出现显著上升趋势，始终保持较低的人口城镇化率。尽管城镇人口数量有所增长，但农村人口仍占绝大多数。

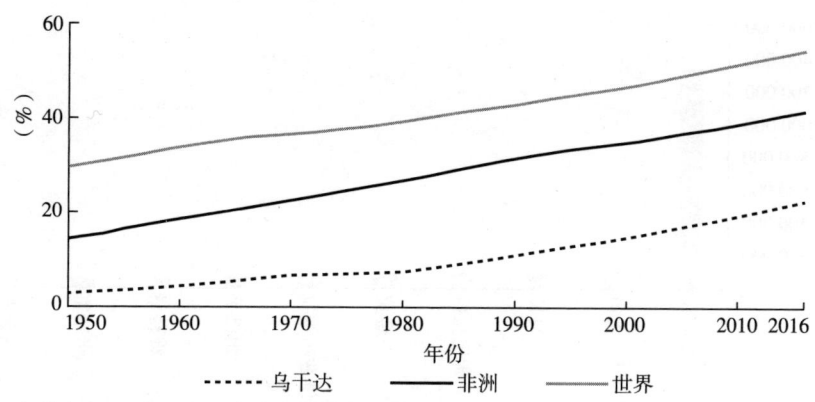

资料来源：联合国《世界人口展望 2022》。

图 7　1950—2016 年乌干达、非洲和世界人口城镇化率

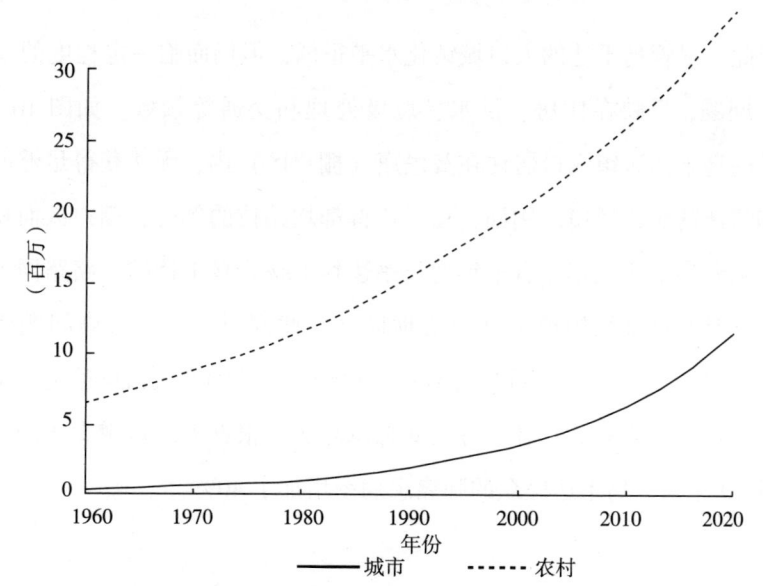

资料来源：联合国《世界人口展望 2022》。

图 8　1960—2020 年乌干达城乡人口数量

然而，与其他发展中国家类似，乌干达城镇人口分布不平衡。城镇人口主要聚集在中部地区，特别是乌干达首都坎帕拉附近。如图9所示，2022年坎帕拉的人口已达135万人，占乌干达前十大城市人口总和的一半以上，说明乌干达的城镇化发展极不均衡。

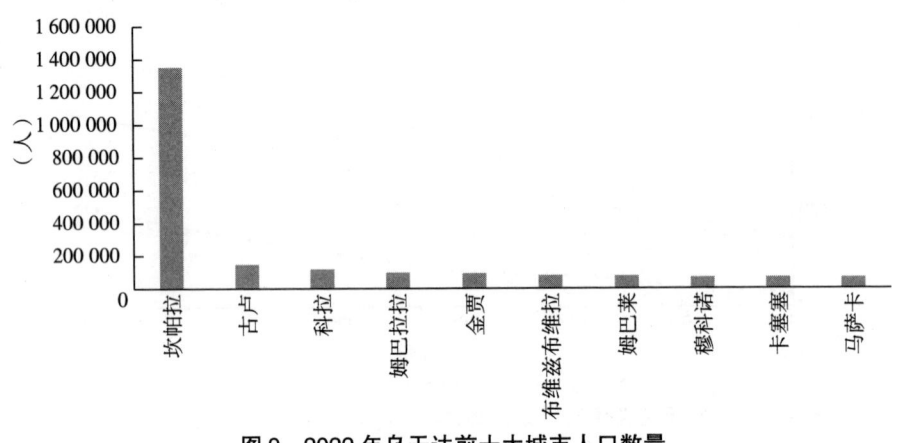

图9　2022年乌干达前十大城市人口数量

因此，尽管乌干达的人口城镇化水平很低，但仍面临一定程度的"大城市病"问题，反映在住房、供水、垃圾处理和交通等领域。如图10所示，约一半的乌干达城镇人口居住在贫民窟（棚户区）内，无法获得足够的居住面积和清洁的居住环境。例如，乌干达首都坎帕拉的郊区，棚户区面积不断扩大。随着乌干达汽车保有量年增长率达到10%，乌干达的公路路网不堪重负，尤其是在首都坎帕拉及其周边地区。与此同时，空气污染问题逐渐显现。2019年，世界空气质量报告显示，坎帕拉是非洲空气污染第三严重的城市。空气污染与心脏病、肺癌等疾病息息相关。根据麦克雷雷大学的研究报告，近10年来，乌干达民众的肺癌患病率增加了40%。

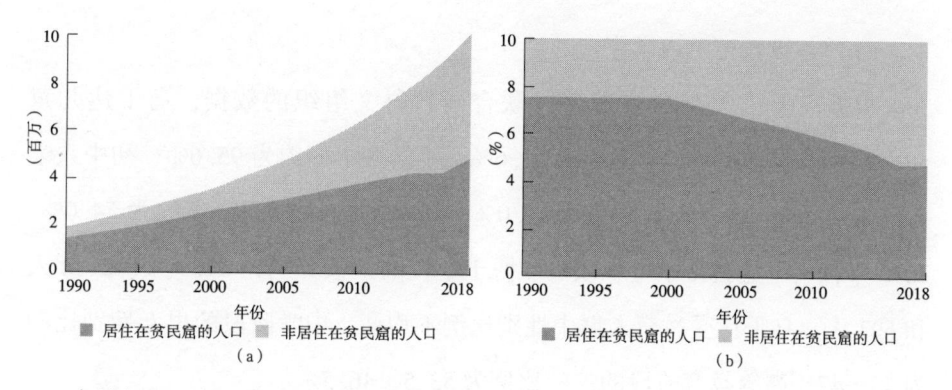

资料来源：联合国《世界人口展望2022》。

注：图（a）为绝对数量，图（b）为相对比例。

图10　1990—2018年乌干达城镇人口中居住在贫民窟的人口数量和比例

（三）社会状况

1. 教育状况

受历史上殖民统治影响，乌干达实行英国教育体制。公共教育体系分为7年小学、4年初中、2年高中，以及3年或3年以上的大学。麦克雷雷大学为乌干达最高学府，也是东非乃至非洲最具影响力的大学之一。麦克雷雷大学始建于1937年，拥有在校本科生约3.5万名，研究生约3000名。此外还有姆巴莱伊斯兰大学、姆巴拉拉科技大学、东非基督教大学、乌干达烈士大学等20余所高等学府，2016—2017学年，全国范围注册大学生约25.9万人。

乌干达教育发展基础较为薄弱，但是自20世纪90年代以来，已取得巨大进步。乌干达政府重视教育，教育经费占国内生产总值的比例一直保持在4%左右，占政府经常性总支出和资本性支出的比例在12%以上。1997年，乌干达政府宣布小学对全体学生免费；2007年，乌干达成为撒哈拉以南非洲地区第一个普及中等教育的国家；随着中等教育的发展，2007—2012年，全国初中入学率在5年间增加近25%。

(1) 各级教育毛入学率

根据乌干达教育和体育部及联合国教科文组织的数据,乌干达儿童(3—5 岁)学前教育入学率约为 11.6%,小学入学率约为 95.6%,初中入学率约为 2.0%,高中入学率约为 11.0%,15 岁以上人口识字率约为 74.0%。2013 年,乌干达获得学士、硕士、博士学位的人数分别为 2280 人、2142 人和 697 人。乌干达受教育人群中性别比例不均衡,中学阶段的男女性别比例为 53∶47,高等教育阶段的这一比例为 53.5∶46.5。

(2) 平均受教育年限

平均受教育年限指 25 岁以上人口参加正规教育的平均年限。2017 年,乌干达的平均受教育年限为 6.1 年。

乌干达普及基础教育的举措取得了很大成功,但是仍存在一定问题。其他教育指标表明,扩大入学率可能在一定程度上以牺牲教育质量为代价,毕业率并没有伴随着入学率的大幅提升而产生相应幅度的上升。长期以来,乌干达一直是世界上辍学率最高的国家之一。2016 年,近三分之二(64.5%)的学生在完成小学教育前辍学。根据联合国《世界人口展望 2022》的估算数据,乌干达小学完成率为 52.67%,初中完成率为 25.87%。[1] 如图 11 所示,近 10 年来,乌干达平均受教育年限呈现波动状态,始终在 6 年(小学教育)附近波动。

(3) 教育投入和发展

根据乌干达教育和体育部的数据,2016 年,乌干达全国幼儿园数量为 7210 所。小学数量为 20 305 所,教师数量为 171 000 人,师生比例为 1∶49;学生和教室的比例为 57∶1,教室过度拥挤,许多学校缺乏清洁厕所等基本

---

[1] 联合国《世界人口展望 2022》中,乌干达小学完成率采用的是世界银行数据,初中完成率采用的是论文数据,可能较为乐观。

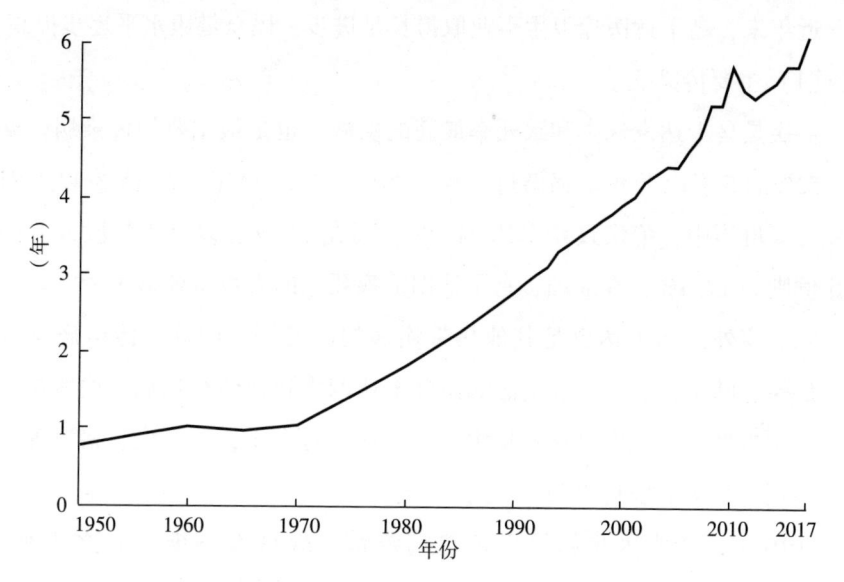

设施，存在一定的校舍短缺和危房旧房问题。[1]

资料来源：联合国《世界人口展望2022》。

图11 1950—2017年乌干达平均受教育年限

中学阶段，学校数量为2995所，教师数量为54 509人，师生比例为1∶25。截至2011—2012财年，乌干达共有32所大学和133家高等教育机构，在校生总数为196 390人。

相较于1970年（当时乌干达全国仅有73所中学），乌干达的教育发展已取得巨大进步，然而，基础教育在城乡、区域之间分布不均衡。农村入学率比城市低，北部、东北部、西部教育条件不如中部和南部。全国大约有500个乡镇依然没有由政府建设的中学，其中，西部的基巴勒是全国拥有中学数量最少的地区。为了改变这一状况，乌干达教育和体育部从2015年开始启动实施"全国每个乡镇至少有1所中学工程"，重点在这500个乡镇投资建设中学，并配套建设一批教师宿舍。

---

[1] 资料来源：https://www.globalgiving.org/projects/build-classrooms-for-primary-students-in-uganda；weservenow.org/uganda-classrooms。

2. 健康状况

近年来,乌干达医疗卫生事业取得长足进步,民众健康水平逐步提高。

(1) 主要传染病

疟疾是乌干达发病率和致死率最高的疾病,也是最主要的传染病。据统计,52%的5岁以下儿童感染过疟疾。2012—2013财年,在15岁以下因病致死的人群当中,疟疾致死率达24.9%,而在15岁及以上年龄段人群中这一比例则为17.4%。在非洲,乌干达因疟疾死亡的人数位列第3。

除疟疾外,乌干达也是其他热带疾病的高发国,因此,传染病风险较高,疟疾、肺结核、霍乱和艾滋病是乌干达四大致命流行疾病。埃博拉、昏睡病、病毒性肝炎频发且比较集中。炭疽病时有发生,口蹄疫、猪瘟等有时在一些饲养牲畜的农村出现。

2010年,乌干达北部暴发黄热病疫情,数百人感染,50多人死亡。2012年7月,基巴勒地区暴发埃博拉疫情,17人死亡。2014年10月,乌干达暴发马尔堡疫情,3人死亡。2015年2月,乌干达首都坎帕拉附近暴发大规模伤寒疫情,数千人感染,2人死亡。2016年4月,乌马萨卡地区确诊3例黄热病例。2019年6月,乌干达西部地区出现输入性埃博拉疫情。2021年8月17日,乌干达卫生部宣布突发公共卫生事件,位于坎帕拉的实验室报告了脊髓灰质炎病例。

根据联合国开发计划署人类发展报告,乌干达是世界上少数几个有效控制了艾滋病感染的国家。20世纪80年代,乌干达艾滋病感染率在30%左右,到2018年,乌干达成人艾滋病感染率已下降至7.3%。

2020年3月21日,乌干达出现首例输入型新冠病毒感染确诊病例。截至2022年10月,累计确诊人数近17万人,累计死亡3628人。

(2) 孕产妇死亡率

2006年,乌干达人口健康调查表明,每年约有6000名妇女死于妊娠相关并发症。根据联合国《世界人口展望2022》数据,如图12所示,乌干达2017年孕产妇死亡率为375人每10万例活产,相较2000年,下降了35%。

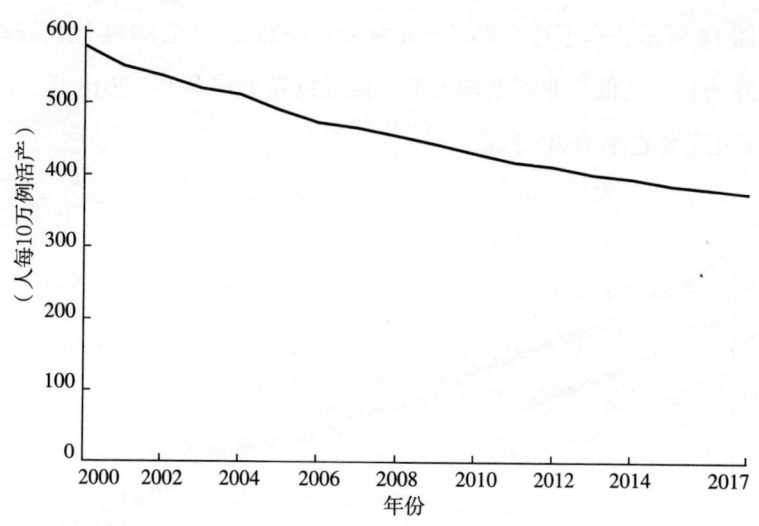

资料来源：联合国《世界人口展望 2022》。

图 12　2000—2017 年乌干达孕产妇死亡率

（3）婴幼儿死亡率和 5 岁以下儿童死亡率

从历史发展来看，乌干达婴幼儿死亡率呈逐年下降趋势。如图 13 所示，1980 年约为 130‰，1990 年约为 107‰，2000 年约为 87‰，2010 年约为 49.5‰，2020 年下降至 31.9‰，下降明显。

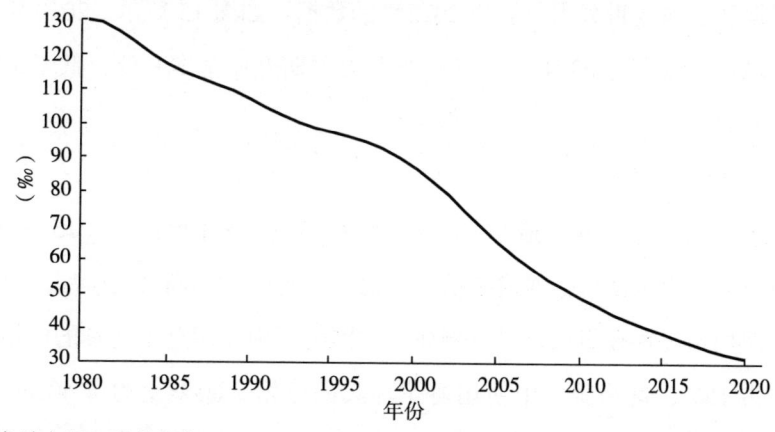

资料来源：世界银行。

图 13　1980—2020 年乌干达婴幼儿死亡率

如图 14 所示，乌干达 5 岁以下儿童死亡率在 20 世纪 80 年代初较高，近年来下降明显，已低于非洲平均水平，接近世界平均水平。2018 年，乌干达 5 岁以下儿童死亡率为 50.2‰。

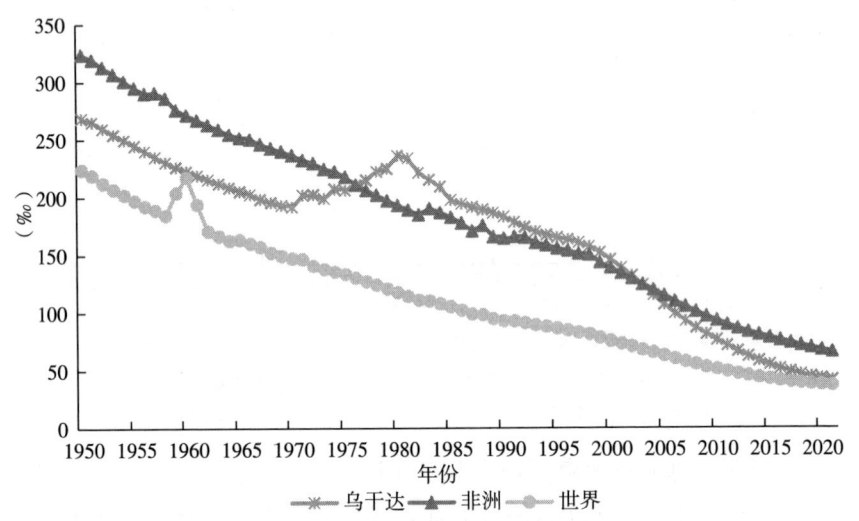

资料来源：联合国《世界人口展望 2022》。

图 14　1950—2021 年乌干达 5 岁以下儿童死亡率

(4) 人均预期寿命

根据联合国《世界人口展望 2022》的数据，如图 15 所示，2019 年，乌干达人均预期寿命为 63.4 岁，与非洲人均预期寿命基本一致，低于世界人均预期寿命。

(5) 避孕普及率

已婚育龄妇女未满足避孕需求比例指的是已婚育龄妇女（15—49 岁）中有避孕需求但未使用任何避孕措施的比例。乌干达不同社会阶层人群避孕药具的使用情况存在很大差异，例如，贫困阶层中使用避孕药具的已婚育龄妇女约占 15%，富裕阶层中使用避孕药具的已婚育龄妇女约占 40%。2011 年，乌干达人口与健康调查显示，超过 40% 的妊娠是计划外妊娠。

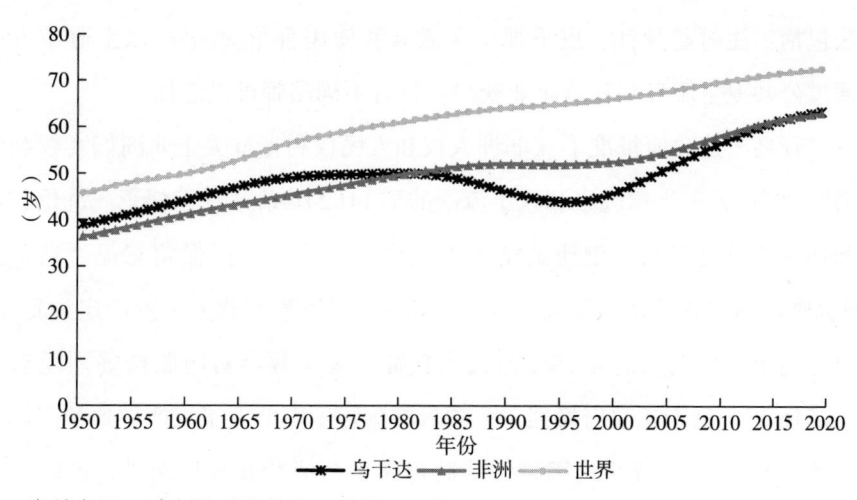

资料来源：联合国《世界人口展望2022》。
图15 1950—2019年乌干达、非洲和世界人均预期寿命

根据古特马赫研究所数据，在大多数避孕需求未得到满足的已婚妇女中，62%希望合理安排生育间隔或推迟生育，但也有相当一部分（38%）已实现生育目标，希望完全停止生育。

2008年，根据乌干达卫生部的估计，不安全堕胎导致的孕产妇死亡人数占所有孕产妇死亡人数的26%，这一比例大大高于世界卫生组织估算的东非相关死亡比例（18%）。通过乌干达政府和国际组织的共同努力，2018年，根据乌干达卫生部的估计，不安全堕胎导致的孕产妇死亡人数占比下降至5.3%。

确保妇女有能力按计划安排怀孕时间，不仅能够保障育龄妇女健康，同时也会产生重大的社会效益，例如，降低女孩的辍学率、提高妇女的劳动力参与率等。

根据乌干达2006年人口健康调查，乌干达大多数成年人（96%的女性和98%的男性）听说过至少1种避孕方法，但对更广泛的计划生育方法的了解有限。近7%的女性表示，她们的伴侣反对避孕。乌干达女性常用的避孕

方法包括：注射避孕针、皮下埋植孕激素和使用避孕套。[1] 以上避孕方法可通过公共卫生服务和私营企业获得，且有不同品牌可供选择。

尽管乌干达政府批准了《非洲人权和人民权利宪章关于非洲妇女权利议定书》，但对关于生殖健康和人工流产的第14(2)c条"在性侵犯、乱伦、强奸和怀孕危及母亲身心健康的情况下允许人工流产"持保留意见。乌干达《刑法典》第120条将购买人工流产服务和帮助女性实施人工流产定为犯罪。同时，乌干达总人口的41.9%为天主教徒，天主教会对堕胎持强烈反对意见。2016年，乌干达政府撤回了一项旨在预防不安全人工流产导致孕产妇死亡的改革政策。[2] 除少量因妊娠威胁母亲生命或胎儿畸形而进行的医学引产外，乌干达妇女的人工流产基本为不安全堕胎。据估计，乌干达每年约有27.4万例人工流产。[3]

但是，乌干达承认"流产后关爱"服务的合法性。"流产后关爱"服务也是妇幼保健的重要组成部分。乌干达需要尽可能培训更多的医疗护理人员，以提供全面的人工流产服务及流产后护理服务，特别是推荐侵入性最小的人工流产方法（例如，应用于早期人工流产的负压吸引术和药物流产）。

(6) 生殖健康服务的可及性

乌干达农村地区的生殖健康服务落后于联合国千年发展目标，地理位置偏僻、交通不便和财政投入不足是制约乌干达孕产妇获得生殖健康服务的主要因素。根据联合国儿童基金会的数据，2011年，乌干达仅有58%的分娩是由熟练的卫生人员负责完成的。[4]

不同于周边其他国家，在乌干达，女性割礼是违法的。2010年，乌干达通过了《禁止切割女性生殖器官法》，因此，女性割礼在乌干达较为少见。

---

[1] 资料来源：https://www.findmymethod.org/contraception-in-uganda。

[2] Amanda Cleeve, et al. "Time to Act—Comprehensive Abortion Care in East Africa", *The Lancet Global Health*, Vol.4, No.9, 2016, pp. e601-e602.

[3] 资料来源：https://www.safe2choose.org/abortion-information/countries/uganda。

[4] "The State of the World's Children", http://www.unicef.org/.

根据 2013 年联合国儿童基金会的报告，乌干达仅有 1%的女性进行过割礼。

(7) 医疗卫生事业发展

乌干达医疗卫生服务体系和基础设施有待改进和完善。据世界卫生组织统计，2017 年，乌干达全国经常性医疗卫生支出占国内生产总值的 6.2%。按照购买力平价计算，人均经常性医疗卫生支出为 121.15 美元。乌干达医疗卫生系统只覆盖全国 49%的家庭，大多数农村地区仍无法享有基本医疗卫生服务。2006—2013 年，平均每万人拥有药师 1 人；2006—2012 年，平均每万人拥有医院床位 5 张，远远低于国际平均水平。

截至 2013 年，乌干达共有 5229 家医疗机构（包括医院、卫生站和保健中心）。其中，国家中心医院 2 家，地区中心医院 14 家，普通医院 132 家。其中，首都姆拉戈医院和金贾医院的医师及设备条件较好，一般的常见疾病均能诊治。卫生站及保健中心主要从事基础卫生保健。全国医务从业人员有 35 903 人，岗位缺口达到 21 152 个，医务人员紧缺的现状阻碍了乌干达医疗卫生事业的发展。

乌干达的医疗卫生系统分为政府公立机构和私营医疗机构两部分，公立医院为全民提供免费的基础医疗服务，私营医疗机构作为医疗体系的一个重要补充。在公费医疗体系中，患者在公立医院接受治疗时仅需负担门诊费用（约 1 美元每人），药品由政府相关部门统一采购或在接受国际社会捐赠后统一分配，多数药品免费提供，但品种较少，而且数量有限。由于药品和设施缺乏，公立医院仅提供中低端医疗服务，只能对常见病进行诊断，远远无法满足乌干达民众日益增长的医疗健康需求。私营医疗机构设备较先进，但收费昂贵。医疗保险制度不健全，医疗保险全部属于私营行业，由人寿保险公司及相关银行经营。近年来，国外保险企业开始逐渐进入乌干达，但一般民众尚无经济条件参保。

乌干达负责药品采购和分配的部门为卫生部。在药品生产方面，乌干达国内有 7 家药品生产企业。其中，印度第三大药厂西普拉于 2005 年在坎帕拉投资的药厂于 2008 年投产，主要生产抗疟疾、抗艾滋病、抗生素类药品。其他药厂多因开工不足、投资总额较少或尚未投产等原因，没有形成规模。上述企业生产的药品仅能满足乌干达国内小部分需求，其余需求均通过进口解决，药品进口主要来自亚洲。

近年来，在各国援助下，乌干达公共医疗卫生事业取得一定发展。2011 年，全国有 74.8% 的人口可以饮用经净化处理的清洁水。全国能够使用较为安全卫生设备的人口占比为 35%。60% 的家庭拥有经过药物处理的蚊帐。根据世界卫生组织估计，2014 年，乌干达有 34% 的人口有条件使用相对卫生的厕所。

3. 贫困状况

(1) 贫困人口规模

乌干达是世界上最贫穷的国家之一。在乌干达，绝对贫困被定义为"极度剥夺人类需求的状况，其特征是个人或家庭体面生活的最低要求无法获得满足，如营养、健康、教育和住房"。1986 年，全国抵抗运动掌握政权后，在国际货币基金组织、世界银行和其他捐助方的支持下，政府启动了经济复苏计划。政府的宏观经济政策对降低贫困水平产生了显著影响，如图 16 所示，全国贫困率由 20 世纪 90 年代的 60% 以上降低到 2019 年的 42.21%。尽管在脱贫减贫方面取得了较大进展，但贫困在乌干达的农村地区仍然根深蒂固。同时，乌干达贫富分化加剧，基尼系数已超过 0.4 的警戒线，2019 年，世界银行数据为 0.427。

乌干达自 2022 年起发布多维贫困指数，该指数结合贫困人口比例和贫困程度加权计算得出，可以综合反映贫困的严重程度。根据乌干达统计局数据，在国家层面，乌干达多维度贫困的发生率估计为 42.1%。

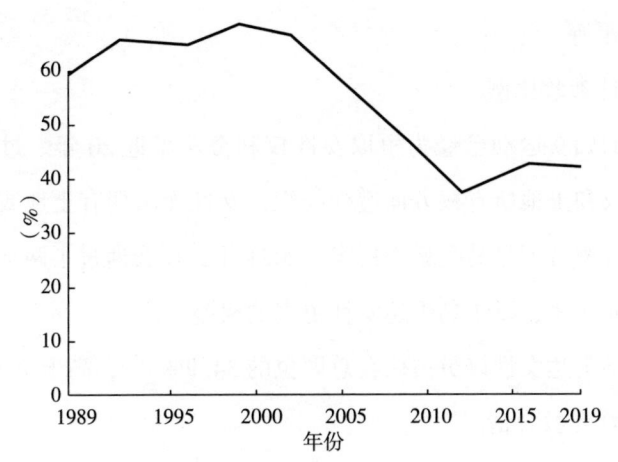

资料来源：联合国《世界人口展望2022》。

注：贫困标准为生活费低于每人每天 2.15 美元的国际贫困线。

图 16　1989—2019 年乌干达贫困人口比例

(2) 城乡、地区贫困发生率

自 2014 年以来，乌干达未正式公布过地区一级的贫困统计数据。根据发展倡议组织的研究，如图 17 所示，乌干达北部和东部地区的贫困人口数量高于其他地区。

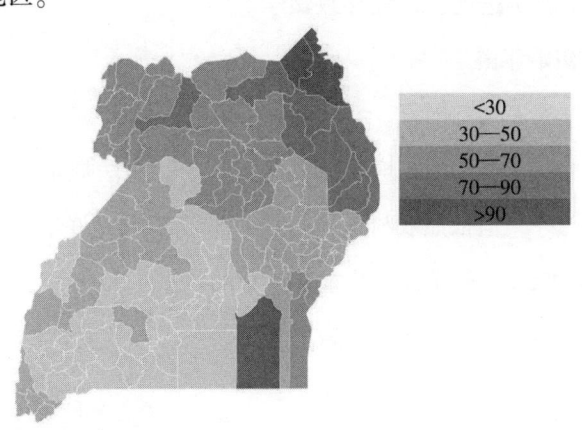

资料来源：发展倡议组织。

注：本图所使用的贫困标准基于 2011 年国际贫困线（按购买力平价计算，每人每天 1.90 美元）。

图 17　2014 年乌干达不同地区贫困率

4. 性别平等

（1）女性参政比例

乌干达的妇女运动已经为争取女性权利奋斗了近20年。过去，乌干达女性在继承权和土地所有权方面遭受歧视，女性无法拥有土地或收入，导致乌干达女性普遍贫困且易受暴力侵害。2021年，议会通过了两项法案——继承法案和就业法案，赋予乌干达女性更多的权益。

目前，乌干达女性议员占议会总席位的34.9%[1]，高于全球平均水平。

（2）女性受教育情况

教育特别是女性受教育，是提高发展中国家人民福祉的重要途径之一。女性在校学习时长每增加1年，其潜在收入增加15%—25%。乌干达女童的小学入学率尚可，为91%左右；但辍学率较高，小学完成率只有55.71%。中学入学率不高，只有22%。早婚和早育使乌干达许多女性无法接受完整的教育。同时，女性卫生用品缺乏也是乌干达女性辍学率升高的原因之一。月经来潮后，大约一半的乌干达女生每个月逃学3天。随着缺课次数增加，许多女生难以跟上教学进度，往往导致辍学。[2]

（3）平均初婚年龄

乌干达为一夫多妻制国家。女性受教育程度低、经济不独立、社会地位较低，因此，平均初婚年龄相应较低。尽管乌干达宪法规定"男女最低法定结婚年龄为18岁"，但依照农村地区习惯，未成年人允许早婚。根据联合国《世界人口展望2022》和联合国儿童基金会的数据，2016年，乌干达20—24岁女性人口中，34%的女性结婚年龄早于18岁，7%的女性结婚年龄早于15

---

[1] "The Progress of the Women's Movement in Uganda"，https://borgenproject.org/womens-movement-in-uganda/.

[2] "Menstrual Hygiene and Girls' Education in Uganda"，http://borgenproject.org/education-in-uganda.

岁。[1] 根据古特马赫研究所的研究，在乌干达20—24岁人口中，20%的女性和10%的男性初次性行为早于15岁。[2]

根据联合国世界婚姻数据报告的估算，2016年，乌干达女性平均初婚年龄约为20.7岁，男性平均初婚年龄约为24.3岁。由于联合国数据来源于乌干达政府的人口健康调查，估算的平均初婚年龄可能高于实际初婚年龄。

（4）出生人口性别比

如图18所示，乌干达出生人口性别比一直以来较为均衡。

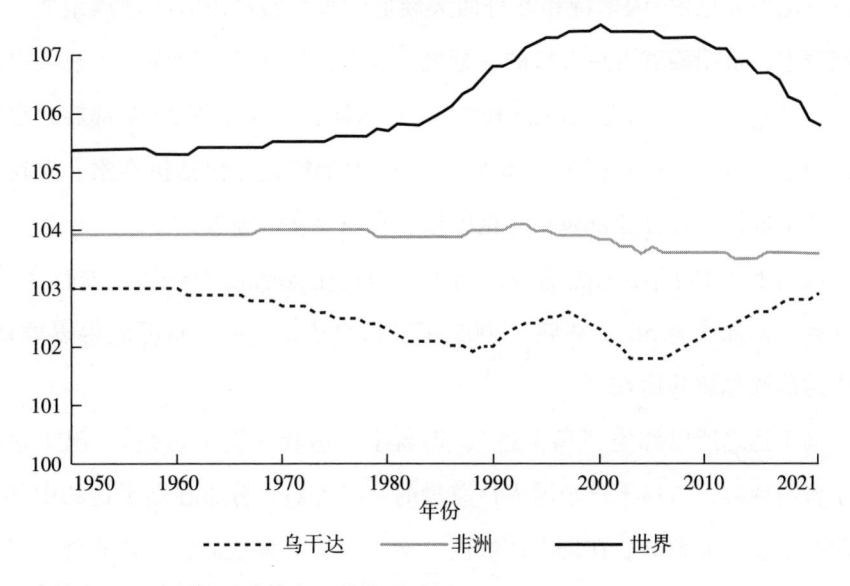

资料来源：联合国《世界人口展望2022》。

图18 1910—2021年乌干达、非洲和世界出生人口性别比

5. 新冠疫情大流行的影响

近年来，乌干达政治相对稳定，穆塞韦尼领导的全国抵抗运动在政治上

---

[1] 联合国《世界人口展望2022》估测数据包括已婚或非正式结合的妇女。非正式结合是指一对夫妇为了维持长久的关系而住在一起，但没有举行正式的民事或宗教仪式。
[2] "Protecting the Next Generation in Uganda", https://www.guttmacher.org/report/protecting-next-generation-uganda.

独树一帜,取得显著的社会经济发展成就,包括教育、健康,特别是妇幼卫生领域的进步带来人均预期寿命的提高。此前,乌干达的贫困率一直稳步下降,然而,新冠疫情使乌干达社会经济发展遭受严重打击,大量民众失业甚至返贫,贫困率上升,[1] 社会动荡加剧,部分地区社会治安持续恶化。

(四) 文化状况

1. 族群和部族

乌干达是一个典型的多族群、多语言的非洲国家。按照语言划分,分为班图、尼罗、尼罗-闪米特和苏丹四大族群,每个族群由若干部族组成。四大族群中,班图族群占总人口的三分之二以上,包括巴干达族(占总人口的18%)、安科莱族(占总人口的16%)、基加族和索加族等 20 个部族。尼罗族群包括兰吉、阿乔利等 5 个部族。尼罗-闪米特族群包括伊泰索、卡拉莫琼等 7 个部族。苏丹族群包括卢格巴拉、马迪等 4 个部族。

经乌干达 1995 年宪法确认,乌干达境内主要有巴干达族、安科莱族、基加族、索加族等 56 个部族;2005 年经议会表决,9 个新部族得以确认,乌干达部族总数共达 65 个。

乌干达之所以称为"乌干达",得名于干达族(巴干达族)。巴干达族属于班图族群,占乌干达全国人口总量的 18%左右,分布在乌干达的中部和南部及维多利亚湖畔。在班图族群内,除了占绝对多数的巴干达族外,居住在维多利亚湖畔的索加族已为巴干达族同化。其他班图族群的小部族,如基加族等,也受到巴干达族政治、经济、语言、文化方面的影响。

部族在乌干达政治、经济和生活中仍发挥着重要作用,一些政党[2]建立在部族和区域基础之上。在经济上,乌干达各部族之间发展不均衡。

---

[1] "The Socio-Economic Impact of COVID-19 in Uganda: Modelling One-Off Transfers",https://www.unicef.org/ugada/media/9866/file/UNICEF%20Uganda_covid-19_Modelling-2021.pdf.

[2] 乌干达现行宪法规定实行无党政治,允许政党存在,但限制其活动。

2. 宗教

根据乌干达 1995 年宪法的规定，乌干达不设国教，公民享有宗教信仰自由。2002 年，乌干达统计局人口普查结果显示，乌干达人口主要信奉天主教（占总人口的 41.9%）、基督教新教（占总人口的 35.9%）、伊斯兰教（占总人口的 12.1%），其余信奉东正教和原始拜物教。宗教信仰在乌干达政治和社会生活中发挥着重要作用，其中一些政党就是建立在宗教信仰基础之上。

同时，20 世纪 70 年代和 80 年代，由于乌干达政治动乱，民众生命没有安全保障，常年生活在恐惧、贫困和绝望之中，几百种宗教派别、宗教运动和邪教应运而生。2000 年 3 月 17 日，乌干达西南部发生骇人听闻的 330 名"恢复上帝十诫运动"邪教教徒集体自焚事件，其中包含 78 名儿童。虽然乌干达社会在进步，经济在发展，民众生活也在不断改善，但彻底消灭邪教的斗争仍很艰巨。

3. 语言

乌干达的官方语言为英语和斯瓦希里语。大部分乌干达人除了掌握英语和斯瓦希里语之外，还能讲若干种地方和部族语言。乌干达各部族均有自己的语言，但大多数只有发音而无文字。其中，卢干达语是第一个拥有详细文字记载的书写语言，是乌干达中部（包括首都坎帕拉）使用较普遍的一种当地语言。斯瓦希里语在乌干达北部和东北部一些地区使用较普遍。

4. 文化

乌干达曾长期受英国殖民统治，政治方面受西方文化影响较大。政府和议会体制与英国类似，并沿袭至今。

二、人口与发展主要特征

总体来看，乌干达的人口具有典型的现代非洲人口发展特点，即处于由高出生率、低死亡率、高自然增长率向低出生率、低死亡率、低自然增长率过渡的早期阶段。

1. 人口持续稳定增长

从人口发展趋势看，在可预见的未来，乌干达人口将会持续增长。乌干达社会中，多妻多子多福的传统思想依然有较大影响力，一夫多妻制在乌干达仍较为流行，一夫多妻的家庭多于一夫一妻的家庭。同时，占总人口41.9%的天主教教徒，因为教规反对避孕和堕胎，因此不能实行计划生育。

乌干达人口的快速增长带来了一定的问题。人口迅速增长加剧青年失业问题，对社会、自然和其他资源带来压力，包括快速城市化带来的"大城市病"，如垃圾处理、环境退化和基础设施不足等问题。

2. 与邻国人口迁移和非正规贸易活跃

乌干达日照充足、雨量丰富、土壤较为肥沃、农业发展潜力巨大，因此吸引了人口聚集；乌干达虽然是内陆国家，没有出海口，但是内陆水运发达，促进了贸易发展。同时，由于历史原因，乌干达是世界上对待难民最为友好的国家之一，边境长期开放。因此，乌干达与非洲邻国之间人口迁移和非正规贸易均非常活跃，一定程度上促进了自由市场经济的发展和消费潜力的增长。

3. 人口与发展转型较快，整体向好，但面临青年失业率高等困境

（1）国民受教育水平不断提升

穆塞韦尼领导的政府坚持全民免费教育理念，努力保障贫困儿童在公立学校免费学习。穆塞韦尼青年时期曾获得教师执业资格，并终身坚持"我也是一名教师"的理念，加之第一夫人珍妮特·穆塞韦尼任乌干达教育和体育部长，在全国形成了重视教育的良好氛围。

尽管乌干达的教育发展基础薄弱，但政府较为重视教育方面的财政投入。1997年，乌干达政府宣布小学对全体儿童免费，2007年，乌干达成为撒哈拉以南非洲地区第一个普及中等教育的国家。两项举措使乌干达基础教

育入学率显著提高、人均受教育年限增长,青年人口的受教育水平提高。

(2) 人口增长率较为稳定

如图 19 所示,1981—2021 年,乌干达 5 岁以下儿童死亡率显著下降,已从低收入国家平均水平下降到中低收入国家平均水平。虽然乌干达女性的总和生育率也有所下降,从 1981 年的 7.12 下降到 2021 年的 4.58,但由于 5 岁以下儿童死亡率的显著下降,乌干达人口增长率基本保持稳定。

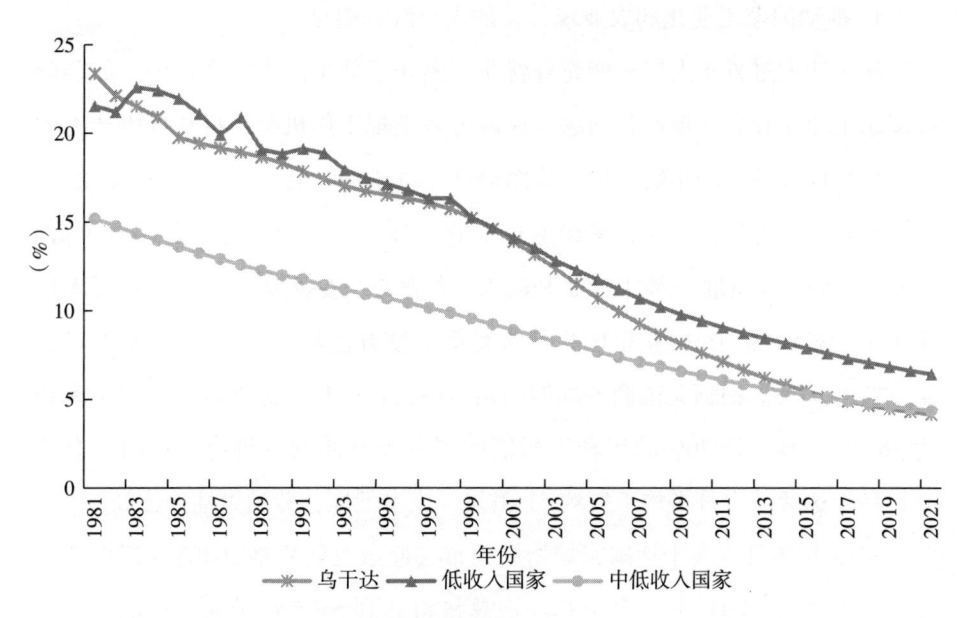

资料来源:联合国《世界人口展望 2022》。

图 19　1981—2021 年乌干达与不同收入水平国家 5 岁以下儿童死亡率

(3) 青年失业率较高

乌干达官方公布的失业率为 9.2%,与全球平均水平差距不大。但是,统计数字不能完全反映现实状况。由于乌干达正规部门创造的就业机会有限,大量青年人口在接受了一定教育后,或从事自给自足的农业勉强维持生计;或在非正规、低生产力的家庭企业工作,工作不稳定,工资也很低;或个人创业。乌干达是非洲大陆拥有最多年轻企业家的国家之一,但大多数青年经营的企业都是微型的、非正规的，倒闭率较高，并且很难进一步为社会创造就业岗位。

乌干达青年的就业问题受制于国家经济社会发展的结构性问题。工业欠发达的宏观经济结构使得正规就业机会有限；基础教育质量低下，使得青年人无法进行充分的职业准备；支持商业运营和物流的基础设施有限，企业运营成本较高，难以生存和发展。

4. 推动国家工业化和农业现代化的人口红利明显

乌干达大量青年人口未能充分就业，困守于低生产力的产业中。如能解决国家工业化和农业现代化问题，提供更多正规工作机会，将从低生产力的产业中解放大量劳动年龄人口，从而促进经济发展。乌干达的人口年龄结构高度年轻化，近年来，死亡率和生育率的下降，一个劳动力资源相对丰富、抚养负担轻、于经济发展十分有利的人口红利期将会形成。乌干达年轻人口识字率相对较高，根据联合国教科文组织的估算，乌干达 15—24 岁人口识字率约为 91%。根据美国商务部的国别指南报告，乌干达年轻人口识字率约为 76.5%。乌干达 70% 的年轻人相信国家有很好的商业机会，对国家有信心；乌干达劳动力月平均工资约 51 美元，成本低廉，劳动力性价比高。

2013 年 4 月，乌干达国家规划局颁布《愿景发展战略 2040》。根据新的愿景发展规划，2040 年，乌干达经济总量将达到 5805 亿美元，按照总人口 6130 万人计算，将实现人均国民收入 9500 美元，成为中等收入国家。要实现这个目标，乌干达需要将经济年均增长率保持在 8.2% 以上。但是，受新冠疫情影响，乌干达失业率升高，家庭收入下降，贫困率上升，这可能会对人力资本发展、人口红利期出现产生负面影响。

要推动国家从农业化向工业化转型，乌干达需要协调好人口增长速度和经济社会发展速度，制定相关政策提高社会公平性和包容性。充分发挥年轻人的潜力，并富有成效地进行引导；为育龄夫妇提供计划生育药具，并继续降低孕产妇死亡率和儿童死亡率，努力推动将年轻人口转化为人口红利的进程。

三、思考与启示

乌干达是中国在非洲的重要合作伙伴。1962年10月9日，乌干达一独立，中国便与其建立了正式外交关系。2022年是中乌建交60周年。60余年来，中国和乌干达两国同舟共济、守望相助，在维护国家独立自强的斗争中结下了深厚的兄弟情谊，特别是在发展振兴征程上携手并进、共克时艰，取得了丰硕成果。

1. 两国在共建"一带一路"倡议下开展相关合作

中国和乌干达经贸合作不断深化，中国已经成为乌干达第一大外资来源国、第一大工程承包方和第三大贸易伙伴。截至2021年年底，尽管受到新冠疫情冲击，中国和乌干达之间的双边贸易额仍超过10.7亿美元，同比增长28.5%。中国在乌干达的直接投资已增至7.1亿美元。

（1）中国对乌干达的经济援助

中国支持非洲人民反对殖民主义，帮助受压迫国家和地区争取独立、解放，真心实意地帮助非洲实现繁荣和发展。20世纪五六十年代，中国就开始了对乌干达的经济援助。几十年间，在双方的共同努力下，已完成包括坎帕拉—恩德培高速公路、伊辛巴水电站，以及恩德培国际机场改扩建等一批乌干达重点基础设施项目。2015年，中非合作论坛提出"万村通"项目，旨在为非洲国家的1万个村落接入卫星数字电视信号。该项目覆盖乌干达1.8万户家庭和包括学校、社区中心、教堂与卫生中心在内的2700个公共区域，受益人群超过百万。"万村通"项目是一扇窗口，帮助乌干达偏远地区的家庭了解农业、科技与公共卫生等方面的信息，带动了乌干达当地就业，为乌干达培训了近2000名年轻的相关技术人才，产生了广泛积极的社会效益。中国华为公司参与建设的国家骨干网项目已在乌干达铺设了4172千米光缆，提升了乌干达政府向公众提供在线服务的能力。

中资企业在助力乌干达经济发展的同时，积极履行企业社会责任，造福当地社区和民众。中国海洋石油集团有限公司在乌干达艾伯特湖区翠鸟油田项目的建设中，同时开展了建设社区安置房、引水工程和重型卡车司机培训等一系列社会公益项目，深受当地居民欢迎。

2021年，中国通过学校供餐计划向超过13万乌干达儿童提供营养餐，并为7万名贫困家庭成员提供粮食援助。中国还通过无息贷款和优惠贷款等多种形式为乌干达提供了大量经济援助，助力乌干达经济和社会转型。新冠疫情以来，中国作为乌干达重要的投资来源国，帮助乌干达克服了疫情影响，实现了经济复苏和增长。

(2) 中国对乌干达的医疗援助

中国始终坚持与乌干达政府和领导人保持着友好关系。中国政府自1983年开始向乌干达派遣援助医疗队。即使在乌干达内战期间，中国援乌医疗队也没有撤离。截至2022年，中国累计已派出22批援乌干达医疗队、200余名医务人员和专家，为当地民众提供医疗服务，为受援医院培养业务骨干，受到广泛赞誉。2022年6月8日，由云南省卫生健康委员会承派的第22批医疗队出征，涵盖消化内科、麻醉科、甲状腺乳腺外科、泌尿外科、耳鼻喉科、结核科、中医针灸科等多个科室，在前21批医疗队卓有成效的工作基础上，继续帮助乌干达提升医疗水平。新冠疫情以来，中乌同舟共济、守望相助，谱写了团结抗疫的友好篇章。根据中国驻乌干达大使馆数据，截至2021年年底，中国共向乌干达援助3批共计160万剂疫苗。

生命权和健康权是最基本的人权。中国对包括乌干达在内的广大非洲国家开展医疗援助，展现了致力于维护和保障人权的大国担当。同时，中国推动构建中非卫生健康共同体的行动，贡献了应对人类卫生健康危机的中国主张与中国方案，促进了全球公共卫生治理领域的变革与发展。

（3）中国对乌干达的教育援助

中国资助乌干达及其他非洲国家的技能培训和能力建设项目，在非洲大陆发挥了提升国家软实力的"助推器"作用。2014 年，中国与麦克雷雷大学合作，在乌干达开设了第一所孔子学院。在中国政府的支持下，2018 年，乌干达 35 所高中开设了普通话课程，并计划在未来进一步扩大覆盖范围。截至 2021 年年底，中国已向乌干达提供数百个奖学金项目和 5000 多个培训课程，其中涉及农业、医疗、公共管理、计算机科学和基础设施等多个领域。中国与国际粮农组织开展的南南合作项目培训，为 9600 名乌干达农民提供农业方面的技能培训。

2. 两国共建"一带一路"合作展望

（1）乌干达投资机会分析

乌干达地处东非中心区域，地理位置和区位优势明显，是区域贸易和战略投资的高地。周边地区市场消费辐射能力强，是中国在非洲的重要合作伙伴。乌干达投资环境较好，在吸收外资方面具有以下显著优势：气候宜人；政局稳定；经济自由化程度高，对外国投资几乎没有行业和投资比例等限制，资本进出自由，货币兑换自由；人口密度较大，劳动力成本相对低廉，市场潜力大；投资及公司经营相关方面的法律法规比较健全；宗教等因素对投资影响较小。

乌干达自 1986 年开始实施的经济自由化政策有效地促进了经济增长，是目前世界上经济发展较快的国家之一，过去 30 年的年均经济增长率保持在 6%以上。乌干达投资潜力较大，具体体现在以下方面：一是吸收外资能力强，截至 2018 年年底，乌干达外资存量 133.33 亿美元，流入乌干达的外国直接投资不断增加。世界银行是乌干达最大的发展伙伴，年均援助 2.4 亿美元，领域涵盖交通、能源、农业等。二是作为东非共同体和东南非共同市场成员，乌干达产品进入其他成员国享受优惠待遇。同时，乌干达又是罗马公约和非洲发展和机会法案的直接受益国之一，其农产品和纺织品等出口欧美国家，可享受免关税和配额等优惠待遇；随着区域合作的加速，乌干达背靠东非、东南非、欧盟、东欧共同市场的优势将激发巨大的国际贸易潜力。

此外，乌干达的医药产品主要从亚洲进口，亚洲供应了乌干达90%的药品需求。

（2）人口领域合作展望

尽管乌干达在人口和生殖健康领域已经取得了较大进展，但未来仍需要采取更多措施来提高人口和生殖健康水平。中国和乌干达在人口和生殖健康方面可以进行多方面合作。例如：乌干达需要进一步加强妇幼保健服务，提高孕产妇和儿童的健康水平，降低死亡率。特别是需要提高避孕率，减少未婚妊娠率和青少年怀孕率，控制人口增长率，降低贫困率和失业率，提高人均收入。中国在计划生育和扶贫减贫方面的经验，可为乌干达人口健康发展提供参考。

（3）其他方面合作展望

乌干达生态环境良好，气候温和，适合农作物种植。中乌农业援助项目为乌干达的水稻种植和推广，大大提升了单位面积粮食产量，助力乌干达成为"东非粮仓"，帮助乌干达和其他非洲国家解决粮食安全问题。

中国的绿色发展经验助力了乌干达走可持续发展之路。中资企业修建的乌干达卡鲁玛水电站，专门设计鱼道降低大坝对洄游性鱼类的影响，保证了鱼类生长繁殖。

（4）后疫情时代中乌合作的制约因素

新冠疫情后，随着经济复苏，乌干达的电力、农业、建筑和医疗行业为中国的投资提供了潜在机会。乌干达议会于2022年2月17日通过了采矿和矿产法案，旨在改革采矿业，吸引大型矿业公司开采乌干达的钴、铜、镍、稀土和其他矿藏。

乌干达本地劳动力资源丰富、劳动力成本低，但劳动力技术水平较低、技术和管理人员缺乏。根据联合国开发计划署的《人类发展指数报告

2020》，乌干达在 189 个国家中排名第 159 位。尽管乌干达 2020 年人口识字率已达 76.5%[1]，但只有 5%的乌干达人口受过高等教育。根据国际劳工组织 2019 年的数据，73%的乌干达工人缺乏工作所需的教育水平和职业技能。因此，若在乌干达投资设厂，招聘具有必要技能的本地工人时，将面临不少制约。

乌干达城镇化率较低，市场容量有限，总体消费能力不强。不过，乌干达地理位置优越，位于东非中心区域，具备一定市场辐射力。因此，在选择投资项目时，不仅要考虑乌干达市场本身，还应适当考察乌干达周边国家市场需求。

同时，乌干达作为一个内陆国家，在货物运输成本上存在一定竞争劣势。新冠疫情和俄乌冲突的双重影响，使得国际货物的海运价格、陆运价格及油料价格都出现了大幅波动，应全盘综合考虑乌干达所受直接或间接影响。

此外，乌干达交通、通信、供水等基础设施相对落后。尽管政府一直努力投资建设基础设施，但只集中在主要城镇。乌干达的公路和铁路系统运行状况一般，道路维护管理不佳，因此，境内交通运输成本高且安全性低。根据乌干达统计局数据，乌干达电力供应有限且不稳定，只有 42%的人口能够接入电网，只有 19%的人口能够接入较为稳定的电网。乌干达矿产资源相对有限，工业配套能力不足，生产原料采购运输困难，疟疾等传染性疾病较严重，不断发展的工业迫切需要更大、更现代化的场地，如综合工业区。

乌干达等非洲国家面对人口高速增长的压力，期待与中国的发展合作能为非洲年轻人提供就业机会。

---

[1] "Literacy Rate for Male Ugandans Reaches 81%", https://www.newvision.co.ug/articledetails/129670.

参考文献:

[1]胡洋.非洲大湖地区地缘关系与族群问题的关联性研究[J].世界地理研究,2019,28(02):78-87.

[2]黄峰华,李晓晨,张研.中国——乌干达农业国际合作探讨[J].对外经贸,2021,12:6-11.

[3]李雅温.在乌干达的实干兴邦实践——专访天唐集团副董事长、总经理王文通[J].中国投资(中英文),2022,Z9:46-49.

[4]联合国艾滋病规划署,医药保健品进出口商会.21国医药市场指南之乌干达[J].中国投资(中英文),2021,Z9:106-107.

[5]刘伟才.殖民统治与非洲经济的被动转型[J].中国投资(中英文),2021,Z7:108-109.

[6]邱泽奇.朋友在先——中国对乌干达卫生发展援助案例研究[M].北京:社会科学文献出版社,2017,12.

[7]商务部.对外投资合作国别(地区)指南:乌干达(2021年版)[R].2021.

[8]宋微,尹浩然.谁才是真心实意的对非援助者?[J].历史评论,2022,01:46-51.

[9]孙红.乌干达国情报告:政党·团体·人物[M].北京:社会科学文献出版社,2018.

[10]谭起兵,陈红,梁娈,章建新.国别研究视域下中国高职走进乌干达的困厄及路径研究[J].中国职业技术教育,2021,03:28-34.

[11]魏翠萍.列国志-乌干达[M].北京:社会科学文献出版社,2012.

[12]香港贸易发展局.制造业指南-乌干达[R].2019.

[13]BETTY KYADDONDO. Uganda's population stabilsation report [R]. 2011.

[14]Guttmacher Institute. Protecting the next generation in Uganda [R]. 2008.

[15]National Planning Authority, Uganda. The national human resource development planning framework for Uganda[R]. 2018.

[16]Reid RJ. A history of modern Uganda [M]. Cambridge, United Kingdom:Cambridge University Press,2017.

[17]Uganda Bureau of Statistics. Multidimensional poverty index [R]. 2022.

［18］UNDP. 2009 Human Development Report (HDR) ［R］. 2010.

［19］UNDP. 2020 Human Development Report (HDR) ［R］. 2021.

［20］UNDP. 2021 Human Development Report (HDR) ［R］. 2022.

［21］UNICEF. The socio-economic impact of Covid-19 in Uganda:modelling one-off transfers ［R］. 2021.

［22］UNICEF. UNICEF Uganda Annual Report 2020 ［R］. 2021.

［23］UNICEF. UNICEF Uganda Annual Report 2021 ［R］. 2022.

［24］USDOC. Uganda-Country Commercial Guide ［R］. 2022.

［25］World Bank. Human Development in Uganda:Meeting Challenges and Finding Solutions ［R］. 2009.

洞悉人口动态，共建繁荣未来

——《"一带一路"人口与发展》（第三辑）后记

2023年是共建"一带一路"倡议提出的第十年。在各方共同努力下，共建"一带一路"从中国倡议走向国际实践，推动美好愿景不断落实落地。当前，人类社会面临前所未有的挑战，百年变局和世纪疫情叠加，国际形势复杂变化，国际合作面临诸多不确定风险。经济全球化大潮仍然在曲折中前进，共建"一带一路"倡议已成为深受欢迎的国际公共产品和国际合作平台。共建"一带一路"倡议是促进共同发展、实现共同繁荣的合作共赢之路，是增进理解信任、加强全方位交流的和平友谊之路。

过去一年里，新冠疫情逐渐得到控制，各国政府和国际组织积极采取措施，推动了经济复苏和社会发展，国际合作活动也迎来了快速发展的良好势头。十年来，我国已与150多个国家、30多个国际组织签署了200余份共建"一带一路"合作文件。习近平主席于2023年10月在第三届"一带一路"国际合作高峰论坛开幕式上发表主旨演讲，明确宣布中国支持高质量共建"一带一路"的八项行动，呼吁各国继往开来、勇毅前行，深化"一带一路"国际合作，迎接共建"一带一路"更高质量、更高水平的新发展，推动实现世界各国的现代化，建设一个开放包容、互联互通、共同发展的世

洞悉人口动态，共建繁荣未来——《"一带一路"人口与发展》（第三辑）后记

界，共同推动构建人类命运共同体。

当前世界处于百年未有之大变局中，人口发展也处于大变局中，呈现出新的趋势，面临少子化、老龄化、区域发展不平衡等严峻挑战。随着社会经济的发展和人民生活水平的提高，人们在生育观念、健康意识、教育需求等方面发生了深刻的变化，这些变化为人口发展提供了新的机遇。我们需要以新的视角来审视人口发展问题，继往开来、勇毅前行，按照高质量共建"一带一路"工作总体部署，采取有效措施应对挑战，同时需要积极探索新的机遇，推动经济社会发展，为人口发展提供更加广阔的空间和更加有力的支持。洞悉人口动态变化，高举构建人类命运共同体旗帜，共同创造人类更加美好的未来。

《"一带一路"人口与发展》系列图书注重从人口学视角解读共建"一带一路"国家的人口与发展状况，目前已出版两辑，涵盖了29个国家的人口与发展情况。2023年，我中心进一步扩充和丰富了相关研究，提供了十份国别报告与三份专题报告。相比前两辑的研究成果，第三辑更加注重对各个国家的人口动态进行全面而深入的分析，不仅关注人口数量、结构等方面的变化，还着重探讨了人口老龄化、人口迁移、生殖健康等领域的问题。我们将每个国家作为一个独立的章节进行介绍和分析，同时关注不同国家之间存在的差异。各章首先概述该国的人口状况和发展概况，其次详细分析其人口发展的特点和趋势，最后提出相应的政策建议。此外，我们还提供了相关的数据和图表，以便读者更直观地了解该国的人口与发展情况。这些成果提供了丰富的信息和广阔的分析视角，能够为相关政策的制定提供有价值的参考，并为推动共建"一带一路"国家的可持续发展作出贡献。

本书的编写得到了众多专家学者的鼎力支持。他们积极参与撰写工作，不辞辛劳地对稿件进行反复打磨和改进，为本书的出版作出了卓越的贡献。感谢评审专家们为书稿的初稿、修改稿、再改稿提出了专业的意见和建议。感谢我中心的工作团队在书稿筹划到顺利出版的整个过程中的辛劳付出。感

谢出版社的编辑团队细致严谨的编辑工作。作为人口与发展领域的决策支持机构，我们衷心希望，《"一带一路"人口与发展》系列图书的出版能够切实体现人口学者的使命与担当，为高质量推动共建"一带一路"贡献力量。我们期待各界人士能够通过本书获得更多的启示与思考，我们也期待未来能有更多的学者和研究机构参与该项目，共同推动"一带一路"人口与发展的研究事业。

中国人口与发展研究中心

2023年12月5日